농협
계열사

필기전형(직무능력평가 + 직무상식평가)

NH농협계열사
필기시험(직무능력평가+직무상식평가)

개정 5판 1쇄 발행   2025년 04월 14일
개정 6판 1쇄 발행   2026년 04월 01일

편 저 자 | 취업적성연구소
발 행 처 | (주)서원각
등록번호 | 1999-1A-107호
주　　소 | 경기도 고양시 일산서구 덕산로 88-45(가좌동)
대표번호 | 031-923-2051
팩　　스 | 031-923-3815
교재문의 | 카카오톡 플러스 친구 [서원각]
홈페이지 | goseowon.com

PREFACE

NH농협계열사(중앙회, 경제지주, 금융지주)는 다양한 사업을 전개하고 있습니다. 본인의 적성에 맞는 분야를 택하여 능력을 발휘할 수 있으며, 연고지 또는 희망지에서 지역사회발전을 위해 근무할 수 있습니다. 공익 지향적 사업을 추구하는 만큼, 일에 대한 가치와 보람을 함께 느낄 수 있다는 장점이 있습니다. 더불어 비교적 안정적인 직장이라는 인식도 큰 매력을 느끼게 해주기도 합니다.

NH농협계열사는 지원자의 기본 자질을 심사하고 유능한 인재를 선발하고자 서류전형 이후, 필기전형 단계에서 인·적성 검사를 통해 성격특성 요인을 특정하여 적정성 여부를 판단하고, 직무능력검사를 통해 직무에 필요한 능력을 측정합니다. 인재 선발을 위한 최종단계인 면접전형에서는 서류전형과 필기전형을 보완하여 농협의 인재상 부합여부, 잠재적 역량과 열정 등을 평가합니다.

본서는 NH농협계열사 필기 및 면접전형을 효과적으로 대비하기 위하여 다음과 같이 구상하였습니다.

- 2개년(2025~2024) 농협 필기전형 기출문제를 복원 및 재구성하여 수록하였습니다.
- 직무능력평가(의사소통능력, 수리능력, 문제해결능력, 정보능력, 자원관리능력, 조직이해능력) 출제 경향 및 기출 예상 문제를 수록하였습니다.
- 출제가 예상되는 직무상식평가(농협, 농업·농촌, 경제, 디지털·ICT, 유통·경영관리) 용어를 정리하여 수록하였습니다.
- 인·적성평가 개요와 연도별 면접 기출 문제를 수록하였습니다.
- 논술의 기초와 논술 개요 예시, 기출논제, 예상 논제를 수록하였습니다.

끝으로, 본서가 NH농협 계열사 시험을 준비하는 수험생들에게 합격의 기쁨을 전할 수 있기를 바라며, 자신을 믿고 노력하며 달려가는 길을 서원각이 응원합니다.

STRUCTURE

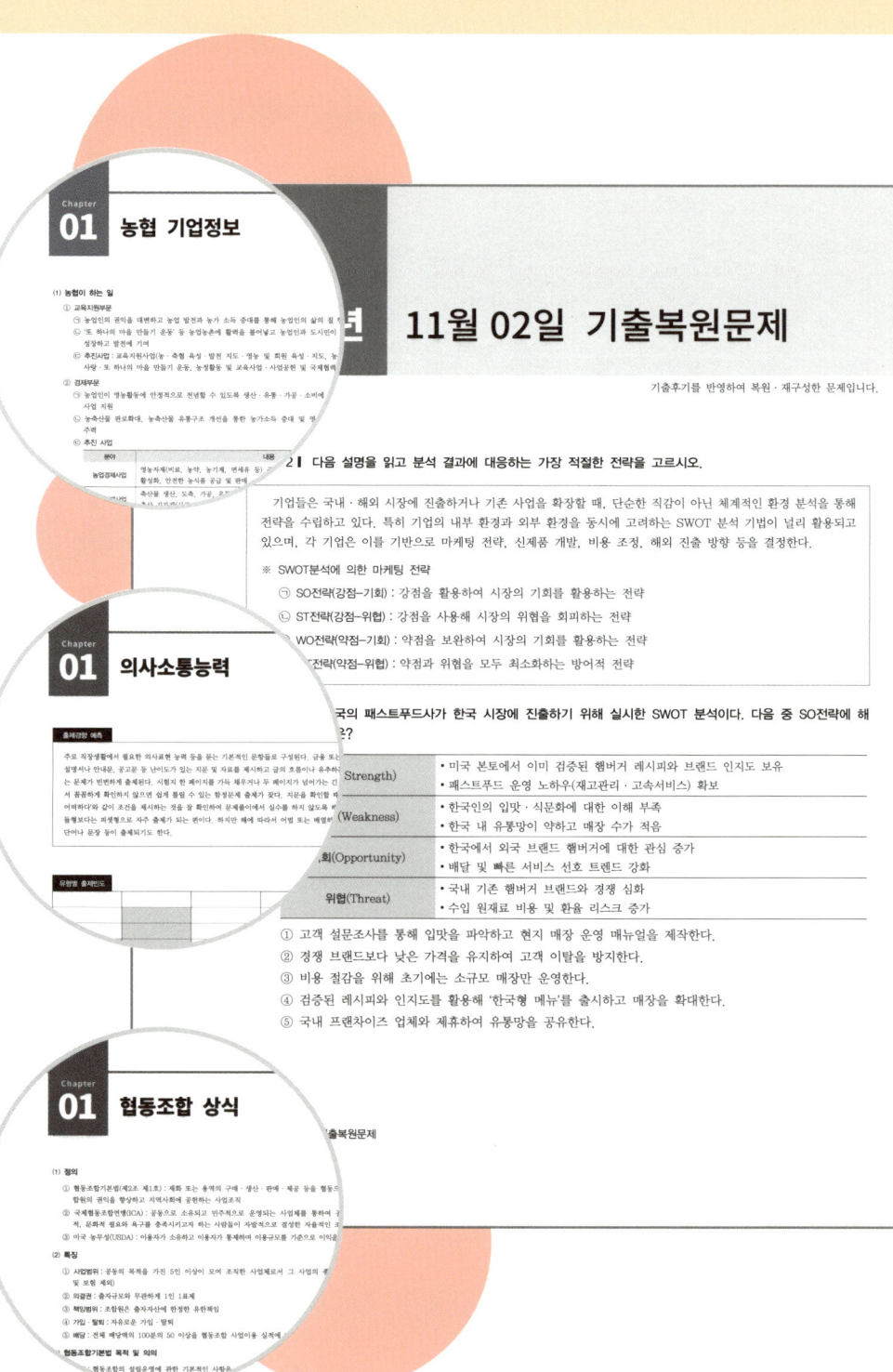

Chapter 02

2026 농업·농촌 10대 이슈

※ 마

2026년 농정 여건

한국 농업·농촌이 처한 현실

현재 농업 현장은 기후위기 심화, 농가 경영 불안정, 농촌 인구 기반 붕괴라는 구조적 위기에 동시에 노출되어 있다. 극단적 이상기후와 자연재해가 찾아지면서 농업 생산의 변동성은 커지고 있으며, 노동집약적 산업 구조 속에서 농촌 인력 부족은 만성화 단계에 접어들었다. 고령사회와 인구 감소가 빠르게 진행되며 다수 농촌 지역은 이미 지역 소멸 위험 단계에 진입했다. 정부가 지정한 인구감소지역 대부분이 농촌에 집중돼 있다는 점은 이러한 현실을 단적으로 보여준다. 외국인 계절근로자와 고용허가제 인력이 농업 현장을 일부 보완하고 있으나, 체감 인력 부족은 여전히 심각하다. 여기에 더해 내수 침체 가능성, 국제 정세 불안, 글로벌 공급망 재편 등으로 비료·사료 등 농자재 수급 불확실성도 지속되고 있다.

농정 패러다임의 전환에 대한 기대

이러한 복합 위기에 대응하기 위해 정부는 농업을 국가 전략 산업으로 재정립하고 농가 경영 안전망을 는 한편, AI와 디지털 기술을 접목한 산업 구조 혁신이 병행되고 있다. 정부는 농촌을 지역 균형 발 지 전환의 거점으로 육성하고, 농업재해 보상과 소득 안정에 대한 국가 책임을 확대하는 정책 기조 다. 이에 따라 농산물 가격 안정, 쌀 수급 관리, 재해 대응 체계 강화 등을 포함한 관련 법 개정이 되며 제도적 기반도 한층 정비되고 있다. 특히 농업재해 대응 체계 강화, 필수 농자재 지원, 가격 비 정책 등이 단계적으로 도입되면서 농가 경영 부담을 완화하는 환경이 조성되고 있다. 더불어 신재생에 반 농촌 소득 모델과 기본소득 시범사업 등 새로운 농촌 경제 구조 실험도 확대될 전망이다.

2026년 주요 농정 방향

2026년 정부 농정의 핵심은 지속가능성 확보와 성장 산업 전환이다. 이를 위해 농업인 소득 안정, 농촌 소멸 대응, 식량안보 강화, 유통 혁신, 스마트농업 확산 등 다각적인 정책이 추진될 예정이다. 쌀 수급 관리와 전략 작물 직불 확대를 통해 식량 자급 기반을 보강하고, 온라인 도매시장 활성화와 스마트 APC 확충을 통해 유통 구조 개선도 가속화된다. 또한 농지 제도 전반을 재정비하는 법 개정 논의가 본격화되며 농지 이용의 효율성 제고가 중요한 과제로 떠오르고 있다. 농가 경영 안정을 위한 선택형 직불제 확대와 공동영농 모델 확산도 예 상된다. 고령화와 인력 부족 문제를 구조적으로 완화하기 위한 접근이다. 아울러 농업 분야 AI 생태계 구축을 위한 국가 차원의 플랫폼 조성이 추진되며, 스마트농업과 전후방 산업 육성이 본격화될 전망이다. 이는 농업이 기술 기반 융합 산업으로 전환되는 중요한 분기점이 될 수 있다.

제1회 실전모의고사

실전 대비 2회분 실전 모의고사를 수록하였습니다. 실제 시험장에서 응시하듯 준비해보세요.

Chapter 01 인·적성평가(Lv.2)

인·적성평가를 준비할 수 있도 록 개요 및 연도별 면접 기출 문 제를 수록하여 면접 경향을 파악 하고 이를 대비할 수 있도록 하였 습니다.

Chapter 01 금융권 경제논술 해제

NH농협 계열사 논술을 대비할 수 있도록 논술의 기초뿐만 아니라 논술 개요 예시, 예상 논제 및 기 출논제까지 수록하였습니다.

CONTENTS

PART

01

농협상식

Chapter 01 농협 기업정보

(1) 농협이 하는 일

① 교육지원부문

 ㉠ 농업인의 권익을 대변하고 농업 발전과 농가 소득 증대를 통해 농업인의 삶의 질 향상에 기여

 ㉡ '또 하나의 마을 만들기 운동' 등 농업농촌에 활력을 불어넣고 농업인과 도시민이 동반자 관계로 함께 성장하고 발전에 기여

 ㉢ 추진사업 : 교육지원사업(농·축협 육성·발전 지도·영농 및 회원 육성·지도, 농업인 복지증진, 농촌사랑·또 하나의 마을 만들기 운동, 농정활동 및 교육사업·사업공헌 및 국제협력 활동 등)

② 경제부문

 ㉠ 농업인이 영농활동에 안정적으로 전념할 수 있도록 생산·유통·가공·소비에 이르기까지 다양한 경제사업 지원

 ㉡ 농축산물 판로확대, 농축산물 유통구조 개선을 통한 농가소득 증대 및 영농비용 절감을 위한 사업에 주력

 ㉢ 추진 사업

분야	내용
농업경제사업	영농자재(비료, 농약, 농기계, 면세유 등) 공급, 산지유통혁신, 도매사업, 소비지 유통 활성화, 안전한 농식품 공급 및 판매
축산경제사업	축산물 생산, 도축, 가공, 유통, 판매 사업, 축산 지도(컨설팅 등), 지원 및 개량 사업, 축산 기자재(사료 등) 공급 및 판매

③ 금융부문

 ㉠ 농협 본연의 활동에 필요한 자금과 수익 확보, 차별화된 농업금융 서비스 제공 목적

 ㉡ 시중 은행 업무 외에도 NH카드, NH보험, 외국환 등의 다양한 금융 서비스 제공

 ㉢ 추진 사업

분야	내용
상호금융사업	농촌지역 농업금융 서비스 및 조합원 편익 제공, 서민금융 활성화
농협금융지주	종합금융그룹(은행, 보험, 증권, 선물 등)

(2) 비전 2030

① 수립 방향

  ⊙ 농협이 추구하는 「농업·농촌의 미래상」 반영 : 희망농업·행복농촌

  ㉡ 「농협의 정체성」이 살아있는 농협의 미래상 반영 : 국민의 농협, 농민의 농협, 농축협 중심의 농협, 글로벌 농협

  ㉢ 기존의 「경영 패러다임의 대전환」을 위한 변화·혁신 강조 : 농축협이 중심에 서는 중앙회, 농산업을 선도하는 농협경제, 지역발전에 앞장 서는 농축협, 농축협 성장을 지원하는 농협 금융, 국민의 자랑이 되는 세계 속의 농협, 변화와 혁신으로 도전하는 농협·人

농업·농촌의 위기	농업·농촌의 기회	농협이 안고 있는 문제	농협에 대한 새로운 기대
• 농업성장 둔화	• 식량안보 중요성	조합원 고령화·이질화	• 사업/서비스 확대 요구
• 농업소득 감소	• 농업농촌 인식전환	• 농축협 양극화	• K-food 확산
• 미래영농세대 부족	• 애그테크 확산	• 정체성 약화	• 글로벌 협동조합 위상 제고
• 농촌활력 저하	• 정책 지원 증가	• 중앙회 중심 사업리드	• 협동조합 간 협동
• 지역소멸위기	• 귀농·귀촌 증가	• 관료적 조직문화	• 국제 경쟁력 확보

② 비전 : 변화와 혁신을 통한 새로운 대한민국 농협

  → 중앙회 중심 경영, 열위한 사업 경쟁력, 구조적 비효율을 벗어나 인식, 사람, 조직, 제도 등 근본적인 패러다임의 대전환 추진

③ 슬로건 : 희망농업, 행복농촌 농협이 만들어 갑니다

  → 농업·농촌의 '새롭고 당당한 미래상'을 '농협이 중심'이 되어 '추진'

④ 4대 핵심가치

  ⊙ 국민에게 사랑받는 농협 : 지역사회와 국가경제 발전에 공헌하여 온 국민에게 신뢰받고 사랑받는 농협 구현

  ㉡ 농업인을 위한 농협 : 농업인의 행복과 발전을 위해 노력하고, 농업인의 경제적·사회적·문화적 지위 향상 추구

  ㉢ 지역 농축협과 함께 하는 농협 : 협동조합의 원칙과 정신에 의거, 협동과 상생으로 지역 농축협이 중심에 서는 농협 구현

  ㉣ 경쟁력 있는 글로벌 농협 : 미래 지속가능한 성장을 위하여 국내를 벗어나 세계 속에서도 경쟁력을 갖춘 농협으로 도약

⑤ 혁신 전략

　⊙ 농업인·국민과 함께 「농사같이(農四價値) 운동」 전개
　　• **농사같이(農四價値)** : 농민존중(국민들로부터 인정받고 존경받는 농업인), 농업성장(농업에 대한 본질을 농
　　　업; Agriculture에서 농산업; agribusiness으로 전환), 농촌재생(살기 좋은 농촌, 찾고 싶은 농촌, 활력
　　　넘치는 농촌으로 전환), 농협혁식(농업인과 농축협이 중심이 되는 농협, 농업인의 눈높이에 맞는 농협)
　　• 60년 농협·농촌 운동의 전통과 정신 계승
　　• 농업변화·혁신의 대전환을 위한 성장동력 내재화

　⊙ 중앙회 지배구조 혁신과 지원체계 고도화로 「농축협 중심」의 농협 구현
　　• 농축협의 눈높이에 맞춘 중앙회 지배구조 혁신
　　• 농축협 지원확대와 지원체계 고도화로 지속성장 기반 확보
　　• 산지유통 중점 지원으로 농축협 경제사업 활성화

　⊙ 디지털 기반 「생산·유통 혁신」으로 미래 농산업 선도, 농업소득 향상
　　• 금융-경제 시너지로 애그테크 기반 미래 농산업 선도
　　• 스마트 영농 정착과 농자재 가격안정으로 농업소득 향상
　　• 유통혁신을 통한 농축산물 수급안정과 디지털 인프라 확충

　⊙ 「금융부문 혁신」과 「디지털 경쟁력」을 통해 농축협 성장 지원
　　• 상호금융특별회계의 안정적인 수익창출로 농축협 경영지원 강화
　　• 상호금융 정체성 강화 및 제1금융권 수준의 사업경쟁력 확보
　　• 디지털 기반 초일류 금융그룹으로 도약하여 농축협 수익센터 역할 강화

　⊙ 「미래 경영」과 「조직문화 혁신」을 통해 새로운 농협으로 도약
　　• 미래전략실 설치로 농축협-중앙회 성장과 혁신을 주도
　　• 범농협 위기대응체제 구축 및 디지털 전환
　　• 미래 인재 육성 및 조직문화 혁신으로 경쟁력과 전문성 확보

⑥ 엠블럼 의미

　⊙ 'ㄴ'과 'ㅎ'이 결합하여 '농'의 완성 : 농업·농촌의 새롭고 당당한 미래상의 중심에 「새로운 대한민국 농
　　협」이 있음을 부각
　⊙ 변화와 혁신을 담은 수레 : 새수레에 변화와 혁신의 황금빛 불꽃을 담아 희망농업, 행복농촌을 만들겠다
　　는 의미

(3) 농협의 역사

① 종합농협 이전(1907~)

- ㉠ 1907년 : 광주지방 금융조합설립
- ㉡ 1919년 : 조선경제협회 설립(지방금융연합회 승계)
- ㉢ 1927년 : 조선 농회령 공포 및 선 농회 설립
- ㉣ 1928년 : 조선금융조합협회 설립(조선경제협회 승계)
- ㉤ 1933년 : 조선금융조합연합회 설립(조선금융조합협회 승계)
- ㉥ 1935년 : 조선금융조합연합회 하부조직 식산계 설치
- ㉦ 1956년 : 금융조직·연합회·식산계 업무 인수, ㈜농업은행 설립
- ㉧ 1957년 : 농업협동조합법, 농업은행법 제정(조선농회 업무·재산 인수), 농업은행법 제정
- ㉨ 1958년 : 농협중앙회 창립총회 개최, 농업은행 업무 개시

② 종합농협 출범(1961~)

- ㉠ 1961년 : 농협중앙회와 농업은행 통합, 종합농협 형태 농업협동조합 창립(전국단위 중앙회−시군조합− 이동조합의 3단계)
- ㉡ 1962년 : 농협대학교 개교
- ㉢ 1964년 : 농협신문 창간(농민신문 전신)
- ㉣ 1965년 : 자립·과학·협동을 다짐하는 새농민운동 전개
- ㉤ 1969년 : 조합에 상호금융제도를 도입해 농촌지역 고리채(高利債) 해소
- ㉥ 1972년 : 농신보 업무 실시
- ㉦ 1981년 : 농협중앙회에서 축산부문 분리, 농협 계통조직 2단계 개편(시군조합 폐지, 조합−중앙회 2단계)
- ㉧ 1984년 : 연금공제·화재공제 실시, 신용카드 업무 개시
- ㉨ 1986년 : 면세유 공급 개시

③ 농협의 민주화와 통합농협시대(1988~)

- ㉠ 1988년 : 민주 농협법 개정, 조합장 및 중앙회장 직선제 도입
- ㉡ 1989년 : 우리농산물애용운동 전개
- ㉢ 1990년 : 농식품 수출전담 자회사 ㈜협동무역(現NH무역) 설립
- ㉣ 1994년 : 사업부제 실시
- ㉤ 1995년 : ㈜농협유통·농협사료 설립
- ㉥ 1998년 : 양재동 하나로클럽 개장, ㈜남해화학 인수 완료
- ㉦ 2000년 : 통합 농협중앙회 출범(농·축·인삼협중앙회 통합)
- ㉧ 2004년 : 새농촌새농협운동 추진 선포, 농협재단·농촌사랑운동 전개 및 범국민운동본부 출범
- ㉨ 2006년 : 농촌사랑지도자연수원·NH투자증권·농협목우촌·농협경제연구소 출범
- ㉩ 2007년 : 한국 농협, 국제협동조합연맹(ICA)의 세계 4대 협동조합기관 선정
- ㉪ 2010년 : 국제협동조합기구(ICAO) 개최, 도농 상생자금 5,000억 지원

④ 사업전문화 새농협 출범(2011~)

  ㉠ 2011년 : 사업구조개편을 위한 농협법 개정창립 50주년 기념, 농협장학관 개관, 식사랑농사랑운동 전개

  ㉡ 2012년 : 경제사업 활성화를 위한 사업 분할(중앙회 · 경제지주 · 금융지주)전개

  ㉢ 2013년 : 국제협동조합연맹(ICA) 이사국 재선임국제협동조합농업기구(ICAO) 회장 기관

  ㉣ 2015년 : 농협하나로유통 · 농협양곡 설립

  ㉤ 2016년 : 농협이념중앙교육원 개원농협미래농업지원센터 개원

  ㉥ 2018년 : 깨끗하고 아름다운농촌마을 가꾸기 운동 전개

  ㉦ 2020년 : 비전2025 "함께하는 100년 농협" 선포

  ㉧ 2021년 : 창립 60주년 농협, 혁신으로 새로운 100년을 향해

  ㉨ 2022년 : 「탄소Zero 챌린지 적금」 출시로 ESG 동참, 농산업혁신기업 육성

  ㉩ ~현재 : 「범농협 3행3무 실천운동」 결의, 「61천 그루 나무심기」, 금융기관 최초로 「112 신고자동화 시스템 구축」, 제28회 농업인의 날, 새로운 미래비전 「함께하는 100년 농촌」 선포

⑤ 「농업 · 농촌 · 농협운동」 추진 경과

  ㉠ 1964~1965년 : 농협 체질개선 운동

  ㉡ 1965~1978년 : 새농민 운동

  ㉢ 1978~1978년 : 신풍 운동

  ㉣ 1980~1987년 : 농협 경영 개선 운동

  ㉤ 1988~1992년 : 새농협운동

  ㉥ 1989~1994년 : 身土不二 운동

  ㉦ 1995~2002년 : 農都不二 운동

  ㉧ 2003~2004년 : 농촌사랑 운동

  ㉨ 2004~2012년 : 새농촌 새농협 生운동

  ㉩ 2012~2015년 : 食사랑 農사랑 운동

  ㉪ 2016~2018년 : 함께하는 마을 만들기

  ㉫ 2018~2023년 : 깨끗하고 아름다운 농촌마을 가꾸기

시험에 이렇게 나온다! 60년 농협 · 농촌운동의 전통과 정신을 계승한 「농사같이(農四價値) 운동」의 네 가지 농업가치 기반으로 옳지 않은 것은?

① 농민존중
② 농촌재생
③ 농민개몽
④ 농협혁신

A. ③

(4) 계열사 현황

분야	내용
중앙회 교육지원 계열사(4개사)	농협정보시스템, 농협자산관리, 농협네트웍스-농협파트너스
농협경제 계열사(17개사)	• 유통 : 농협하나로 유통, 농협유통 • 제조 : 남해화학-엔이에스머티리얼즈, 농협케미칼, 농우바이오, 농협에코아그로 • 식품/서비스 : 농협양곡, 농협홍삼, 농협식품, 농협물류, NH농협무역 • 축산 : 농협목우촌, 농협사료-농협TMR, 농협우리사료
농협금융 계열사(12개사)	• 은행 : NH농협은행 • 보험 : NH농협생명, NH농협손해보험 • 증권 : NH투자증권-NH선물, NH헤지자산운용 • 기타 : NH-Amundi 자산운용, NH농협캐피탈, NH저축은행, NH농협리츠운용, NH벤처투자

(5) 농협의 인재상

① **시너지 창출가** : 항상 열린 마음으로 계통 간, 구성원 간에 존경과 협력을 다하여 조직 전체의 성과가 극대화될 수 있도록 시너지 제고를 위해 노력하는 인재

② **행복의 파트너** : 프로다운 서비스 정신을 바탕으로 농업인과 고객을 가족처럼 여기고 최상의 행복 가치를 위해 최선을 다하는 인재

③ **최고의 전문가** : 꾸준히 자기계발을 통해 자아를 성장시키고, 유통·금융 등 맡은 분야에서 최고의 전문가가 되기 위해 지속적으로 노력하는 인재

④ **정직과 도덕성을 갖춘 인재** : 매사에 혁신적인 자세로 모든 업무를 투명하고 정직하게 처리하여 농업인과 고객, 임직원 등 모든 이해관계자로부터 믿음과 신뢰를 받는 인재

⑤ **진취적 도전가** : 미래지향적 도전의식과 창의성을 바탕으로 새로운 사업과 성장동력을 찾기 위해 끊임없이 변화와 혁신을 추구하는 역동적이고 열정적인 인재

(6) NH 커뮤니케이션 브랜드 및 캐릭터(ARI)

① NH 커뮤니케이션 브랜드

㉠ Nature&Human(Nature Green) : 순수한 자연을 세상에 널리 전하는 농협의 건강한 이미지를 표현, 농협 전통의 친근하고 깨끗한 이미지 계승

㉡ New Happiness(Human Blue) : 농협의 앞서나가는 젊은 에너지와 전문적인 이미지를 표현, 젊은 농협의 현대적이고 세련된 새로운 이미지 창조

㉢ New Hope(Heart Yellow) : 풍요로운 생활의 중심, 근원이 되는 농협의 이미지를 계승

※ 그래픽 모티브는 인간과 자연을 위한 새로운 물결 상생, 화합, 조화 및 변화, 혁신, 새로운 바람 상징

② 캐릭터 아리(ARI)

    ㉠ 농업의 근원인 씨앗을 모티브로 쌀알, 밀알, 콩알에서 '알'을 따와서 명칭

    ㉡ 통합 농협으로 새출발하는 농협의 미래지향적인 기업 이미지는 캐릭터를 통해 발현

    ㉢ 우리의 전통 음율 '아리랑'을 연상케 하여 '흥, 어깨춤' 등 동적인 이미지

    ㉣ 곡식을 담는 '항아리', '풍요 및 결실'의 의미

(7) 농협의 파란 농부

① 의미

    ㉠ 청년(젊은) 농부

    ㉡ 알을 깨고 나온(破卵, 고정관념과 틀을 깬) 농부

    ㉢ 농업의 블루오션을 창출하는 농부

    ㉣ 농업에 파란을 일으키는 농부

② 내용

    ㉠ 우리 농업의 미래를 선도한 청년 농업인 육성

    ㉡ 국내 및 해외 주요 농업선진지에 대한 연수비 지원

    ㉢ 기수별 연수책자 제작 및 연수결과 보고회 실시(팜파티)

    ㉣ 농업관련 종합컨설팅 및 선도 창업농과의 멘토링

    ㉤ 농업관련 실습 및 교육과정 참여 추천 등

    ㉥ 자치회 결성 및 활동 지원

시험에 이렇게 나온다! NH 커뮤니케이션 브랜드 색상으로 옳지 않은 것은?

① Orange   ② Green

③ Yellow   ④ Blue

A. ①

시험에 이렇게 나온다! 농협비전 2030 엠블럼에 대한 설명으로 옳은 것은?

① 농업에 파란을 일으키는 농부 의미

② 곡식을 담는 항아리, 풍요의 결실 의미

③ 농업의 근원인 씨앗이 모티브

④ 변화와 혁신을 담은 수레

A. ④

(8) 기사

농협, 「정부 농정 대전환 정책」 연계 추진… 5대 중점과제 실행 로드맵 제시

농협중앙회는 정부의 농정 대전환 정책에 적극 동참해 농산물 유통구조 개혁, 스마트농업 확산, 청년 농업인 육성, 공공형 계절 근로사업 확대 등을 중점과제로 선정하고 본격 추진할 계획이라고 밝혔다. 정부의 농정 대전환은 지난해 확정된 새 정부 국정과제와 최근 농림축산식품부 업무보고를 통해 발표된 5대 중점과제로, 농업·농촌의 지속 가능한 미래를 여는 핵심 정책이다. 범농협 주요 추진계획은 다음과 같다. ▲ 국가 전략산업으로서의 농업 육성 ▲ K-푸드+ 글로벌 진출 확대 및 스마트농업 가속 ▲ 국가 책임 강화와 청년 농업 인재 양성 ▲ 국가 균형성장에 기여하는 농촌 구현 ▲ 사람과 동물이 함께 행복한 사회 조성 이를 통해 농협 개혁과제 일환으로 정부 정책에 적극 동참하고 본연의 역할 강화할 계획이며, 유통구조 개혁·스마트농업 확산·청년농 육성으로 '돈 버는 농업' 전환에 가속할 예정이다.

청년과 함께 농업의 내일을 설계하다, 청년 농업인과 미래 농정 소통 강화

농협중앙회는 청년농업인象수상자협의회(청농회), 청년여성농업인협동조합(청여농) 소속 청년 농업인 22명과 함께하는 소통 간담회를 개최했다. 간담회는 '농업의 내일, 청년에게 묻다'를 주제로, 농업·농촌의 지속 가능한 미래를 이끌어갈 청년 농업인의 현장 목소리를 직접 청취하고, 농협과의 협력사업 및 정책 연계 방안을 논의하기 위해 마련됐다. 참석자들은 ▲ 청년 농업인의 안정적인 영농 정착 지원 ▲ 경영·조직 역량 강화를 위한 교육 및 지원 확대 ▲ 청년 농업인 단체와 농협 간 협력사업 고도화 방안 등 주요 현안에 대해 자유롭게 의견을 나누며 다양한 건의사항을 제시했다. 농협중앙회는 앞으로도 지속적인 소통으로 청년 농업인이 농업·농촌의 핵심 주체이자 미래 성장동력으로 자리매김할 수 있도록 지원하는 한편, 정부 국정과제에 발맞춰 청년 농업인의 안정적인 정착을 통해 지역경제 활성화를 추진해 나갈 계획이며, 신규 청년 농업인의 유입과 안정적인 정착을 지원하는 가교 역할을 수행함으로써 농업·농촌의 지속 가능한 발전에 기여해 나가겠다고 강조했다.

2026 농업·농촌 10대 이슈

※ 매년 1월 발표

2026년 농정 여건

한국 농업·농촌이 처한 현실

현재 농업 현장은 기후위기 심화, 농가 경영 불안정, 농촌 인구 기반 붕괴라는 구조적 위기에 동시에 노출되어 있다. 극단적 이상기후와 자연재해가 잦아지면서 농업 생산의 변동성은 커지고 있으며, 노동집약적 산업 구조 속에서 농촌 인력 부족은 만성화 단계에 접어들었다. 고령사회와 인구 감소가 빠르게 진행되며 다수 농촌 지역은 이미 지역 소멸 위험 단계에 진입했다. 정부가 지정한 인구감소지역 대부분이 농촌에 집중돼 있다는 점은 이러한 현실을 단적으로 보여준다. 외국인 계절근로자와 고용허가제 인력이 농업 현장을 일부 보완하고 있으나, 체감 인력 부족은 여전히 심각하다. 여기에 더해 내수 침체 가능성, 국제 정세 불안, 글로벌 공급망 재편 등으로 비료·사료 등 농자재 수급 불확실성도 지속되고 있다.

농정 패러다임의 전환에 대한 기대

이러한 복합 위기에 대응하기 위해 정부는 농업을 국가 전략 산업으로 재정립하고 농가 경영 안전망을 강화하는 한편, AI와 디지털 기술을 접목한 산업 구조 혁신이 병행되고 있다. 정부는 농촌을 지역 균형 발전과 에너지 전환의 거점으로 육성하고, 농업재해 보상과 소득 안정에 대한 국가 책임을 확대하는 정책 기조를 제시했다. 이에 따라 농산물 가격 안정, 쌀 수급 관리, 재해 대응 체계 강화 등을 포함한 관련 법 개정이 본격 시행되며 제도적 기반도 한층 정비되고 있다. 특히 농업재해 대응 체계 강화, 필수 농자재 지원, 가격 변동 완화 정책 등이 단계적으로 도입되면서 농가 경영 부담을 완화하는 환경이 조성되고 있다. 더불어 신재생에너지 기반 농촌 소득 모델과 기본소득 시범사업 등 새로운 농촌 경제 구조 실험도 확대될 전망이다.

2026년 주요 농정 방향

2026년 정부 농정의 핵심은 지속가능성 확보와 성장 산업 전환이다. 이를 위해 농업인 소득 안정, 농촌 소멸 대응, 식량안보 강화, 유통 혁신, 스마트농업 확산 등 다각적인 정책이 추진될 예정이다. 쌀 수급 관리와 전략작물 직불 확대를 통해 식량 자급 기반을 보강하고, 온라인 도매시장 활성화와 스마트 APC 확충을 통해 유통 구조 개선도 가속화된다. 또한 농지 제도 전반을 재정비하는 법 개정 논의가 본격화되며 농지 이용의 효율성 제고가 중요한 과제로 떠오르고 있다. 농가 경영 안정을 위한 선택형 직불제 확대와 공동영농 모델 확산도 예상된다. 고령화와 인력 부족 문제를 구조적으로 완화하기 위한 접근이다. 아울러 농업 분야 AI 생태계 구축을 위한 국가 차원의 플랫폼 조성이 추진되며, 스마트농업과 전후방 산업 육성이 본격화될 전망이다. 이는 농업이 기술 기반 융합 산업으로 전환되는 중요한 분기점이 될 수 있다.

1. 개정 양곡법, 쌀 수급안정의 묘수 될까 : 정책 기대와 선제적 관리 성과

(1) 구조적 쌀 공급과잉과 농가 소득 감소의 장기화

① 매년 약 2,500 ~ 5,000억 원 규모의 시장격리 예산을 투입하고 있음에도 약세 지속

② 2022년 러·우 전쟁 이후 수입 비료 가격 상승으로 논벼 경영비는 증가한 반면, 2021년 정부 관리양곡 대규모 매도와 연이은 풍작으로 쌀값이 하락하며 논벼 재배농가의 10a당 소득 크게 감소

(2) 개정 양곡법·농안법을 통한 쌀 수급안정의 법적 기반 마련

① 2025년 8월 개정, 2026년 8월 시행 예정 양곡법·농안법, 선제적 수급관리가 핵심

② 쌀값 안정을 위한 '벼 재배면적 조정(선제적 수급관리) → 과잉생산 시 정부 의무 매입 → 가격 하락 시 기준가격 대비 차액 보전' 3단계 수급안정 장치 제도화

③ 재배면적 조정 단계에서 충분한 보조금 지급이 가능하도록 법적 근거 마련

(3) 전략작물직불사업 예산 확대와 지원 구조 개편

① 2026년 전략작물직불사업 예산, 전년 대비 72% 증액한 4,196억 원으로 편성

② 수요 확대가 부진했던 논콩·가루쌀 예산 감액, 실제 수요와 판로 확보가 용이한 하계조사료 중심으로 지원 구조 재편

(4) 생산자 참여 확대를 위한 거버넌스 강화

① 기존 농식품부 고시로 운영되던 양곡수급관리위원회가 법정기구로 격상

② 위원의 3분의 1 이상을 생산자 단체 대표로 위촉하도록 명문화

③ 양곡수급계획, 정부양곡수급계획, 쌀 의무 매입을 포함한 수급안정대책을 심의·의결하도록 하여 현장 의견이 정책에 반영될 수 있는 구조 재건

(5) 핵심전망

① 시행령 개정 과정에서 매입 발동조건과 기준가격 설정이 핵심 쟁점

② 기준가격 산정 방식이 농가 소득 보장의 실효성을 좌우

③ 벼 재배면적 감축의 실제 성과가 제도 성패를 결정

④ 농협 등 생산자 단체의 역할 확대 필요

2. 농가소득 안전망 강화의 정책적 전환 : 국가 책임 확대와 향후 과제

(1) 농산물 수급 · 가격 변동성 심화로 농가경영 불안 지속

    ① 이상기후로 인한 농업재해 빈발, 영농자재비 · 인건비 상승 등으로 농산물 수급 및 가격 변동성 확대

    ② 농가교역조건지수, 2005년 98.3에서 2024년 96.8로 악화 → 농가 채산성 전반적인 하락

    ③ 2024년 농가소득은 5,060만 원으로 증가 추세이나, 농업생산활동을 통해 발생한 농업소득은 958만 원 수준에 정체

    ④ 농업소득 변동 폭은 $-26.8 \sim 28.6\%$로, 수입의 불안정성 심화

(2) 농정 대전환 기조 아래 국가 책임 강화 방향 명확화

    ① 정부가 2025년 9월, 농업 · 농촌 부문 4대 국정 과제를 발표하면서 국가 책임 강화형 농정 전환 공식화

    ② 자연재해, 농업투입비 상승, 수급 불안 등 농가가 감당하기 어려운 리스크에 대해 국가가 적극 개입하는 선진국형 농정 추진 예정

(3) 농가소득 · 경영 안전망 강화를 위한 정책 패키지 추진

    ① 공익직불제 확대와 농산물 가격안정제 도입을 통해 농가소득 안전망을 강화할 계획

    ② 재해복구 지원 확대 및 재해 대응체계 강화를 통해 농업재해 국가책임제 도입 추진

    ③ 필수농자재 지원체계 구축과 공공형 계절근로제 확대를 통해 농가 경영비 부담 완화 도모

    ④ 청년농업인 양성과 농지이양은퇴직불제 확대를 통해 농업 부문 세대전환 촉진 병행

(4) 농업수입안정보험 · 농산물 가격안정제 본격화

    ① 2025년 본사업으로 전환된 농업수입안정보험을 농가경영 안정의 핵심 수단으로 활용

    ② 농안법 개정(2025년 8월)을 통해 농산물 가격안정제 도입, 2026년 8월 본격 시행 목표

(5) 향후 전망

    ① 농가소득 · 경영 안정 체계의 국가 책임 강화 지속

    ② 기초 · 선택 안전망 이중 구조 강화

    ③ 농업재해 국가책임제 실질화 추진

    ④ 농가경영비 절감 및 가격지지 정책 논의 본격화

    ⑤ 농업소득 정보체계 구축 논의 확대

3. 농지제도 개편 논의 본격화 : 농지 활용 확대와 공익 가치 사이의 정책 조율

(1) LH 사태 이후 농지 규제 강화로 거래 위축 및 가격 하락
① 2021년 LH 투기 사태 이후 농지가 투기 수단이 아닌 식량 생산 기반이라는 취지 아래 농지법 강화
② 농업 투자 유인 위축 및 농업인의 재산권 침해 등 부작용 발생
③ 전국 농지거래량은 2021년 50,948ha에서 2023년 25,346ha로 하락, 특히 비수도권 및 농촌 군지역의 농지거래 회전율 크게 하락
④ 투기 차단 목적의 규제가 비투기 지역까지 확산되면서 농업계 우려 확대

(2) 농식품부, 30년 만의 농지제도 전면 개편 추진
① 기존 농지법이 첨단 농업기술 발전, 농촌 인구 감소, 도시민 농촌 유입 등 환경 변화를 반영하지 못한다는 문제의식 제기
② 2025년 주요 업무계획을 통해 농지 소유 규제 완화와 이용·전용 범위 확대를 골자로 한 개편안을 발표하며 사회적 논의 공식화
③ 현재 국회에는 농지 소유·이용·관리 전반을 다루는 개정안 다수 발의, 2025년 3분기 기준 32건의 농지법 개정안 상정

〈표1〉 농지제도 개편 핵심 내용

농지이용 범위 대폭 확대	소유·임대차 규제 완화	농지취득 절차 간소화	지자체 권한 확대
• 스마트팜(수직농장) 설치 자유화 • 농촌체류형 쉼터 설치 허용 • 농지 활용 다양화	주말체험 영농목적 농지 소유 허용 ※ 지자체 지구 내 농업진흥지역, 3년 이상 경작농지, 영농조합법인 소유농지 등	복잡한 서류절차 대폭 간소화 ※ 간단한 신청서와 기본 인적정보 만으로 취득 가능	농지 전용 권한 지자체 이양 ※ 농업진흥지역 외 농지 전용 권한 대부분 지자체 이양

(3) 향후 전망
① 농지정책 전반에 대한 심층 논의 확대
② 농지법 개정안 조율 과정 난항 예상
③ 농지 이용 효율화를 위한 농협 역할 확대 전망

〈표2〉 여·야별 농지법 개정안 방향

여당	야당
농지이용에 대한 규제 완화(농지 복합이용 개념 도입, 농지에 태양광 발전설비 설치 허용 등)	농지 소유 및 임대차 규제 완화 ※ 인구감소 지역 등에 농지소유 및 임대차 규제 완화, 농업진흥구역 내 농업제반시설 설치조건 완화 등

4. 영농형 태양광 정책 가속화 : 농가소득 대안과 과제

(1) 영농형 태양광, 농가소득 증대와 탄소중립을 동시에 겨냥한 모델로 부상

① 농지 상부에서 전력을 생산하고 하부에서 농산물을 재배하는 이중 생산 구조

② 1981년 독일에서 개념이 제시되고, 2004년 일본에서 시험 적용, 2009년 실증단지 조성으로 확산

③ 국내 2010년대 중후반 도입, 실증사업 중심 운영… 토지 효율성 제고 · 탄소중립 · 발전 수익 기반 농가소득 증대 가능성 주목

(2) 전국 90여 개 실증 사례 축적… 소득 증가 효과 확인, 구조적 과제도 병존

① 2016년 충북 청주 오창 실증단지 최초 도입, 2024년 기준 전국 약 90개소 운영

② 농가소득 증가, 벼 생산성 소폭 하락

③ 전력 계통망 연결 · 인허가 절차, 최대 애로 요인

④ 100kW 미만 소형 실증사업, 벼 중심 추진으로 벼 재배 수확률 80 ~ 90% 수준

⑤ 작물별로는 녹차(111%), 포도(102%) 등 증수 사례도 있었으나 감자(95%), 들깨(91%), 마늘 · 양파(70%대) 등 감소 사례도 병존

(3) 자체 분석 결과, 보수적 가정하에서도 제한적이나마 수익성 존재

① 1ha, 1MW, 약 18억 원 투자 기준 분석 결과, 참여 농가 미참여 대비 수익성 우위

② 25년간 순수익 약 2.5억 원, 연평균 약 1천만 원 수준 추산

③ 금리, 운영비, 인건비, 폐기비 등 반영 기준, 자체 운영 시 일정 수준 사업성 확보 가능 평가

(4) 향후 전망

① 정부 · 국회 중심으로 정책화 및 법제화 논의 본격화

② 입법 과정에서 사업 주체 · 수익구조 · 개발 방식이 핵심 쟁점

③ 농협의 단계적 · 전략적 대응 필요성 확대

5. 농어촌기본소득 도입 본격화 : 농촌 활력 회복 기대와 재정 지속성 과제

(1) 인구감소 · 고령화 심화로 농촌 소멸 위기 가속

    ① 농촌 인구 감소, 정주 여건 악화와 지역경제 침체로 연결… 인구 유출을 반복시키는 구조적 악순환 초래

    ② 최근 5년간 전국 지자체 평균 인구감소율은 -1.3%인 반면, 인구감소지역 69개 군은 -6.0%

    ③ 2025년 기준 고령화율도 전국 평균 20.82% 대비 인구감소지역 군은 38.8%로 농촌 활력 저하와 소멸 위험 심화

(2) 정부, 농어촌기본소득 시범사업 추진으로 농촌 활력 제고 시도

    ① 농촌 소멸 대응을 국정과제로 설정, 농어촌기본소득 시범사업 추진

    ② 2026 ~ 2027년 2년간 농어촌 인구감소지역 10개 군 선정, 월 15 ~ 20만 원 상당의 지역사랑상품권 지급 예정

    ③ 대상 지역 범위, 지급 금액 수준, 지급 방식, 주무부처 등과 관련해 다양한 의견이 제기… 정부는 시범사업 결과를 토대로 본 사업 방향 검토 예정

〈표3〉 농어촌기본소득 시범사업 개요

구분	주요 내용
기간	2026 ~ 2027년 진행 후 본 사업 전환 검토
지역	• 일반형 : 경기 연천, 충남 청양, 전북 순창, 경남 남해, 충북 옥천, 전북 장수, 전남 곡성 • 지역재원 창출형 : 강원 정선(강원랜드 주식 배당금 활용), 전남 신안(햇빛 · 바람재생에너지 발전 이익 공유), 경북 영양(풍력발전기금 활용, 양수발전 추진)
지급액	월 15만 원(지역재원 창출형 : 20만 원) 상당의 지역사랑상품권
지급인원	32만 4,000명(주민등록상 30일 이상 거주 주민)

(3) 향후 전망

    ① 농촌 활력 회복과 지역경제 순환 효과 기대

    ② 지방재정 부담이 본 사업 확대의 최대 제약 요인

    ③ 지역사랑상품권 사용처 확대 필요성 부각

6. 농업 세대교체 정책 가속화 : 고령농 은퇴와 청년농 진입을 잇는 구조 전환

(1) 농업 고령화 심화와 청년농 감소로 세대교체 구조적 위기 가속

① 2024년 기준 65세 이상 농가경영주 비중은 69.8%, 40세 미만 청년경영주는 0.5% 수준

② 청년농 경영주는 2015년 1.3% → 2024년 0.5%로 급감, 세대 불균형 심화

③ 농가 수는 100만 호 미만으로 감소, 농가인구 200만 명 붕괴 임박

④ 청년농 부족은 기술 전수 단절과 혁신 수용성 저하로 연결… 농업 생산기반 악화 초래

⑤ 고령농의 은퇴 지연·농지 유동화 정체, 높은 농지가격과 맞물려 청년농의 농지 접근성 악화… 악순환 구조 고착화

(2) 정부, 세대교체 촉진 위한 제도적 기반 전면 구축

① 정부는 농업 지속가능성 확보 위해 세대교체 정책을 핵심 국정과제로 추진

② 농지이양은퇴직불제 전면 개편, 지원 단가를 ha당 330만 원에서 600만 원으로 상향

③ 지급 연령은 75세 → 84세 확대, 영농경력 요건 연속 10년 → 총 10년으로 완화… 접근성 제고

〈표4〉 농지이양은퇴직불제 개편 전후 비교

구분	가입대상	지급기한	지원단가	농업인 조건
개편 전	65 ~ 74세	75세까지	ha당 330만 원	영농경력 연속 10년 이상
개편 후	65 ~ 79세	84세까지	ha당 600만 원	영농경력 총 10년 이상

④ 농업인퇴직연금제 도입 추진, 농지이양은퇴직불·농지연금·퇴직연금을 결합한 3중 노후보장체계 구축 목표

⑤ 청년농 정책은 양적 확대 중심에서 정착 중심으로 전환, 진입 → 정착 → 성장 단계별 지원 체계 구축 및 디지털농업 교육, 전용자금, 임대주택 제공 등 병행

(3) 향후 전망

① 2026년 세대교체 정책의 실질적 분수령

② 고령농 은퇴 지연과 청년농 진입장벽이 정책 실효성의 최대 장애 요인

③ 인력·제도·조직을 아우르는 입체적 전환 전략 필요

7. 트럼프 라운드 본격화 : 통상환경 변화에 따른 농업부문 리스크 확대

(1) '트럼프 라운드' 재개로 한국농업의 대외 리스크 급증

① 미국 트럼프 2기 행정부 출범 이후 보호무역 강화, 미국 중심의 권력 외교형 통상 환경 본격화

② '트럼프 라운드' 국면, '농산물 시장개방 확대, 농업 원자재 공급 불확실성, 농식품 수출환경 악화'라는 3중 위기 직면

〈표5〉 트럼프 라운드 시대, 한국농업의 주요 위기 요인 및 전망

구분	내용
농산물 시장개방 확대	• 한 · 미 무역합의, CPTPP 가입추진 등 실질적 시장개방 확대 국면 • 미국산 과일 · 채소, LMO 농산물 수입 앞당겨질 가능성 有 • 쇠고기, 돼지고기 등 주요 품목에 대한 추가 개방 요구 가능성 有
원자재 가격 상승	높은 원자재 가격, 고환율로 고투입재 비용 구조 장기화 전망
수출시장 불안정성	가격경쟁력 약화 등으로 농식품 수출 성장세 둔화 가능성 有

(2) CPTPP · 한미 통상 합의 등으로 시장개방 압력 확대

① 2025년 CPTPP 가입 검토를 공식화, 대미 통상 압박 완화 · 시장 다변화 추진

② 한 · 미 무역 합의 통해 미국산 과일 · 채소 검역 전담 조직(U.S. Desk) 설치, LMO 농산물 인허가 간소화 등 비관세장벽 완화 합의

③ 미국산 원예작물과 LMO 농산물 수입이 앞당겨질 가능성 확대… 쇠고기 · 돼지고기 · 과일류 등 주요 품목 추가 개방 요구 증가 전망

(3) 원자재 공급 불안과 고환율로 농가 경영 부담 가중

① 미 · 중 갈등, 중동 긴장 등 지정학적 리스크… 비료 · 사료 · 원유 등 글로벌 농업 원자재 공급망 불확실성 증가

② 주요 사료곡물 수출국의 자국 우선주의 강화 가능성 확대

③ 연이은 원/달러 환율 1,400원대 고공행진, 수입 물가 상승 → 비료 · 사료 가격 인상 → 농가 생산비 부담 확대

(4) 대미 수출 환경 악화로 농식품 수출 성장세 둔화 조짐

① 미국의 상호관세 부과로 한국 농식품의 가격경쟁력 약화

② 글로벌 소비 위축 · 통관 불확실성 확대로 수출 환경이 전반적으로 악화

③ 한국산 농식품의 통관 거부 · 반송 사례 증가… 비관세장벽 리스크 확대

〈그림1〉 한국산 농식품 통관문제 발생 건수

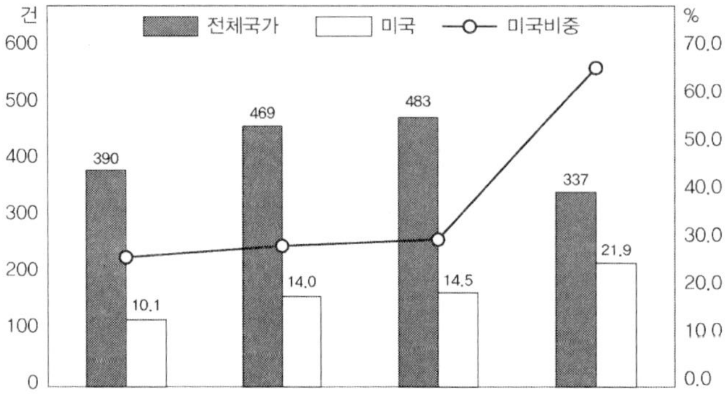

(5) 향후 전망

① 미국산 농산물 수입 확대 및 추가 개방 요구. 高원자재 · 高환율 구조 장기화 가능성

② 농식품 수출 성장 둔화 우려

③ 필수 농자재 안정 공급과 사료 공급원 다층화 필요

8. 스마트농업 일반농가 확산 국면 진입 : 기술 혁신과 현장 활용의 균형 과제

(1) 정부, 스마트농업 체계적 육성을 위한 중장기 전략 본격 가동

① 2025년 '제1차 스마트농업 육성 기본계획(2025 ~ 2029년)'을 수립 및 정책 기반 정비

② 2029년까지 시설원예 스마트팜 전환율 35%, 밭작물 스마트농업 도입률 20%, 매출 100억 원 이상 선도기업 120개 육성 목표

③ 전국 15개소 스마트농업 육성지구 조성 계획, 2025년 홍성 · 남원 · 장성 · 고흥 4개 지역 우선 지정

④ 민관 협의체 'K－스마트팜 추진단' 출범, 현장 의견 정책 설계 · 기술 보급 반영 구조 마련

(2) 농협 주도로 보급형 스마트팜 확산⋯ 일반농가 전환점 도래

① 농협, 중소 · 영세농 활용 가능 저비용 보급형 스마트팜 모델 개발⋯ 2025년에 약 1,000 농가 보급

② 리모델링 방식 · 필수 기능 중심 설계 적용⋯ 도입 부담 완화 · 접근성 제고, 스마트농업 일반농가 확산 전환점 평가

③ 청년농 대상 장기 임대형 스마트팜 본격 시행⋯ 2026년 노지 · 중소농 확산을 위한 신규 예산 편성 등 정책 강화

(3) 향후 전망

① 지역·품목 맞춤형 스마트농업 모델 개발 본격화

② 정부-농협 협력 강화와 데이터 기반 모델 고도화

③ 농업 AX 본격 추진… 혁신 기회와 구조적 우려 병존

9. 농산물 유통구조 전환 가속화 : 공공성 강화와 디지털 기반 혁신

(1) 기후플레이션 심화로 가격 변동성 확대… 유통구조 개선 요구 고조

① 기후변화로 농산물 가격 급등이 상시화, 기존 유통구조 가격 변동성 완충 기능 한계

② 생물 특성상 가격 변동은 불가피하나, 현행 유통체계의 비효율성으로 변동성 증폭 지적 확대

(2) 정부, 디지털 기반 유통구조 개선 방안 본격 추진

① 2024 ~ 2025년에 걸쳐 농산물 유통구조 개선 대책을 연속 발표, 생산→유통→소비 전 주기의 디지털 전환을 정책 방향으로 설정

② 2025년 9월 '농산물 유통구조 개선 방안' 발표… 주요 품목 가격 변동성 50% 완화, 전체 유통비용 10% 절감 목표 제시

③ 디지털·온라인 기술 도입, 도매시장 공공성 강화, 유통정보 활용 고도화 등을 중심으로 4대 전략과 12대 중점 과제 마련

〈표6〉「농산물 유통구조 개선 방안」주요내용

4대 추진 전략	주요 내용
농산물 유통구조 디지털 혁신	• 농산물 유통 핵심 경로로 온라인 거래 활성화 • 산지 스마트화로 유통·물류 효율성 제고 • 디지털 기반 산지-소비지 온라인 직거래 확대
도매시장 경쟁 촉진·공공성 제고	• 평가 체계 개편 등 도매시장 경쟁 촉진 • 출하 가격 보전 등 도매시장 공공성 강화 • 전자송품장 의무화 등 가격 변동성 완화
소비자의 합리적 선택 지원	• 가격·유통 정보 제공 확대로 합리적 선택 지원 • 유통단계 축소한 대안 소비 경로 확대
안정적 농산물 생산 및 유통 기반 구축	• 안정 생산을 위한 적정 재배면적 확보 • 민관 협력 생육 관리 강화 • 공급 불안 대응력 제고 • 생산자 조직화 등 산지 유통 경쟁력 강화

(3) 향후 전망

① 농안법 개정을 통한 도매시장 공공성 강화 본격화

② 온라인 도매시장 확대와 스마트 APC 중심의 디지털 전환 추진

③ 디지털 유통 안착을 위한 산지 조직화 · 물류 인프라 · 데이터 표준화 강화

10. 농심천심 운동 확산 국면 진입 : 농업 · 농촌 공익가치의 사회적 실천 전환

(1) 농업 · 농촌 공익적 기능, 국가 지속가능성의 핵심 요소로 재부상

① 기후위기, 글로벌 공급망 불안, 지역소멸 등 구조적 위기 심화… 농업 · 농촌, 식량 생산을 넘어 환경보전 · 국토 균형 발전 · 문화 계승 등 전략 자원으로 재인식

② 국제적으로 농업은 기후 · 식량 · 생태 위기를 동시에 대응하는 핵심 분야로 평가, 주요 국가들은 환경 · 기후 중심 농정으로 전환 중

③ 국내 조사 결과 도시민의 약 75%, 농업 · 농촌의 공익적 가치에 공감… 사회적 인식 기반 확대

〈그림2〉 농업 · 농촌의 공익적 가치에 대한 국민 의식

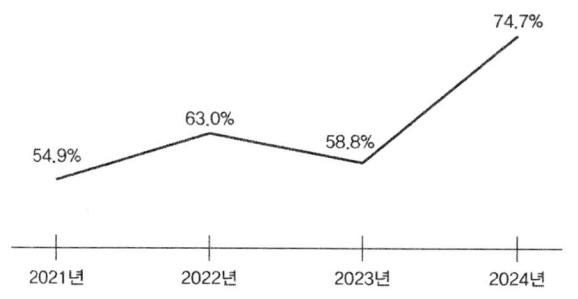

(2) 공익 가치 제도화를 위한 국가 책임 논의 확대

① 농업 · 농촌의 공익 기능 강화를 위한 국가지원 필요성에 도시민 80% 공감… 헌법 반영에 과반수 찬성 등 제도적 정당성 요구 확대

② 헌법 반영은 사회적 합의가 필요한 사안으로, 단기 실현보다는 국민 체감형 활동을 통한 공감대 축적이 선행되어야 한다는 의견 우세

(3) 농심천심 운동, 인식 중심에서 참여형 사회운동으로 전환 요구

① 농심천심 운동, 농업·농촌의 공익적 가치를 국민 실천으로 연결하기 위한 시도… 도시민 다수가 취지에 공감

② 농업·농촌 관심도와 긍정 이미지 최근 하락… 공익 가치에 대한 추상적 인식과 실제 체감 사이의 간극 존재

③ 단순 홍보를 넘어 국민이 직접 참여하는 실천형 사회운동으로의 전환 필요성 대두

(4) 향후 전망

① 공익 가치 확산의 무게 중심, '인식'에서 '일상 속 참여'로 이동

② 농심천심 운동, 범국민 참여 플랫폼으로 발전 가능성

③ 교육·체험·관광 연계를 통한 공익 가치 내재화

④ 지역 단위 실천 확대와 헌법 반영 논의 재점화

2026년 필기시험 합격 전략

직무능력평가는 전 영역에 걸쳐 긴 지문과 복합 자료가 제시되는 형태가 많으며, 단순 지식 확인보다는 자료를 정확히 읽고 핵심 정보를 선별·해석하는 능력을 중점적으로 평가한다. 특히 농업·농촌 환경, 농협의 금융·대출·보험 상품, 현장 업무 상황 문제가 자주 출제되어, 실무 맥락을 이해하고 상황에 맞는 판단을 요구하는 문항이 다수를 차지한다. 지문 분량이 길고 조건이 복합적으로 제시되는 경우가 많아, 속독보다는 정확한 독해력과 정보 구조화 능력이 중요하게 작용한다. 처음부터 지문을 모두 읽기보다는 문제에서 요구하는 핵심 정보를 먼저 파악한 뒤 해당 내용을 중심으로 지문을 분석하는 전략이 효과적이다. 특히 수치, 조건, 기준이 되는 문장은 표시하며 읽는 습관을 통해 불필요한 재독을 줄이는 것이 중요하다. 자료해석의 경우 실제로는 복잡한 계산보다 증감 여부, 비율 비교, 우선순위 판단을 묻는 경우가 많으므로 자료의 구조를 빠르게 파악하는 연습이 필요하다.

직무상식 영역은 농협의 역사와 연도별 주요 사업 등 농협 전반에 대한 기본 상식을 중심으로 출제되며, 농협의 역할과 사업 구조에 대한 이해를 요구하는 문제와 더불어 농업·농촌 전반에 대한 이해를 바탕으로 금융·경제, 디지털 상식 등 다양한 분야의 기초 상식을 두루 묻는 경향을 보인다. 특히 농협과 직접적으로 연관된 문제는 전체 문항 중 약 2 ~ 3문제 수준으로 출제되지만, 협동조합의 개념과 운영 방식과 관련된 문제는 거의 매년 빠지지 않고 출제되는 핵심 영역이다. 이에 따라 협동조합의 기본 이념과 기능, 일반 기업과의 차이점을 정확히 이해하고 있는지가 중요하다. 최근에는 디지털 전환, 정보기술 활용 등 디지털 상식과 관련된 문제도 출제되고 있어, 변화하는 농협의 사업 환경과 흐름을 함께 이해할 필요가 있다. 전반적으로 직무상식 영역은 폭넓은 배경지식을 요구하면서도 연도 암기, 농협과 농업·농촌을 둘러싼 환경을 종합적으로 이해하고 있는지를 중점적으로 평가하는 출제 경향을 보인다.

PART

02

기출
복원문제

2025년 11월 2일 기출복원문제
2024년 11월 10일 기출복원문제

기출후기를 반영하여 복원·재구성한 문제입니다.

┃1~2┃ 다음 설명을 읽고 분석 결과에 대응하는 가장 적절한 전략을 고르시오.

> 기업들은 국내·해외 시장에 진출하거나 기존 사업을 확장할 때, 단순한 직감이 아닌 체계적인 환경 분서을 통해 전략을 수립하고 있다. 특히 기업의 내부 환경과 외부 환경을 동시에 고려하는 SWOT 분석 기법이 널리 활용되고 있으며, 각 기업은 이를 기반으로 마케팅 전략, 신제품 개발, 비용 조정, 해외 진출 방향 등을 결정한다.
>
> ※ SWOT분석에 의한 마케팅 전략
>
> ㉠ SO전략(강점-기회) : 강점을 활용하여 시장의 기회를 활용하는 전략
>
> ㉡ ST전략(강점-위협) : 강점을 사용해 시장의 위협을 회피하는 전략
>
> ㉢ WO전략(약점-기회) : 약점을 보완하여 시장의 기회를 활용하는 전략
>
> ㉣ WT전략(약점-위협) : 약점과 위협을 모두 최소화하는 방어적 전략

1 다음은 미국의 패스트푸드사가 한국 시장에 진출하기 위해 실시한 SWOT 분석이다. 다음 중 SO전략에 해당하는 것은?

강점(Strength)	• 미국 본토에서 이미 검증된 햄버거 레시피와 브랜드 인지도 보유 • 패스트푸드 운영 노하우(재고관리·고속서비스) 확보
약점(Weakness)	• 한국인의 입맛·식문화에 대한 이해 부족 • 한국 내 유통망이 약하고 매장 수가 적음
기회(Opportunity)	• 한국에서 외국 브랜드 햄버거에 대한 관심 증가 • 배달 및 빠른 서비스 선호 트렌드 강화
위협(Threat)	• 국내 기존 햄버거 브랜드와 경쟁 심화 • 수입 원재료 비용 및 환율 리스크 증가

① 고객 설문조사를 통해 입맛을 파악하고 현지 매장 운영 매뉴얼을 제작한다.

② 경쟁 브랜드보다 낮은 가격을 유지하여 고객 이탈을 방지한다.

③ 비용 절감을 위해 초기에는 소규모 매장만 운영한다.

④ 검증된 레시피와 인지도를 활용해 '한국형 메뉴'를 출시하고 매장을 확대한다.

⑤ 국내 프랜차이즈 업체와 제휴하여 유통망을 공유한다.

2 미국 커피 브랜드 B사는 한국 매장을 운영하면서 다음과 같은 SWOT 분석을 하였다. 전략법 연결이 적절한 것은?

강점(Strength)	• 미국 본사의 글로벌 마케팅 네트워크 활용 가능 • 가맹점 관리 시스템 및 인력 매뉴얼 보유
약점(Weakness)	• 한국 시장 및 입지 선정 경험 부족 • 임대료 관리와 비용 구조 파악 어려움
기회(Opportunity)	• 정부의 외식업 투자 지원 • 프리미엄 버거에 대한 젊은 층의 관심 증가
위협(Threat)	• 최저임금 상승 압박 • 식품 위생·안전 규제 강화

① WT전략 : 글로벌 마케팅을 활용해 가격 프로모션을 대규모로 진행한다.
② WO전략 : 한국 매장 직원 대상의 현지화 교육 시스템을 구축한다.
③ SO전략 : 자동 주문 시스템을 도입하여 인건비를 줄인다.
④ WT전략 : 영업시간을 단축하고 인력을 최소화한다.
⑤ ST전략 : 경쟁 브랜드의 가격을 분석해 비슷한 수준으로 조정한다.

3 다음 사례에서 이 대리가 취해야 할 가장 적절한 행동은?

> A은행의 甲 지점은 최근 창구 고객 불만 처리 기준이 지나치게 경직되어 있다는 지적을 받고 있다. 통장 재발급, OTP 오류, 예금 이체 제한 해제와 같은 단순 민원도 직원은 즉시 처리하지 못하고 지점장 결재 또는 본부 승인을 기다려야 하는 구조로 운영되고 있다.
> 특히 이 대리는 "작은 민원이라도 보고 후 지시를 받아 처리하라"라고 강조하며 직원들이 현장에서 자체 판단하는 것을 거의 허용하지 않았다. 그 결과 창구에 대기 고객이 빠르게 쌓이고 민원 해결이 늦어져 '응답이 느린 은행'이라는 불만이 늘어나고 있다.
> 최근에는 한 고객이 "이체 한도만 풀어달라"는 요청을 했으나, 지시를 기다리는 동안 시간이 지나 결국 "다른 은행에서 하겠다"며 이탈한 사례까지 발생하였다.

① 이 대리가 직접 고객에게 찾아가 사과하고 처리한다.
② 민원 업무를 줄이기 위해 통장 재발급·이체 한도 해제는 예약제로만 처리한다.
③ 직원의 판단 실수가 우려되므로 모든 업무는 지점장 결재를 거치도록 교육한다.
④ 창구에서 처리 가능한 단순 민원은 직원이 현장에서 즉시 해결할 수 있도록 권한을 부여한다.
⑤ 같은 상황이 발생하지 않도록 민원 처리 담당자를 징계하고 재교육을 실시한다.

📄 Answer. 1.④ 2.② 3.④

4 김 대리는 온라인몰 고객서비스팀에 근무하고 있으며, 최근 택배 지연과 파손 민원이 증가하자 관련 회의를 진행하였다. 아래의 회의록을 보고 회의에서 알 수 있는 내용은 무엇인가?

회의록

- 회의일시 : 2025년 12월 21일
- 회의장소 : 본부 2층 CS 회의실
- 참석부서 : 물류팀, 고객서비스팀, IT개발팀
- 참 석 자 : 물류팀 팀장 · 과장, 개발팀 팀장 · 과장, 서비스팀 팀장 · 과장
- 회의 안건 : 배송 지연 및 택배 파손에 따른 민원 대응 및 개선방안
- 회의 내용 : 최근 일주일간 주문량이 평소 대비 약 2.5배 증가하여 외부 택배업체 B사의 차량이 부족했고, 포장 인력이 일부 다른 업무로 전환되어 포장 과정이 부실했던 것으로 추정됨
- 의결 사항
  [물류팀]
  포장 전담 인력 재배치, 택배업체 추가 계약 검토
  [고객서비스팀]
  파손 고객 대상 사과문 및 부분 환불 공지
  [IT개발팀]
  배송상태 실시간 확인 시스템 개선

---

① IT개발팀에서 택배 파손 피해 고객에게 직접 연락하여 사과하기로 했다.
② 주문량 증가 기간은 2025년 12월 21일부터 일주일간이다.
③ 포장 인력이 분산되면서 포장과정이 적절하게 이행되지 못한 것은 원인으로 추정하고 있다.
④ 서비스팀은 모든 고객에게 100% 전액환불을 실시하기로 결정했다.
⑤ 물류팀이 배송상태 실시간 확인 시스템을 개선하기로 했다.

5 다음은 지역 간의 시차를 계산하는 방법에 대한 설명이다. 이를 참고하여 동경 135도에 위치한 부산에서 서경 75도에 위치한 뉴욕으로 출장해야 하는 최 과장이 현지 시각 9월 10일 오전 10시까지 도착하기 위해 탑승해야 할 항공편 중 가장 늦은 것은 어느 것인가? (단, 비행시간 이외의 시간은 고려하지 않는다.)

※ 시차 계산 요령
1. 같은 경도에 위치한 두 지역(동경과 동경 또는 서경과 서경)은 두 지점의 경도 차를 구해 15로 나누며 숫자가 더 큰 지역이 더 동쪽에 있으므로 시간이 더 빠르다.
2. 본초자오선과의 시차는 한국이 영국보다 9시간 빠르다는 점을 기준으로 할 수 있다.
3. 서로 다른 경도(동경과 서경)에 위치한 지역은 두 지점을 더해서 15로 나누며 동경이 서경보다 더 동쪽에 있으므로 시간이 더 빠르다.

항공편명	출발일	출발 시각	비행시간
KR107	9월 8일	오후 10시	13시간
AE034	9월 9일	오후 1시	
KR202	9월 10일	오전 11시	
AE037	9월 10일	오후 6시	
KR209	9월 11일	오전 10시	

① KR107
② AE034
③ KR202
④ AE037
⑤ KR209

| 6 ~ 7 | 아래는 K사의 과일 품목별 해외 상담 실적 자료이다. 이를 바탕으로 다음 물음에 답하시오.

구분	2022년	2023년	2024년
사과	390건	400건	486건
배	310건	330건	380건
포도	530건	560건	700건
감귤	280건	300건	360건
딸기	450건	480건	600건

6 K사 사과 상담 실적의 작년대비 2024년 증감률은?

① 19.5% ② 20.2%

③ 20.7% ④ 21.5%

⑤ 22.1%

7 2024년 포도의 상담 실적은 2023년 가장 높은 상담 실적 품목의 몇 배인가?

① 1.15배 ② 1.2배

③ 1.25배 ④ 1.3배

⑤ 1.35배

8　다음 지문의 내용과 일치하지 않는 것은?

> 최근 소비자들의 구매 방식은 단순히 가격이나 성능 중심의 선택에서 벗어나, 제품이 환경에 미치는 영향까지 고려하는 방향으로 변화하고 있다. 소비자들은 물건을 구매할 때 생산 과정에서 발생한 탄소배출량, 폐기 시의 환경오염 가능성, 재활용 또는 재사용이 가능한지 여부 등을 중요한 판단 기준으로 삼고 있으며, 이러한 행위는 '친환경 소비' 또는 '지속가능한 소비'로 불리고 있다.
>
> 특히 최근에는 한 번 사용하고 버려지는 일회용 플라스틱의 사용을 줄이려는 움직임이 커지고 있으며, 천·종이·유리 등과 같이 비교적 오래 사용할 수 있고 재활용률이 높은 소재에 대한 선호가 증가하고 있다. 또한 일부 소비자는 제품을 구매할 때 과대포장 여부, 환경 인증 마크, 재활용 표시 등을 확인하며 구매 기준을 스스로 설정하는 모습을 보이고 있다. 예를 들어 카페에서 일회용 컵 대신 다회용 텀블러나 대여용 컵을 이용하는 방식, 화장품 용기를 리필할 수 있는 서비스 등을 선택하는 것은 대표적인 실천 사례 중 하나다. 이렇게 소비자의 행동은 단순 절약 차원을 넘어 사회적 책임과 환경적 영향까지 고려하는 선택으로 변하고 있다.
>
> 기업 또한 이러한 흐름을 민감하게 감지하고 있으며, 재생에너지 사용 확대, 친환경 포장재 개발, 저탄소 제조 공정 도입과 같은 전략을 채택하여 변화에 대응하고 있다. 일부 기업은 생산부터 유통, 폐기 단계에 이르기까지 발생한 탄소 총량을 수치화하여 표시하는 '탄소발자국 표시제'를 적극적으로 활용하고 있다. 이 제도를 통해 소비자는 제품이 환경에 미치는 영향을 수치 비교를 통해 직접 판단할 수 있고, 기업은 브랜드 이미지 향상과 책임 경영을 동시에 추구할 수 있다. 또한 해외에서는 ESG 경영(환경·사회·지배구조 기준)이 기업의 평가 지표로 사용되며, 친환경 소비를 고려한 제품군이 기업의 핵심 사업으로 분류되는 사례도 증가하고 있다. 결국 친환경 소비는 단순히 유행처럼 나타나는 소비 행태가 아니라 기업의 장기적인 전략과 시장의 재편 방향까지 결정하는 요소로 작용하고 있다.
>
> 소비자의 가치 변화가 실제로 기업의 생산 방식과 투자 방향을 바꾸며, 이를 따라 시장 전체가 점차 지속가능성과 책임성 중심으로 이동하고 있음을 보여 준다. 따라서 친환경 소비는 단순한 개인의 선택을 넘어서, 사회 전반의 변화를 이끌고 기업 행동까지 영향을 미치는 핵심 동력으로 자리 잡고 있다.

① 소비자들은 탄소배출량이나 폐기 시의 환경오염 가능성 등을 구매 기준으로 삼기도 한다.

② 일회용 플라스틱 사용을 줄이고 오래 사용할 수 있는 대체 소재의 선호도가 증가하고 있는 추세이다.

③ 기업은 친환경 포장재 개발, 재생에너지 활용, 저탄소 공정 등을 통해 변화에 감지하여 대응하고 있다.

④ 탄소발자국 표시제는 제품 생산 과정에서 발생한 탄소량을 기업 내부에서만 확인하기 위한 대응 전략이다.

⑤ 소비자의 가치 변화는 기업의 투자 방식과 시장의 재편 방향에도 영향을 미치는 요소로 작용한다.

📖 **Answer.** 6.④ 7.③ 8.④

▌9 ~ 10▐ 다음은 K사 영업본부팀의 익월 업무 일정표와 직원별 담당 업무이다. 다음을 참고로 이어지는 물음에 답하시오.

〈담당자별 업무〉

담당자	담당업무
甲	매출 자료 취합, 월간 실적 검토
乙	신규 거래처 조사, 판촉 기획 회의
丙	시장 분석 보고서, 협력사 정기 간담회 참석
丁	이사팀 미팅, 클레임 대응
戊	마케팅 결과 보고서 작성

〈익월 주요 업무 일정〉

일	월	화	수	목	금	토
				1 매출 자료 취합(2)	2	3
4	5 신규 거래처 조사(3)	6	7	8	9 판촉 기획 회의(1)	10
11	12	13 시장 분석 보고서(2)	14	15 인사팀 미팅(1)	16	17
18	19 신규 거래처 조사(1)	20 월간 실적 검토(2)	21	22 클레임 대응(2)	23	24
25	26	27 협력사 정기 간담회(2)	28	29 마케팅 결과 보고서 작성(2)	30	31

* ( ) 안의 숫자는 해당 업무 소요 일수

9 한 달 동안 업무 소요 일수가 가장 적은 직원은 누구인가?

① 甲

② 乙

③ 丙

④ 丁

⑤ 戊

10 갑작스런 해외 거래처의 일정 변경으로 위에 제시된 5명의 직원 중 담당 업무에 지장이 없는 2명을 뽑아 일주일간 해외 출장을 보내야 할 경우 적절한 직원은 누구인가?

① 甲, 丙

② 乙, 丁

③ 丁, 戊

④ 乙, 丙

⑤ 丙, 戊

11 〈보기〉는 문제를 효과적으로 해결하기 위한 단계를 나열한 것이다. 올바른 문제처리 절차에 따라 (개) ~ (매) 의 순서를 재배열한 것은 어느 것인가?

〈보기〉

(개) 핵심 원인을 해결하기 위한 개선안을 설계한다.

(내) 실제 현황을 조사하고 어떤 문제가 있는지 파악한다.

(대) 점검 결과를 반영하여 수정 및 보완 후 최종안을 확정한다.

(래) 개선안을 실제 업무에 적용하고 결과를 점검한다.

(매) 문제의 핵심 원인을 도출하고 원인을 분석한다.

① (개) → (내) → (대) → (래) → (매)

② (개) → (대) → (매) → (내) → (래)

③ (내) → (매) → (개) → (래) → (대)

④ (내) → (개) → (대) → (래) → (매)

⑤ (대) → (개) → (매) → (내) → (래)

12 다음 자료를 참고할 때, 총 10,000km를 주행했을 경우 총 연료비가 가장 저렴한 제조사는 어디인가?

〈자동차 종류별 특성〉

제조사	연비(km/L)	연료 종류
H사	12	LPG
F사	10	휘발유
S사	16	경유
T사	15	LPG
U사	10	휘발유

〈종류별 연료가격/L〉

LPG	900원
휘발유	1,520원
경유	1,280원

※ 총 연료비 계산식 = 총연료비 = $\dfrac{총주행거리(km)}{연비(km/L)} \times 연료가격(원/L)$

① H사
② F사
③ S사
④ T사
⑤ U사

13 아래는 농협 직무 연계된 온라인 교육 프로그램의 과정별 수강 이수 현황을 나타낸 자료이다. 이를 바탕으로 〈보기〉의 설명 중 옳은 것을 모두 고르면?

<table>
<tr><td colspan="4">〈과정별 이수율 및 만족도 통계〉</td></tr>
<tr><th>직무 과정</th><th>전체 수강자(명)</th><th>이수율(%)</th><th>우수평가 비율(%)</th></tr>
<tr><td>금융 기초</td><td>200명</td><td>70%</td><td>40%</td></tr>
<tr><td>마케팅 기본</td><td>300명</td><td>60%</td><td>35%</td></tr>
<tr><td>고객 응대</td><td>400명</td><td>55%</td><td>45%</td></tr>
<tr><td>리스크 관리</td><td>250명</td><td>50%</td><td>30%</td></tr>
</table>

※ 모든 수강자는 한 과정만 선택했고, 중복 수강은 없다고 가정한 것이며, 우수평가 비율은 이수한 수강자를 기준으로 계산한 것이다.

〈보기〉

㈎ '고객 응대' 과정을 이수한 인원은 '마케팅 기본'을 이수한 인원보다 많다.
㈏ '금융 기초'에서 우수평가를 받은 인원은 60명을 넘는다.
㈐ 전체 직무과정에서 이수 인원이 가장 많은 직무 과정은 '고객 응대'이다.
㈑ 이수율이 55% 미만인 과정은 존재하지 않는다.

① ㈎, ㈏
② ㈎, ㈐
③ ㈏, ㈐, ㈑
④ ㈎, ㈏, ㈐
⑤ ㈎, ㈏, ㈐, ㈑

📑 **Answer.** 12.④ 13.②

14 인사팀 신입사원 甲 씨는 회사의 지시에 따라 「디지털 서비스 혁신 설명회」에 참석해야 한다. 甲 씨는 오늘 업무를 마친 뒤 13시부터 출발 할 수 있는 상황이다. 붙임 자료를 참고하여 甲씨가 설명회 장소에 바로 참석 할 수 있는 교통수단과 출발 시각으로 옳은 것은? (단, 다른 소요 시간은 고려하지 않는다.)

−디지털 서비스 혁신 설명회−

디지털 혁신 역량 강화를 위해 「디지털 서비스 혁신 설명회」를 개최하고자 합니다. 본 설명회는 직무교육의 방향성과 NCS 기반 실무 적용 사례를 공유하여 현장에서 실제 채용 및 업무 역량에 활용될 수 있는 내용을 중심으로 진행될 예정이오니, 많은 관심과 참석을 부탁드립니다.

−붙임−

설명회 장소	일시	비고
디지털교육센터 (3층 세미나홀)	2025. 03. 12(수) 14:40 ~ 16:40	원활한 진행을 위해 입장 시간은 15:00 ~ 15:30으로 제한합니다.

※ 오시는 길
• 지하철 : 7호선 승강역(도보 5분)
• 버스 : 122, 260번 △△센터 정류장(도보 10분)

소요시간

• 회사 → 버스정류장 및 지하철역

대중교통	출발지	출발지	소요시간
버스정류장	회사	○○역	20분
지하철역		7호선 승강역	15분

• 대중교통별 이동시간

교통편	출발지	도착지	소요시간
지하철	회사	7호선 승강역	35분
버스	○○역	△△센터	45분
택시	회사	설명회장 (이동시간 포함)	30분

	출발시각	교통수단
①	13시 30분	지하철
②	14시 40분	지하철
③	14시 10분	버스
④	13시 40분	버스
⑤	15시 10분	택시

15 인사팀의 박 사원은 사내 시험을 진행하기 위해 회사 내 A~E 고사장 중 하나를 선택하려 한다. 다음에서 제시된 고사장 시설 현황과 팀장의 지시 사항을 고려하여 선정할 때, 박 사원이 선택할 고사장은?

〈고사장 시설 현황〉

구분	최대 수용 인원(명)	대여 가능 요일	대여 비용(원)	최대 대여 가능 시간
A	220	월, 금	300,000	3시간
B	320	화, 수	480,000	3시간
C	250	수, 목	420,000	4시간
D	200	수, 토	380,000	3시간
E	240	목, 일	440,000	2시간

팀장 : 이번에 사내 시험을 진행할 고사장을 선정해보려고 해요. 인원은 210명 정도 될 것 같아서 그 정도 수용 가능해야 하고요. 사용 시간은 오후 1시부터 6시 사이로 예약과 준비·정리 시간을 포함하여 총 3시간 정도 사용할 수 있으면 좋겠어요. 아, 주말하고 월·금요일은 피해서 가능한 날짜를 찾아봐요. 그리고 예산은 450,000원을 넘기지 않는 선에서 가장 효율적인 고사장으로 검토해줘요.

① A
② B
③ C
④ D
⑤ E

16 ○○공사 권 대리는 다음과 같은 일정으로 출장을 계획하고 있다. 지역별 출장비 지급 내역 및 이동수단에 따른 운임비 추가 지급기준에 따라 권 대리가 받을 출장비의 총액은 얼마인가?

〈지역별 출장비 지급 내역〉

출장 지역	숙박비	식비	일비
'甲'시	32,000원	23,000원	31,000원
'乙'시	37,000원	25,000원	38,000원
'丙'시	40,000원	27,000원	34,000원

※ 현장 점검 업무일 경우, 일비 1,000원 차감

〈이동수단에 따른 운임비 추가 지급기준〉

이동수단	운임비 지급
거래처 차량	운임비 지급 없음
대중교통	17,000원 추가 지급

〈출장 일정〉

출장 일자	출장 지역	업무 유형	이동수단
월요일	'甲'시	현장 점검	거래처 차량
화요일	'乙'시	업무 미팅	대중교통
수요일	'丙'시	현장 점검	대중교통
목요일	'甲'시	업무 미팅	거래처 차량

① 385,000원
② 395,000원
③ 405,000원
④ 415,000원
⑤ 425,000원

17 다음은 M창고에서 제품별 판매량을 엑셀로 정리한 자료이다. 'P01' 제품의 판매량 총합을 구하기 위해 [B9] 셀에 입력할 함수로 옳은 것은?

	A	B
1	제품명	판매량
2	P01	20
3	P02	15
4	P01	18
5	P03	10
6	P01	25
7	P02	12
8	P01	30
9	총 판매량	

① SUM(B2:B8)

② COUNTIF(A2:A8,"P01")

③ SUMIF(A2:A8,"P01",B2:B8)

④ SUMIFS(B2:B8,"P01")

⑤ COUNTA(A2:A8)

18 △△ 사이트 홍보 담당자 甲은 홍보용 안내문을 인쇄하기 위해 인쇄소를 찾고 있다. 다음 자료를 참고하여 甲이 안내문 100부를 인쇄할 때, 총 비용이 가장 적게 드는 인쇄소는 어디인가?

〈안내문 1부당 내부구성〉

구성	장수	인쇄 방식
표지	2장	컬러 인쇄
내지	8장	흑백 인쇄

〈인쇄소별 단가와 택배비〉

인쇄소	흑백 인쇄 단가(1장당)	컬백 인쇄 단가(1장당)	택배비
A 인쇄소	70원	250원	4,100원
B 인쇄소	80원	220원	3,800원
C 인쇄소	90원	200원	4,300원
D 인쇄소	60원	270원	4,600원
E 인쇄소	65원	260원	4,400원

※ 택배비는 인쇄 부수에 상관없이 위 금액으로 한 번만 부과한다.

① A 인쇄소
② B 인쇄소
③ C 인쇄소
④ D 인쇄소
⑤ E 인쇄소

▌19 ~ 20 ▌ 다음은 N 공단 민원센터의 상담원 다섯 명에 대한 정량 평가와 정성 평가의 결과를 표로 나타낸 것이다. 이를 근거로 최우수 상담원을 선정하여 상여금을 지급하려 할 때, 제시된 표를 바탕으로 물음에 답하시오.

〈상담원별 평가 결과표〉

구분	정량평가		정성평가		
	상담 처리 건수	민원 해결률	고객만족도	태도 평가	업무 이해도
상담원 A	75	80	83	92	88
상담원 B	92	94	82	82	76
상담원 C	80	82	85	94	96
상담원 D	84	90	95	90	91
상담원 E	93	88	78	86	94

〈최우수 상담원 선정 방법〉

– 각 항목별 득점에 다음 구간 기준을 적용하여 점수를 부여한다.

96점 이상	90 ~ 95점	85 ~ 89점	80 ~ 84점	79점 이하
5점	4점	3점	2점	1점

19 다음 중 위의 기준에 의해 최우수 상담원으로 선정될 사람은 누구인가?

① 상담원 A   ② 상담원 B
③ 상담원 C   ④ 상담원 D
⑤ 상담원 E

20 다음 제시된 표를 바탕으로 평가 방식의 결과를 잘못 이해한 것은?

① 정량 평가로만 점수를 매긴다면 상담원 A가 가장 높다.
② 정량 평가로만 점수를 매긴다면 상담원 D가 가장 낮다.
③ 정성 평가로만 점수를 매긴다면 상담원 E가 가장 높다.
④ 정성 평가로만 점수를 매긴다면 상담원 B가 가장 낮다.
⑤ 정성 평가로만 점수를 매긴다면 상담원 B와 상담원 C가 점수가 같다.

21 H사의 戊 신입사원은 다음주 오후에 '정기 보고 교육 회의'를 진행하고자 회의실을 예약하라는 지시를 받았다. 회의는 팀원들 모두 참석하여 2시간 동안 진행된다고 할 때, 다음주 회의실 예약 현황과 팀원들의 일정을 참고하여 예약할 수 있는 회의실 예약일과 시간은?

〈다음주 회의실 예약 현황〉

구분	월요일	화요일	수요일	목요일	금요일
13:00 ~ 14:00	예약				예약
14:00 ~ 15:00		예약	예약	예약	
15:00 ~ 16:00	예약			예약	
16:00 ~ 17:00			예약		예약
17:00 ~ 18:00		예약	예약		

〈다음주 팀원들의 일정〉

甲팀장	월요일 16시 ~ 17시 신규 프로젝트 회의
乙대리	금요일 14시 ~ 15시 고객사 미팅
丙주임	목요일 17시 ~ 18시 거래처 방문
丁사원	수요일 13시 ~ 14시 신입사원 업무 교육

① 월요일 16 ~ 18시
② 화요일 15 ~ 17시
③ 수요일 14 ~ 16시
④ 목요일 16 ~ 18시
⑤ 금요일 14 ~ 16시

22 다음은 A사 제품의 배송코드를 엑셀로 정리한 것이다. 이 셀의 값을 이용하여 [C2] 셀에 배송 유형 코드를 일반 배송일 경우 '1' 특급 배송일 경우 '2'로 표시하고자 한다. 가장 오른쪽 글자가 1이면 일반 배송, 2이면 특급배송이라고 할 때, [C2] 셀에 입력해야 하는 수식은?

	A	B	C
1	제품명	배송코드	
2	A제품	FRD-3382-GH1	
3	B제품	KSD-2475-FF2	
4	C제품	MNP-3921-AB2	
5	D제품	PTR-2910-PQ1	
6	E제품	FRD-3984-GH2	

〈함수식〉
- =LEFT(text, num_chars) : 문자열 왼쪽부터 지정한 문자 수만큼 추출하는 함수이다.
- =RIGHT(text, num_chars) : 문자열 오른쪽부터 지정한 문자 수만큼 추출하는 함수이다.
- =MID(text, start_num, num_chars) : 지정한 위치부터 원하는 문자를 추출하는 함수이다.

① =MID(B2,5,2)
② =IF(MID(B2,5,1)="2","일반 배송","특급 배송")
③ =RIGHT(B2,2)
④ [C2]셀에 입력해야 하는 수식은 =IF(RIGHT(B2,1)="1","일반 배송","특급 배송")이다.
⑤ =LEFT(B2,1)

23 어떤 작업을 할 때 a가 혼자 일하면 4시간, b가 혼자 일하면 a의 4배, c가 혼자 일하면 b의 2배가 걸린다. 이때 c는 한 시간 후 작업에 합류한다고 할 때, a, b, c가 함께 일하여 작업을 완료하는 데 걸리는 시간은?

① 2시간　　　　　　　　② 3시간
③ 4시간　　　　　　　　④ 5시간
⑤ 6시간

24 다음은 어느 쇼핑몰의 이용약관 일부와 이를 바탕으로 고객관리부 甲 씨가 고객 문의에 답변한 내용이다. 약관 내용을 기준으로 보았을 때 甲 씨가 고객 문의에 답변한 내용으로 옳지 않은 것은? (단, 약관에서 '몰'은 쇼핑몰을 의미한다.)

■ 제18조(회원등급 조정)

① "몰"은 최근 6개월 간의 구매금액, 후기 작성 여부, 이벤트 및 프로모션 참여 기록 등을 기준으로 정기 또는 수시로 회원등급을 조정할 수 있다.

② 등급 조정일 기준 6개월간 구매 이력이 전혀 없거나 후기 작성 이력이 없을 경우, "몰"은 사전 안내(문자 또는 이메일) 후 자동 하향 조정할 수 있다.

③ 회원은 등급 조정 결과에 대해 조정일로부터 7일 이내에 이의 신청을 할 수 있으며, 이의 신청 시 구매 증빙자료(영수증, 결제 내역 등) 또는 시스템 오류 근거를 제출해야 한다. 단, 시스템 오류로 인한 등급 하향은 "몰"이 확인 후 즉시 원상 복구해야 한다.

④ 회원등급 조정에 따른 혜택 및 할인율 변경은 조정일 다음날부터 적용된다.

■ 제19조(회원 해지)

① 회원은 언제든지 해지를 요청할 수 있으며, "몰"은 요청일로부터 3일 이내에 해지를 처리해야 한다.

② 진행 중인 배송·환불·교환 절차가 남아 있는 경우 해지가 제한될 수 있으며, 처리가 완료된 후에만 해지가 가능하다.

③ 회원 탈퇴 시, 보유 포인트와 쿠폰은 자동 소멸되며 복구되지 않는다.

④ 해지 완료 후에는 개인정보(주문내역 제외) 및 회원등급은 전부 삭제되며, 재가입 시 신규 회원으로 처리된다.

⑤ 해지 요청 후 처리 결과는 문자 또는 이메일로 안내되어야 한다.

■ 제20조(마케팅 정보 수신 동의)

① "몰"은 회원의 동의 없이 광고성 정보(SMS, 이메일, 푸시알림)를 발송할 수 없다.

② 수신 거부 요청 시 "몰"은 즉시(최대 24시간 이내) 반영해야 한다.

③ 회원은 탈퇴 여부와 관계없이 마케팅 정보 수신 여부를 변경할 수 있다. 단, 결제 관련 안내(주문확인, 배송안내 등)는 수신 거부와 관계없이 발송될 수 있다.

④ 수신 거부 방법은 '마이페이지' 또는 고객센터를 통해 제공되어야 한다.

■ 제21조(포인트 관리)

① 포인트는 발급일 기준 6개월간 유효하며, 기간이 지나면 자동 소멸된다.

② 포인트는 상품 구매 시 현금처럼 사용할 수 있으나, 현금 환불은 불가능하다.

③ 포인트 소멸 예정일은 최소 7일 전 문자 또는 이메일로 안내되어야 한다.

④ 취소된 주문 건은 반품 완료 시점에 따라 포인트가 복원 또는 소멸될 수 있다.

⑤ 제휴 포인트는 별도의 유효기간이 적용될 수 있다.

■ 제22조(쿠폰 관리)

① 쿠폰은 원칙적으로 재발급되지 않는다. 단, "몰" 측의 시스템 오류로 사용이 불가한 경우 확인 후 재발급이 가능하다.

② 쿠폰 유효기간 경과 시 사용이 불가능하며, 사용하지 않아도 자동 소멸된다.

④ 쿠폰 적용은 상품별로 제한될 수 있으며, 일부 카테고리에서는 사용할 수 없다.

⑤ 쿠폰 중복 사용 가능 여부는 인쇄물 또는 홈페이지에 반드시 명시되어야 한다.

---

① Q. 등급이 하향되었는데 시스템 오류 같아요. 복구 가능한가요?

A. 네, 시스템 오류로 확인되면 즉시 원상 복구됩니다.

② Q. 환불 절차가 완료되었는데요. 해지 요청하면 어느 정도 걸리나요?

A. 해지 요청일로부터 3일 이내에 처리되는 것이 원칙입니다.

③ Q. 회원 탈퇴를 해야만 마케팅 정보 수신 여부를 변경할 수 있나요?

A. 아닙니다. 탈퇴 여부와 상관없이 마케팅 정보 수신 여부를 변경할 수 있습니다.

④ Q. 적립된 포인트는 유효기간이 지나면 소멸이 되나요?

A. 아닙니다. 적립된 포인트는 유효기간이 지나도 소멸되지 않습니다.

⑤ Q. 쿠폰 오류로 적용이 안 됐습니다. 재발급 받을 수 있나요?

A. 시스템 오류가 확인되면 재발급이 가능합니다.

25 다음 글의 문맥상 빈칸에 들어갈 말로 가장 적절한 것은?

> 기본적으로 굴착기의 작업 수요는 건설 현장 자체의 장비 보유나 장비 대여업체를 통해 상당 부분 충족될 수 있다. 공사 현장은 하루 중 대부분의 작업이 이루어지는 장소이며, 그만큼 굴착기가 가장 많은 시간을 머무르는 공간이다. 그러나 도심지 공사 증가, 장비 보관 공간 부족, 안전 규제 강화 등의 현실을 감안한다면, 건설 현장에서 자체적으로 굴착기를 충분히 확보하는 데에는 단기적으로 제약이 존재한다. 더욱이 굴착기는 단순히 하나의 현장에서만 쓰이는 것이 아니라, 상황에 따라 산지, 공단, 지방의 여러 현장으로 이동하면서 활용되어야 한다. 이때 (   ), 굴착기의 안정적 운용과 보급은 그만큼 제약될 수밖에 없다.
>
> 장비 운용자가 "필요한 시점에 적시에 장비를 확보할 수 있다"는 확신이 없다면, 작업 지연 위험이나 현장 중단 가능성 때문에 신규 장비 도입이나 굴착기 전환을 망설일 수밖에 없다.
>
> 결국 누구나 필요할 때 즉시 이용할 수 있는 공공형·민간 협력 장비 대여망이 촘촘히 구축되어야 하며, 이를 체계적으로 운영·관리하여 건설 장비 이용자들이 편리하게 접근할 수 있는 환경이 시급하다. 이를 위해서는 무엇보다 굴착기 장비 대여 시장이 충분히 성장하고, 잘 작동해야 한다.

① 필요한 작업 시간이 지나치게 짧다면

② 장비 대여 요금이 과도하게 상승한다면

③ 굴착기 보급률이 아직 충분히 높지 않다면

④ 장비의 위치나 상태를 실시간으로 확인할 수 없다면

⑤ 기존 방식보다 운영상 불편함이 존재한다면

26 다음의 알고리즘에서 인쇄되는 S는?

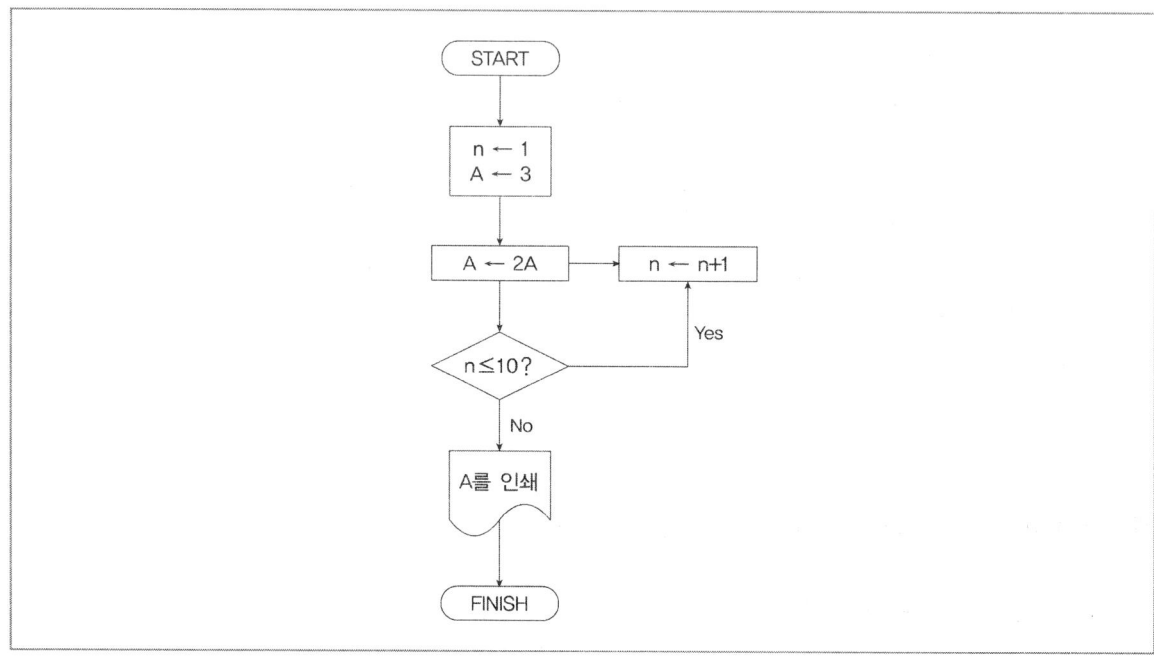

① $3^4 \cdot 5$ ② $3^5 \cdot 5$

③ $3^6 \cdot 5$ ④ $3^7 \cdot 5$

⑤ $3^8 \cdot 5$

27 다음은 A기업의 내부 경영 현황과 외부 시장 환경 분석 자료이다. 제시된 두 자료를 종합적으로 고려할 때, A기업의 향후 전략으로 타당성이 가장 떨어지는 것은?

A기업 내부 경영 현황	외부 시장 환경 분석
• 국내 중견 제조기업	• 친환경 · 저탄소 제품 수요 증가
• 자동화 설비 도입률 업계 상위권	• 원자재 가격 변동성 확대
• 생산원가 상승으로 수익성 정체	• 글로벌 경쟁사의 가격 경쟁 심화
• 숙련 기술 인력 이탈	• 숙련 기술 인력 확보 경쟁 심화
• 기존 거래처 중심의 안정적 매출 구조	• 정부의 중소 · 중견기업 친환경 설비 투자 지원 확대

① 친환경 설비 투자를 확대하여 정부 지원 정책을 적극 활용한다.

② 자동화 설비를 고도화하여 생산원가 상승에 따른 부담을 완화한다.

③ 숙련 기술 인력 확보를 위해 처우 개선과 교육 투자를 강화한다.

④ 원가 상승 부담을 해결하기 위해 제품 가격을 전반적으로 인상한다.

⑤ 기존 거래처를 기반으로 친환경 제품 라인업을 단계적으로 확대한다.

다음은 외부 교육기관에서 운영하는 직무역량 강화 교육 일정이다. 다음 자료를 읽고 이어지는 물음에 답하시오.

인재개발팀의 민수 씨는 8 ～ 9월 교육 시간표를 참고하여 10 ～ 11월 교육 시간표를 작성하려 한다. 해당 교육은 기초-실무-심화-전문의 4단계로 구성되어 있으며, 10 ～ 11월 과정은 8 ～ 9월 과정보다 한 단계 높은 수준으로 개설할 계획이다. 예를 들어 8 ～ 9월에 실무반이 있었으면 10 ～ 11월에는 심화반으로, 8 ～ 9월에 전문 과정이었던 강의일 경우 10 ～ 11월에는 기초 과정으로 순환 개설하는 것이다. 그리고 종합반은 2개 차시로 묶어서 개설해야 하며, 시간대는 8 ～ 9월 시간표 그대로 한다. 직장인 대상 과정은 19시부터 개설할 수 있고, 모든 강의는 주 2회 이상 운영되어야 한다.

〈10 ～ 11월 강좌 예상 일정〉

강좌명	개설 가능 시간	비고
종합반	매일	
리더십 과정	화, 목	관리자 대상
보고서 작성	월, 수	
데이터 분석A	화, 목	
데이터 분석B	월, 수, 목	직장인 대상
회계 실무	월, 화, 목	
법무 기초	수, 금	
IT 활용	매일	
야간 직무 과정	화, 금	직장인 대상

〈8 ～ 9월 시간표〉

	월	화	수	목	금
15 : 00 ～ 15 : 50	종합반 (기초)	IT 활용 (심화)	종합반 (기초)	IT 활용 (심화)	종합반 (기초)
16 : 00 ～ 16 : 50		보고서 작성 (실무)		보고서 작성 (실무)	
18 : 00 ～ 18 : 50	데이터 분석A (심화)	리더십 과정 (기초)	데이터 분석A (심화)	리더십 과정 (기초)	데이터 분석A (심화)
19 : 00 ～ 19 : 50	데이터 분석B (전문)	회계실무 (기초)	데이터 분석B (전문)	회계실무 (기초)	데이터 분석B (전문)
20 : 00 ～ 20 : 50	법무 기초 (실무)	야간 직무 과정 (전문)	법무 기초 (실무)	야간 직무 과정 (전문)	법무 기초 (실무)

28 다음은 민수 씨가 10 ~ 11월 시간표를 작성하기 전 각 교육의 개설 가능 시간을 표로 정리한 것이다. 원래 자료에 비추어 보아 요일 분배가 적절하지 않은 것은?

구분	월	화	수	목	금
리더십 과정	×	○	×	○	×
데이터 분석B	○	×	○	○	×
회계 실무	×	○	×	×	×
법무 기초	×	×	○	×	○
데이터 분석A	×	○	×	○	×

① 리더십 과정
② 데이디 분석 B
③ 회계 실무
④ 법무 기초
⑤ 데이터 분석 A

29 다음은 민수 씨가 작성한 10 ~ 11월 교육 시간표이다. 이를 보고 잘못 기재된 것을 올바르게 지적한 것은?

구분	월	화	수	목	금
15 : 00 ~ 15 : 50	종합반 (실무)	리더십 과정 (실무)	종합반 (실무)	리더십 과정 (실무)	종합반 (실무)
16 : 00 ~ 16 : 50		데이터 분석A (기초)		데이터 분석A (기초)	
18 : 00 ~ 18 : 50	회계 실무 (실무)	회계 실무 (실무)	법무 기초 (심화)	회계 실무 (실무)	법무 기초 (심화)
19 : 00 ~ 19 : 50	보고서 작성 (심화)	IT 활용 (전문)	보고서 작성 (심화)	IT 활용 (전문)	IT 활용 (전문)
20 : 00 ~ 20 : 50	데이터 분석B (기초)	야간 직무 과정 (기초)	데이터 분석B (기초)	데이터 분석B (기초)	야간 직무 과정 (기초)

① 데이터 분석B의 요일이 변경되어야 한다.
② 목요일 IT 활용은 실무 과정으로 수정되어야 한다.
③ 데이터 분석B는 19시 이전으로 수정되어야 한다.
④ 보고서 작성의 요일과 단계가 모두 수정되어야 한다.
⑤ 데이터 분석A는 전문 과정으로 수정되어야 한다.

30 다음 표는 A~E 리조트의 1박 기준 평일 및 주말 일반요금과 회원 할인율을 나타낸 것이다. 회원 할인율을 적용했을 때, 1박 기준 평일 일반요금과 주말 일반요금의 차이가 가장 작은 리조트는 어디인가?

〈표 1〉 평일 및 주말 일반요금(1박 기준)

구분 \ 리조트	A	B	C	D	E
평일 일반요금	280,000원	240,000원	210,000원	170,000원	130,000원
주말 일반요금	480,000원	360,000원	330,000원	270,000원	230,000원

〈표 2〉 회원할인율(1박 기준)

구분 \ 리조트	A	B	C	D	E
평일	45%	40%	35%	25%	15%
주말	30%	25%	25%	20%	10%

① A 리조트
② B 리조트
③ C 리조트
④ D 리조트
⑤ E 리조트

31 다음은 甲기업의 ESG 경영과 관련된 내부 현황을 정리한 자료이다. 제시된 자료를 바탕으로 甲기업의 향후 ESG 경영 전략으로 타당성이 가장 떨어지는 것은?

구분	주요 내용
환경(E)	• 온실가스 배출량 전년 대비 8% 감축 • 친환경 원재료 사용 비중 확대 • 에너지 효율 개선 설비 투자 진행
사회(S)	• 협력업체 상생 프로그램 운영 • 산업안전 교육 정기 실시 • 지역사회 공헌 활동 확대
지배구조(G)	• 이사회 내 사외이사 비율 45% • 내부통제 시스템 정비 • ESG 전담 위원회 설치

① 에너지 절감 성과를 바탕으로 친환경 공정 비중을 점진적으로 확대한다.

② 협력업체와의 장기적 협력 강화를 위해 상생 프로그램의 대상과 지원 범위를 확대한다.

③ 단기 수익성 개선을 위해 친환경 원자재 도입 비중을 축소한다.

④ 경영 투명성 강화를 위해 내부통제 절차를 표준화하고 점검 체계를 지속적으로 고도화한다.

⑤ 산업재해 예방을 위해 현장 안전 교육과 관리 체계를 지속적으로 강화한다.

32 다음은 국내 기업 ㈜○○○과 인도 기업 ㈜★★★ 간의 업무협약(MOU) 내용이다. 이를 바탕으로 기술한 내용 중 적절하지 않은 것은?

〈업무제휴협약〉

㈜○○○과 ㈜★★★는 상호 이익 증진을 목적으로 신의성실의 원칙에 따라 다음과 같이 업무협약을 체결합니다.

1. 목적

양사는 각자 고유의 업무영역에서 최선을 다하고 영업의 효율적 진행과 상호 관계의 증진을 통하여 상호 발전에 기여하고 편의를 적극 도모하고자 한다.

2. 업무내용

① ㈜○○○의 P제품 관련 홍보 및 판매

② ㈜★★★은 인도 내 P제품 안내 및 판매

③ P제품 관련 마케팅 제반 정보 상호 제공

④ P제품 판매에 대한 합의된 수수료 지급

⑤ P제품 관련 무료 A/S 제공

3. 업체상호사용

양사는 업무제휴의 목적에 부합하는 경우에 한하여 상대의 상호를 마케팅에 사용 가능하나 사전에 협의된 내용을 변경할 수 없다.

4. 공동마케팅

양사는 상호 이익 증진을 위하여 공동으로 마케팅을 할 수 있다. 공동마케팅을 필요로 할 경우 그 일정과 방법을 상호 협의하여 진행하여야 한다.

5. 협약기간

본 협약의 유효기간은 3년으로 하며, 양사는 매년 초 상호 합의에 의해 유효기간을 1년 단위로 연장할 수 있고 필요시 업무제휴 내용의 변경이 가능하다.

6. 기타사항

① 양사는 본 협약의 권리의무를 타인에게 양도할 수 없으며, 상대방의 상호·지적재산권 및 특허권 등을 절대 보장하며 침해할 수 없다.

③ 양사는 업무제휴협약을 통해 알게 된 정보에 대해 정보보안을 요청할 경우, 대외적으로 비밀을 유지하여야 한다.

2026년 1월 1일

㈜○○○   ㈜★★★
대표이사 XXX   대표이사 YYYY

---

① 해당 문서는 두 회사 상호 발전에 기여하고 편의를 적극 도모하기 위한 체결된 업무협약이다.

② ㈜★★★은 인도 내에서 ㈜○○○의 P제품을 판매하고 이에 대해 합의된 수수료를 지급 받는다.

③ ㈜★★★은 ㈜○○○의 상호를 마케팅에 사용할 수 있으며 사전에 협의된 내용을 변경할 수 있다.

④ 본 협약의 유효기간이 만료될 경우 매년 초 상호 합의에 의해 연장할 수 있다.

⑤ ㈜★★★은 ㈜○○○의 지적재산권 및 특허권을 절대 보장하며 침해할 수 없다.

📖 **Answer.** 31.③ 32.③

33 다음은 甲기업의 최근 영업매출 감소 원인과 이에 대한 대응방안이다. 각 원인에 대한 대응방안을 가장 적절하게 연결한 것은?

〈영업매출 감소 원인〉

㉠ 최근 주력 제품의 품질 경쟁력은 유지되고 있으나, 유통 채널이 기존 오프라인 매장에 한정되어 있어 신규 고객 유입이 정체되고 있다.

㉡ 온라인 판매 비중 확대에도 불구하고, 소비자 맞춤형 마케팅 부족으로 재구매율이 지속적으로 하락하고 있다.

〈대응방안〉

A : 기존 고객 데이터를 분석하여 구매 이력 기반 맞춤형 프로모션 및 멤버십 혜택을 강화한다.

B : 온라인 · 모바일 플랫폼을 활용한 판매 채널을 확대하고, 비대면 영업 인프라를 구축한다.

C : 단기적인 비용 절감을 위해 마케팅 예산을 축소하고 기존 거래처 중심으로 영업을 유지한다.

① ㉠-A, ㉡-B
② ㉠-A, ㉡-C
③ ㉠-B, ㉡-A
④ ㉠-B, ㉡-C
⑤ ㉠-C, ㉡-A

34 다음 엑셀 자료를 참고할 때, [C9] 셀에 A 농장 사과품목의 총 합계를 구하기 위해 입력할 함수로 옳은 것은?

	A	B	C
1	농장	품목	가격
2	A	사과	1500
3	B	감	1000
4	C	배	6000
5	C	감	1400
6	A	사과	3500
7	B	사과	2500
8	C	배	5000
9			

① =SUMIFS(B2:C8,C2:C8, "A", A2:A8, "사과")
② =SUMIFS(B2:C8,C2:C8, "B", A2:A8, "사과")
③ =SUMIFS(B2:C8,C2:C8, "C", A2:A8, "사과")
④ =SUMIFS(C2:C8,A2:A8, "A", B2:B8, "사과")
⑤ =SUMIFS(C2:C8,A2:A8, "B", B2:B8, "사과")

35 다음은 업무용 이메일 발송 시 준수해야 할 안전수칙이다. 이를 위반한 사례로 적절한 것은?

---

1. 출처가 불분명한 첨부파일 전송 · 실행하지 않기

   업무용 이메일은 외부와의 자료 전달 수단으로 자주 활용되며, 이 과정에서 악성코드가 첨부파일 형태로 유포되는 사례가 빈번하게 발생되고 있습니다. 특히 정상적인 문서 파일로 위장한 악성코드는 사용자가 파일을 실행하는 순간 단말기나 내부 시스템에 침투할 수 있습니다. 따라서 출처가 불분명하거나 의심스러운 첨부파일은 열어보거나 전달하지 않도록 주의해야 합니다.

2. 수신자 이메일 주소를 확인한 후 메일 보내기

   업무 메일 발송 시 수신자 주소를 정확히 확인하지 않을 경우, 개인정보나 내부 기밀 자료가 외부로 유출될 수 있습니다. 특히 자동완성 기능을 사용할 경우 유사한 주소로 잘못 발송되는 사례가 발생할 수 있으므로, 메일 발송 전 수신자 주소를 반드시 재확인해야합니다.

3. 의심스러운 메일은 열어보지 말고 즉시 삭제하기

   경품 지급, 긴급 요청, 상급자 사칭, 유명 기관을 가장한 이메일 등은 사용자의 판단을 흐리게 하여 악성코드 설치나 정보 탈취를 유도하는 대표적인 수법입니다. 이러한 메일은 첨부파일이나 링크를 포함하는 경우가 많으므로, 발신인이 불명확하거나 내용이 의심스러운 경우에는 열어보지 말고 즉시 삭제해야 합니다.

4. 공용 PC 사용 시 메일 로그인 후 반드시 로그아웃하기

   공용 PC나 외부 장소에서 업무용 이메일을 사용할 경우, 사용 후 로그아웃을 하지 않으면 타인이 계정에 접근하여 메일을 열람하거나 악용할 위험이 있습니다. 따라서 공용 환경에서는 사용이 끝난 후 반드시 로그아웃을 수행해야 합니다.

5. 2단계 인증 설정 및 정기적 변경하기

   업무용 이메일 계정이 탈취될 경우, 내부 정보 유출뿐만 아니라 조직 전체의 보안 사고로 이어질 수 있습니다. 이를 예방하기 위해 2단계 인증을 설정하고, 유추하기 쉬운 비밀번호 사용을 피하며, 정기적으로 변경하는 것이 필요합니다.

6. 중요 정보는 보안 설정 후 메일 발송하기

   개인정보나 기밀 문서가 포함된 이메일은 암호화하거나 보안 전송 방식을 활용해야 합니다. 이를 통해 메일 전송 과정에서 발생할 수 있는 정보 유출 위험을 최소화할 수 있습니다.

---

① 영희는 업무 메일을 발송할 때마다 수신자 이메일 주소를 한 번 더 확인한다.

② 민수는 유명 기관을 사칭한 메일의 첨부파일을 열어본 뒤 의심스러워 삭제하였다.

③ 준호는 외부 회의실의 공용 PC에서 메일을 확인한 후 반드시 로그아웃한다.

④ 소라는 업무용 이메일 계정의 비밀번호를 정기적으로 변경하여 사용한다.

⑤ 태현은 개인정보가 포함된 자료를 암호화한 후 메일로 전송한다.

36 다음에서 설명하는 C기업의 기술혁신 전략 특징으로 적절하지 않은 것은?

> C기업은 급변하는 산업 환경과 기술 변화 속에서 지속적인 성장을 달성하기 위해 기술혁신을 핵심 경영 전략으로 채택하고 있다. 과거에는 기존 제품의 성능을 개선하거나 생산 공정을 효율화하는 수준의 기술 개발에 집중해 왔으나, 최근에는 인공지능, 데이터 분석, 자동화 기술 등 새로운 기술을 적극적으로 도입하여 사업 구조 전반을 재편하려는 노력을 강화하고 있다. 이러한 변화는 단순한 기술 도입을 넘어 기업의 조직 구조, 업무 방식, 의사결정 체계 전반에 영향을 미치고 있다.
>
> C기업은 기술혁신이 단기간에 성과를 보장하지 않는다는 점을 인식하고 있으며, 연구개발 과정에서 발생할 수 있는 실패와 시행착오를 불가피한 과정으로 받아들이고 있다. 실제로 신기술 개발 과정에서는 사전에 모든 결과를 예측하기 어렵고, 기술 상용화까지 상당한 시간이 소요되는 경우가 많다. 이에 따라 C기업은 단기 실적 위주의 평가 방식에서 벗어나 중장기적인 관점에서 기술혁신의 성과를 판단하려는 제도적 장치를 마련하고 있다.
>
> 또한 기술혁신은 특정 부서나 개인의 노력만으로 이루어지기 어렵기 때문에, C기업은 부서 간 협업과 정보 공유를 강화하고 있으며, 필요에 따라 외부 연구기관, 대학, 스타트업 등과의 협력을 통해 기술적 한계를 극복하고자 한다. 이 과정에서 기술 개발의 방향성과 투자 우선순위를 둘러싼 내부 논쟁과 갈등이 발생하기도 하지만, 이러한 논의 과정 자체가 기술혁신의 필연적인 특징으로 인식되고 있다. 종합적으로 볼 때 C기업의 기술혁신 전략은 불확실성과 장기성을 전제로 한 지속적인 변화 추구라고 할 수 있다.

① 기술혁신은 기존 방식에서 벗어나 새로운 기술을 도입하려는 방향으로 진행되고 있다.
② 기술혁신은 기업 내부 역량뿐 아니라 외부 기관과의 협력을 통해 추진될 수 있다.
③ 기술혁신은 결과를 사전에 예측하기 어려우며 장기간의 시간과 투자를 필요로 한다.
④ 기술혁신 과정에서의 불확실성은 조직 내부의 논쟁과 갈등을 유발할 수 있다.
⑤ 기술혁신은 위험을 최소화하기 위해 단기간 내 가시적인 성과 창출을 목표로 추진된다.

37 다음 C프로그램의 실행결과로 화면에 출력되는 숫자가 아닌 것은?

```c
#include <stdio.h>

int my(int I, int j) {
    if (i<3) I=j=1;
    else {
        i=i-1
        j=j-i;
        printf("%d, %d,", i, j)
        return my(i, j);
    )
}

int main(void)
{
    my(5, 14);
    return 0;
}
```

① 1
② 2
③ 3
④ 4
⑤ 5

38 다음은 행사 기획자 甲이 대관 후보 학교에 대해 정리한 자료이다. 아래 자료를 근거로 할 때, 甲이 대관할 두 학교로 가장 적절한 것은?

〈표〉 입주 희망 상점 정보

학교	1일 대관료(만 원)	일정 취소 위험도	행정 절차 지연 비율
A	105	중	0.2
B	120	상	0.25
C	90	중	0.05
D	80	하	0.15
E	85	중	0.1
F	90	하	0.2

※ 고등학교 : A, B, C
※ 중학교 : D, E, F

〈정보〉

• 행사 기획자 甲은 자신의 효용을 극대화하는 학교 조합을 선택한다.
• 甲의 효용 : 1일 대관료(만 원)×대간 가능 기간(일)－행정 절차 지연 비율×대관 가능 기간(일)×100(만 원)
• 대관 가능 기간 : 일정 취소 위험도가 '상'인 경우 대관 기간은 10일, '중'인 경우 12일, '하'인 경우 15일
• 고등학교 2곳을 동시에 대관할 경우 15만 원의 효용이 추가로 발생한다.
• 중학교 2곳을 동시에 대관할 경우 20만 원의 효용이 추가로 발생한다.

① A, E

② B, C

③ B, E

④ C, E

⑤ E, F

39 아래 자료를 근거로 판단할 때, 주어진 조건을 모두 충족한 광고수단은 무엇인가?

- 월별 광고효과가 가장 큰 광고수단 하나만을 선택한다.
- 주어진 광고비용 예산은 월 300만 원이며, 월 광고비용이 예산을 초과하면 해당 광고수단은 선택하지 않는다.
- 1회 광고 소요 시간이 15초 이상인 광고수단을 선택한다.
- 광고효과는 아래와 같이 계산한다.

$$광고효과 = \frac{광고\ 횟수(월) \times 회당\ 광고노출자\ 수(만\ 명)}{월\ 광고비용(만\ 원)}$$ (소수점 셋째 자리에서 반올림 하시오)

- 광고수단은 한 달 단위로 선택된다.

광고수단	광고 횟수	회당 광고노출자 수	1회 광고 소요 시간	월 광고비용(만 원)
TV	월 15회	13만 명	30초	380
버스	월 9회	11만 명	20초	280
지하철	월 13회	12만 명	15초	310
온라인 배너	월 7회	9만 명	10초	260
라디오	월 5회	7만 명	30초	210

① TV
② 버스
③ 지하철
④ 온라인 배너
⑤ 라디오

Answer. 38.② 39.②

40 다음은 C사의 국내 출장 여비 관련 규정 일부이다. 아래 규정을 근거로 판단할 때, 올바르지 않은 것은?

〈C사 국내 출장 여비 규정〉

제10조(국내출장신청) 국내출장을 실시하려는 직원은 출장신청서를 작성하여 소속 부서장의 승인을 받아야 하며, 특별한 사정이 없는 한 출발 2일 전까지 출장담당부서에 제출하여야 한다.

제11조(국내여비)

① 철도 이용 시에는 철도운임, 수로 이용 시에는 선박운임, 항공 이용 시에는 항공운임을 지급하며, 철도 외 육로 이동 시에는 자동차운임을 지급한다. 다만, 전철 구간에서 철도운임과 별도로 전철요금이 책정된 경우에는 철도운임 대신 전철요금을 지급할 수 있다.

② 회사 소유 차량 또는 이에 준하는 교통수단을 이용하는 경우에는 교통비를 지급하지 아니한다. 이 경우 출장 중 발생한 유류비, 통행료, 주차비 등은 출장 종료 후 정산할 수 있다.

③ 국내출장 시 항공편 이용은 업무상 필요성이 인정되는 경우에 한하며, 출장신청 시 항공 이용 사유를 기재하고 출장 결과 보고 시 관련 영수증을 첨부하여야 한다. 단, 천재지변 등 불가피한 사유로 항공편 이용이 제한된 경우에는 사후에 그 사유를 소명할 수 있다.

④ 출장자의 일비와 식비는 회사가 정한 기준에 따라 정액으로 지급하며, 숙박비는 상한액 범위 내에서 실비로 지급한다. 다만, 부득이한 사유로 숙박비 상한액을 초과하여 지출한 경우에는 상한액의 10분의 2을 초과하지 않는 범위 내에서 추가 지급할 수 있다.

⑤ 일비는 출장일수에 따라 지급하되, 공용차량 또는 공용차량에 준하는 차량을 이용하거나 차량을 임차하여 사용하는 경우 해당 일수에 대해서는 일비의 4분의 1만 지급한다.

⑥ 출장 중 친지의 주거지 등에 숙박하거나 2인 이상이 공동 숙박한 경우, 실제 숙박비를 지출하지 않은 출장자에 대해서는 1일 숙박당 30,000원을 지급할 수 있다. 이 경우 출장 사실을 확인할 수 있는 증빙자료를 제출하여야 한다.

① 국내출장 시 신청서를 작성하여 소속 부서장의 승인을 받은 후, 부득이한 사유가 없는 한 출발 2일 전까지 출장담당부서에 제출해야 한다.

② 회사 차량을 이용하여 출장을 수행한 경우 교통비는 지급되지 않지만, 유류비와 통행료, 주차비 등은 출장 후 정산 대상이 된다.

③ 숙박비 상한액이 5만 원인 출장자가 부득이한 사유로 9만 원을 지출하였다면, 회사로부터 최대 2만 5천 원을 추가 지급받을 수 있다.

④ 일비가 8만 원인 출장자가 3일은 대중교통을, 1일은 공용차량을 이용한 경우 지급받는 총 일비는 26만 원이다.

⑤ 1일 숙박비로 6만 원을 지급받은 갑과 을이 공동 숙박을 하여 갑만 4만 원을 지출한 경우, 을은 지급받은 숙박비 전액을 회사에 반납하여야 한다.

41 다음은 ○○공사 교육실 리모델링 시 적용 가능한 IoT 실내환경 센서 검토 자료이다. 자료를 바탕으로 담당자가 선택할 IoT 실내환경 센서 제품은 무엇인가?

〈제품별 기본 정보〉

구분	A제품	B제품	C제품	D제품	E제품
채광 상태	우수	미흡	보통	우수	미흡
소음 차단	보통	우수	미흡	미흡	우수
시공 평가	미흡	보통	보통	보통	우수
관리 리스크	보통	미흡	미흡	미흡	미흡

〈점수 산정기준〉

구분	우수	보통	미흡
채광 상태	5점	3점	1점
소음 차단	5점	3점	1점
시공 평가	5점	3점	1점
관리 리스크	5점	3점	1점

※ 우수 항목이 2개일 경우 가산점 1점을 부여한다.
※ 최종 점수는 점수 산정기준에 따른 합산 점수이며, 최종 점수가 가장 높은 제품을 선정한다.

① A제품　　　　　　　　　　　② B제품
③ C제품　　　　　　　　　　　④ D제품
⑤ E제품

42 다음 글의 내용으로 옳지 않은 것은?

화장품 산업에서 사용되는 언어는 단순히 제품 정보를 전달하는 수단을 넘어, 소비자의 인식 형성과 구매 결정에 중요한 영향을 미치는 요소로 작용한다. 특히 기능성 화장품이나 고가의 프리미엄 화장품의 경우, 제품의 성분·효능·안전성·사용감 등을 설명하는 언어는 소비자가 해당 제품의 가치를 판단하는 핵심 기준이 된다. 이 때문에 화장품 기업들은 제품 개발 단계뿐 아니라 광고와 홍보 과정에서도 언어 선택에 각별한 주의를 기울이고 있다.

일반적으로 화장품 광고에서 사용되는 언어는 크게 정보성 표현과 감성적 표현으로 구분된다. 정보성 표현은 특정 성분의 기능, 임상 시험 결과, 사용 방법과 같은 비교적 객관적이고 검증 가능한 내용을 중심으로 구성된다. 반면 감성적 표현은 '피부가 편안해지는 느낌', '자연이 선사하는 생기'와 같이 과학적으로 수치화하기 어려운 이미지를 활용하여 소비자의 정서와 경험을 자극하는 방식이다. 이러한 표현은 소비자가 제품 사용 후 기대하는 경험을 간접적으로 전달하는 역할을 한다.

화장품 언어에 관한 연구에 따르면, 감성적 표현이 반드시 소비자를 기만하는 요소로 작용하는 것은 아니다. 오히려 감성적 표현은 실제 사용 과정에서 형성되는 주관적 경험을 언어적으로 압축하여 전달하는 기능을 수행할 수 있다. 즉 화장품 언어는 제품의 물리적·화학적 특성뿐만 아니라, 사용 과정에서 소비자가 느끼는 인지적·정서적 경험까지 포괄하는 의미를 가진다. 다만 이러한 표현이 과도하거나 모호하게 사용될 경우, 소비자가 제품의 실제 효능을 과장되게 인식할 위험도 존재한다.

이러한 문제를 완화하기 위해 최근에는 화장품 표시·광고에 대한 규제가 점차 강화되고 있다. 특히 기능성이나 치료 효과를 암시하는 표현에 대해서는 일정한 과학적 근거 제시가 요구되며, 소비자가 오인할 가능성이 있는 표현은 제한적으로 사용하도록 관리되고 있다. 아울러 화장품 사용 경험이 적거나 정보 해석 능력이 충분히 형성되지 않은 소비자의 경우, 광고 언어를 비판적으로 해석하는 데 어려움을 겪을 수 있다는 점도 지적된다. 따라서 화장품 언어는 소비자의 이해 수준과 정보 수용 능력을 고려하여 신중하게 사용될 필요가 있다.

① 화장품 언어는 제품 정보 전달을 넘어 소비자의 인식과 구매 행동에 영향을 미친다.
② 화장품 광고 언어는 정보성 표현과 감성적 표현으로 구분할 수 있다.
③ 감성적 표현은 소비자의 주관적 사용 경험을 전달하는 기능을 수행할 수 있다.
④ 감성적 표현이 소비자를 기만하는 요소로 작용하여 전면적으로 금지되고 있다.
⑤ 화장품 사용 경험이 적은 소비자는 광고 언어를 오인할 가능성이 상대적으로 크다.

43 배를 타고 길이가 20km인 강을 거슬러 올라가는 데 5시간, 내려오는 데 2시간 30분이 걸렸다. 배와 강물의 속력은 일정하고, 종이배는 바람 등의 외부의 영향을 받지 않을 경우 이 강에 종이배를 띄운다면 이 종이배가 3km를 떠내려가는 데 몇 분이 걸리는가?

① 75분   ② 80분
③ 85분   ④ 90분
⑤ 95분

44 C기업에서는 매년 상반기에 승진 대상자 선발 시험을 실시한다. 이번 시험에 응시한 인원은 남자 직원과 여자 직원을 합하여 총 120명이며, 남자 직원의 평균 점수는 68점, 여자 직원의 평균 점수는 74점이다. 이 중 승진 대상자 선발 전체 응시자의 평균 점수는 70점일 때, 이번 승진 시험에 응시한 여자 직원의 수는 얼마인가?

① 35명   ② 40명
③ 45명   ④ 50명
⑤ 55명

┃45~46┃ 다음 자료를 읽고 이어지는 물음에 답하시오.

최근 금융거래의 디지털 전환이 가속화되면서 세계 여러 나라에서는 다양한 방식으로 핀테크 기술의 활용도를 높이기 위한 노력을 기울이고 있다. 모바일 결제의 편리함이 곧 핀테크 서비스의 신뢰도를 높여주는 것은 아니며, 각국은 사용자 접근성을 높이고 보안에 대한 불안감을 줄이기 위해 여러 정책적 · 기술적 방안을 도입하고 있다. 특히 금융 기술의 발전 정도와 상관없이, 홍보 전략과 대국민 서비스 인식 개선이 핀테크 확산에 중요한 역할을 하는 것으로 조사되었다.

영국 런던은 글로벌 핀테크 도시 중 하나로, 금융기관과 스타트업 간 협업을 촉진하는 '샌드박스 제도'를 도입하였다. 이를 통해 혁신 금융서비스가 제한된 환경에서 안전하게 실험될 수 있도록 하여 신뢰도를 확보하고 있다. 또한 시민들이 디지털 금융을 쉽게 체감할 수 있도록 '오픈 뱅킹 페스티벌'을 개최하여 핀테크 기술에 대한 긍정적 인식을 확산시키고 있다.

싱가포르는 '모바일 지갑 중심의 무현금 사회'를 목표로 정부 차원에서 통합 결제 인프라를 구축하고 있다. 여러 결제 앱을 하나의 QR코드 체계로 통합하여, 소비자들이 앱 종류와 관계없이 자유롭게 결제할 수 있도록 개선하였다. 이는 핀테크 사용 편의성을 높여 국민들의 디지털 금융 참여를 적극 장려하는 정책으로 평가된다.

미국 뉴욕은 금융 보안 강화를 중심에 두고 다양한 핀테크 지원 프로그램을 운영하고 있다. 특히 위 · 변조 방지 기술, 생체 인증 기술 등을 개발하는 스타트업에 대한 투자 유치를 확대하여 '안전한 디지털 금융'에 초점을 맞추고 있다. 또한 금융 사기 예방을 위한 시민 교육 캠페인을 활발히 진행하면서 핀테크 서비스에 대한 신뢰를 끌어올리고 있다.

우리나라 역시 간편결제 · 간편 송금 서비스의 확산으로 핀테크 사용률은 높지만, 영국과 싱가포르에 비해 사용자 대상 교육 및 홍보 활동은 상대적으로 부족한 편이다. 금융 보안 사고에 대한 우려도 완전히 해소된 상황은 아니므로, 이용자 신뢰 회복과 기술 신뢰성을 강화하기 위한 지속적인 노력이 요구된다.

45 다음 글의 주제로 가장 적절한 것은?

① 세계 주요 국가의 모바일 결제 시장 규모 비교
② 핀테크 보안을 강화하기 위한 각국의 금융 규제 정책
③ 핀테크 확산을 위해 각국에서 추진 중인 다양한 노력과 사례
④ 핀테크 기업이 추진하는 글로벌 투자 전략 분석
⑤ 우리나라 핀테크 산업 성장 정체 원인 분석

46 제시된 글을 읽고 바르게 이해한 것을 모두 고른 것은?

> - A : "영국은 핀테크 실험 환경을 제공하는 샌드박스 제도를 운영해 혁신 금융서비스 확산을 돕고 있다."
> - B : "싱가포르는 결제 서비스마다 서로 다른 QR코드를 사용하도록 분류하여 만들었다."
> - C : "미국 뉴욕은 금융 접근성 확대보다는 보안 중심의 핀테크 지원 정책을 추진하고 있다."
> - D : "우리나라는 영국보다 핀테크 사용자 교육·홍보 활동이 활발하다고 평가된다."

① A, B
② A, C
③ B, C
④ B, D
⑤ C, D

47 다음은 사내 비품이 사라진 상황과 관련하여 갑 ~ 정 4명의 진술이다. 사내 비품을 가져간 사람은 1명이며 이들 4명 중 단 1명만 진실을 말하고, 나머지 3명은 모두 거짓을 말했다. 진술들을 바탕으로 내릴 수 있는 결론으로 옳지 않은 것은?

> 갑 : 나는 사내 비품을 가져가지 않았다.   을: 나는 사내 비품을 가져간 사람이다.
> 병 : 나는 사내 비품을 가져가지 않았다.   정: 갑이 사내 비품을 가져간 사람이다.

① 갑은 사내 비품을 가져가지 않았다.
② 을은 사내 비품을 가져가지 않았다.
③ 병은 사내 비품을 가져가지 않았다.
④ 정은 사내 비품을 가져가지 않았다.
⑤ 사내 비품을 가져가지 않은 사람 중 참을 말한 사람은 없다.

48 다음은 K보험공단이 적용하는 의료비 보장형 상해보험의 보험금 지급 기준에 관한 자료이다. 아래 제시된 규정과 지급 기준표를 참고하여, 〈보기〉의 A ~ C 중 보험금 지급액이 가장 많은 사람과 그 금액으로 옳은 것은?

---

1. 보험금 지급 제도 개요

K보험공단의 의료비 보장형 상해보험은 피보험자가 상해로 인해 치료가 필요해지는 경우, 입원·통원 치료비, 간병비, 약제비 등 실제 지출된 비용을 보장하는 상품이다. 단, 보험금은 아래 규정에 따라 지급 기준액 또는 실제 지출액 중 더 낮은 금액으로 산정한다. 피보험자의 권리 보호를 위해 모든 청구는 발생일부터 180일 이내에 접수해야 하며, 치료 기관에서 발급한 진단서와 치료비 명세서를 반드시 제출해야 한다.

2. 지급 대상 기준

① 장기 치료급여(입원) 대상자
• 골절, 주요 장기 손상 등으로 연속 15일 이상의 입원 치료가 필요한 경우
• 상해 등급 1급에 해당하며 타인의 전일 간병이 필요하다고 인정된 경우
• 동일 사고로 신체 두 부위 이상에서 중증 손상이 확인된 경우
② 단기 치료급여(통원) 대상자
• 골절 또는 중등도 손상으로 연속 15일 미만 통원 치료를 받은 경우
• 상해 등급 2급에 해당하며 부분 간병이 필요한 경우
• 입원 치료를 병행하지 않고 외래 중심 치료가 이루어진 경우

3. 지급 급액 기준

① 장기 치료급여(입원) 대상자
• 1일 48,000원
• 입원 중 발생한 간병비·약제비·처치비 등은 치료비에 포함
② 단기 치료급여(입원) 대상자
• 1일 30,000원
• 통원·검진·물리치료·약제비 포함
※ 동일 사고 내 여러 항목을 청구하더라도 1일 기준 상한액을 초과할 수 없다.

• A : 상해등급 1급 판정을 받고 32일간 입원 치료를 받았다.
• B : 상해등급 2급 판정을 받고 55일간 통원 치료를 받았다.
• C : 동일 사고로 신체 두 부위에 중증 손상이 확인되어 20일간 입원 치료를 받았다.

① A, 1,600,000원　　　　　　② A, 1,500,000원
③ B, 1,650,000원　　　　　　④ C, 1,000,000원
⑤ C, 9600,000원

밀키트 시장은 가정 간편식(HMR) 수요가 확대되면서 수년간 꾸준히 성장해 왔다. 과거에는 손질된 재료를 단순히 포장한 형태에 가까웠으나, 오늘날의 밀키트는 조리 난이도를 세분화하고, 고객 취향 데이터를 활용해 메뉴를 기획하는 등 제품 개발 방식이 고도화되고 있다. 특히 온라인 식품 플랫폼의 발달과 유통 방식 변화로 인해 다양한 업체가 시장 경쟁에 참여하게 되었다.

시장 경쟁이 늘어나면서 밀키트 업체들은 소비자의 만족도를 높이기 위한 다양한 전략을 시도하고 있다. 첫째, 조리 시간 단축을 핵심 장점으로 강조하여 바쁜 직장인·1인 가구 고객층의 선택을 이끌고 있다. 한 소비자 조사에 따르면 응답자의 약 절반 이상이 "조리 시간이 짧아서 밀키트를 선택한다"고 답했다. 둘째, 신선도 유지 기술과 포장 방식이 개선되면서 냉장·냉동 보관 방식에 따라 유통기한이 차별화된 제품 구성이 나타났다. 셋째, 소비자 선택 폭을 넓히기 위해 기본형·프리미엄형 등 가격대별 제품 구분 전략을 사용하고 있다.

연령대별 구매 동기를 살펴보면, 20·30대는 새로운 메뉴 체험과 빠른 조리 시간을 중요한 요인으로 꼽았다. 40대는 가족 구성 수에 맞는 다양한 메뉴 구성을 선호하며, 50·60대는 익숙한 가정식 스타일과 담백한 맛을 중심으로 구매 비중이 지속적으로 증가하는 추세이다. 이에 따라 업체들은 중·장년층을 위한 저자극 제품을 별도로 출시하기도 한다.

한편, 시장 성장과 함께 소비자 불만도 일부 제기되고 있다. 예를 들어 "조리 난이도가 표기와 다르다"거나, "제품 사진과 실제 구성 사이에 차이가 있다"는 의견이 있다. 이에 관련 부처에서는 조리 안내와 구성 표시 기준 개선을 검토하고 있으며, 전문가들은 "표기 방식이 표준화되면 소비자 신뢰가 더 높아질 것"이라고 분석한다.

49 다음 중 위 글의 내용으로 추론할 수 있는 내용으로 가장 적절한 것은?

① 밀키트는 주로 20대 소비자만을 타깃으로 한다.
② 기존 오프라인 식당이 밀키트 시장 점유율 대부분을 차지한다.
③ 소비자들은 조리 난이도보다 가격을 중요하게 고려한다.
④ 20·30대는 전통적인 가정식 형태의 밀키트를 가장 선호한다.
⑤ 밀키트는 다양한 맛과 구성으로 인해 전 연령대에서 수요가 확대되고 있다.

50 위 글을 바탕으로 밀키트 업체의 마케팅 방향으로 적절하지 않은 것은?

① 50·60대는 고객을 위해 저자극 메뉴를 개발해 출시한다.
② 사진과 실물의 차이를 줄이도록 조리 안내 표기 기준을 강화한다.
③ 바쁜 직장인을 겨냥한 10분 조리 가능 캠페인을 진행한다.
④ 제품 사진과 실제 구성품의 차이를 유지하여 경쟁력을 확보한다.
⑤ 냉장·냉동 제품의 신선도 보관 기술을 마케팅 메시지로 활용한다.

51 다음 엑셀 시트에서 [E9] 셀에 야근일수를 구하기 위해 입력할 함수로 옳은 것은?

	A	B	C	D	E
1	야근 현황				
2	날짜	갑	을	병	점
3	6월2일	V	V	V	V
4	6월3일				V
5	6월4일	V		V	
6	6월5일		V	V	
7	6월6일	V	V	V	V
8	6월7일	V			V
9	야근일수				

① =COUNTBLANK(E3:E8)

② =COUNTA(E3:E8)

③ =COUNT(E3:E8)

④ =SUMIF(E3:E8)

⑤ =SUM(E3:E8)

| 52 ~ 53 | 다음은 H사 정보보안팀에서 관리 중인 사내 시스템별 임시 비밀번호 코드이다. 아래 조건과 표를 참고하여 이어지는 질문에 답하시오.

〈비밀번호 코드 체계〉

비밀번호는 다음의 5개 요소를 순서대로 결합하여 생성된다.
※ 생성 연월 코드, 보안 등급, 발급 부서 코드, 세부 기능 코드, 일련생성번호

1. 생성 연월 코드(4자리)
예시) 2023년 5월 생성 → 2305

2. 보안 등급(1자리 숫자)
• 1단계 : 1
• 2단계 : 2
• 3단계 : 3
• 4단계 : 4
• 5단계 : 5

3. 발급 부서 코드(1자리 영문자)

부서	코드번호	부서	코드번호
인사팀	A	구매팀	G
총무팀	B	홍보팀	H
회계팀	C	연구팀	I
IT보안팀	D	개발팀	J
시설팀	E	전략기획팀	K
물류팀	F	CS센터	L

4. 세부 기능 코드(3자리 숫자)

기능	코드번호	기능	기능
공용 로그인	010	정산 승인	090
문서 암호화	020	시설 접근	120
서버 접근	030	장비 인증	150
외부 발송	040	결재 승인	180

5. 일련생성번호(5자리, 00001부터 증가)
예시) 2022년 8월 생성, 3단계 보안, 홍보팀 발급, 시설 접근 기능, 100번째 생성
→ 22083H12000100

〈사내 보관 중인 비밀번호 목록〉

책임자	코드번호	책임자	코드번호
정 대리	23051D02000150	강 대리	23095G18000750
오 사원	23073A03000350	윤 대리	22125D04000150
권 사원	23011A18000020	양 사원	23011C03001010
민 사원	23104B01001150	박 사원	23102L15000112

52 다음 조건에 맞는 비밀번호로 알맞은 것은?

- 생성 연월 : 2023년 7월 생성
- 보안 등급 : 5단계
- 발급 부서 : 전략기획팀
- 세부 기능 : 장비 인증 기능
- 일련번호 : 125번째 생성

① 23075K15000125
② 23075K12012500
③ 23075G15000125
④ 23035G12012500
⑤ 23035C02000125

53 다음 중 사내 보관 중인 비밀번호 목록 중 서버 접근 코드를 가진 담당자끼리 묶인 것은?

① 정 대리, 박 사원　　　　　　② 강 대리, 민 사원
③ 오 사원, 양 사원　　　　　　④ 윤 대리, 박 사원
⑤ 권 사원, 박 사원

54 귀하는 OO기관 홍보팀의 신입 직원으로, 기관에서 새롭게 시행할 서비스 변경 안내문을 작성하고 있다. 아래는 귀하가 참고해야 할 내부 규정과, 선배가 작성한 초안 원고이다. 다음 중 규정을 정확히 반영하여 수정 의견을 제시한 사람으로 옳은 것은?

〈문서작성 규정 발췌〉

제00조(문서의 성립 및 효력 발생)
① 문서는 결재권자가 전자서명(전자이미지서명, 전자문자서명 포함)을 완료한 때 성립한다.
② 전자문서는 수신자가 확인하지 않더라도, 지정된 전자 시스템에 입력된 시점부터 효력이 발생한다.
③ 공고문은 효력 발생 시기가 문서에 명시되지 않은 경우, 게시일로부터 3일 경과 후 효력이 발생한다.

제00조(문서 작성 일반 원칙)
① 원칙적으로 한글로 작성하되, 필요 시 괄호 안에 외국어·한자를 병기할 수 있다.
② 일반적으로 사용되지 않는 약어·전문용어는 가능하면 피하고, 명확하게 서술한다.
③ 날짜는 "2025. 8. 14."처럼 연·월·일 글자를 생략하고 온점(.)으로 표기한다.
④ 시간은 24시각제로 "09:30", "17:45"와 같이 표기하고 '시·분' 글자는 쓰지 않는다.
⑤ 문서의 표현은 간결·명확해야 하며, 효력 발생 시기와 관련된 문구는 특히 정확하게 작성한다.

〈초안 원고 일부〉

본 서비스 변경 사항은 2025년 8월 14일 오전 9시 반부터 적용됩니다. 다만, 전자문서의 효력은 담당자가 수신 문서를 확인하는 즉시 발생하며, 본 공고문은 게시 즉시 효력이 생기게끔 설정되어 있습니다. 또한 이번 안내문에서는 서비스 운영의 효율성을 높이기 위해 API, CRM, SLA 등 다양한 전문 용어를 적극적으로 활용하였으며, 자세한 내용은 열람 시 자동으로 확인됩니다.

① 박 사원 : 날짜는 "2025. 8. 14."으로 고쳐야 하며, 시간은 그대로 사용해도 된다.
② 최 사원 : 전자문서는 수신자가 확인하지 않아도 시스템에 입력되면 효력이 발생하므로 '확인 하는 즉시'라는 표현을 변경해야 한다.
③ 유 사원 : 전문 용어를 적극적으로 사용하는 것이 오히려 문서를 더 정확하게 전달하므로 초안 방식이 적절하다.
④ 김 사원 : 공고문의 효력은 명시가 없으면 게시일로부터 5일 후 발생하므로 초안의 '즉시 효력'이라는 표현은 틀렸다.
⑤ 문 사원: 12시간제 표기도 문서 작성에 허용되므로 '오전 9시 30분'으로 표기해야 한다.

55 다음 글을 읽고 이 글에 대한 이해로 가장 적절한 것은?

> 스테이블코인의 규제 방향을 둘러싸고 여러 논의가 제기되어 왔다. 그중에서도 가장 오래된 접근은 스테이블코인의 가치를 기초자산에서 찾으려는 관점이다. 이 관점에서는 스테이블코인은 기본적으로 실물 가치에 연동된 상품으로, 그 본질은 준비자산의 안정성에서 비롯된다고 본다. 따라서 발행사는 보유한 현금성 자산과 국채·예금 등으로 코인을 1:1로 담보해야 하며, 외부 회계기관의 검증을 정기적으로 받아야 한다고 주장한다. 이러한 준비자산 중심 관점은 스테이블코인이 충분한 유동성과 투명성을 갖추기만 하면, 가격 안정성은 자동적으로 유지된다고 본다. 다만 담보가 부족한 채권성 자산의 비중이 높아질수록 시장 충격에 취약해진다는 비판도 제기된다.
>
> 다른 접근은 스테이블코인을 금융시장 구조 속에서 이해하려는 시각이다. 이 논의에서는 스테이블코인의 가격 안정성은 준비자산 비중만으로 설명될 수 없으며, 실제 시장 참여자 구성, 거래 집중도, 환매 방식, 자본 유입·유출 패턴 등이 복합적으로 작용한다고 본다. 예컨대 일부 스테이블코인은 전체 공급량의 70% 이상이 특정 해외 거래소에 집중되어 있어, 그 시장에서 대규모 환매가 발생하면 가격이 단기간에 급격히 변동할 수 있다고 지적한다. 이러한 구조적 요인은 담보 수준과 무관하게 스테이블코인 가격을 불안정하게 만들 가능성이 있다고 본다. 따라서 스테이블코인의 규제는 '시장 구조'라는 보다 큰 틀에서 고려해야 한다고 주장한다.
>
> 세 번째 접근은 스테이블코인을 둘러싼 다양한 이해관계의 배치를 중심으로 본 지배구조 관점이다. 이 관점에서는 스테이블코인은 단순한 결제 수단이 아니라 발행사, 수탁기관, 대형 보유자, 거래소 등 다양한 주체의 이해관계가 교차하는 경제적 장이라고 본다. 일부 발행사는 스테이블코인을 담보로 대출 상품을 만들어 자체적으로 수익을 창출하는데, 이러한 구조에서는 발행사가 규제 강화를 회피하려는 유인을 가지게 된다. 또한 대형 거래소나 기관 보유자가 환매 시점과 조건을 사실상 결정하는 상황이 발생하면 일반 사용자보다 유리한 권한을 갖게 되어, 스테이블코인이 오히려 새로운 불평등 구조를 강화할 수 있다고 비판한다. 이 관점에서는 스테이블코인의 규제가 기술적 문제가 아니라 권력·지배 구조의 조정 문제라고 강조한다.
>
> 각 관점은 서로 비판을 주고받는다. 준비자산 중심 관점은 시장 구조 분석이 지나치게 금융 흐름에만 치우쳐 실제 가치 기반을 간과한다고 비판하고, 시장 구조 관점은 준비자산만 강조하는 것은 현실에서 스테이블코인이 거래되는 방식을 설명하기 어렵다고 반론한다. 지배구조 관점은 두 관점 모두 스테이블코인이 작동하는 제도적·경제적 권력 관계를 충분히 설명하지 못한다고 지적받지만, 동시에 자신들 역시 과도하게 정치적 해석을 한다는 비판을 받는다. 그럼에도 세 관점 모두 스테이블코인의 규제는 단순한 상품 문제가 아니라 복합적인 사회·경제적 환경 속에서 형성된다는 점을 강조한다.

① 준비자산 중심 관점에서 스테이블코인의 안정성이 시장 구조와 거의 무관하다고 명확히 주장한다.

② 금융시장 구조 관점에서 준비자산 비중만으로는 가격 안정성을 설명하기 어렵다고 본다.

③ 준비자산 중심 관점에서 스테이블코인의 지배구조가 권력 불균형을 초래할 수 있다고 강조한다.

④ 지배구조 관점에서 스테이블코인이 시장 참여자의 자발적 합의에 의해 공정하게 운영된다고 본다.

⑤ 세 관점 모두 스테이블코인의 규제는 복합적인 사회·경제적 환경 속이 아니라 단순한 상품 문제에서 형성된다는 점을 강조한다.

56 다음은 A기업의 성과상여금 지급기준이다. 다음 기준에 따를 때 성과상여금을 가장 많이 받는 사원과 가장 적게 받는 사원의 금액 차이는 얼마인가?

〈성과상여금 지급기준〉

지급원칙

성과상여금은 적용대상사원에 대하여 성과(근무성적, 업무난이도, 조직 기여도의 평점 합) 순위에 따라 지급한다.

성과상여금 지급기준액

5급 이상	6~7급	8~9급	계약직
500만 원	400만 원	200만 원	200만 원

지급등급 및 지급률

• 5급 이상

지급등급	S등급	A등급	B등급	C등급
성과 순위	1위	2위	3위	4위 이하
지급률	180%	150%	120%	80%

• 6급 이하 및 계약직

지급등급	S등급	A등급	B등급
성과 순위	1~2위	3~4위	5위 이하
지급률	150%	130%	100%

지급액 산정방법

개인별 성과상여금 지급액은 지급기준액에 해당 등급의 지급율을 곱하여 산정한다.

〈소속사원 성과 평점〉

사원	평점			직급
	근무성적	업무난이도	조직기여도	
A 사원	8	5	7	계약직
B 사원	10	6	9	계약직
C 사원	8	8	6	4급
D 사원	5	5	8	5급
E 사원	9	9	10	6급
F 사원	9	10	8	7급

① 260만 원

② 340만 원

③ 400만 원

④ 450만 원

⑤ 500만 원

57 다음은 갑국의 국가별 수출 구조 및 품목별 수출 세부 내역 자료이다. 〈보기〉 중 옳은 것들로만 짝지어진 것은?

〈표 1〉 2022 ~ 2024년 갑국의 국가별 수출액 비율

연도 \ 국가	미국	중국	인도	이탈리아	기타
2022년	18.5%	24.1%	7.3%	3.8%	46.3%
2023년	19.2%	23.4%	7.8%	4.1%	45.5%
2024년	20.1%	22.8%	8.4%	4.3%	44.4%

〈표 2〉 2024년 갑국의 국가·품목별 수출액

(단위 : 백만 달러)

국가 \ 품목	기계류	화학제품	전자제품	자동차	기타
미국	21,500	17,300	14,200	8,900	6,100
중국	18,900	22,800	30,500	6,700	4,400
인도	6,200	4,900	3,800	1,900	900
이탈리아	3,400	1,800	1,500	1,000	700
기타	14,100	13,400	16,900	9,600	7,800

〈보기〉
㉠ 2022 ~ 2024년 미국의 수출액 비율은 매년 감소하고 있다.
㉡ 2024년 갑국의 총 수출액이 가장 높은 국가는 중국이다.
㉢ 2022년 대비 2024년 수출액 비율의 차이는 인도가 이탈리아의 2배 이상이다.
㉣ 2024년 미국·인도 두 국가에서 '기계류' 수출액은 '자동차' 품목의 수출액의 3배 이상이다.

① ㉠, ㉡
② ㉠, ㉣
③ ㉡, ㉢
④ ㉡, ㉣
⑤ ㉢, ㉣

Answer. 56.③ 57.③

58 다음 제시된 글의 내용과 일치하는 것을 모두 고른 것은?

금융상품을 등록하여 관리하기 위해서는 상품명 규칙을 적용한다. 이때 상품의 주요 특성을 한눈에 파악할 수 있도록 구성하는 것이 바람직하다. 따라서 상품명에는 상품의 유형, 운용 방식, 위험등급, 투자대상, 만기 형태 등이 반영된다.

예를 들어 "채권혼합중위험해외만기형(債券混合中危險海外滿期型)"이라는 상품명이 붙어 있다면 '채권혼합'은 상품 유형을, '중위험'은 위험등급을, '해외'는 투자대상을, '만기형'은 구조적 형태를 나타낸다. 이러한 방식은 다른 금융상품에도 동일하게 적용된다.

금융상품의 등록 수량은 '계좌 수'로 계산한다. 소규모 적립식 펀드 계좌도 한 계좌이며, 대형 기관투자자의 대규모 투자 계약도 한 계좌로 본다. 동일 금융상품이 여러 계좌에서 쪼개져 관리되는 경우에는 이를 "일괄(一括)" 계좌로 묶어 하나의 계좌로 계산할 수 있다.

또한 한 세트로 구성되는 금융상품은 부부형 연금상품, 부속형 서브계좌 포함 상품 등 한 세트를 한 계좌로 취급하되, 개별 구성요소는 (1-1), (1-2)와 같이 표기한다. 연동형 부속계좌가 있는 파생상품도 한 계좌로 계산하되, 번호 부여 방식은 세트형 상품과 동일하다.

금융상품 등록 시에는 상품의 상태도 반드시 기록한다. 예를 들어 상품 구조 일부가 중단되었으나 조정이 가능한 경우는 '조정(調整)'으로, 구조적으로 지속 불가능한 손실이 발생하여 회복이 불가능한 경우는 '결손(缺損)'으로 기록한다. 조정을 통해 원래 구조와 동일하게 복원한 경우는 '수리(修理)'로, 결손 상태에서 새로운 구조로 재설계해 원형에 가깝게 복원한 경우는 '재구성(再構成)'이라고 부른다.

㉠ 연동형 부속계좌가 있는 상품에서, 부속계좌 일부가 중단되어도 본계좌와는 별개로 계산되므로 전체는 두 계좌로 계산된다.

㉡ 해외ETF 상품 구조의 일부가 손실되어 회복 불가 상태라면 '결손'에 해당하고, 이를 복원하려면 '재구성' 과정이 필요하다.

㉢ "채권혼합중위험해외만기형(債券混合中危險海外滿期型)"이라는 상품명이 붙어 있는 모든 금융상품은 각기 다른 방식으로 적용된다.

㉣ 부부형 연금상품에서 한 구성원이 해지하여 한 구성요소만 남아도, 여전히 한 계좌로 계산된다.

① ㉠

② ㉡, ㉢

③ ㉡, ㉣

④ ㉠, ㉡, ㉢

복사기 제품 설명서

1. 설치 위치

비상 시 즉시 출력물 확인이 가능하도록 직원이 자주 드나드는 곳에 복사기를 설치합니다. 사람들이 복사기 위치를 빠르게 찾을 수 있도록 안내 표지 부착을 권고합니다.

2. 일반 취급 주의사항

1) 작동 전

(1) 복사기가 정상 순서대로 부팅되는지 확인하십시오.
(2) 토너·드럼 등 주요 소모품이 올바르게 장착되어 있는지 확인하십시오.
(3) 전원 케이블 및 전압 상태를 확인하십시오.
(4) 복사기 내부 배터리 팩은 충전하지 마십시오. (임의 충전 시 오작동 가능성이 있습니다.)
(5) 복사기를 다른 기기와 병행 전원선에 연결할 경우 과부하 또는 출력 오류가 발생할 수 있습니다.

2) 작동 중

(1) 복사기를 사용할 때는 지정된 연속 출력 시간과 용지 적재 한도를 초과하지 마십시오.
(2) 복사기 열 배출구에 손이나 물체가 직접 닿지 않도록 주의하십시오.
(3) 작동 중 이상음·이상진동이 발생할 경우 전원을 끄거나 토너 카트리지를 제거하십시오.

3) 사용 후

(1) 복사기를 기존 위치로 되돌리고 모든 덮개·트레이를 설명서에 따른 상태로 복원하십시오.
(2) 사용한 용지함·이물질 등을 정리하고 표면을 청소하십시오.

3. 설치 및 사용 주의사항

1) 설치 시 유의사항

(1) 습기, 물이 닿는 곳, 고온·고압 환경, 통풍 불량, 먼지 과다, 염분·유황이 많은 환경에 설치하지 마십시오.
(2) 평평하고 진동이 없는 바닥에 설치하십시오.
(3) 이동 중 충격·흔들림을 피하십시오.
(4) 화학물질 보관실, 가스 누출 위험이 있는 장소에는 설치하지 마십시오.

2) 소모품 관리

토너·드럼의 유효기간과 상태 표시등이 잘 보이도록 설치하십시오.

3) 사용 모드 설정

복사기 사용 시, 용지 종류·출력 품질·컬러/흑백 모드를 작업 용도에 맞게 설정하십시오.

4) 보관 조건 (미준수 시 출력 불가)

구분	온도	습도
내용	10 ~ 35 °	10 ~ 80%(비응결)

5) 폐기 시
폐기할 경우 배터리 및 토너 카트리지를 분리하십시오

6) 복사기는 어떤 식으로든 분해 또는 개조하지 마십시오.

4. 월별 검사 절차
복사기와 소모품은 정기적인 유지관리가 필요합니다. 점검 시 전면 패널, LED, 스피커, 버튼 등 작동 여부를 확인합니다.

절차	내용
전원 스위치를 켜고 덮개를 여십시오.	• "삐" 소리가 나고 모든 LED가 켜지는지 확인하십시오. • 상태 표시등이 적색으로 켜졌다가 약 2초 후 녹색으로 바뀌는지 확인하십시오. • "일반 출력 모드로 전환합니다."라는 음성 안내가 나오는지 확인하십시오. • 최소 두 개 이상의 녹색 상태 표시등(전원 · 소모품)이 켜지는지 확인하십시오.
전기 테스트 버튼(전기 충격 버튼 대응)을 누르십시오.	"삐" 소리가 나는지 확인하십시오.
출력 모드 스위치를 확인하십시오	• 출력 품질을 '초안모드'로 설정한 후 "초안모드로 전환되었습니다."라고 음성 안내가 나오는지 확인하십시오. • 품질 스위치를 다시 '고해상도'로 설정한 후 "고해상도 모드입니다."라는 음성 안내가 나오는지 확인하십시오. • 검사 후 기본 모드인 '일반 출력'으로 다시 설정하십시오.
덮개를 닫고 전원을 끄십시오.	• 상태 표시등이 녹색인지 확인하십시오. ※ 월별 검사 후 상태 표시등이 여전히 적색이어도 경보음은 울리지 않습니다.

59 복사기의 사용방법으로 가장 적절한 것은?

① 복사기는 0℃ 이하에서 보관해야 한다.

② 복사기의 상태 유지를 위해 내부를 분해하여 보관해야 한다.

③ 작동 중 복사기에 이상진동이 발생할 경우 토너 카트리지를 제거해야 한다.

④ 복사기를 사용하기 위해서는 작동 전 복사기 내부 배터리 팩을 충전해야 한다.

⑤ 출력물이 잘 나오지 않는다면 지정된 연속 출력 시간을 초과해서라도 계속 사용해야 한다.

60 복사기의 월별 점검 절차로 적절하지 않은 것은?

① 전원 스위치를 켜고 덮개를 연 후, 두 개 이상의 녹색 상태 표시등이 켜졌는지 확인한다.

② 전원 스위치를 켜고 덮개를 열었을 때, "삐" 소리가 나고 모든 LED가 켜졌는지 확인한다.

③ 출력 모드 스위치를 확인할 때, 출력 품질을 '초안모드'로 설정한 후 "초안모드로 전환되었습니다."라고 음성 안내가 나오는지 확인한다.

④ 덮개를 닫고 전원을 끈 뒤 적색 상태 표시등과 함께 경보음이 울리는지 확인한다.

⑤ 전기 테스트 버튼을 누른 뒤 "삐" 소리가 나는지 확인한다.

Answer. 59.③ 60.④

기출후기를 반영하여 복원 · 재구성한 문제입니다.

1 다음 글을 통해서 추론할 수 있는 것은?

> 마이크로바이옴(Microbiome)은 특정 환경이나 생태계에 존재하는 미생물과 이들의 유전체 정보를 포괄적으로 지칭하는 개념이다. 박테리아, 바이러스, 진균, 원생동물 등 다양한 미생물 군집과 그들의 유전적 정보를 포함한다. 특히 인간의 마이크로바이옴은 인체 내외부의 특정 부위에 서식하는 미생물과 이들의 유전체를 의미하며, 장, 피부, 구강, 비뇨생식기 등 다양한 부위에 존재한다. 마이크로바이옴은 단순한 미생물의 집합체가 아니라, 숙주와 상호작용하며 중요한 생리적 기능을 수행하는 생태계로 간주된다.
>
> 마이크로바이옴은 인체의 건강 유지와 질병 예방에 핵심적인 역할을 한다. 병원성 미생물의 성장을 억제하고, 염증 반응을 조절하며, 숙주와 공생 관계를 통해 면역 균형을 유지한다. 또한, 비타민 K와 비타민 B군과 같은 필수 영양소를 합성하는 데 도움을 준다. 가장 잘 알려진 예는 장내 마이크로바이옴으로, 이는 소화와 영양 흡수를 돕고 면역 체계의 발달과 조절에 기여한다. 피부 마이크로바이옴은 병원체의 침입을 방어하는 역할을 하고, 구강 마이크로바이옴은 치아와 잇몸 건강을 유지하며 치주질환을 예방한다. 마이크로바이옴의 구성 변화는 대사 질환, 염증성 장 질환, 자폐증, 우울증 등 다양한 질환과 관련이 있다는 연구 결과가 보고되고 있다.
>
> 이 뿐만 아니라 마이크로바이옴 연구는 의학, 농업, 환경 분야에서 다양한 활용 가능성을 열어주고 있다. 의료 분야에서는 장내 마이크로바이옴의 조절을 통해 염증성 장 질환, 비만, 당뇨병, 암과 같은 질병 치료의 새로운 접근법이 개발되고 있다. 예를 들어, 대변 미생물 이식(Fecal Microbiota Transplantation, FMT)은 특정 질환 치료를 위한 효과적인 방법으로 주목받고 있다. 또한, 맞춤형 프로바이오틱스와 프리바이오틱스는 개인의 마이크로바이옴 상태에 맞춘 건강 관리 솔루션을 제공한다. 농업에서는 토양의 마이크로바이옴을 조절하여 작물 생산성을 향상시키고 지속가능한 농업을 구현할 수 있다. 환경 분야에서는 폐기물 분해 및 생태계 복원에 활용된다. 이러한 마이크로바이옴의 응용 가능성은 지속적으로 확대되고 있으며, 미래 바이오산업의 핵심 기술로 자리 잡고 있다.

① 미생물은 장 이외의 공간에서 살 수 있다.

② 마이크로바이옴은 박테리아 미생물의 집합체에 해당한다.

③ 장내에 마이크로바이옴의 수가 늘어나면 병원성 미생물이 장내에 다양해진다.

④ 마이크로바이옴은 비타민을 생성하여 필수 영양소와 합성하는 촉진제 역할을 한다.

⑤ 장내에 염증성 질환을 앓고 있는 사람에게 대변 미생물을 이식하여도 특정 질환 치료에 특별한 효과는 없다.

2 다음 글의 ㉠ ~ ㉤을 문맥에 맞게 수정한 것으로 가장 적절한 것은?

최근 전 세계적으로 경제적 불확실성과 소비자들의 구매력 변화가 두드러지며 ㉠초저가 상품의 인기가 급증하고 있다. 이는 소비자들이 실용성과 경제성을 중시하는 가치소비 경향으로 이동하고 있음을 보여준다. 초저가 상품은 기본적인 기능과 실용성을 강조하며, 품질 대비 가격 경쟁력을 앞세워 폭넓은 소비층의 관심을 끌고 있다. 특히, 온라인 쇼핑몰과 대형 유통업체에서 초저가 전략을 통해 고객 충성도를 확보하고, 가격 민감도가 높은 소비자들의 선택을 이끌어내고 있다. 이와 같은 소비경향은 젊은 세대뿐만 아니라 가성비를 중요하게 여기는 전 연령층에서 나타나고 있으며, 이러한 흐름은 지속적인 경제적 압박과 생활비 증가로 인해 당분간 유지될 것으로 보인다.

㉡초저가 상품 시장의 인기는 실제 매출 데이터에서도 뚜렷하게 드러난다. 최근 발표된 통계에 따르면, 글로벌 초저가 상품 시장의 매출은 전년 대비 약 15% 상승한 것으로 나타났다. 특히, 일상생활 필수품, 의류, 전자제품 소형 액세서리 등에서 이러한 성장세가 두드러졌다. 예를 들어, 한 대형 온라인 유통 플랫폼에서는 초저가 카테고리의 판매량이 20% 이상 증가했으며, 이는 ㉢전반적인 소매시장 성장률보다 두 배 높은 수치다. 이러한 매출 상승은 초저가 상품이 단순히 경기 침체기에 일시적인 현상이 아니라, 지속 가능한 소비 트렌드로 자리 잡고 있음을 시사한다.

반면, ㉣초저가 상품의 인기가 높아지는 동시에 초고가 상품의 시장은 꾸준한 감소세를 보이고 있다. 글로벌 명품 시장은 전년 대비 7% 성장하며, 그 규모가 꾸준히 확대되고 있다. 이러한 성장은 프리미엄 제품에 대한 소비자들의 관심이 증가한 결과로, 개인화, 지속 가능성과 윤리적 생산을 강조하는 브랜드가 주요한 경쟁력을 확보하고 있기 때문이다. 특히, 명품은 자신을 위한 투자라는 심리적 만족감과 함께 품질에 대한 신뢰를 기반으로 구매가 이루어지고 있다. 이에 따라, 명품 시장은 경제적 양극화 속에서도 비교적 안정적인 성장 궤도를 유지하고 있다.

초저가 상품과 초고가 상품만 높은 수요를 얻는 현상은 현대 사회의 소비 양극화를 극명하게 드러내는 특징적인 사례다. 이는 소비자들이 중간 가격대의 상품보다는 자신에게 최대 가치를 제공한다고 느끼는 극단적인 선택을 선호하는 경향으로 이어지고 있다. 초저가 상품은 경제적 제약 속에서도 기능성과 효율성을 충족시킬 수 있는 대안으로 자리 잡은 반면, ㉤초고가 상품은 품질, 명성, 그리고 차별화된 가치를 추구하는 소수의 소비자를 타겟으로 한다. 이러한 현상은 경제적 불균형의 심화와 함께 소비자 개개인의 가치 판단 기준이 극단적으로 나뉘어 가는 사회적 배경을 반영한다. 결과적으로, 기업들은 초저가와 초고가라는 양극화된 소비 수요에 대응하기 위해 극단적인 가격 전략을 개발하며, 중간 시장은 점차 축소되는 추세를 보이고 있다.

① ㉠ "초저가 상품의 인기가 급감하고 있다."로 수정한다.
② ㉡ "초저가 상품 시장의 인기는 실제 매출 데이터에서는 특징적으로 나타나지 않는다."로 수정한다.
③ ㉢ "전반적인 소매시장 성장률보다 두 배 낮은 수치다."로 수정한다.
④ ㉣ "초저가 상품의 인기가 높아지는 동시에 명품 시장 역시 꾸준한 성장세를 보이고 있다."로 수정한다.
⑤ ㉤ "초고가 상품은 대중적인 가치를 추구하는 다수의 소비자를 타겟으로 한다."로 수정한다.

📖 **Answer.** 1.① 2.④

3 다음 보도자료에서 알 수 있는 것은?

BIS 및 4개국 중앙은행, 만달라(Mandala) 프로젝트를 통해

국가 간 거래와 관련한 규제준수 절차의 내재화 가능성을 확인

■ 만달라 프로젝트는 국가별로 상이한 규제 및 정책 체계를 준수에 따르는 부담을 완화하는 방안 모색

■ 만달라 프로젝트는 국가 간 금융거래와 관련한 규제준수 절차를 성공적으로 자동화할 수 있음을 확인

국제결제은행(BIS)과 협력 중앙은행은 공동으로 만달라 프로젝트를 통해 국가 간 거래절차에 규제준수 기능을 내재화할 수 있음을 성공적으로 입증했다. 이 실험적인 프로젝트는 BIS 혁신허브 싱가포르센터, 한국은행, 호주 중앙은행, 말레이시아 중앙은행, 싱가포르 통화청이 공동으로 진행하였다. 이 개념증명(PoC) 단계의 프로젝트는 규제를 준수하면서 비용을 절감하고 거래 속도를 높이는 잠재력을 가지고 있어, G20의 국가 간 지급 개선을 위한 우선 과제와도 부합한다. "만달라 프로젝트는 개인정보 보호나 규제준수 확인 의무를 온전히 수행하면서 국가 간 지급을 개선하기 위해 시스템 설계 단계부터 규제준수 절차를 내재화하는 접근법(compliance-by-design) 개발을 선도하고 있다. 우리는 이러한 초기 성과가 국가 간 지급을 개선할 잠재력을 보여주는 것이라고 생각한다."라고 BIS 혁신허브 싱가포르센터장인 마하 엘 디마키가 말했다.

[국가 간 거래의 규제준수 확인 간소화]

국가 간 거래와 관련된 규제체계는 글로벌 금융시스템의 안전한 운영에 필수적이지만, 서로 다른 국가의 상이한 규제체계를 준수하는 것은 국가 간 지급의 비용을 높이고 거래 속도에 영향을 미칠 수 있다. 만달라 프로젝트는 규제준수 확인 절차를 자동화하고 국가별 정책에 대한 투명성을 높이며 규제 및 감독기관에게 실시간 보고 및 모니터링을 제공함으로써, 국가 간 거래의 속도와 효율성을 높이는 것을 목표로 한다.

[주요 혁신 및 기술적 성과]

만달라 프로젝트는 설계에 의한 규제준수가 가능한 시스템을 개발하였다. 이 시스템은 금융기관과 중앙은행으로 구성된 네트워크 시스템에 규제준수 확인 절차를 내재화하여 국가 간 지급의 절차를 간소화하였다. 만달라 시스템의 아키텍처는 P2P 메시징 시스템, 규칙엔진, 증명엔진이라는 세 가지 핵심요소로 구성된다. 만달라 시스템은 지급지시 개시 이전에 필요한 모든 규제준수 확인을 완료하고, 모든 규제 준수 확인이 완료되면 만달라 시스템은 규제준수 증명서를 자동으로 생성한다. 이 증명서는 디지털 결제자산 또는 지급지시 전문(message)과도 결합되어 전송될 수 있다. 또한 고객정보를 노출시키지 않고도 규제준수 증명서에 대한 검증이 가능하여 개인정보가 보호된다. 이 프로젝트는 두 가지 주요 활용사례를 통해 기술적인 구현가능성을 입증했다

1. 싱가포르-말레이시아 간 자금대차 : 만달라는 금융기관의 자본이동관리(CFM) 정책 점검 및 제재리스트 확인 등 규제준수 절차를 간소화하고, 중앙은행의 실시간 규제준수 모니터링을 가능하게 하였다.

2. 한국-호주 간 증권취득 관련 자본거래 : 만달라는 비상장증권 거래에 대한 제재리스트 확인 및 자본이동 관리(CFM) 보고요건을 자동화했다.

[디지털 자산 및 기존 전문(message) 송 · 수신 시스템과의 통합]

만달라는 기관용 중앙은행 디지털화폐(wCBDC) 등 디지털자산 시스템 및 Swift와 같은 전통적인 전문 송 · 수신시스템과 성공적으로 통합될 수 있다. 이러한 두 가지의 통합사례에서 미래의 디지털자산 생태계와 기존 금융인프라를 모두 지원하는 만달라 시스템의 범용성과 모듈성을 확인할 수 있었다. 특히 디지털자산 시스템의 경우 규제준수 확인 절차를 스마트계약에 내재화할 수 있는 방식을 활용했다.

---

① 만달라 프로젝트는 전 세계 은행이 모여서 금융·거래에서 규제준수 방안을 내재화하는 모색을 협의한 것이다.
② 국가별로 차별점이 있는 금융거래의 체계를 한 가지로 통일하여 국가 간의 거래 속도를 높여 효율적인 금융거래를 목표로 한다.
③ 설계를 통해서 규제준수가 가능한 시스템을 개발하여 국가 간에 지급절차를 간단하게 하는 프로젝트이다.
④ 규제준수 절차를 간소화하면서 중앙은행에서 실시간으로 모니터링이 어려운 점이 단점에 해당한다.
⑤ 기관용 중앙은행 디지털화폐(wCBDC)와의 통합은 새로운 프로젝트를 통해서 내재화를 할 계획이다.

4 다음 보기가 참일 경우에 반드시 참인 것은?

B회사에서는 사내 부서 대항 체스 대회를 열었다. 4강전에 대표를 진출시킨 부서는 기획부, 생산부, 개발부, 마케팅부이다. 부서 대표로 4강전에 진출한 이는 갑, 을, 병, 정의 네 사람이다. 대회 진행 방식은 다음과 같다. 4강전 두 경기의 승자는 결승에서 맞붙어 우승자를 결정하고, 4강전의 패자는 3~4위전에서 맞붙어 3위를 결정한다. 모든 경기는 단판제로 진행되며 무승부는 없다. 4강전 이후 경기 결과는 다음과 같다.

㉠ 갑의 전적은 2승 0패이다.
㉡ 병은 갑과 정에게 모두 졌다.
㉢ 을은 병을 이겼다.
㉣ 마케팅부는 3위를 기록했다.
㉤ 기획부와 개발부는 대결하지 않았다.

① 갑은 1위이고 정은 2위이다.
② 을과 병은 결승전에서 대결했다.
③ 병은 마케팅부이고 정은 개발부이다.
④ 기획부와 마케팅부는 4강전에서 대결했다.
⑤ 정과 을은 결승전에서 대결했다.

Answer. 3.③ 4.①

5 다음 글의 핵심논지로 적절한 것은?

망상(Delusion)은 사실과 부합하지 않는 비현실적이고 고정된 믿음으로, 논리적 설득이나 객관적 증거로도 쉽게 수정되지 않는 특징을 지닌다. 망상은 조현병, 조울증, 망상장애 등 다양한 정신질환에서 주로 나타나는데, 개인의 현실 인식과 사고 과정에 심각한 영향을 미친다. 단순한 오해나 착각과는 달리 망상은 강한 확신을 동반하며, 이는 종종 개인의 행동 및 사회적 관계에 부정적인 결과를 초래한다.

망상은 그 내용과 주제에 따라 여러 유형으로 나뉜다. 피해망상은 자신이 누군가로부터 해를 입거나 감시당하고 있다는 믿음으로, 가장 흔하게 나타나는 망상 중 하나이다. 과대망상은 자신이 특별한 능력이나 지위를 가졌다고 믿는 형태로, 예를 들어 자신이 세계적인 구원자라고 확신하는 경우이다. 질투망상은 배우자나 연인이 부정행위를 하고 있다고 의심하는 것이며, 신체망상은 자신의 신체가 비정상적이거나 중대한 질병에 걸렸다는 믿음이다. 이 외에도 특정 인물이 자신을 사랑한다고 확신하는 애정망상 등 다양한 형태의 망상이 있다. 망상은 개인의 환경, 문화적 배경 및 심리적 요인에 따라 발생하며, 내용도 달라진다.

현대 사회에서 빈번히 발생하는 망상 사례로는 감시망상이 대표적이다. 이는 기술 발전과 개인정보 유출 우려로 인해 자신이 카메라나 휴대폰 등을 통해 지속적으로 감시당하고 있다고 믿는 형태로 나타난다. 또한 건강 염려와 관련된 질병망상도 흔하게 나타나는데, 이 경우 환자는 심각한 질병에 걸렸다고 확신하며 불필요한 의료 검사를 반복적으로 요구한다. 음모론적 망상 역시 빈번히 관찰되며, 정부나 특정 단체가 자신을 겨냥해 음모를 꾸미고 있다고 믿는 경우가 이에 해당한다. 이러한 망상은 단순한 의심에서 그치지 않고 개인의 일상생활과 사회적 관계에 실질적인 어려움을 초래할 수 있다.

망상은 사람의 행동에 직접적인 변화를 일으키며, 이는 종종 비합리적이고 예측 불가능한 방식으로 나타난다. 피해망상을 가진 사람은 타인을 지나치게 의심하거나 방어적인 태도를 보이며, 극단적인 경우 공격적인 행동으로 이어질 수 있다. 과대망상을 가진 사람은 현실적이지 않은 목표를 추구하거나 과도한 자신감으로 인해 위험한 결정을 내릴 가능성이 있다. 질투망상은 대인관계에서 심각한 갈등을 유발하며, 극단적인 경우 폭력적 행동으로 발전할 수도 있다. 이러한 행동 변화는 망상을 가진 개인뿐만 아니라 주변 사람들에게도 부정적인 영향을 미치며, 사회적 고립과 기능 저하를 초래할 수 있다.

망상에 효과적으로 대처하기 위해서는 전문적인 치료와 사회적 지지가 필수적이다. 정신과 전문의의 진단과 약물치료는 망상의 심각성을 완화시키는 데 중요한 역할을 하며, 인지행동치료는 비현실적인 믿음을 수정하고 현실 검증 능력을 향상시키는 데 도움을 준다. 가족과 친구들의 지지는 망상 환자가 치료를 꾸준히 받도록 격려하며, 사회적 고립을 예방하는 데 기여할 수 있다. 또한 스트레스를 효과적으로 관리하는 것이 중요하며, 이를 위해 명상, 운동, 그리고 일상생활의 균형을 유지하는 활동이 권장된다. 초기 증상을 인지하고 조기에 개입하는 것도 망상의 악화를 막는 데 필수적이다. 망상은 적절한 관리와 치료를 통해 완화될 수 있으며, 이를 위해 지속적인 관심과 노력이 필요하다.

---

① 망상은 특별한 이유 없이 나타나는 정신질환으로 치료가 필요하지 않다.

② 망상에 효과적으로 대처하기 위해 지속적으로 관심을 주면서 사회적 지지가 필요하다.

③ 망상은 주변에 영향을 주지 않기에 조기발견이 어려울 수 있다.

④ 이해관계자들 사이의 갈등을 완화시키면 망상의 증상은 극복할 수 있다.

⑤ 위험을 회피하기 위해서 현대사회에서 망상이 흔하게 발생하고 있다.

6 다음 글에서 알 수 없는 것은?

(가) 우리나라 가계소비는 경제 성장, 소득 수준, 고용 안정성, 그리고 사회적 환경의 변화에 따라 꾸준히 변동해왔다. 최근 통계에 따르면, 가계소비는 생활필수품과 주거비에 집중되는 경향을 보이며, 저축 성향은 증가하고 소비성향은 감소하는 양상이 뚜렷하다. 특히 고물가와 금리 상승 등의 경제적 불확실성이 가계의 소비 지출을 억제하는 주요 요인으로 작용하고 있다. 또한, 소득 수준에 따른 소비 패턴의 양극화가 심화되고 있으며, 고소득층은 여가, 교육, 건강에 더 많은 지출을 하는 반면, 저소득층은 식료품과 주거비에 대부분의 예산을 할애하고 있는 것으로 나타난다. 이러한 현황은 우리나라 가계소비가 경제적 환경에 민감하게 반응하고 있으며, 구조적 변화를 겪고 있음을 시사한다.

(나) 실업경험은 가계소비에 직접적이고 부정적인 영향을 미치는 요인 중 하나이다. 실업은 소득의 감소로 이어져 가계의 구매력을 약화시키며, 이로 인해 필수 지출을 제외한 소비가 급격히 축소된다. 실업 상태에 있는 가구는 불확실한 경제 상황에 대비하여 저축을 우선시하고, 비필수적 소비를 지연하거나 포기하는 경향을 보인다. 특히, 교육, 여가, 문화활동과 같은 비필수적 소비 항목에서 감소 폭이 크게 나타나며, 이는 개인의 삶의 질과 사회적 활동에도 부정적인 영향을 미친다. 실업 경험은 단기적으로는 소비를 감소시키고, 장기적으로는 가계의 소비 패턴에 구조적인 변화를 초래할 가능성이 높다.

(다) 실업경험이 가계소비에 영향을 미치는 경로는 크게 두 가지로 나뉜다. 첫 번째는 소득 감소를 통한 경로로, 실업은 가구의 총소득을 감소시키며, 이는 가계소비 여력을 직접적으로 약화시킨다. 소득이 감소하면 필수적인 생활비를 제외한 다른 지출 항목에 대한 예산이 축소될 수밖에 없고, 이는 소비 위축으로 이어진다. 두 번째는 심리적 요인을 통한 경로이다. 실업은 경제적 불안정성과 미래에 대한 불확실성을 증폭시키며, 이는 소비자 심리에 부정적인 영향을 미친다. 이러한 심리적 불안정성은 불필요한 지출을 억제하고 저축을 선호하는 행동으로 연결된다. 따라서 실업경험은 단순히 소득 감소에 의한 경제적 요인뿐만 아니라, 심리적 요인을 통해서도 가계소비에 영향을 미친다는 점에서 복합적인 작용 메커니즘을 가지고 있다.

(라) 실업경험이 가계소비에 미치는 영향을 고려할 때, 몇 가지 중요한 시사점을 도출할 수 있다. 우선, 실업으로 인한 소비 감소는 개인적인 차원뿐만 아니라 경제 전반에 걸쳐 소비 둔화와 경기 침체를 초래할 수 있으므로, 실업 문제를 해결하기 위한 적극적인 정책적 노력이 필요하다. 정부는 고용 안정성을 높이고 실업 기간을 단축시키는 데 초점을 둔 정책을 추진해야 하며, 실업 상태에서도 최소한의 소비 여력을 보장할 수 있는 사회적 안전망을 강화해야 한다. 또한, 소비심리 회복을 위해 실업 가구에 대한 심리적 지원과 재취업 프로그램을 제공하는 것이 중요하다. 마지막으로, 경제적 불확실성을 줄이고 가계가 안정적인 소비 패턴을 유지할 수 있도록 금리 및 물가 안정을 위한 거시경제 정책이 함께 이루어져야 한다. 이러한 정책적 대응은 개인의 경제적 회복뿐만 아니라, 국가 경제의 지속 가능성을 높이는 데 기여할 것이다.

① OECD 중 우리나라의 실업률이 가장 높은 이유는 일자리 대책이 부족하기 때문이다.

② 경제적으로 불확실성이 높아지면서 가계에서 소비 지출을 억제하고 있다.

③ 소득의 감소를 발생시키는 실업은 저축을 우선시하고 비필수적인 소비를 포기하는 경향을 만든다.

④ 가계에 소득이 감소하면서 소비위축으로 저축을 선호하는 행동이 나타난다.

⑤ 실업상태에서도 소비 여력을 보장할 수 있는 정책적인 노력을 적극적으로 해야 한다.

📝**Answer.** 5.② 6.①

7 다음 자료를 보고 바르게 해석한 사람은?

- 보험상품명 : A독감케어보험(무배당)
- 보험계약자 · 피보험자

−선물형 : 보험계약자와 피보험자가 상이한 경우에만 계약이 가능

−일반형 : 보험계약자와 피보험자가 동일한 경우에만 계약이 가능

- 가입나이

−선물형 : 보험계약자(만 19세 이상), 피보험자(만 19세 이상 64세 이하)

−일반형 : 만 19세 이상 64세 이하

- 보험기간 : 1년납
- 납입주기 : 일시납
- 보험료

- 납입기간 : 일시납
- 가입금액 : 1,000만 원

구분	선물형		일반형	
	남자	여자	남자	여자
20세			5,600원	7,300원
30세			5,400원	7,200원
40세	5,300원	7,100원	5,400원	7,200원
50세			5,500원	7,300원
60세			6,000원	7,800원

※ 기준 : 1년 만기, 일시납, 보험가입금액 1,000만 원

- 해약환급금 예시

경과기간	납입보험료	예상 해약환급금	예상 환급률
3개월	5,400원	2,700원	50.0%
6개월	5,400원	1,800원	33.3%
9개월	5,400원	900원	16.7%
1년	5,400원	0원	0.0%

이 보험계약을 중도에 해지할 경우 해약환급금은 납입한 보험료에서 경과된 기간의 위험보험료 및 미상각 계약체결비용 등이 차감되므로 납입보험료보다 적거나 없을 수 있습니다.

- 주계약 보장내용

−선물형 : 독감(인플루엔자)항바이러스제 치료보험금

지급사유	피보험자가 보험기간 중 독감(인플루엔자) 보장개시일 이후에 '독감(인플루엔자)'으로 진단 확정되고, 보험기간 중 그 질병의 직접적인 치료를 목적으로 '독감 항바이러스제'를 처방 받았을 경우(최초 1회한)
지급금액	20만 원

• 피보험자가 보험기간 중 사망한 경우에는 이 계약은 그 때부터 효력이 없습니다. 이때 '보험료 및 해약환급금 산출방법서'에서 정하는 바에 따라 회사가 적립한 사망 당시의 계약자적립액을 계약자에게 지급합니다.

- '독감(인플루엔자) 보장개시일'은 계약일[부활(효력회복)하는 경우에는 부활(효력회복)일]부터 그 날을 포함하여 10일이 지난날의 다음날로 합니다.
- 일반형 : 독감(인플루엔자)항바이러스제 치료보험금

지급사유	피보험자가 보험기간 중 독감(인플루엔자) 보장개시일 이후에 '독감(인플루엔자)'으로 진단 확정되고, 보험기간 중 그 질병의 직접적인 치료를 목적으로 '독감 항바이러스제'를 처방 받았을 경우(최초 1회한)
지급금액	20만 원

- 피보험자가 보험기간 중 사망한 경우에는 이 계약은 그 때부터 효력이 없습니다. 이때 '보험료 및 해약환급금 산출방법서'에서 정하는 바에 따라 회사가 적립한 사망 당시의 계약자적립액을 계약자에게 지급합니다.
- '독감(인플루엔자) 보장개시일'은 계약일[부활(효력회복)하는 경우에는 부활(효력회복)일]부터 그 날을 포함하여 10일이 지난날의 다음날로 합니다.

■ 제도성 특약
- 선물형

선물하기 특약	피보험자는 보험계약자가 보험을 선물하는 날부터 3일 이내에 피보험자 등록을 해야합니다. 회사는 피보험자를 등록한 날을 계약일로 하여 '이 특약이 적용되는 주계약 또는 특약의 약관이 정하는 바에 따라 보장합니다.
지정대리 청구서비스 특약	계약자가 보험금을 직접 청구할 수 없는 특별한 경우를 대비하여 보험금의 대리청구인을 지정할 수 있습니다(단, 이 계약의 계약자, 피보험자 및 보험수익자가 모두 동일한 경우에 한하여 적용됩니다).
장애인전용 보험전환 특약	소득세법에 따라 보험료가 특별세액공제의 대상이 되는 보험 중 모든 피보험자 또는 모든 수익자가 세법상 장애인에 해당하는 경우에는 이 특약을 통해 '장애인전용보험'으로 전환할 수 있습니다.

- 일반형

지정대리 청구서비스 특약	계약자가 보험금을 직접 청구할 수 없는 특별한 경우를 대비하여 보험금의 대리청구인을 지정할 수 있습니다(단, 이 계약의 계약자, 피보험자 및 보험수익자가 모두 동일한 경우에 한하여 적용됩니다).
장애인전용 보험전환 특약	소득세법에 따라 보험료가 특별세액공제의 대상이 되는 보험 중 모든 피보험자 또는 모든 수익자가 세법상 장애인에 해당하는 경우에는 이 특약을 통해 '장애인전용보험'으로 전환할 수 있습니다.

① 가연 : 甲(55세)을 위해서 일반형으로 A독감케어보험을 내가 직접 계약을 해야겠다.
② 나연 : 선물형으로 乙(16세)을 가입하려고 했는데 가입조건이 부적합하네.
③ 다연 : 丙(62세)이 일반형 가입이 6개월 지났는데 해약하면 예상 해약환급금은 1,800원 정도 되겠다.
④ 라연 : 독감으로 진단이 확정되진 않았지만 감기 증상이 심하니까 지급신청을 해봐야겠어.
⑤ 마연 : 친구가 A독감케어보험을 선물형으로 줬는데 피보험자 등록을 1개월 이내에 하면 될 것 같아.

8 다음 상품에 가입할 수 있는 사람은?

- 보험상품명 : 세테크연금저축보험(무배당)
- 보험계약자/피보험자 : 보험계약자와 피보험자가 동일한 경우에만 계약이 가능
- 가입나이 : 만 19 ~ (연금개시나이 - 보험료 납입기간)세
- 납입기간 : 5년, 7년, 10년, 15년, 20년, 전기납(전기납은 보험료 납입기간이 10년 이상인 경우에만 적용)
- 납입주기

–기본보험료 : 월납

–추가납입보험료 : 수시납(보험계약 성립 후부터 연금개시 전 보험기간 내)

- 연금개시나이 : 만 55 ~ 80세   ■ 연금지급주기 : 매월, 3개월, 6개월, 매년
- 연금지급형태

–종신연금형 : 10년, 20년, 30년 보증지급

–확정기간연금형 : 10년, 15년, 20년, 25년, 30년 확정지급

–자유설계연금형 : 연금개시시점의 계약자적립액을 계약자가 선택한 연금형태에 대한 분할비율(이하 "연금분할비율"이라 함)로 분할하여 종신연금형과 확정기간연금형으로 조립한 연금형태. 연금분할비율은 10%단위로 선택이 가능하며, 연금분할비율의 합은 100%가 되어야 함(종신연금은 종신연금형에서 보증지급기간 선택이 가능하며, 확정기간연금은 확정기간연금형에서 연금지급기간 선택가능).

※ 계약체결 시 연금지급형태는 종신연금형태로 결정되며, 이후에 연금개시 전까지 연금지급형태를 변경할 수 있습니다. 단, 계약자가 종신연금형을 선택 시 연금개시나이와 보증지급기간의 합은 110을 초과할 수 없습니다.

※ 계약자의 특별한 의사 표시가 없는 경우 매년 지급하는 연금액은 관련세법에서 정한 바에 따라 연금소득으로 인정받을 수 있는 범위 내로 합니다.

※ 종신연금형(자유설계연금형에서 연금분할비율에 의해 계산된 종신연금 해당부분포함)의 경우 연금개시 이후에는 해지할 수 없습니다.

- 기본보험료 납입한도

실납입기간	납입기간 후 거치기간	납입보험료 한도	실납입기간	납입기간 후 거치기간	납입보험료 한도
5년납	0년	13만 원 ~ 150만 원	7년납	0년	6만 원 ~ 150만 원
	1~2년	8만 원 ~ 150만 원		1년 이상	5만 원 ~ 150만 원
	3년 이상	6만 원 ~ 150만 원	10년납 이상	0년 이상	5만 원 ~ 150만 원

※ 실납입기간은 실제 납입한 기간을 의미하며 전기납의 경우 '연금개시나이-가입나이'로 계산합니다.

- 추가납입보험료

–추가납입보험료는 기본보험료 이외에 연금개시 전 보험기간 중 수시로 납입할 수 있는 보험료입니다.

–총 추가납입보험료의 납입한도는 납입기간 동안 납입하기로 약정한 기본보험료 총액의 2배 이내(최저 1만 원 이상)로 합니다.

–추가납입보험료는 회사가 정한 방법에 따라 계약관리비용이 차감된 후 적립됩니다. 다만, 기본보험료와 추가납입보험료의 연간 합계액(연금계좌를 취급하는 금융회사에 가입한 연금계좌의 합계액)은 1,800만원 이내로 합니다.

–추가납입보험료의 납입은 해당월 기본보험료가 납입된 경우에 한하여 납입할 수 있습니다.

① 5년 전기납으로 가입하려고 하는 A

② 50세부터 연금을 수령을 받고 싶은 B

③ 종신연금형으로 30년 보증지급으로 가입하려는 80세 C

④ 7년납으로 6개월 거치하고 5만원 납입하려고 하는 D

⑤ 기본보험료와 추가납입보험료의 연간 합계액을 1,500만 원 납입하려는 E

9 다음은 각 지역에 있는 전체 학교 중에서 교내 도서관별로 장서 보유량에 대한 자료이다. 이에 대한 설명으로 옳지 않은 것은?

(단위 : 곳)

구분 \ 보유량	500권 이하	501 ~ 1,000권	1,001 ~ 2,000권	2,001 ~ 3,000권	3,001 ~ 5,000권	5,001권 이상	합
甲지역	60	158	( )	354	257	104	1,328
乙지역	( )	49	52	39	34	21	262
丙지역	0	2	22	18	33	( )	111
丁지역	1	5	17	19	13	9	( )
전체	128	214	486	( )	337	170	1,765

① 5,001권 이상의 장서를 보유하고 있는 도서관이 두 번째로 많은 지역은 丙지역에 해당한다.

② 모든 지역 중에서 2,001 ~ 3,000권을 가지고 있는 교내 도서관이 가장 많다.

③ 丙지역 장서 보유량 합은 20만 권 이상이다.

④ 丁지역이 교내 도서관의 수가 가장 적다.

⑤ 500권 이하 보유한 교내 도서관이 가장 많은 지역은 乙지역이다.

10 다음 글을 근거로 판단할 때 옳은 것은?

제00조(보험계약의 의의)
보험계약은 당사자 일방이 약정한 보험료를 지급하고 재산 또는 생명이나 신체에 불확정한 사고가 발생할 경우에 상대방이 일정한 보험금이나 그 밖의 급여를 지급할 것을 약정함으로써 효력이 생긴다.

제00조(보험계약의 성립)
① 보험자가 보험계약자로부터 보험계약의 청약과 함께 보험료 상당액의 전부 또는 일부의 지급을 받은 때에는 다른 약정이 없으면 30일 내에 그 상대방에 대하여 낙부의 통지를 발송하여야 한다. 그러나 인보험계약의 피보험자가 신체검사를 받아야 하는 경우에는 그 기간은 신체검사를 받은 날부터 기산한다.
② 보험자가 제1항의 규정에 의한 기간 내에 낙부의 통지를 해태한 때에는 승낙한 것으로 본다.
③ 보험자가 보험계약자로부터 보험계약의 청약과 함께 보험료 상당액의 전부 또는 일부를 받은 경우에 그 청약을 승낙하기 전에 보험계약에서 정한 보험사고가 생긴 때에는 그 청약을 거절할 사유가 없는 한 보험자는 보험계약상의 책임을 진다. 그러나 인보험계약의 피보험자가 신체검사를 받아야 하는 경우에 그 검사를 받지 아니한 때에는 그러하지 아니하다.

제00조(보험약관의 교부 · 설명 의무)
① 보험자는 보험계약을 체결할 때에 보험계약자에게 보험약관을 교부하고 그 약관의 중요한 내용을 설명하여야 한다.
② 보험자가 제1항을 위반한 경우 보험계약자는 보험계약이 성립한 날부터 3개월 이내에 그 계약을 취소할 수 있다.

제00조(타인을 위한 보험)
① 보험계약자는 위임을 받거나 위임을 받지 아니하고 특정 또는 불특정의 타인을 위하여 보험계약을 체결할 수 있다. 그러나 손해보험계약의 경우에 그 타인의 위임이 없는 때에는 보험계약자는 이를 보험자에게 고지하여야 하고, 그 고지가 없는 때에는 타인이 그 보험계약이 체결된 사실을 알지 못하였다는 사유로 보험자에게 대항하지 못한다.
② 제1항의 경우에는 그 타인은 당연히 그 계약의 이익을 받는다. 그러나 손해보험계약의 경우에 보험계약자가 그 타인에게 보험사고의 발생으로 생긴 손해의 배상을 한 때에는 보험계약자는 그 타인의 권리를 해하지 아니하는 범위안에서 보험자에게 보험금액의 지급을 청구할 수 있다.
③ 제1항의 경우에는 보험계약자는 보험자에 대하여 보험료를 지급할 의무가 있다. 그러나 보험계약자가 파산선고를 받거나 보험료의 지급을 지체한 때에는 그 타인이 그 권리를 포기하지 아니하는 한 그 타인도 보험료를 지급할 의무가 있다.

제00조(보험사고의 객관적 확정의 효과)
보험계약 당시에 보험사고가 이미 발생하였거나 또는 발생할 수 없는 것인 때에는 그 계약은 무효로 한다. 그러나 당사자 쌍방과 피보험자가 이를 알지 못한 때에는 그러하지 아니하다.

제00조(사고발생전의 임의해지)
① 보험사고가 발생하기 전에는 보험계약자는 언제든지 계약의 전부 또는 일부를 해지할 수 있다. 그러나 타인을 위한 보험의 보험계약의 경우에는 보험계약자는 그 타인의 동의를 얻지 아니하거나 보험증권을 소지하지 아니하면 그 계약을 해지하지 못한다.
② 보험사고의 발생으로 보험자가 보험금액을 지급한 때에도 보험금액이 감액되지 아니하는 보험의 경우에는 보험계약자는 그 사고발생 후에도 보험계약을 해지할 수 있다.

① 보험계약에서 약정한 보험료를 지급하면 보험계약자는 효력이 생긴다.

② 보험자가 보험약관의 중요내용을 설명하지 않은 경우 보험계약은 언제든 취소할 수 있다.

③ 보험계약자는 불특정 타인을 위해서 보험계약을 할 수 없다.

④ 피보험자가 알지 못했더라도 보험계약 당시에 보험사고가 이미 발생한 경우에는 계약은 무효가 될 수 있다.

⑤ 타인을 위한 보험계약은 타인의 동의가 없더라도 보험사고가 발생하기 전에 계약의 일부를 해지할 수 있다.

11 보석을 금고에 최대 800g까지 담을 수 있다. 보석은 종류별로 나누거나 잘라 넣을 수 없으며, 하나씩만 통째로 넣을 수 있다. 금고에 보석을 넣어 최대 금액을 달성하려고 할 때, 넣을 수 있는 B 보석의 최대 개수는?

보석종류	개당 가격	개당 무게	수량
A	15만 원	25g	20개
B	10만 원	30g	15개
C	8만 원	40g	10개
D	5만 원	10g	25개

① 1

② 3

③ 5

④ 15

⑤ 20

12 다음 조건에 따라 A 씨가 일주일 동안 고양이를 돌볼 수 있는 최대 횟수는?

> A 씨는 한 마리의 고양이를 키우고 있다. A 씨는 매일 고양이를 돌보는 일정을 다음 조건에 따라 최대한 효율적으로 배치하려고 한다.
> 1. 고양이 돌봄은 아침, 점심, 저녁 중 한 번에 한 가지만 가능하다.
> 2. 하루에 최대 두 번만 고양이를 돌볼 수 있다.
> 3. 연속되는 두 번의 돌봄 후에는 반드시 한 번의 돌봄을 쉬어야 한다(아침-저녁 조합은 가능하지만, 아침-점심 조합은 불가능하다).
> 4. A 씨는 매일 동일한 돌봄 패턴을 유지한다.

① 10
② 11
③ 12
④ 13
⑤ 14

13 다음 조건을 근거로 외향형 합격자의 수를 계산하면?

> A 회사는 100명의 지원자를 대상으로 신입사원 채용 과정에서 성격 유형과 면접 점수를 평가했다. 지원자들은 성격 유형으로 외향형과 내향형으로 나뉜다. 면접결과에 따라 합격과 불합격자로 구분된다.
>
> 〈조건〉
> 1. 외향형 합격자의 수는 내향형 합격자의 두 배이다.
> 2. 내향형 불합격자의 수는 외향형 불합격자 수와 같다.
> 3. 외향형 지원자 전체 수는 내향형 지원자 전체 수의 1.5배이다.

① 10명
② 20명
③ 30명
④ 40명
⑤ 50명

14 다음은 우수실적자 포상 후보자이다. 기준에 따라 부여된 점수가 가장 높아 포상을 받게 되는 직원은?

후보자	근무경력	A프로젝트 성과	프로젝트 참여횟수	직무수행실적	동료평가
김민수	5	5	2	3	1
최영주	10	7	5	2	2
정나연	6	8	3	4	3
조현우	3	2	1	2	2
이길성	2	3	1	3	2

■ 평가기준점수별 최종 점수 배점

근무경력	A프로젝트 성과	프로젝트 참여횟수	직무수행실적	동료평가
20	50	10	10	10

■ 평가기준별 최종 점수 계산방법
-프로젝트 참여횟수, 직무수행실적, 동료평가 : 가장 높은 점수를 받은 사람을 순서로 1등 10점, 2등 8점, 3
 등 5점, 4등 3점, 5등 1점을 받는다.
-근무경력 : 가장 높은 점수를 받은 사람을 순서로 1등 20점, 2 ~ 4등 15점, 5등 10점을 받는다.
-A프로젝트 성과 : 가장 높은 점수를 받은 사람을 순서로 1등 50점, 2등 40점, 3등 30점, 4등 20점, 5등
 10점을 받는다.

■ 유의사항
평가점수가 동일한 경우에는 동일한 등수를 부여한다.
예) 2등이 점수가 동일한 사람이 2명인 경우에는 2명을 모두 2등 점수로 부여

① 김민수
② 최영주
③ 정나연
④ 조현우
⑤ 이길성

15 다음 표는 정부 지원사업을 위해 산정한 각 기업별 평가점수이다. 〈조건〉에 따라 지원을 받을 수 있는 기업은?

기업	중간보고서 점수	시설설치 점수	최종보고서 점수	정부지원사업 참여기업
A	60	70	70	×
B	90	60	80	×
C	85	60	70	×
D	80	90	90	○
E	70	90	80	×

〈조건〉
- 총점 계산법 : 중간보고서 점수의 20 %, 시설설치 점수의 30 %, 최종보고서 점수의 50 %를 합한 총점
- 정부지원사업 참여기업은 지원대상에서 제외
- 총점이 가장 높은 기업 한 곳만 지원을 받을 수 있다.

① A
② B
③ C
④ D
⑤ E

16 A는 영국에서 영국 시간으로 오전 12시에 서울로 출발한다. 총 비행시간은 11시간이며, 서울은 영국보다 9시간 앞선 시간대이다. A가 서울에 도착했을 때 서울의 시간은?

① 오후 8시
② 오후 9시
③ 오후 10시
④ 오후 11시
⑤ 다음날 오전 12시

17 A회사에서 직원 세 명(A, B, C)이 각각 기부를 했다. 다음 조건을 모두 만족하는 가장 작은 기부금액의 조합을 구하고, A, B, C의 기부 금액의 모든 자리 숫자의 합을 구하면?

〈조건〉
ㄱ B의 기부 금액은 A의 금액의 2배다.
ㄴ C의 기부 금액은 B의 금액의 4배다.
ㄷ C의 기부 금액의 모든 자리 숫자는 8이다.

① 52   ② 66
③ 75   ④ 87
⑤ 99

18 다음 글이 모두 참일 때, 성적표를 3번째로 검토한 선생님은?

- 甲 : 나는 1번째 아니면 5번째로 검토했어.
- 乙 : 나는 중간 순서로 검토하지 않았어.
- 丙 : 내 앞에서 검토한 사람은 '乙'와 '丁'뿐이야.
- 丁 : 나는 '甲'보다 먼저 검토했어.
- 戊 : 우리 중 같은 순서로 검토한 사람은 없어.

① 甲   ② 乙
③ 丙   ④ 丁
⑤ 戊

19 다음은 엑셀 데이터를 처리하는 상황에 관한 설명이다. 주어진 함수 또는 그 사용 방법으로 옳은 것은?

> • 셀 A1:A10에는 각 학생의 점수가 입력되어 있다.
> • B1에는 점수가 90 이상인 학생의 수를 표시해야 한다.
> • C1에는 모든 학생의 평균 점수가 표시되어야 한다.
> • D1에는 최고 점수가 표시되어야 한다.

① [B1] 셀에 입력해야 하는 함수 =COUNTIF(A1:A10, ">90")
② [C1] 셀에 입력해야 하는 함수는 =AVERAGEIF(A1:A10, ">=0")
③ [D1] 셀에 입력해야 하는 함수는 =MAX(A1:A10)
④ [B1] 셀에 입력해야 하는 함수는 =COUNTIF(A1:A10, "<=90")
⑤ [C1] 셀에 입력해야 하는 함수는 =SUM(A1:A10)/COUNT(A1:A10)

20 다음 〈조건〉에 따라 A셀은 학생의 이름, B셀에는 학생들의 점수를 작성하였다. 엑셀 [C1] 셀에 점수가 80 이상인 학생들의 점수 합계를 계산해야 하는 경우 입력할 함수는?

	A	B	C
1	김철수	85	
2	이영희	92	
3	박민수	70	
4	정하늘	90	
5	김은지	78	

① =SUMIF(A1:A5, ">=80", B1:B5)
② =SUMIF(B2:B6, ">=80", B2:B6)
③ =SUMIF(B2:B6, ">80", A2:A6)
④ =SUMIF(A2:A6, ">80", B2:B6)
⑤ =SUMIF(B2:B6, ">=80")

21 농업협동조합법에 대한 설명으로 옳지 않은 것은?

① 조합은 공직선거에서 특정 정당을 지지하거나 특정인을 당선되도록 하는 행위를 하여서는 아니 된다.
② 조합원은 지역농협의 구역에 주소, 거소(居所)나 사업장이 있는 농업인이어야 한다.
③ 조합원의 출자액은 질권(質權)의 목적이 될 수 있다.
④ 조합원은 지역농협의 승인 없이 지분을 양도(讓渡)할 수 없다.
⑤ 지역농협은 탈퇴 조합원이 지역농협에 대한 채무를 다 갚을 때까지는 지분의 환급을 정지할 수 있다.

22 다음 옵션과 선물에 대한 설명으로 옳은 것은?

① 선물은 특정 시점에 기초 자산을 매수와 매도를 할 권리를 부여한다.
② 선물은 매도할 때 매도자에게 지급하는 금액은 프리미엄이다.
③ 옵션은 기초 자산 가격이 하락해도 매수자는 프리미엄 이상 손실을 보지 않는다.
④ 옵션은 기초 자산을 약정한 가격에 매매할 의무를 부여한다.
⑤ 옵션은 증거금을 예치하고 가격 변동에 따라서 마진 조정을 한다.

23 다음 상품 중에서 성격이 다른 하나는?

① 적금
② 주택청약적금
③ 예금
④ CMS
⑤ ISA

24 코즈의 조건이 성립되지 않은 조건은?

① 거래 비용이 높은 경우
② 재산권이 명확히 정의된 경우
③ 거래 비용이 없거나 매우 낮은 경우
④ 교섭이 자유롭게 이루어지는 경우
⑤ 외부 효과가 없는 경우

Answer. 19.③ 20.② 21.③ 22.③ 23.④ 24.①

25 공리주의의 역풍으로 적절하지 않은 것은?

① 소수의 권익 침해   ② 도덕적 직관과 충돌

③ 단기적 행복 극대화   ④ 사생활 침해

⑤ 인간의 존엄성 존중

26 보험에 대한 설명으로 옳지 않은 것은?

① 보험기간 중에 법원에서 인정한 실종기간이 끝나는 때에 사망한 것으로 본다.

② 보험기간 중의 특정시점에 살아 있을 경우에는 약정한 만기보험금을 지급한다.

③ 연명의료중단 결정으로 피보험자가 사망하는 경우 연명의료중단 결정은 사망의 원인이나 사망보험금 지급에 영향을 미치지 않는다.

④ 장해지급률이 결정되었으나 그 이후 보장받을 수 있는 기간에 장해상태가 더 악화된 때에는 그 악화된 장해상태를 기준으로 장해지급률을 결정한다.

⑤ 피보험자가 심신상실 등으로 자유로운 의사결정을 할 수 없는 상태에서 자신을 해친 경우에 해당하면 보험금을 지급한다.

27 연금저축계좌에 대한 설명으로 옳지 않은 것은?

① 계좌의 가입기간은 계좌에 연금납입액이 최초 입금된 날로부터 기산한다.

② 가입자가 새로운 계좌 설정 시 다른 연금계좌의 전액을 이체 받은 경우에는 다른 연금계좌의 가입기간을 적용할 수 없다.

③ 회사는 예탁금이용료의 지급기준이 변경되는 경우 매매거래를 통지할 때 변경내용을 함께 가입자에게 알려준다.

④ 가입자는 계좌에서 일부 금액 또는 전액을 인출할 수 있다.

⑤ 가입자는 위법계약의 해지가 가능한 경우에 한하여 계약체결일로부터 5년을 초과하지 않는 범위에서 계약체결에 대한 위반사항을 안 날부터 1년 이내에 계약의 해지를 요구할 수 있다.

28 금융감독원의 역할로 옳은 것은?

① 한국은행의 통화신용정책에 관한 주요 사항을 심의·의결

② 화폐 발행

③ 금융수요자에 투자상품 판매

④ 금융기관에 대한 검사·감독 업무 수행

⑤ 외환보유액 관리

29 소득이 증가해도 수요가 크게 증가하지 않는 재화로, 생존이나 생활 유지를 위해 필수적인 재화는?

① 보완재   ② 대체재

③ 필수재   ④ 사치재

⑤ 열등재

30 다음 중 직접파생상품에 해당하는 것은?

① 외환 선도(FX Forward)   ② CDS(Credit Default Swaps)

③ 레버리지 ETF(Exchange-Traded Fund)   ④ 이중 옵션

⑤ ELS((Equity-Linked Securities)

31 자영업자 고용보험에 대한 설명으로 옳은 것은?

① 피보험자가 선택한 기준보수의 1.25%가 보험료에 해당한다.

② 부동산 임대업자는 가입이 가능한 업종에 해당한다.

③ 고용보험 가입 신청일 전 2년 이내 자영업자로서 실업급여를 받아도 가입이 가능하다.

④ 50명 미만 근로자를 사용하는 사업주 중 가입을 희망하는 경우에 임의로 가입한다.

⑤ 신청일로부터 최대 3년까지 지원한다.

32 다음 설명 중 옳지 않은 것은?

① 대부, 연계대출, 소액후불결제는 대출성 금융상품에 해당한다.

② 집합투자업자는 투자자에 대한 귀책사유가 있는 경우에는 배상책임이 없다.

③ 국채란 금전의 지급을 목적으로 하는 국가의 권리를 말한다.

④ 뉴욕 외환시장은 전 세계 외환 거래를 하는 국제금융시장에 해당한다.

⑤ S&P 500 선물, KOSPI 200 옵션은 장내파생상품에 해당한다.

33 단위변환으로 옳은 것은?

① 1B → 5bit   ② 1GB → 1,024MB

③ 1MB → 1,000KB   ④ 1TB → 10,000GB

⑤ 1PB → 1,480,000GB

34 다음 중 국제금융기구에 해당하는 것을 모두 고르면?

> ㉠ 국제금융기금
> ㉡ 국제부흥개발은행
> ㉢ 국제금융공사
> ㉣ 아시아개발은행
> ㉤ 아프리카개발은행

① ㉠, ㉡   ② ㉡, ㉢, ㉣
③ ㉢, ㉣, ㉤   ④ ㉠, ㉡, ㉢, ㉤
⑤ ㉠, ㉡, ㉢, ㉣, ㉤

35 다음 중 역선택에 해당하는 경우는?

① 공공의 비용으로 불필요하게 병원을 방문하거나 약을 받는 행동
② 자동차 운전자가 사고 비용을 보험사가 부담하기 때문에 부주의하게 운전하는 경우
③ 은행이 정부의 구제금융에 대한 믿음으로 위험한 투자를 반복하는 경우
④ 건강한 사람보다 건강이 나쁜 사람이 건강보험에 많이 가입하는 경우
⑤ 성과에 관계없이 고정급을 받는 직원이 노력을 덜 기울이는 경우

36 예금자보호법에 대한 설명으로 옳지 않은 것은?

① 지방자치단체로부터 조달한 금전은 예금범위에 해당하지 않는다.
② 농협은행에서 환매조건부채권의 매도로 조달한 금전은 예금범위에 포함되지 않는다.
③ 새마을금고중앙회는 예금보험의 적용을 받는다.
④ 1인당 보호한도는 각 농·축협이 별도로 적용된다.
⑤ 상호저축은행의 예금은 예금보험 적용을 받지 않는다.

37 다음 중에서 핀테크에 해당하지 않는 것은?

① 모바일 결제 서비스   ② 인터넷 전문은행
③ 크라우드펀딩 플랫폼   ④ 일반 클라우드 서비스
⑤ 가상자산 거래소

38 다음 그래프 A, B에 들어가는 것으로 적절한 것은?

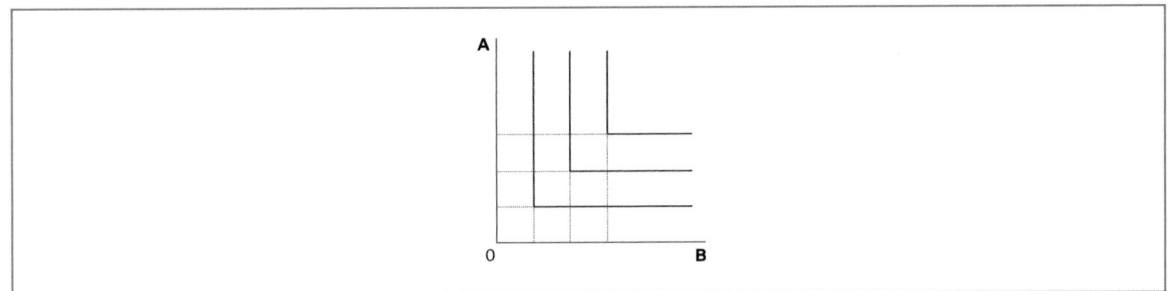

	A	B
①	왼쪽 신발	오른쪽 신발
②	맥주	소주
③	콜라	사이다
④	휘발유	전기
⑤	USB	외장 하드디스크

39 양도성예금증서(CD)와 MMDA의 공통점으로 옳은 것은?

① 만기 이전에는 인출이 불가능하다.
② 명확한 만기일(1개월, 3개월, 6개월, 1년 등)을 지정한다.
③ 예금자보호제도로 보호되지 않는다.
④ 은행에서 제공하는 예금상품이다.
⑤ 고정금리를 제공한다.

40 구글에서 개발한 오픈소스로 머신러닝 및 딥러닝 프레임워크에 해당하는 것은?

① TensorFlow
② OpenCV
③ PyTorch
④ Dlib
⑤ scikit-image

PART

03

직무
능력평가

출제경향 예측

주로 직장생활에서 필요한 의사표현 능력 등을 묻는 기본적인 문항들로 구성돼다. 금융 뜨는 보험 관련 상품 설명서나 안내문, 공고문 등 난이도가 있는 지문 및 자료를 제시하고 글의 흐름이나 유추하는 독해능력을 묻는 문제가 빈번하게 출제된다. 시험지 한 페이지를 가득 채우거나 두 페이지가 넘어가는 긴 지문이 제시되면서 꼼꼼하게 확인하지 않으면 쉽게 틀릴 수 있는 함정문제 출제가 잦다. 지문을 확인할 때에는 '단, 이것은 어떠하다'와 같이 조건을 제시하는 것을 잘 확인하여 문제풀이에서 실수를 하지 않도록 해야 한다. 또한 모듈형보다는 피셋형으로 자주 출제가 되는 편이다. 하지만 해에 따라서 어법 또는 배열하기 등과 같이 낯선 단어나 문장 등이 출제되기도 한다.

유형별 출제빈도

글의 흐름 파악	지문내용 유추	목적/주제파악	문장배열	어법/어순

다음은 워킹홀리데이 공고 중 일부이다. 잘못 이해한 것은?

- 모집 인원 : 3,000명(선착순)
- 신청 기간 : 2026.05.27.(금) 한국 시간 오후 6시까지
- 신청 방법 : A국가 이민성 홈페이지를 통한 온라인 접수만 가능
- 자격 요건
- 만 18 ~ 30세(비자신청 기준)
- 워킹홀리데이 비자를 받은 적 없는 자
- 체류 주요목적이 관광(holiday)인 자(근로 또는 학습은 부차적)
- 체류기간 동안 최소 생활비와 왕복 항공권 비용을 충당할 재정적 능력이 있는 자
- 구비서류 : 출입국사실증명서, 신분증, 해외 사용이 가능한 신용카드, 기준에 상당하는 은행 잔고 증명서
- 주요 특징
- 어학연수 : 최대 6개월
- 취업조건 : 최대 12개월
- 기타 사항
- 신청 시 구비 서류는 최근 6개월 이내 서류로 함
- 평생 1회에 한해 발급
- 입국 유효 기간은 비자 발급 후 1년 이내이며, 체류 기간은 입국일로부터 12개월로 함
- 신체검사는 필수이며 정해진 병원에서 검사 후 뉴질랜드 이민성으로 송부함(온라인 신청 후 40일 이내로 신체검사 결과가 도착해야 하므로 비자 신청 직후 신체검사 요망)

① 우편 및 방문 접수는 불가하며 인터넷 접수만 가능하다.
② 신청은 2026년 5월 27일 한국 시간으로 오후 6시까지 가능하다.
③ 비자신청 기준으로 만 18세에서 30세이고 체류하는 주요 목적은 근로 또는 학습이어야 한다.
④ 워킹홀리데이는 다녀온 경험이 있다면 신청할 수 없다.
⑤ 은행 잔고가 기준에 미달한다면 워킹홀리데이 비자 선정에 제한될 수 있다.

③ 워킹홀리데이의 체류 주요 목적은 관광이어야 하며, 근로 또는 학습은 부차적 목적이어야 한다.
① 신청 방법에서 온라인 접수만 가능하다 명시되어있다.
② 신청 기간에서 확인이 가능하다.
④ 평생 1회에 한해서 발급한다.
⑤ 체류기간 동안 생활비나 항공권 등을 구입할 수 있는 재정적 능력이 있는 자가 자격 요건이다.

답 ③

|1 ~ 2| 다음 제시된 단어의 동의어 또는 유의어를 고르시오.

1

수범

① 사견
② 모범
③ 소범
④ 부문
⑤ 낙향

2

여우잠

① 괭이잠
② 등걸잠
③ 새우잠
④ 나비잠
⑤ 갈치잠

3 다음 제시된 단어의 반의어 또는 상대어를 고르시오.

융성(隆盛)

① 융창(隆昌)
② 치성(熾盛)
③ 창성(昌盛)
④ 조사(徂謝)
⑤ 번연(蕃衍)

4 다음 뜻풀이에 알맞은 단어를 고르시오.

몹시 짓궂은 데가 있음

① 자깝스럽다
② 소담스럽다
③ 시망스럽다
④ 새실스럽다
⑤ 실쌈스럽다

다음에 제시된 문장의 밑줄 친 부분과 같은 의미로 쓰인 것을 고르시오.

5

> 우울한 생각과 나쁜 버릇을 <u>고치기</u> 위해 매일 밤 일기를 쓰려고 한다.

① 쇄신하다   ② 다스리다

③ 수선하다   ④ 개선하다

⑤ 갈음하다

6

> 그저 작은 힘이라도 되고자 하는 뜻<u>에서</u> 행한 일이다.

① 우리는 오전에 영화관<u>에서</u> 만나기로 하였다.

② 집<u>에서</u> 몇 시에 출발할 예정이냐?

③ 죄송한 마음<u>에서</u> 드리는 사과입니다.

④ 기업<u>에서</u> 실시한 조사 결과가 발표되었다.

④ 그는 단체<u>에서</u> 뇌물수수 혐의로 조사 중이다.

7 다음 속담의 뜻으로 알맞은 것을 고르면?

> 절이 망하려니까 새우젓 장수가 들어온다.

① 일을 그르쳐 놓고 어찌할 바를 모르고 자기 잘못을 얼버무리려 하나, 이미 때가 늦었다.

② 잘될 일은 처음부터 그 기미가 좋다.

③ 이해타산이 어수룩하다.

④ 스스로 화를 자처한다.

⑤ 일이 안되려니까 뜻밖의 괴상한 일이 생긴다.

✎ Answer. 1.② 2.① 3.④ 4.③ 5.④ 6.③ 7.⑤

8 다음 지문을 읽고 관련이 있는 속담이 아닌 것을 고르시오.

> 조선(朝鮮) 초기(初期)에 대신(大臣) 황희(黃喜)가 집이 가난하므로 임금의 명령(命令)으로 하루 동안 남대문으로 들어오는 상품은 모두 황희(黃喜)의 집으로 보내라 했으나, 이 날은 종일 비가 와서 아무 것도 들어오는 물건(物件)이 없다가 저녁 때 달걀 한 꾸러미가 들어왔는데, 달걀을 삶아 놓고 보니 모두 곯아서 먹을 수가 없었다는 데서 나온 말로, 곯았다는 「곯」 음과 골(骨)의 음이 비슷하므로 와전되어 계란유골(鷄卵有骨)이란 말로 바뀌었다.

① 뒤로 넘어져도 코가 깨진다.
② 도둑을 맞으려면 개도 안 짖는다.
③ 양반은 물에 빠져도 개헤엄은 안친다.
④ 밀가루 장사하면 바람이 불고 소금 장사하면 비가 온다.
⑤ 복 없는 봉사가 괘문을 배워 놓으면 감기 앓는 놈도 없다.

9 다음 글을 통해 알 수 있는 '사회적 기업'에 대한 내용으로 적절한 것은?

> 사회적 기업은 취약계층*에게 사회서비스 또는 일자리 등을 제공하여 지역주민의 삶의 질을 높이는 등의 사회적 목적을 추구하면서 재화 및 서비스의 생산·판매 등 영업활동을 수행하는 기업이다. 그래서 흔히 "빵을 팔기 위해 고용하는 것이 아니라, 고용하기 위해 빵을 파는 기업"이라고도 일컫기도 한다.
>
> 주요 특징으로는 취약계층에 일자리 및 사회서비스 제공 등의 사회적 목적 추구, 영업활동 수행 및 수익의 사회적 목적 재투자, 민주적인 의사결정구조 구비 등을 들 수 있다. 기업의 주요 활동이라 함은 상품이나 서비스의 생산 및 판매, 일자리 제공, 사회적 서비스 제공 등을 말하며, 사회적 목적의 실현 및 사회적 책임 수행 등을 기업 활동의 동기로 한다. 사회적 기업은 전통적 비영리 기관과 전통적 영리 기업의 중간 형태로서 사회적 책임과 영리활동을 동시에 추구하는 형태이다.
>
> 사회적 기업은 다섯가지 형태로 분류할 수 있다. 첫 번째로, 일자리 제공형은 조직의 주된 목적이 취약계층에게 일자리를 제공하고, 사회서비스 제공형은 조직의 주된 목적이 취약계층에게 사회서비스를 제공하는 것이다. 혼합형은 일자리 제공형과 사회서비스 제공형이 결합된 유형이며, 기타형은 사회적 목적의 실현여부를 고용비율과 사회서비스 제공비율 등으로 판단하기 곤란한 사회적 기업을 말한다. 마지막으로 지역사회 공헌형은 지역사회 주민의 삶의 질 향상에 기여하는 기업을 말한다.
>
> 사회적 기업의 목적으로는 취약계층에게 일자리 또는 사회서비스 제공하여 지역사회 발전 및 공익을 증진하는 것, 민주적 의사결정구조(서비스 수혜자, 근로자, 지역주민 등 이해관계자 참여)와 수익 및 이윤 발생 시 사회적 목적 실현을 위한 재투자(상법 상 회사, 이윤 2/3 이상)가 있다. 조직형태는 비영리법인·단체, 조합, 상법상 회사 등 다양하게 인정하고 유급근로자를 고용한다.
>
> ※ 취약계층 : 저소득자, 고령자, 장애인, 성매매피해자, 장기실업자, 경력단절여성 등

① 사회적 기업은 사회적 책임과 함께 영리활동을 추구한다.
② 사회적 기업은 정부나 대기업으로부터 재정적 지원을 받아서 활동을 수행한다.
③ 사회적 기업 활동의 가장 큰 목적은 발생된 이윤을 부가가치 창출을 위해 재투자하는 것에 있다.
④ 지역사회 주민의 삶의 질 향상을 위한 사회적 기업은 사회서비스 제공형 기업이다.
⑤ 사회적 기업은 사회적 목적을 추구하기 위해서 비영리법인의 형태로만 유지된다.

10 다음은 K기업의 입사설명회에서 면접 강의를 한 甲씨의 강의록이다. 甲씨의 강의록에 포함되지 않은 것은?

오늘은 K기업의 입사시험을 준비하는 여러분에게 면접에 대한 대비 방법에 대해 알려드리려고 합니다. 면접 준비는 어떻게 해야 할까요? 여기 앞에 계신 지원자분 어떻게 해야 하나요? (지원자 답변) 네. 맞습니다. 우선 저는 면접 준비에서 제일 중요한 세 가지를 말씀드리겠습니다.

첫 번째로, 신문이나 잡지 등에서 사회적 이슈가 되고 있는 것을 찾아 예상 질문을 만들어 보는 것이 중요합니다. 면접에 나올만한 사회적 이슈를 찾는 방법은 입사하길 원하는 기업과 관련된 이슈를 중점적으로 보는 것이 중요합니다. 자신이 취업하고자 하는 기업이 은행이라면 경제와 금융과 관련된 기사를 살펴보는 것을 중점에 두고 익히되, 범위를 넓혀 다양한 분야도 함께 익히는 것이 좋습니다. 두 번째로는, 거울을 보면서 실제 면접관 앞이라고 생각하며 답변을 해 보면 면접에 대한 자신감을 키우는 것입니다. 그 다음에는 핸드폰 영상기능을 활용하여 답변을 하는 자신의 모습을 촬영하고 그 모습을 확인하면서 개선점을 찾는 것입니다. 제일 번거로운 방법이지만 제일 효과적인 연습입니다. 면접은 내가 아는 것을 말하는 과정이기 이전에 누군가에게 자기PR을 하는 과정이기 때문입니다. 마지막으로, 자기 자신에 대해서 잘 알아야 합니다. 면접장에서 전공질문도 간혹 나오지만 무조건 나오는 질문은 인성질문입니다. 기업이 원하는 인재상을 파악하고 그에 맞는 사람이 되도록 상황을 설정하며 답변을 할 수 있도록 준비해야 합니다. 나의 스트레스 해소법, 문제해결방법, 갈등처리방법, 자기계발 등을 기업의 인재상에 맞는지 고민해보는 과정이 필요합니다.

자, 이제는 면접전형에 따른 구체적인 방법을 알려드리겠습니다. 면접은 일반적으로 일대일 면접, 일대다 면접, 다대다 면접 이렇게 세 가지 유형으로 분류할 수 있습니다. 면접 유형이 다르면 전략도 달라져야 합니다. 다대다 면접을 치르는 기업의 경우 질문하는 면접관이 여러 명이므로 면접관 한 사람 한 사람의 질문에 집중해야 하고, 질문한 면접관의 눈을 응시하며 답변을 해야 합니다. 또한 다른 지원자들이 하는 답변도 잘 경청하는 것이 중요합니다. 면접 상황에서 가장 중요한 것은 질문의 의도가 사실의 정보를 요구하는 것인지, 본인의 의견을 묻는 것인지를 분명하게 파악해야 합니다. 사실적 정보를 묻는 질문이라면 객관적 내용을 토대로 명확하게 답변을 해야 하고, 본인의 의견을 묻는 질문이라면 구체적 근거를 제시하여 자신의 견해를 논리적으로 대답해야 합니다. 만약 면접관이 여러분에게 '음식물 쓰레기 종량제'에 대한 찬반 의견을 묻는다면 여러분은 어떻게 답변을 하시겠습니까? 먼저 찬반 입장을 생각한 후 자신의 입장을 분명히 밝히고 그에 따른 구체적 근거를 제시하면 됩니다. 이때 근거는 보통 세 가지 이상 드는 것이 좋습니다. 가능하면 실제 사례나 경험을 바탕으로 설명하는 것이 설득력을 높일 수 있습니다. 면접관이 추가 질문을 할 경우에는 앞서 했던 답변 중 부족한 부분이 무엇이었는지를 점검하고 보완해서 대답을 하면 됩니다.

① 면접 준비에 중요한 것은 사회적 이슈, 면접 답변 연습, 기업의 인재상이 있다.
② 면접질문에 답변을 연습하는 영상을 촬영하는 것은 자신감을 키우는 효과적인 방법이다.
③ 면접은 일반적으로 일대일 면접, 일대다 면접, 다대다 면접으로 분류된다.
④ 농업 관련 기업에 면접을 준비하는 경우 농업 관련 이슈만 집중적으로 공부한다.
⑤ 찬반의견을 묻는 면접질문에 답변은 자신의 입장을 밝히고 근거를 구체적으로 밝힌다.

11 다음 중 글의 주제로 옳은 것은?

당뇨병은 인슐린 분비량이 부족하거나 정상적인 기능이 이루어지지 않는 대사질환의 일종으로, 혈액 중 포도당(혈액)의 농도가 높아 여러 증상 및 징후를 유발한다. 세계적으로 당뇨병 인구가 증가하고 있는데, 우리나라 역시 사회경제적인 발전으로 과식, 운동부족, 스트레스 증가 등으로 인해 당뇨병 인구가 늘어나고 있는 추세다. 발병 원인은 명확하게 규명되어 있지 않지만, 현재까지 밝혀진 바에 의하면 유전적 요인이 가장 가능성이 크다. 당뇨병 환자가 고혈당, 지질이상, 고혈압, 비만 등을 조절하지 못하면 망막증, 신증, 신경병증이나 뇌혈관질환, 관상동맥질환 등 만성 합병증으로 진행된다. 이러한 위험인자를 조절하기 위해서는 식사요법, 운동요법, 약물요법 등으로 환자 스스로 지속적인 자기관리를 할 수 있어야 한다. 이 가운데 당뇨병 교육 프로그램의 일환으로 수행되고 있는 식사요법온 제2형 당뇨병의 주 치료법으로, 이를 잘 수행하는 환자들은 대사이상이 호전되었으며 혈당 조절이 잘 되고 혈액 내 자질도 개선되었다는 보고가 있다. 개인에게 맞는 당뇨병 식사요법 교육을 받고 실천에 옮긴 환자는 공복 혈당 및 식후 2시간 혈당이 유의적으로 감소하였고, 이론 교육뿐만 아니라 실습교육을 함께 받으며 식사요법에 대한 순응도가 높았다. 이는 식후혈당 조절이 더 효과적으로 이루어지게 하였다.

① 당뇨병 환자의 맞춤 식사요법 효과
② 당뇨병과 영양취약계층의 생활습관 관련성
③ 제2형 당뇨병 환자의 운동효과에 대한 고찰
④ 당뇨병 환자의 건강정보 이해능력 요인
⑤ 제2형 당뇨병 예측 가능한 위험 요인 탐색

12 다음은 의무복무사병 적금에 대한 설명이다. 다음 설명을 바탕으로 이 적금에 가입할 수 없는 사람은?

〈의무복무사병 목돈 마련 적금〉

가. 상품특징 : 의무복무사병의 목돈 마련을 위해 높은 우대이율을 제공하는 적금상품

나. 가입 대상 : 현역복무사병, 전환복무사병(교정시설 경비교도, 전투경찰대원, 의무경찰대원, 의무소방원), 공익근무요원(1인 1계좌)

다. 가입기간 : 1년 이상 2년 이내(월 단위)

라. 가입금액 : 초입금은 1천 원 이상으로 하며 월 1천 원 이상 5만 원 이내(총 적립한도 120만 원 이내)

마. 적립방법 : 자유적립

바. 금리안내 : 기본이율 + 우대이율 최대 3.0%p

• 기본이율 : 적금 기간별 기본이율 적용

• 우대이율 항목

－ 적금 가입일 현재 당행 「주택청약종합저축」을 보유하거나 또는 이 적금 가입일로부터 3개월 이내 당행 「주택청약종합저축」을 신규가입하고 이 적금 가입기간 동안 계약을 유지하는 경우 : 2.8%

－ 적금 가입일로부터 만기일 전월말까지 당행 요구불통장에 연속 또는 비연속으로 3회 이상 급여이체(금액무관) 실적이 있는 경우 : 0.2%

－ 적금 가입일 현재 당행의 신용 · 체크카드, 현금카드 중 1개 이상 가입하고 있는 회원 또는 이 적금 가입일로부터 3개월 이내 신규가입회원으로 이 적금의 만기일 전월말까지 회원자격을 유지하는 경우 : 0.2%

－ 당행 첫 거래 고객 : 0.2%

－ 최대 적용 우대이율 : 3.0%

① 공익근무요원인 甲
② 의무소방원으로 근무 중인 乙
③ 올해 갓 해군 소위로 임관한 丙
④ 육군에서 현역으로 근무하는 丁
⑤ 교정시설에서 경비교도로 복무 중인 戊

---

13 다음 자료는 은행에서 판매하고 있는 펀드의 종류와 투자 위험등급별 설명에 대한 표이다. 〈보기〉의 대화를 통해 고객에게 가장 알맞은 펀드로 적절한 것은?

펀드명	위험등급	유형	기대수익
A 펀드	매우 높은 위험	해외주식형	21.7%
B 펀드	높은 위험	국내주식형	19.4%
C 펀드	다소 높은 위험	해외주식형	7.5%
D 펀드	보통 위험	해외채권혼합형	3.3%
E 펀드	매우 낮은 위험	국내채권혼합형	2.5%

매우 높은 위험	높은 위험	다소 높은 위험	보통 위험	매우 낮은 위험
투자 자금 대부분을 주식, 주식형 펀드 또는 파생 상품 등의 위험자산에 투자할 의향이 있는 유형	투자 자금의 상당 부분을 주식, 주식형 펀드 또는 파생상품 등의 위험 자산에 투자할 의향이 있는 유형	예·적금보다 높은 수익을 기대할 수 있다면 일정 수준의 손실위험을 감수할 수 있는 유형	예·적금보다 높은 수익을 위해 자산 중 일부를 변동성 높은 상품에 투자할 의향이 있는 유형	예금 또는 적금 수준의 수익률을 기대하며 투자원금에 손실이 발생하는 것을 원하지 않는 유형

보기

은행원 : 안녕하세요. 무엇을 도와드릴까요?

고 객 : 펀드에 가입하려고 왔는데요.

은행원 : 그러시군요. 혹시 생각해보신 펀드가 있으신가요?

고 객 : 아니요, 아직 딱히 정한 펀드는 없고 목돈을 마련하고 싶습니다. 일반 예·적금보다 높은 수익을 낼 수 있는 펀드면 좋겠어요. 내집마련이 목적이기 때문에 원금손실이 적은 안정적인 상품이기를 원합니다.

은행원 : 네. 현재 당행에 예금 이율이 2%인 것을 감안해서 펀드를 추천해드리겠습니다. 원금의 일부가 손실되더라도 수익률이 높은 상품을 찾으시는 걸까요?

고 객 : 네. 투자원금의 일부만 손실 위험이 있더라도 수익률이 예·적금보다 높다면 어느정도는 감수할 수는 있겠지만, 손실위험이 일정수준 이상이라면 부담될 것 같습니다.

① A 펀드
② B 펀드
③ C 펀드
④ D 펀드
⑤ E 펀드

14 다음 글에서 관련 없는 부분은?

㉠스마트 농업은 농업 가치사슬 전반에 걸쳐 ICT 기술이 융합된 자동화·지능화 농업으로, 기존의 관행적이고 경험적인 방법과 달리 과학적이고 분석적인 농업이다. 노지농업은 인공 시설을 활용하여 가온(加溫)이나 보온(保溫) 없이 자연조건 그대로 작물을 재배하는 농업이다. 노지농업은 외부 환경 변화에 큰 영향을 받는다는 단점이 있는데, 이에 농업 선진국들은 재배 작물의 생육 상태와 외부환경 변화를 측정하고 분석하여 맞춤형 정밀농업을 도입해오고 있다. 이 두 개념을 융합한 노지 스마트 농업은 ICT 기술을 활용한 데이터 기반의 정밀 농업으로, 영농 데이터 흐름에 따라 관찰-처방-농작업-결과분석 4단계로 구분할 수 있으며 각 단계에서는 센서 기술, 정보통신기술, 스마트농기계 기술이 적용된다. ㉡먼저 관찰 단계에서는 토양, 생육, 수확량 등의 데이터를 통해서 경작지와 농작물의 상태를 파악하고 기초정보를 구축한다. 그렇기 때문에 양질의 데이터 확보가 중요한데, 최근에는 사물인터넷(IoT)이 도입되면서 실시간 데이터 수집과 처리가 가능해졌다. 처방 단계에서는 수집된 데이터를 기반으로 작업 시기와 농자재 투입량을 결정한다. 빅데이터, 인공지능 등의 기술을 활용하여 보다 정확한 진단과 처방이 가능하다. ㉢작물은 자연으로부터 에너지를 얻고 스스로 광합성을 하면서 토양을 통해 필요한 양분을 흡수하지만, 수확량이 중요한 작물에는 특히 많이 필요한 원소인 다량 원소를 적절하게 공급해주기 위해 비료를 사용한다. 농작업 단계에서는 데이터 기반의 처방에 따라서 적재적소에 필요한 만큼의 농자재를 투입하는데, 과거에는 사전 조사된 정보를 작업용 지도에 입력하고 진행했지만, 현재는 자율주행 농기계의 발달로 사람의 개입을 최소화한 자동화·지능화 작업으로 이루어지고 있다. 마지막으로 결과분석 단계에서는 수행한 농작업을 새로운 데이터로 축적하고 다시 활용한다. 정확한 영농일지는 차년도 영농계획에 필요한 주요 데이터로 활용된다. 우리나라도 2020년부터 노지 농업의 스마트화를 본격적으로 추진해오고 있다. ㉣현재 정부가 운영하는 시범사업은 궁극적으로는 데이터를 수집하고 활용하는 노지 영농의 스마트화 기반 마련을 목표로 한다. 시범사업은 주산지 중심으로 경작지를 50㏊ 이상으로 규모화하고 단지를 집적화한 지역 공동경영체 단위에서 선정된 특화 품종을 중심으로 추진되고 있다. 1980년대 정밀농업 개념이 정립한 미국은 노지 스마트 농업의 주도국이다. 2000년대에 전국으로 보급되면서, 2010년대부터는 데이터 기반의 정밀농업인 노지 스마트농업으로 발전하고 있다. 네덜란드는 2010년부터 노지 분야에서 정밀농업 확산을 위한 정밀농업 프로그램을 추진했고 2018년부터 데이터의 수집과 활용을 강화하고 정밀농업 활용도를 향상시키기 위하여 정밀농업 국가실험프로젝트를 추진하고 있다. 국내 노지 스마트 농업은 이제 시작 단계에 머물러 있으나, ㉤향후 빅데이터와 인공지능의 발전과 함께 소규모 농업인의 소득 향상, 청년농 유입에 긍정적인 영향을 가져올 것으로 전망된다.

① ㉠

② ㉡

③ ㉢

④ ㉣

⑤ ㉤

다음 글을 읽고 물음에 답하시오.

루소의 사상은 ㉠<u>인간이 자연 상태에서는 선하고 자유롭고 행복했으나, 사회와 문명이 들어서면서 악해지고 자유를 상실하고 불행해졌다는</u> 전제에서 출발한다. 그는 「에밀」의 첫머리에서 이렇게 말하고 있다. 이 세상 만물은 조물주의 손에서 나올 때는 선하지만, 인간의 손에 와서 타락한다. 인간은 어떤 땅에다 다른 땅에서 나는 산물을 재배하려 드는가 하면, 어떤 나무에 다른 나무의 열매를 열리게 하려고 애를 쓴다. 인간은 기후 · 환경 · 계절을 뒤섞어 놓기도 한다. 무엇 하나 자연이 만들어 놓은 상태 그대로 두지 않는다. 루소에 의하면, ㉡<u>자연 상태에서 인간은 필요한 만큼의 욕구가 충족되면 그 이상 아무 것도 취하지 않았으며, 타인에게 해악을 끼치지도 않았다.</u> 심지어 타인에게 도움을 주려는 본능적인 심성까지 지니고 있었다. 그러나 인지(認知)가 깨어나면서 인간의 욕망은 필요로 하는 것 이상으로 확대되었다.

㉢<u>이 이기적인 욕망 때문에 사유 재산 제도가 형성되고, 그 결과 불평등한 사회가 등장하게 되었다.</u> 즉, 이기적 욕망으로 인해 인간은 타락하게 되었고, 사회는 인간 사이의 대립과 갈등으로 가득 차게 되었다. 이러한 인간과 사회의 병폐에 대한 처방을 내리기 위해 써진 것이 「에밀」로서, 그 처방은 한마디로 인간에게 잃어버린 자연을 되찾아 주는 것이다. 즉, 인간에게 자연 상태의 원초의 무구(無垢)함을 되돌려 주어, 선하고 자유롭고 행복하게 살 수 있는 사회를 만들게 하는 것이다. 루소는 이것이 교육을 통해서 가능하다고 보았다. 그 교육의 실체는 가공(架空)의 어린이 '에밀'이 루소가 기획한 교육프로그램에 따라 이상적인 인간으로 성장해 가는 과정을 통해 엿볼 수 있다. 이 교육은 자연 상태의 인간이 본래의 천진무구함을 유지하면서 정신적 · 육체적으로 스스로를 도약해 가는 과정을 따르는 것을 원리로 삼는다. 그래서 ㉣<u>지식은 실제 생활에 필요한 정도만 배우게 하고, 심신 발달 과정에 따라 어린이가 직접 관찰하거나 자유롭게 능동적인 경험을 하도록 하는 것이다.</u> 그럼으로써 자유롭고 정직과 미덕을 가진 도덕적 인간으로 성장해 나갈 수 있게 된다. 이것은 자연 상태의 인간을 중시하는 그의 인간관이 그대로 반영된 것이다.

루소의 자연으로 돌아가자는 주장은 공허한 외침으로 들리기도 한다. 루소가 말하는 자연으로 돌아가기에는 이미 인류의 역사가 너무 많이 진행되었기 때문이다. 그러나 ㉤<u>인간이 본래 무구한 존재라고 본 그의 인간관과 인간 사이의 유대를 도모하고 평등을 실천할 수 있는 인간상을 추구했던 그의 이상은 인간을 탐욕의 노예로 몰고 가는 오늘날에 더욱 빛을 발한다.</u>

15 제시문의 밑줄 친 부분 중에서 화자의 생각이 가장 잘 드러난 부분은?

① ㉠ ② ㉡
③ ㉢ ④ ㉣
⑤ ㉤

16 이 글의 내용과 일치하지 않는 것은?

① 루소는 성선설(性善說)에 동의한다.
② 인지(認知)는 인간의 욕망이 필요 이상의 것을 추구하지 않도록 제어한다.
③ 루소는 '에밀'을 통해 자신이 이상적으로 생각하는 교육프로그램을 보여준다.
④ '에밀'에는 자연 상태를 중시하는 루소의 인간관이 반영되었다.
⑤ 화자는 현실을 비판적으로 인식하며 루소의 사상을 긍정적으로 평가한다.

17 A와 B는 공동사업을 하기 위해 각각 1억 원씩 투자하여 회사를 설립하였다. A와 B는 회사의 사원으로 회사의 모든 업무집행을 담당하였는데, 회사는 주거래은행인 N은행에 3억 원의 채무를 부담하게 되었다. 현재 회사에는 N은행에 예금되어 있는 1억 원 이외에는 어떠한 재산도 없다고 할 때, 다음을 근거로 옳게 추론한 것은? (단, 회사의 사원은 A와 B로 한정한다.)

제○○조(사원의 책임)
회사의 재산으로 회사의 채무를 완전히 변제할 수 없는 때에는 그 부족액에 대하여 각 사원은 연대하여 변제할 책임이 있다.

제○○조(사원의 항변)
가. 사원이 회사채무에 관하여 변제의 청구를 받은 때에는 회사가 주장할 수 있는 항변으로 그 채권자에게 대항할 수 있다.
나. 회사가 그 채권자에 대하여 상계, 취소 또는 해제할 권리가 있는 경우에는 사원은 전항의 청구에 대하여 변제를 거부할 수 있다.

제○○조(재산을 출연한 채무자의 구상권)
어느 연대채무자가 변제 기타 자기의 재산의 출연으로 공동면책이 된 때에는 다른 연대채무자의 부담부분에 대하여 구상권을 행사할 수 있다.
※ 1) 연대채무 : 연대하여 변제할 책임으로서 동일 내용의 급부에 관하여 여러 명의 채무자가 각자 채무 전부를 변제할 의무를 지고, 채무자 중의 한 사람이 전부 변제하면 다른 채무자의 채무도 모두 소멸되는 채무
   2) 항변 : 상대방의 청구권 행사나 주장을 막는 사유
   3) 상계 : 채권자와 채무자가 동종의 채권·채무를 가지는 경우, 대등액의 채권·채무를 서로 소멸(상쇄)시키는 행위

---

① A와 B가 설립한 회사는 N은행에 대하여 1억 원에 한하여 변제책임이 있다.
② 회사와 A, B는 N은행에 대하여 연대하여 변제할 책임을 부담한다.
③ B가 N은행에 대하여 1억 원을 변제하였다면, A에 대하여 5천만 원 구상권을 청구할 수 있다.
④ N은행이 B에게 2억 원의 변제청구를 한 경우, B는 2억 원에 대한 변제를 거부할 수 있다.
⑤ N은행이 A에게 3억 원을 청구하는 경우, 상계할 수 있는 1억 원에 대하여는 변제를 거부할 수 있다.

사람들은 은퇴 이후 소득이 급격하게 줄어드는 위험에 처할 수 있다. 이러한 위험이 발생할 경우 일정 수준의 생활(소득)을 보장해 주기 위한 제도가 공적연금제도이다. 우리나라의 공적연금제도에는 대표적으로 국민의 노후 생계를 보장해 주는 국민연금이 있다. 공적연금제도는 강제가입을 원칙으로 한다. 연금은 가입자가 비용은 현재 지불하지만 그 편익은 나중에 얻게 된다. 그러나 사람들은 현재의 욕구를 더 긴박하고 절실하게 느끼기 때문에 불확실한 미래의 편익을 위해서 당장은 비용을 지불하지 않으려는 경향이 있다. 또한 국가는 사회보장제도를 통하여 젊은 시절에 노후를 대비하지 않은 사람들에게도 최저생계를 보장해준다. 이 경우 젊었을 때 연금에 가입하여 성실하게 납부한 사람들이 방만하게 생활한 사람들의 노후생계를 위해 세금을 추가로 부담해야 하는 문제가 생긴다. 그러므로 국가가 나서서 강제로 연금에 가입하도록 하는 것이다.

공적연금제도의 재원을 충당하는 방식은 연금 관리자의 입장과 연금 가입자의 입장에서 각기 다르게 나누어 볼 수 있다. 연금 관리자의 입장에서는 '적립방식'과 '부과방식'의 두 가지가 있다. '적립방식'은 가입자가 낸 보험료를 적립해 기금을 만들고 이 기금에서 나오는 수익으로 가입자가 납부한 금액에 비례하여 연금을 지급하지만, 연금액은 확정되지 않는다. '적립방식'은 인구 구조가 변하더라도 국가는 재정을 투입할 필요가 없고, 받을 연금과 내는 보험료의 비율이 누구나 일정하므로 보험료 부담이 공평하다. 하지만 일정한 기금이 형성되기 전까지는 연금을 지급할 재원이 부족하므로, 제도 도입 초기에는 연금 지급이 어렵다. '부과방식'은 현재 일하고 있는 사람들에게서 거둔 보험료로 은퇴자에게 사전에 정해진 금액만큼 연금을 지급하는 것이다. 이는 '적립방식'과 달리 세대 간 소득재분배 효과가 있으며, 제도 도입과 동시에 연금 지급을 개시할 수 있다는 장점이 있다. 다만 인구 변동에 따른 불확실성이 있다. 노인 인구가 늘어나 역삼각형의 인구구조가 만들어질 때는 젊은 세대의 부담이 증가되어 연금 제도를 유지하기가 어려워질 수 있다.

연금 가입자의 입장에서는 납부하는 금액과 지급 받을 연금액의 관계에 따라 확정기여방식과 확정급여방식으로 나눌 수 있다. 확정기여방식은 가입자가 일정한 액수나 비율로 보험료를 낼 것만 정하고 나중에 받을 연금의 액수는 정하지 않는 방식이다. 이는 연금 관리자의 입장에서 보면 '적립방식'으로 연금 재정을 운용하는 것이다. 그래서 이 방식은 이자율이 낮아지거나 연금 관리자가 효율적으로 기금을 관리하지 못하는 경우에 개인이 손실 위험을 떠안게 된다. 또한 물가가 인상되는 경우 확정기여에 따른 적립금의 화폐가치가 감소되는 위험도 가입자가 감수해야 한다. 확정급여방식은 가입자가 얼마의 연금을 받을 지를 미리 정해 놓고, 그에 따라 개인이 납부할 보험료를 정하는 방식이다. 이는 연금 관리자의 입장에서는 '부과방식'으로 연금 재정을 운용하는 것이다. 나중에 받을 연금을 미리 정하면 기금 운용 과정에서 발생하는 투자의 실패는 연금 관리자가 부담하게 된다. 그러나 이 경우에도 물가상승에 따른 손해는 가입자가 부담해야 하는 단점이 있다.

18 위 내용을 바탕으로 다음 상황에 대해 분석할 때 적절한 결론을 모두 고르면?

> 공적연금 방식을 준용하여 퇴직연금 제도를 새로 도입하기로 하였다. 이에 회사는 직원들이 퇴직연금 방식을 확정기여방식과 확정급여방식 중에서 선택할 수 있도록 하였다.

> ㉠ : 확정급여방식은 투자 수익이 부실할 경우 가입자가 보험료를 추가로 납부해야 하는 문제가 있어.
> ㉡ : 확정기여방식은 기금을 운용할 회사의 능력에 따라 나중에 받을 연금액이 달라질 수 있어.
> ㉢ : 확정기여방식은 부담금이 공평하게 나눠지는 측면에서 장점이 있어.
> ㉣ : 확정급여방식은 물가가 많이 상승하면 연금액의 실질적 가치가 하락할 수 있어.
> ㉤ : 확정기여방식은 기금의 이자 수익률이 물가상승률보다 높으면 연금액의 실질적 가치가 상승할 수 있어.

① ㉠, ㉡, ㉢
② ㉠, ㉢, ㉣
③ ㉡, ㉢, ㉤
④ ㉠, ㉡, ㉢, ㉤
⑤ ㉡, ㉢, ㉣, ㉤

19 공적연금의 재원 충당 방식 중 '적립방식'과 '부과방식'을 비교한 내용으로 적절하지 않은 것은?

	항목	적립방식	부과방식
①	연금 지급 재원	가입자가 적립한 기금	현재 근로자의 보험료
②	연금 지급 가능 시기	일정한 기금이 형성된 이후	제도 시작 즉시
③	세대 간 부담의 공평성	세대 간 공평성 미흡	세대 간 공평성 확보
④	소득 재분배 효과	소득 재분배가 어려움	소득 재분배가 가능
⑤	인구 변동 영향	받지 않음	받음

Answer. 18.⑤ 19.③

20 다음 Type카드에 대한 설명으로 옳지 않은 것은?

〈20대의 다양한 꿈과 도전을 Type카드와 함께〉

가. 가입대상 : 개인

나. 후불교통카드 : 신청 가능(발급 후 추가 불가)

다. 연회비 : 국내에서만 사용(8,000원), 해외에서도 사용(10,000원)

라. 특징

  ─ 카드발급 신청 시 여행과 놀이 Type 중에서 한 가지를 선택하여 원하는 혜택을 받을 수 있습니다.

  ─ Type 카드는 발급한 이후에는 Type 변경이 불가합니다.

  ─ 서비스는 카드 사용 등록하신 달에는 제공되지 않으며 그 다음 달부터 서비스 조건 충족 시 제공됩니다.

마. 공통서비스

  ─ POINT 제휴가맹점에서 POINT 적립 및 사용 가능

  ─ 온라인 쇼핑몰(제휴가맹점 5곳) 10% 청구할인(건당 이용금액 2만 원 이상 시)

  ─ 온라인 마켓(제휴가맹점 2곳) 행사상품 할인 등 제공

  ─ 온라인 서점(제휴가맹점 1곳) 10% 청구할인(건당 이용금액 2만 원 이상 시)

  ─ 어학시험은 10% 청구할인 월1회, 연6회 제공

  ─ 영화 온라인 예매(홈페이지, 모바일앱) 2,000원 청구할인(1만 원 이상 결제 시, 월1회)

  ─ 배달앱 10% 청구할인(건당 이용금액 1만 원 이상 시)

바. Type카드별 제공서비스

  1. 여행Type(인천공항 라운지 무료 이용 서비스)

    • 통합 월 1회, 연 2회 제공

    • 서비스 조건 : 전월 이용실적 50만 원 이상 시 제공

    • 대상라운지 : 제1여객터미널(M라운지, S라운지), 제2여객터미널(M1라운지, S1라운지, L라운지)

  2. 놀이Type(전국 놀이공원 할인)

    • 통합 월 1회, 연 6회 제공

    • 서비스 조건 : 전월 이용실적 30만 원 이상 시 제공

놀이공원명	제공 서비스
제1유형 놀이공원(8곳)	본인 자유이용권 50% 현장 할인
제2유형 놀이공원(2곳)	본인 입장료 30% 현장 할인
A아쿠아수족관	본인 및 동반 1인 입장료 30% 현장 할인
B동물원	본인 무료입장

---

① Type카드를 발급받으면 공항 라운지 이용과 B동물원 입장이 무료로 이용 가능하다.

② 온라인 쇼핑몰 제휴가맹점에서 건당 이용금액이 3만 원이라면 놀이Type 카드로 10% 청구할인을 받을 수 있다.

③ 해외에서도 사용할 수 있는 카드와 국내에서만 사용하는 카드는 연회비가 다르다.

④ 온라인 쇼핑몰 제휴가맹점에서 3만 원짜리 쌀을 구매할 경우 3,000원을 할인받을 수 있다.

⑤ 놀이 Type카드를 이용하여 제1유형 놀이공원의 자유이용권이 5만 원과 B동물원 입장권이 3만 원 둘 중에 하나만 결제해야 하는 경우, B동물원에서 할인받는 금액이 더 크다.

21 다음은 A공단 공개채용에 관한 유의사항의 일부이다. 다음 내용을 근거로 A공단이 유의사항의 내용에 부합하는 행동이 아닌 것은?

> 가. 모든 응시자는 1인 1직렬에만 지원할 수 있습니다.
>
> 나. 응시지원자는 지역제한 등 응시자격을 미리 확인하고 입사지원서를 접수하여야 하며, 입사지원서의 기재사항 누락·오입력, 장애인·자격증·취업지원대상자 등 가산점수가산비율 기재착오 및 연락불능 등으로 발생되는 불이익은 일체 응시자 책임으로 합니다.
>
> 다. 입사지원서 작성내용은 추후 증빙서류 제출 및 관계기관에 조회할 예정이며, 추후 허위사실(응시자격, 임용결격사유 등)이 발견될 때에는 합격 또는 임용을 취소합니다.
>
> 라. 지원자 및 단계별 합격자는 우리공단 홈페이지를 통해 공고되는 내용을 정확히 숙지하여야 하며, 이를 준수하지 않아 발생하는 불이익은 본인 책임입니다.
>
> 마. 입사지원서 접수결과, 지원자가 채용예정인원 수와 같거나 미달하더라도 적격자가 없는 경우 선발하지 않을 수 있습니다.
>
> 바. 최종합격자 중에서 신규임용후보자 등록을 하지 않거나 신체검사에 불합격한 자 또는 공단 인사규정 제14조에 의한 임용결격자, 비위면직자는 합격이 취소되며 예비합격자를 최종합격자로 선발할 수 있습니다.
>
> 사. 각종 자격 및 증빙과 관련된 서류는 필기시험 합격자에 한해 접수할 예정이며, 「채용절차의 공정화에 관한 법률」에 따라 최종합격자 발표일 이후 180일 이내에 반환청구 할 수 있습니다. 다만, 채용홈페이지 또는 전자우편으로 제출된 경우나 응시자가 우리 공단의 요구 없이 자발적으로 제출한 경우에는 반환하지 않습니다.
>
> 아. 채용관련 인사 청탁 등 채용비리 또는 기타 부정합격 확인 시 채용이 취소될 수 있습니다.
>
> ※ 1) 입사지원서(자기소개서 포함) 작성 시, 출신학교(출신학교를 유추할 수 있는 학교메일), 가족관계 등 개인을 식별할 수 있는 내용은 일체 기재하지 마시기 바랍니다.
>
> 2) 자격사항 기재 시 직무와 관련된 국가기술 및 국가전문자격만 기재하시기 바랍니다.

① 동일한 응시자가 두 직렬에 중복으로 응시한 사실이 뒤늦게 발견되어 임의로 한 직렬의 응시 관련 사항을 일체 무효처리 하였다.

② 고위관계자에게 취업청탁을 했던 사실이 밝혀진 甲은 합격발표 이후에 채용 취소 처리를 하였다.

③ 5명 채용이 계획되어 있던 직렬에 10명이 지원하였으나 A공단에서는 최종 4명만 선발하였다.

④ 최종합격자 중 신규임용후보자 자격을 상실한 자가 있어 불합격자 중 임의의 인원을 추가 선발하였다.

⑤ 자기소개서에 출신학교와 자격사항을 작성한 응시자는 서류에서 불합격 처리하였다.

22 다음은 임금피크제 도입 절차를 나타낸 안내서이다. 자료를 보고 이해한 내용으로 옳은 것은?

〈임금피크제 도입 절차〉

● 도입 준비
  1. 임금관리 원칙 재정립 : 기업의 특성에 맞는 임금피크제 설계 가능
  2. 현행 임금 체계와의 적합성 검토 : 임금 정책선이 우상향되는 임금체계에서 임금피크제 검토 필수
  3. 제도 도입계획 수립 : 추진 조직, 설계 범위, 추진 절차 및 일정 검토, 노사 간 공감대 형성
  ※ 노사 간 공감대 형성 : 임금피크제 도입 필요성, 노사 공동 TF팀 구성
● 진단 및 분석
  1. 조직 및 인력 현황 분석
     1) 연령 · 직급별 인력 현황 분석
     2) 정년 의무화 시기의 조직 및 인력 구조 변화 예측
  2. 임금제도 현황 분석
     1) 임금 지급 여력 분석
     2) 연령 · 직급 · 직종 · 근속연수별 임금체계 및 임금 수준, 근로시간 분석
  3. 선행 기업 사례 분석
     1) 동종 · 유사 업종 사례조사 및 분석
     2) 벤치마킹 자료 활용으로 시행착오 절감
  4. 근로자 의견조사
     1) 제도 설계 시 근로자 의견 반영을 위한 의견조사 실시
     2) 임금피크제 세부사항에 대해 근로자 대상의 설문조사, 설명회 실시
● 임금피크제 설계
  1. 대상 범위 및 제도 유형 결정
     1) 직급, 임금 수준, 성과에 따른 차등 적용
     2) 정년보장형, 정년연장형, 고용연장형 등 제도 유형 결정
  2. 임금 굴절점 및 임금 감액률 결정
     1) 임금피크제 도입으로 임금 하락 시점 결정
     2) 임금 굴절점에서 정년까지의 임금 감액률 결정
  3. 보상 수준 조정
     1) 감액률 반영 항목 결정
     2) 퇴직급여 감소 시 이에 대한 보완책 마련
  4. 직무 · 직책 조정
     1) 임금피크제 적용 대상자의 직무조사 및 평가
     2) 기존 직무 · 직책의 유지 또는 새로운 직무 · 직책 발굴을 통한 조정 등 결정
■ 실행 · 지원
  1. 노사합의
  2. 단체 협약, 취업규칙, 근로계약서 등의 변경
  3. 정부지원제도 활용
  4. 사후관리
     1) 인력 현황, 임금 현황 등 지속적인 모니터링
     2) 임금체계 및 인사제도 개편

① 임금피크제 도입 후 지속적인 모니터링으로 제도 유형 개편을 추진해야 한다.

② 임금피크제 적용 대상자는 기존의 직무와는 다른 새로운 직무를 맡게 될 수도 있다.

③ 임금 굴절점 및 감액률을 결정하기 위해서는 '보상 수준 조정' 단계가 선행되어야 한다.

④ 근로자를 대상으로 하는 '임금피크제 도입'에 대한 설명회는 '실행·지원' 단계에서 이루어져야 한다.

⑤ '중장기 인건비 변화 예측' 추가 시 '진단 및 분석-1. 조직 및 인력 현황 분석' 분야가 적절하다.

23 빈칸에 들어갈 말로 가장 적절한 것은?

> 기분관리 이론은 사람들의 기분과 선택 행동의 관계에 대해 설명하기 위한 이론이다. 이 이론의 핵심은 사람들이 현재의 기분을 최적 상태로 유지하려고 한다는 것이다. 따라서 기분관리 이론은 흥분 수준이 최적 상태보다 높을 때는 사람들이 이를 낮출 수 있는 수단을 선택한다고 예측한다. 반면에 흥분 수준이 낮을 때는 이를 회복시킬 수 있는 수단을 선택한다고 예측한다. 예를 들어, 음악 선택의 상황에서 전자의 경우에는 차분한 음악을 선택하고 후자의 경우에는 흥겨운 음악을 선택한다는 것이다. 기분조정 이론은 기분관리 이론이 현재 시점에만 초점을 맞추고 있다는 점을 지적하고 이를 보완하고자 한다. 기분조정 이론을 음악 선택의 상황에 적용하면 (   )을 선택한다는 것을 예측할 수 있다.
>
> 연구자 A는 음악 선택 상황을 통해 기분조정 이론을 검증하기 위한 실험을 했다. 그는 실험 참가자들을 두 집단으로 나누고 집단 1에게는 한 시간 후 재미있는 놀이를 하게 된다고 말했고, 집단 2에게는 한 시간 후 심각한 과제를 하게 된다고 말했다. 집단 1은 최적 상태 수준에서 즐거워했고, 집단 2는 최적 상태 수준을 벗어날 정도로 기분이 가라앉았다.
>
> 이때 연구자 A는 참가자들에게 기다리는 동안 음악을 선택하게 했다. 그랬더니 집단 1은 다소 즐거운 음악을 선택한 반면, 집단 2는 과도하게 흥겨운 음악을 선택했다. 그런데 30분이 지나고 각 집단이 기대하는 일을 하게 될 시간이 다가오자 두 집단 사이에는 뚜렷한 차이가 나타났다. 집단 1의 선택에는 큰 변화가 없었으나, 집단 2는 기분을 가라앉히는 차분한 음악을 선택하는 쪽으로 기분이 변하는 경향을 보인 것이다. 이러한 선택의 변화는 기분조정 이론을 뒷받침하는 것으로 간주되었다.

① 사람들은 현재의 기분을 지속하는 데 도움이 되는 음악

② 사람들은 흥분을 유발할 수 있는 음악

③ 사람들은 다음에 올 상황에 맞추어 현재의 기분을 조정하는 음악

④ 사람들은 현재의 기분과는 상관없이 자신이 평소 선호하는 음악

⑤ 사람들은 현재의 즐거운 기분을 유지하기 위해 그와 반대되는 기분을 자아내는 음악

24 다음 공고문에 대한 이해로 적절하지 않은 것은?

〈친환경농산물 직거래 지원사업〉

A기업에서 친환경농식품 취급업체의 직거래 구매·판매장 개설을 위한 융자 지원을 실시합니다. 이를 통해 친환경농식품의 안정적인 판로확대 및 수급조절·가격안정에 기여하고, 궁극적으로 소비자의 친환경농산물 구매 접근성을 향상시킬 수 있기를 기대합니다.

가. 지원 조건

구분	고정금리		변동금리(1월 기준)
	운영	시설	
농업회사법인, 영농조합법인	2.5%	2.0%	1.27%
일반법인	3.0%		2.27%

나. 사업 의무량
- 운영 : 대출액의 125% 이상 국내산 친환경농식품 직거래 구매
- 시설 : 매장 임차보증금 및 시설 설치비용이 대출액의 125% 이상

다. 사업 대상자
  친환경농식품 직거래사업에 참여 희망하는 생산자단체, 소비자단체, 전문유통업체, 유기 및 무농약원료 가공식품업체, 전자상거래사업자, 개인사업자 등

라. 지원자격 및 요건
- 생산자단체, 소비자단체, 전문유통업체의 경우, 설립목적 또는 사업이 친환경농식품 유통에 부합되고 친환경농식품을 산지에서 직구매하여 소비지에 직판하는 등 직거래사업을 추진하는 법인 및 단체
- 유기 및 무농약 원료 가공식품업체의 경우, 친환경농식품을 산지에서 직구매하여 유기 및 무농약원료 가공식품을 생산하는 업체
- 전자상거래 사업자의 경우, 상품의 주문·결제 등 상거래의 주요 부분 중 일부 또는 전부를 인터넷 공간에서 판매하는 업체
- 신청제한
  - B공사에서 '친환경농산물직거래지원자금'을 지원받고자 하는 업체
  - 한국신용정보원에 연체 정보, 대위변제·대지급 정보, 부도 정보, 관련인 정보, 금융질서 문란 정보 및 부실신용관련 공공기록 정보가 등록된 자

---

① 타 기관에서 동일한 성격의 지원자금을 받고자 하는 업체는 중복해서 지원을 받을 수 없다.

② 친환경농식품을 산지에서 직구매하여 유통하는 사업자만 지원사업에 신청할 수 있다.

③ 지원사업에 참여하는 사업자에게는 대출액 125% 이상에 해당하는 사업 의무량이 주어진다.

④ 변동금리에 대해서는 '운영'과 '시설' 부문 구분에 따른 금리 차이가 없다.

⑤ 상거래의 일부 또는 전부를 온라인 판매하는 전자상거래 사업자는 지원자격이 있다.

25 다음은 환경 보호를 목적으로 시행되는 생활폐기물 감량 참여 사업에 관한 안내이다. 이에 대한 이해로 옳은 것은?

> 본 사업은 일정 기간 동안 생활폐기물 감량 활동에 참여한 개인을 대상으로 혜택을 제공하는 것을 목적으로 한다. 참여 대상은 공고일 기준 해당 지역에 거주하며, 사업 참여 신청을 완료한 개인에 한한다. 다만, 신청 이후라도 참여 조건을 충족하지 못한 경우에는 혜택 제공 대상에서 제외될 수 있다.
>
> 참여자는 사업 기간 동안 안내된 분리배출 기준을 준수하여야 하며, 기준 미준수 사실이 확인될 경우 참여 실적이 인정되지 않을 수 있다. 또한 참여 실적은 정해진 방식으로만 제출 가능하며, 제출 기한을 초과한 자료는 평가 대상에서 제외된다.
>
> 본 사업에서 제공되는 혜택은 참여 실적에 따라 차등 적용되며, 예산 범위 내에서 지급된다. 예산이 소진될 경우, 참여 실적이 있더라도 혜택 제공이 제한될 수 있다. 사업과 관련된 세부 기준은 별도로 안내되는 내용을 따른다.

① 사업 기간 중 분리배출 기준을 일부 준수하지 않더라도 참여 신청을 완료했다면 혜택을 받을 수 있다.
② 참여 조건을 충족하지 못한 경우에는 신청을 완료했더라도 혜택 제공 대상에서 제외될 수 있다.
③ 참여 실적은 참여자가 임의로 선택한 방식으로 제출할 수 있다.
④ 예산이 남아 있는 경우 참여 실적이 없는 참여자에게도 혜택이 제공될 수 있다.
⑤ 참여 실적이 확인된 모든 참여자는 혜택을 동일하게 제공받는다.

A시는 고령운전자 교통사고를 예방하기 위한 조례를 제정할 것이라고 밝혔다. 이에 따라 '고령운전자 교통사고 예방에 관한 조례안'을 최근 입법 예고하고, 시의회 임시회에서 조례안을 심의해 의결토록 할 계획이다. 조례안에서는 운전면허 소지자 중 A시에 주소를 둔 만 70세 이상을 고령운전자로 규정했으며 A시장은 고령운전자가 운전면허를 자진반납하면 예산 범위에서 교통비를 지원하는 등 교통사고 예방을 위해 적극적으로 노력할 것이라는 내용도 담겨있다. 또한 조례안에서는 주행 중인 다른 차량의 운전자가 고령운전자 차량을 쉽게 식별할 수 있도록 고령자의 차량 앞뒤에 고령운전자 표시 스티커를 만들어 지원할 수 있게 했다. A시는 고령운전자에게 운전면허 자진반납자임을 증명하는 카드도 발급하고, 카드 소지자에게 A시의 일부 가맹점 등을 이용할 때 할인 혜택을 주는 방안도 검토하고 있다. 조례안을 대표 발의한 A시의원은 "최근 고령운전자 교통사고가 잇따르는 만큼 사고예방 지원 근거를 미련해 시민의 생명과 재산을 보호하는 것이 목적이다"라고 설명했다. 시의회의 조례안 통과 후 사업계획을 구체화하면서 예산을 편성해 빠르면 하반기부터 고령운전자 사고예방사업을 시작할 방침이다. 앞서 B시는 이미 고령운전자 면허반납 인센티브 지급제도를 도입했다. B시는 만 65세 이상을 대상으로 10만 원이 충전된 교통카드 등을 지급하고, 시청과 가맹 계약을 맺은 상점들을 이용하면 5 ~ 50%의 할인 혜택을 받을 수 있는 '교통사랑 카드'를 발급했다. C시도 만 65세 이상 고령운전자들이 운전면허증을 반납하면 '운전면허 졸업증서'를 주고, 10만 원이 충전된 선불교통카드를 지급하고 있다. 또 D시도 고령운전자 운전면허 자진반납과 인센티브 부여 등을 담은 조례안 제정을 추진 중이다.

26 윗글에서 강조하고 있는 가장 핵심적인 내용으로 적절한 것은?

① 고령운전자로 인한 교통사고를 예방하여야 한다.
② 고령운전자가 안심하고 운전할 수 있는 교통법규를 마련하여야 한다.
③ 고령운전자에게 교통비 등의 지원이 시급히 이루어져야 한다.
④ 운전면허 사용이 가능한 연령을 법으로 지정해야 한다.
⑤ 운전면허 자진반납 제도는 강제적 반납과 차별을 두어야 한다.

27 윗글을 통하여 추론할 수 있는 설명으로 적절한 것은?

① 대부분의 고령운전자들은 인센티브를 지급받기 위하여 운전면허를 반납하게 될 것이다.
② 고령운전자로 인한 교통사고에 따르는 비용이 면허반납 인센티브 금액의 근거가 되었을 것이다.
③ 70세 이상의 운전자는 모두 교통사고를 일으킬 것이다.
④ 조례안이 통과되면 A시의 예산 지출은 당분간 매우 증가할 것이다.
⑤ A시의 고령운전자들은 B시나 C시에 비해 안전 운전능력이 더 뛰어날 것이다.

28 다음 글을 읽고 이해한 내용으로 적절하지 않은 것은?

매년 9월 21일 '치매 극복의 날'은 1995년 세계보건기구(WHO)가 지정한 날이다. 우리나라에서는 보건복지부가 주관하여 치매 관리의 중요성을 알리고 공감을 형성하기 위해 2008년부터 치매 인식개선과 극복 프로그램 캠페인을 열고 있다. 이에 정부 역시 2008년 9월 제1차 치매관리종합계획을 발표한 후 치매 문제 해결을 위한 국가 차원의 노력에 박차를 가했다. 2012년 7월에 치매관리법에 근거하여 제2차 치매관리종합계획을 발표하였으며 4대 사업 목표로 치매 조기발견 및 예방강화, 맞춤형 치료 및 보호 강화, 효과적 치매관리를 위한인프라 확충, 가족지원 강화 및 사회적 인식 개선으로 확정했다.

2016년에는 OECD가 발표한 10대 치매관리 핵심 정책목표를 기준으로 제3차 치매관리종합계획을 발표했으며, 이어 2017년에는 '치매국가책임제 추진계획'을 발표하여 치매지원센터 확대, 치매안심병원설립, 치매 의료비 90% 건강보험 적용, 요양보호사 처우 개선, 전문 요양보호사 파견제도 도입 등을 내세웠다. 다소 부족했던 인프라를 확충하여 전국 256개 보건소에 치매안심센터를 단계적으로 설치하여 통합 치매관리서비스를 시작하였다.

〈그림〉 치매안심센터 업무 흐름도

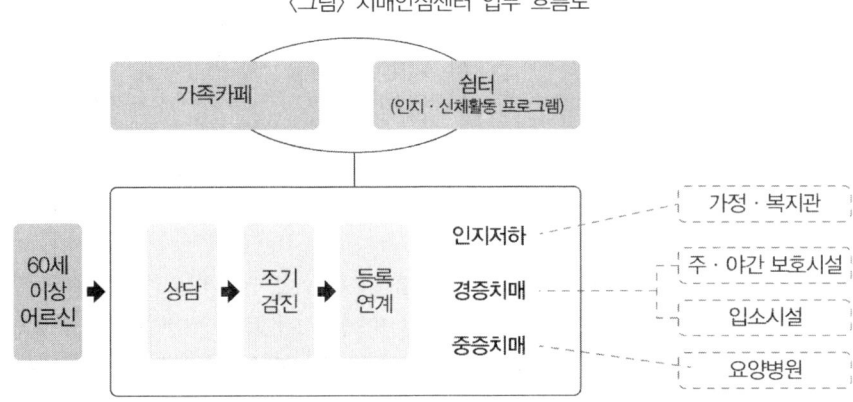

2021년 건강보험심사평가원이 발표한 '치매 경도인지 장애 진료현황 분석'에 따르면 우리나라 65세 이상 어르신 10명 중 1명이 치매 환자이며, WHO 자료에 따르면 2021년 전 세계 치매 인구는 약 5,000만 명, 향후 2050년에는 1억 5,200만 명에 육박할 것으로 추정된다. 우리나라 역시 65세 이상 치매 인구는 2050년에 300만 명을 넘어설 것이라는 예상이다.

① 매년 치매 극복의 날에 보건복지부 주관의 캠페인이 주최된다.
② 2016년에는 OECD가 발표한 10대 치매관리 핵심 정책목표를 기준으로 치매관리종합계획이 발표됐다.
③ 2017년에는 단계적으로 설치된 치매안심센터에서는 치매에 관한 상담, 조기검진, 쉼터 등을 운영하고 있다.
④ 우리나라 전체 치매 인구는 2050년에 1억 5천 만 명을 육박할 것으로 보고 있다.
⑤ WHO는 2050년에 전 세계 치매 인구는 2021년보다 세 배 넘게 증가할 것으로 추정한다.

29 제시문을 통해 알 수 있는 것은?

수명 연장의 꿈을 갖고 제안된 것들 중 하나로 냉동보존이 있다. 이는 낮은 온도에서는 화학적 작용이 완전히 중지된다는 점에 착안해, 지금은 치료할 수 없는 환자를 그가 사망한 직후 액화질소 안에 냉동한 후, 냉동 및 해동에 따른 손상을 회복시키고 원래의 병을 치료할 수 있을 정도로 의학기술이 발전할 때까지 보관한다는 생각이다. 그러나 인체 냉동보존술은 제도권 내에 안착하지 못했으며, 현재는 소수의 열광자들에 의해 계승되어 이와 관련된 사업을 甲재단에서 운영 중이다. 그런데 시신을 냉동하는 과정에서 시신의 세포 내부에 얼음이 형성되어 심각한 세포 손상이 일어난다는 것이 밝혀졌다. 이를 방지하기 위하여 저속 냉동보존술이 제시되었는데, 이는 주로 정자나 난자, 배아, 혈액 등의 온도를 1분에 1도 정도로 천천히 낮추는 방식이었다. 이 기술에서 느린 냉각은 삼투압을 이용해 세포 바깥의 물을 얼음 상태로 만들고 세포 내부의 물은 냉동되지 않도록 하는 방식이다. 그러나 이 또한 치명적이지는 않더라도 세포들을 손상시킨다.

최근에는 액체 상태의 체액을 유리질 상태로 변화시키는 방법을 이용해 세포들을 냉각시키는 방법이 개발되었다. 유리질 상태는 고체이지만 결정 구조가 아니다. 그것의 물 분자는 무질서한 상태로 남아있으며, 얼음 결정에서 보이는 것과 같은 규칙적인 격자 형태로 배열되어 있지 않다.

甲재단은 시신 조직의 미시적 구조가 손상되는 것을 줄이기 위해 최근부터 유리질화를 이용한 냉동방법을 활용 하고 있다. 하지만 뇌과학자 J 씨는 유리질화를 이용한 냉동보존에 대해서 회의적인 입장이다. 그에 따르면 우리의 기억이나 정체성을 이루고 있는 것은 신경계의 뉴런이 상호 연결되어 있는 연결망의 총체로서의 커넥톰이다. 냉동보존된 인간을 다시 살려냈을 때, 그 사람이 냉동 이전의 사람과 동일한 사람이라고 할 수 있기 위해서는 뉴런의 커넥톰이 그대로 보존되어 있어야 한다. 그러나 J 씨는 이러한 가능성에 대해서 회의적이다.

인공호흡기로 연명하던 환자를 죽은 뒤에 부검해보면, 신체의 다른 장기들은 완전히 정상으로 보이지만 두뇌는 이미 변색이 일어나고 말랑하게 되거나 부분적으로 녹은 채로 발견되었다. 이로부터 병리학자들은 두뇌가 신체의 나머지 부분보다 훨씬 이전에 죽는다고 결론을 내렸다. 甲재단이 냉동보존할 시신을 수령할 무렵 시신의 두뇌는 최소한 몇 시간 동안 산소 결핍 상태에 있었으며, 살아있는 뇌세포는 하나도 남아있지 않았고 심하게 손상된 상태였다.

① 냉동보존술은 자본주의 사회에서 인간의 목숨을 물화하는 기술이다.
② 저속 냉동보존술을 통해 세포를 고체상태이면서 결정구조가 아닌 상태로 만든다.
③ 저속 냉동보존술을 이용해 정자나 난자, 배아, 혈액을 냉각할 때는 세포 내부의 물을 냉각시켜 삼투압을 방지한다.
④ 대부분의 과학자들은 머리 이외의 신체보존방식은 저속 냉동보존술이나 유리질화를 이용한 냉동보존술이나 차이가 없다고 생각한다.
⑤ 유리질화 냉동보존에 회의적인 과학자는 甲재단이 시신을 보존하기 시작하는 시점에 뉴런의 커넥톰은 이미 정상 상태에 있지 않다고 본다.

30 다음 글을 읽고 난 반응으로 적절한 것은?

인간은 자신과 얼굴 생김새가 지나치게 비슷하지만 인간이 아닌 존재를 볼 때 불쾌함, 거부감, 섬뜩함 등을 느낀다. 이러한 심리적 현상을 '불쾌한 골짜기' 현상이라고 한다. 일본의 로봇 공학자 모리가 발표한 불쾌한 골짜기 이론에 따르면, 로봇의 외관, 즉 얼굴 형상이 인간과 유사해질수록 점점 호감도가 증가하지만, 유사성이 어느 지점에 도달하면 오히려 호감도가 낭떠러지처럼 급격하게 떨어졌다가 인간과 구별하지 못할 정도로 닮았을 때 호감도는 다시 상승한다. 마치 우리가 등산을 할 때 언덕을 오르고, 내려가는 것처럼, 로봇에 대한 호감도는 로봇 외관의 유사성과 함께 증가하다가 다시 떨어지는 비선형적 관계에 있다는 것이다.

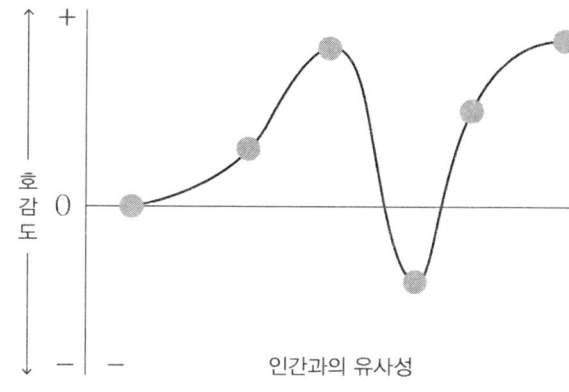

크게 산업용 로봇과 지능형 로봇으로 구분할 수 있는데, 산업용 로봇은 인간과는 전혀 다른 모습으로, 인간은 호감도나 거부감 등을 느끼지 못한다. 하지만 지능형 로봇은 인간, 동물과 유사한 로봇으로 걷고, 뛰는 등의 행위로 할 수 있다. 지능형 로봇을 접한 인간들은 어느 정도 호감을 느끼는데 이는 인간이 아닌 대상으로부터 인간과 유사한 점을 찾으려고 하기 때문이다. 그러나 산업용 로봇부터 인간과 유사한 로봇까지 유사성을 점차 증가시켜 호감도와의 관계를 측정한 결과, 불쾌한 골짜기의 관계가 나타났다. 한 연구 참가자들에게 인형의 얼굴부터 실제 사람의 얼굴까지 합성한 사진에 대해 긍정적/부정적 인상이 형성되는 정도를 평정하도록 하였을 때, 실제 사람의 얼굴과 유사한 지점부터 불쾌한 골짜기가 나타났다. 즉, 인간의 모습과 더 많이 유사할수록 호감도가 오히려 감소될 수 있다는 것을 알 수 있다.

㉠ 甲은 은행에 고객들에게 직원 유니폼을 입고 자동으로 인사하는 마네킹 로봇을 보고 이유 모를 불쾌함과 거부감이 들었다.

① 甲은 인간과 유사한 외관의 마네킹 로봇을 보고 불쾌한 골짜기 현상을 경험했다.
② 마네킹 로봇이 강아지 로봇이었다면 甲은 인간과 유사한 점을 찾으려고 했을 것이다.
③ 마네킹 로봇이 유니폼을 입지 않고 있었다면 호감도가 증가했을 것이다.
④ 산업용 로봇이었다면 甲은 불쾌감과 거부감을 나타내지 않았을 것이다.
⑤ 마네킹 로봇은 인간과 외관이 유사하나 인간과 구별하지 못할 정도로 유사하지는 않을 것

Chapter 02 수리능력

출제경향 예측

업무를 수행함에 있어 필요한 기본적인 수리능력과 논리력까지 파악할 수 있는 문항들로 구성된다. 수리능력에서 기초연산, 방정식과 부등식, 응용계산, 수열추리 등과 같은 단순계산영역에서 출제율은 줄고 복합형 형태로 출제되면서 짧은 시간 내에 정확하게 계산하거나 암산하는 능력을 요구하고 있다. 최근에는 온라인 필기시험에서는 도표나 그래프 등을 제시하고 암산으로 계산을 하는 것을 요구하면서 주의집중력이 많이 필요한 문항 출제가 되고 있는 추세이다. 기초연산이나 응용계산은 암산으로 풀 수 있는 수준으로 문제가 출제되고 있으므로 암산능력을 향상시키는 것이 중요하다.

유형별 출제빈도

기초연산	응용계산	통계능력	도표 분석	그래프 분석

다음 자료에 대한 올바른 분석을 다음 〈보기〉에서 모두 고르면?

〈연도별 교통사고 발생건수 현황〉

연도	구분	교통사고 발생건수		
		합계	A지역	B지역
2020년	계	3,937건	1,663건	2,274건
	시내버스	3,390건	1,451건	1,939건
	시외버스	547건	212건	335건
2021년	계	4,139건	1,630건	2,509건
	시내버스	3,578건	1,413건	2,165건
	시외버스	561건	217건	344건
2022년	계	4,173건	1,727건	2,446건
	시내버스	3,670건	1,507건	2,163건
	시외버스	503건	220건	283건
2023년	계	4,234건	1,681건	2,553건
	시내버스	3,723건	1,451건	2,272건
	시외버스	511건	230건	281건
2024년	계	4,401건	1,615건	2,786건
	시내버스	3,859건	1,412건	2,447건
	시외버스	542건	203건	339건

보기

㉠ 2020 ~ 2024년 동안 전체 교통사고 발생 건수는 지속적으로 증가하였다.
㉡ B지역의 2020 ~ 2024년의 연간 평균 시외버스 교통사고 발생건수는 300건이 넘는다.
㉢ 2024년의 시외버스 사고건수 1건당 시내버스 사고건수는 A지역이 더 많다.
㉣ 전체 사고건수 중 시외버스가 차지하는 비율은 2020 ~ 2024년 동안 모두 2%p 이내의 차이를 보인다.

① ㉠, ㉡, ㉢
② ㉠, ㉡, ㉣
③ ㉠, ㉢, ㉣
④ ㉡, ㉢, ㉣
⑤ ㉠, ㉡, ㉢, ㉣

㉠ 3,937 → 4,139 → 4,173 → 4,234 → 4,401건으로 지속적인 증가를 보인다.
㉡ (335 + 344 + 283 + 281 + 339) ÷ 5 = 316.4건이다.
㉢ A지역은 1,412 ÷ 203 = 약 6.96건이며, B지역은 2,447 ÷ 339 = 약 7.22건이다. B지역이 A지역보다 더 많다.
㉣ 연도별 비율은 각각 547 ÷ 3,937 × 100 = 약 13.9%, 561 ÷ 4,139 × 100 = 약 13.6%, 503 ÷ 4.73 × 100 = 약 12.1%, 511 ÷ 4,234 × 100 = 약 12.1%, 542 ÷ 4,401 × 100 = 약 12.3%로 모두 12.1 ~ 13.9% 이내이므로 비율의 차이는 2%p 이내이다.

답 ②

1 다음은 A 지역의 연도별 60세 기준 인구의 분포를 나타낸 자료이다. 이에 대한 해석으로 옳은 것은?

구분	인구 수(명)		
	60세 미만	60세 이상	계
2017년	51,919	14,638	66,557
2018년	53,281	14,989	68,270
2019년	135,130	15,307	150,437
2020년	227,639	15,384	243,023
2021년	310,175	15,069	325,244
2022년	450,298	15,061	465,354
2023년	557,906	15,270	573,176
2024년	644,247	15,372	659,619

① 전체 인구 수는 매년 지속적으로 증가하였다.

② 60세 미만 인구 수는 매년 증가와 감소를 반복하며 순환하고 있다.

③ 60세 이상 인구 수는 매년 지속적으로 증가하였다.

④ 60세 이상 인구 수는 매년 전체의 5% 이상이다.

⑤ 전년 대비 60세 이상 인구 수가 가장 많이 증가한 연도는 2019년에 해당한다.

2 A구와 B구로 이루어진 신도시 甲시에 도서관과 구민 실내수영장을 세우려고 한다. 甲시가 60억 원의 건축 예산을 사용하여 아래 〈건축비와 만족도〉, 〈조건〉하에서 시민 만족도가 가장 높도록 신축하려고 할 때, 계획을 바르게 세운 것은?

〈건축비와 만족도〉			
지역	시설 종류	건축비(억 원)	만족도
A구	도서관	20	35
	구민 실내수영장	15	30
B구	도서관	15	40
	구민 실내수영장	20	50

───────────────────── 조건 ─────────────────────
가. 예산 범위 내에서 시설을 신축한다.
나. 시민 만족도는 각 시설에 대한 만족도의 합으로 계산한다.
다. 각 구에는 최소 1개의 시설을 신축해야 한다.
라. 하나의 구에 동일 종류의 시설을 3개 이상 신축할 수 없다.
마. 하나의 구에 동일 종류의 시설을 2개 신축할 경우, 그 시설 중 한 시설에 대한 만족도는 20% 하락한다.

① B구에는 구민 실내수영장 1개를 신축할 것이다.
② 지역별 만족도가 하락하는 것을 피해야 최선의 계획을 세울 수 있다.
③ 甲시에 신축되는 시설의 수는 3개일 것이다.
④ 지역별 시민 만족도가 가장 높도록 기관을 신축할 경우 예산은 전액 사용된다.
⑤ 최종적으로 하나의 구에 더 많은 시설을 세우게 될 것이다.

3 다음은 국가공인전문자격시험 응시자 A ~ J의 성적 관련 자료이다. 〈보기〉 중 옳은 것을 모두 고르면?

구분 응시생	정답 문항수	오답 문항수	풀지 않은 문항수	점수(점)
A	19	1	0	93
B	18	2	0	86
C	17	1	2	83
D	( )	2	1	( )
E	( )	3	0	( )
F	16	1	3	78
G	16	( )	( )	76
H	( )	( )	( )	75
I	15	( )	( )	71
J	( )	( )	( )	64

※ 1) 총 20문항으로 100점 만점이다.
  2) 정답인 문항에 대해서는 각 5점의 득점, 오답인 문항에 대해서는 각 2점의 감점, 풀지 않은 문항에 대해서는 득점과 감점이 없다.

보기
　⊙ 80점 이상인 응시생은 3명이다.
　ⓒ '풀지 않은 문항수'의 합은 18이다.
　ⓒ 응시생 I의 '풀지 않은 문항수'는 3개이다.
　ⓔ 응시생 J의 '오답 문항수'와 '풀지 않은 문항수'는 동일하다.

① ⊙ⓒ
② ⓒⓔ
③ ⊙ⓒⓒ
④ ⓒⓒⓔ
⑤ ⊙ⓒⓒⓔ

4 공장에서 A제품을 만드는 데 $3\frac{1}{6}$ 시간이 걸린다. 그렇다면 $10\frac{2}{18}$ 시간 동안 만들 수 있는 제품은 최대 몇 개인가?

① 3개
② 4개
③ 5개
④ 6개
⑤ 7개

5 ○○ 물류센터에는 X, Y 두 개의 자동 분류 설비가 있다. 하루 최대 처리 물량은 X가 80,000건, Y가 50,000건이다. X의 오류 발생률은 4%, Y의 오류 발생률은 6%일 때, 오늘 처리된 물량 중 오류가 발생한 건이 있다면, 그 오류가 Y 설비에서 발생했을 확률은 얼마인가? (단, 소수점 둘째 자리에서 반올림한다.)

① 30.5%
② 33.3%
③ 35.7%
④ 38.0%
⑤ 48.4%

Answer. 3.② 4.① 5.⑤

6 N은행의 대출심사부에서는 가계대출상품의 상품설명서 내용 중 연체이자에 대한 다음과 같은 사항을 고객에게 안내하려고 한다. 다음을 참고할 때, 주택담보대출(원금 1억2천만 원, 약정이자율 연 5%)의 월납이자(50만 원)를 미납하여 연체가 발생하고, 연체 발생 후 3개월 시점에 납부할 경우의 연체이자는 얼마인가?

가. 연체이자율은 [대출이자율 + 연체기간별 연체가산이자율]로 적용합니다.
　　※ 연체가산이자율은 연 3%로 적용합니다.
나. 연체이자율은 최고 15%로 합니다.
다. 상품에 따라 연체이자율이 일부 달라지는 경우가 있으므로 세부적인 사항은 대출거래 약정서 등을 참고하시기 바랍니다.
라. 연체이자(지연배상금)를 내셔야 하는 경우
　　※ 「이자를 납입하기로 약정한 날」에 납입하지 아니한 때에는 이자를 납입하여야 할 날의 다음날부터 1개월(주택담보대출의 경우 2개월)까지는 내셔야 할 약정이자에 대해 연체이자가 적용되고, 그 후 1개월(주택담보대출의 경우 2개월)이 경과하면 기한이익상실로 인하여 대출원금에 연체이율을 곱한 연체이자를 내셔야 합니다.

① 798,904원 　　　② 775,304원
③ 750,992원 　　　④ 731,528원
⑤ 710,044원

7 다음 자료에서 ㉠의 수치로 옳은 것은?

건강차(茶) 업체별 납품 실적

(단위 : 억 원, %)

구분	2024년 상반기	2023년 상반기	증감률
A 업체	218,722	211,667	3.3
B 업체	134,566	145,136	−7.2
C 업체	32,104	36,648	
D 업체	245,411	216,179	㉠
E 업체	2,695	1,946	
F 업체	16,800	20,214	−17

① −13.5% 　　　② 13.5%
③ 38.4% 　　　④ −38.4%
⑤ −12.4%

8 A국가는 소득세법에 따라 복권당첨금은 기타소득으로 분류된다. 연간 5만 원 초과 ~ 3억 원 미만 시 기타소득세 20%, 지방소득세 2%를 납부하고 3억 원을 초과하면 기타소득세 30%, 지방소득세 3%를 납부해야 한다. 직장인 甲이 연금복권에 당첨되어 20년간 매월 700만 원의 당첨금을 받게 된다면, 세금을 제외한 당첨금은 얼마인가?

① 4,690,000원

② 4,900,000원

③ 5,460,000원

④ 5,600,000원

⑤ 6,790,000원

9 다음은 주식시장에서 외국인의 최근 한 달간의 주요 매매 정보 자료이다. 최근 한 달간 가 그룹 주식의 1주당 평균 금액은 얼마인가? (단, 소수 첫째 자리에서 반올림한다.)

순매수			순매도		
종목명	수량(백 주)	금액(백만 원)	종목명	수량(백 주)	금액(백만 원)
A 그룹	5,620	695,790	가 그룹	84,930	598,360
B 그룹	138,340	1,325,000	나 그룹	2,150	754,180
C 그룹	13,570	284,350	다 그룹	96,750	162,580
D 그룹	24,850	965,780	라 그룹	96,690	753,540
E 그룹	70,320	11,210	마 그룹	12,360	296,320

① 70,453원

② 68,570원

③ 12,380원

④ 7,045원

⑤ 5,984원

10 다음 자료는 국내기업의 무역수지에 대한 자료이다. 자료에 대한 설명으로 옳지 않은 것은?

(단위 : 억 불)

구분			2024년	2023년	2022년	2021년	2020년
수출	전체		5,644	4,861	5,192	5,647	5,525
		제조업	4,819	4,186	4,473	4,839	4,751
		서비스업	825	675	719	808	774
		도소매	692	550	586	677	661
	중소기업		1,002	915	904	1,042	1,021
		제조업	618	556	547	642	633
		서비스업	384	359	357	400	388
		도소매	344	325	322	364	357
수입	전체		4,413	3,762	3,998	4,728	4,612
		제조업	3,082	2,572	2,798	3,562	3,535
		서비스업	1,331	1,190	1,200	1,166	1,077
		도소매	1,126	1,005	998	966	933
	중소기업		1,177	1,039	1,007	1,151	1,084
		제조업	416	367	364	460	455
		서비스업	761	672	643	691	629
		도소매	669	597	568	623	571

※ 무역수지는 수출액에서 수입액을 뺀 수치가 + 이면 흑자, − 이면 적자를 의미한다.

① 중소기업의 제조업 무역수지는 매년 100억 불 이상의 흑자를 나타내고 있다.

② 전체 제조업 수출에서 중소기업의 수출이 차지하는 비중이 가장 낮은 시기는 2022년이 가장 낮다.

③ 전체 수출액 중 도소매업의 구성비는 2022년과 2023년이 모두 11.3%이다.

④ 중소기업의 도소매 수출입액은 2022년 이후 모두 매년 증가하였다.

⑤ 중소기업의 전년 대비 서비스업 수입액 증감률은 2021년이 가장 크다.

11 다음 표는 사내 어린이집 및 유치원의 11개 특별활동프로그램 실시 현황에 관한 자료이다. 이에 대한 설명으로 옳지 않은 것은?

구분	어린이집			유치원		
	실시율	실시기관 수	파견강사 수	실시율	실시기관 수	파견강사 수
미술	15.7	6,677	834	38.5	3,250	671
음악	47.0	19,988	2,498	62.7	5,294	1,059
체육	53.6	22,764	2,849	78.2	6,600	1,320
과학	6.0	–	319	27.9	–	471
수학	2.9	1,233	206	16.2	1,366	273
한글	5.8	2,467	411	15.5	1,306	291
컴퓨터	0.7	298	37	0.0	0	0
교구	15.2	6,464	808	15.5	1,306	291
한자	0.5	213	26	3.7	316	63
영어	62.9	26,749	6,687	70.7	5,968	1,492
서예	1.0	425	53	0.6	51	10

※ 1) 해당 특별활동프로그램 실시율(%) = $\dfrac{\text{해당특별활동 프로그램 실시어린이집(유치원)수}}{\text{특별활동프로그램 실시 전체어린이집(유치원)수}} \times 100$

2) 어린이집과 유치원은 각각 1개 이상의 특별활동 프로그램을 실시하며, 조사 기간 동안 특별활동 프로그램 실시 전체 어린이집 수는 42,527개이고, 특별활동 실시 전체 유치원 수는 8,443개이다.

① 특별활동프로그램 실시율이 40% 이상인 특별활동프로그램은 어린이집과 유치원 모두 같다.
② 유치원의 특별활동프로그램 중 실시기관 수 대비 파견강사 수의 비율은 '영어'가 '음악'보다 높다.
③ 특별활동프로그램 중 '과학' 실시기관 수는 어린이집이 유치원보다 적다.
④ 파견강사 수가 가장 많은 프로그램은 유치원과 어린이집이 같다.
⑤ 어린이집 특별활동프로그램 중 실시기관 수가 1,000개도 안 되는 프로그램은 3가지이다.

12 다음은 甲지역 가정의 음식배달앱 사용자의 월 평균 배달서비스를 사용한 횟수에 대한 그래프이다. 그래프에 대한 설명으로 옳은 것은?

〈자료 1〉 2024년 상반기 시가총액 기준 상위 5개 주식현황

순위	주식	시가총액(억)	발행주식(개)	가격(원)	증가율
1	A전자	38,000	19,000,000	200,000	-4.2
2	B에너지	33,000	11,000,000	300,000	-4.7
3	C에너지	14,700	49,000,000	30,000	-4.5
4	D화학	2,640	22,000,000	12,000	-3.6
5	E자동차	2,100	30,000,000	7,000	-5.2

※ 1) 시가총액은 통화량과 주식 가격을 곱한 값으로, 시장에 존재하는 주식을 현재 가격으로 환산한 총액이다.
   2) 통화량은 시장에 존재하는 주식의 개수이다.
   3) 가격은 주식의 개당 가격이다.
   4) 증가율은 전일 가격 대비 증가율이다.

〈자료 1〉 시가총액 기준 주식시장 점유율

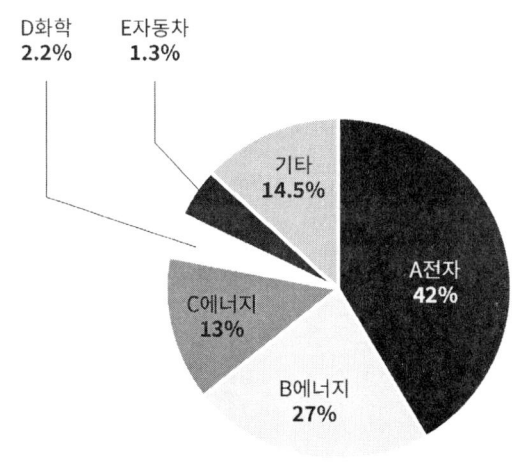

① 전체 주식시장의 시가총액은 15조 원이 넘는다.
② 전체 주식시장에서 통화량이 가장 많은 주식은 C에너지다.
③ 상위 5개 주식 중 전날 대비 가격이 가장 크게 하락한 주식은 B에너지다.
④ 다음 날 모든 주식의 통화량이 그대로이고 다른 주식의 가격은 변동 없이 B에너지의 가격만 35,000원으로 상승한다면 시가총액 상위 1위는 B에너지가 된다.
⑤ 다음 날 모든 주식의 통화량이 그대로이고 다른 주식의 가격은 변동 없이 D화학의 가격만 50,000로 상승한다면 C에너지보다 순위가 높아진다.

│13 ~ 14│ 다음은 N기업의 6월 사원 대상 워크숍 관련 보고서이다. 다음 자료를 확인하고 물음에 답하시오.

[교통편]

회사 앞에서 모여 대여한 버스를 타고 이동한다. 총 세 대의 버스로 운행한다. 선발대는 1호차, 후발대는 2호차와 3호차로 나누어 출발한다. 회사에서 워크숍 장소까지는 약 75분이 소요된다.

※ 1호차는 오전 9시 10분에 출발하며 15분 간격으로 2호차, 3호차가 순서대로 출발한다.

[숙소]

워크숍에 참석하는 사원은 80명으로, 남자직원은 전체에서 40%이다. 남자직원과 여자직원은 같은 방을 사용할 수 없다.

[간식]

사내 카페에서 커피 70잔, 주스 30잔을 주문한다. 꿀떡은 2인당 1팩씩 제공하며 쿠키는 1인당 2개씩 제공한다.

---

13 김 대리는 회사 앞에 오전 9시 30분에 도착했다. 다음에 출발하는 버스로 이동한다고 할 때 워크숍 장소에 도착하는 시간은? (단, 교통체증이나 그밖에 이동시간이 변경되는 변수는 없다.)

① 10시 30분 　　　　　　　　　　② 10시 55분
③ 11시 10분 　　　　　　　　　　④ 11시 20분
⑤ 11시 45분

14 워크숍 진행 중 강 이사(여성), 최 실장(여성), 우 전무(남성) 임원 세 명이 찾아왔다. 워크숍에서 사용하는 방은 모두 몇 개인가? (단, 임원은 최대 2명, 사원은 최대 3명까지 한 방을 쓸 수 있다.)

① 21개 　　　　　　　　　　　　② 23개
③ 27개 　　　　　　　　　　　　④ 28개
⑤ 29개

Answer. 12.④　13.②　14.⑤

15 다음은 A사와 B사의 주가를 월별로 정리한 자료이다. 1월에서부터 6월 중 주가지수 최솟값은?

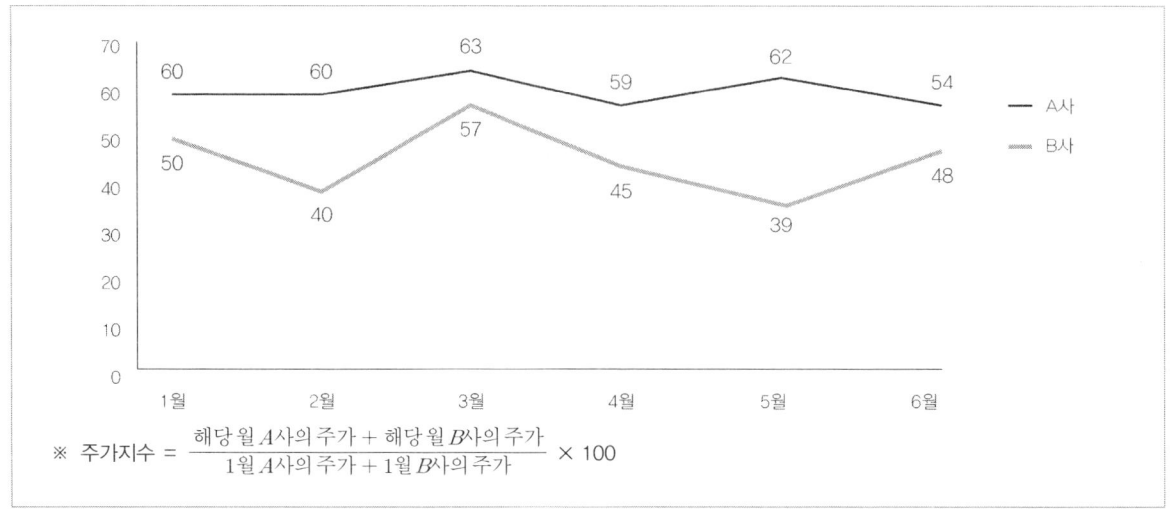

$$※ \ 주가지수 = \frac{해당 월 A사의 주가 + 해당 월 B사의 주가}{1월 A사의 주가 + 1월 B사의 주가} \times 100$$

① 90.9   ② 91.8

③ 92.7   ④ 94.5

⑤ 95.1

16 다음은 갑, 을, 병, 정의 열흘간의 아르바이트 현황이다. 맡은 업무의 난이도에 따른 기본 책정 보수와 추가 근무, 지각 등의 근무 현황이 다음과 같을 경우, 열흘 뒤 지급받는 총 보수액이 가장 많은 사람과 가장 적은 사람의 차이는 얼마인가?

〈근무 현황〉			
구분	추가 근무(시간)	기본 책정 보수	지각횟수(회)
갑	평일(3), 주말(3)	50만 원	3
을	평일(1), 주말(3)	60만 원	3
병	평일(2), 주말(2)	60만 원	3
정	평일(5), 주말(1)	65만 원	4

※ 1) 평일 기본시급은 10,000원이다.
　 2) 추가 근무는 기본시급의 1.5배이며, 주말에 하는 추가근무는 기본시급의 2배이다.
　 3) 지각은 1회에 15,000원씩 삭감한다.

① 55,000원   ② 60,000원

③ 75,000원   ④ 110,000원

⑤ 125,000원

17 다음은 교육복지지원 정책사업 내 단위사업 세출 결산 현황을 나타낸 표이다. 2023년 대비 2024년의 급식비 지원 증감률로 옳은 것은? (단, 소수점 둘째 자리에서 반올림한다.)

(단위 : 백만 원)

단위사업명	결산액		
	2024년	2023년	2022년
학비 지원	455,516	877,020	1,070,530
방과 후 교육 지원	636,291	−	−
급식비 지원	647,314	665,984	592,300
정보화 지원	61,814	64,504	62,318
농어촌학교 교육여건 개선	110,753	71,211	77,334
교육복지우선 지원	157,598	188,214	199,019
교복 지원	2,639,752	989,116	−
교과서 지원	307,519	288,405	260,218
학력격차 해소	−	83,622	59,544
총계	5,016,557	3,228,077	2,321,263

① −2.8%
② −1.4%
③ 2.8%
④ 10.5%
⑤ 1.4%

18 2025년 행정구역별 인구 이동 수의 자료를 보고 인구변화가 가장 큰 지역을 고르시오.

행정구역	전입	전출
서울특별시	1,555,281	1,658,928
부산광역시	461,042	481,652
대구광역시	348,642	359,206
인천광역시	468,666	440,872
광주광역시	228,612	230,437
대전광역시	239,635	239,136
울산광역시	161,433	157,427
세종특별자치시	32,784	15,291

※ 순이동 = 전입 - 전출

① 서울특별시 　　　　　　　　　② 부산광역시
③ 대구광역시 　　　　　　　　　④ 대전광역시
⑤ 세종특별자치시

19 다음은 A국가와 B국가의 식품수출현황을 나타낸 표이다. 2025년 대비 2024년의 농산물 물량의 증감률은 약 몇 %인가?

(단위 : 천 톤, 천 달러, %)

구분	2025년		2024년	
	물량	금액	물량	금액
수산물	226.9	598.9	235.5	721.3
농산물	223.5	579.5	232.6	692.3
축산물	3.4	19.4	2.9	29

① 약 -3.1% 　　　　　　　　　② 약 -3.3%
③ 약 -3.5% 　　　　　　　　　④ 약 -3.7%
⑤ 약 -3.9%

20 다음은 2025년과 2024년 창업지원금 신청자를 대상으로 직업과 창업단계를 조사한 자료이다. 이에 대한 설명으로 옳지 않은 것은?

〈표1〉 창업지원금 신청자의 직업구성

(단위 : 명, %)

직업	2025년		2024년		합계	
	인원	비율	인원	비율	인원	비율
교수	183	12.5	34	4.2	217	9.6
연구원	118	8.1	73	9.1	191	8.4
대학생	74	5.1	17	2.1	91	4.0
대학원생	93	6.4	31	3.9	124	5.5
회사원	567	38.8	297	37.0	864	38.2
기타	425	㉠	350	43.6	775	34.3
계	1,460	100.0	802	100.0	2,262	100.0

〈표2〉 창업지원금 신청자의 창업단계

(단위 : 명, %)

창업단계	2025년		2024년		합계	
	인원	비중	인원	비중	인원	비중
예비창업단계	158	10.8	79	9.9	237	10.5
기술개발단계	668	45.8	291	36.3	959	42.4
시제품 제작단계	209	14.3	140	17.5	349	15.4
시장진입단계	425	㉡	292	36.4	717	31.7
계	1,460	100.0	802	100.0	2,262	100

① '기타'를 제외하고 2024년 창업지원금 신청이 가장 높은 비율을 차지하는 신청자 직업은 회사원이다.
② 〈표2〉에서 2024년에 비해 2025년에 인원은 늘어났으나 비율이 감소한 단계는 시제품 제작단계 뿐이다.
③ 2025년에는 기술개발단계에 있는 신청자의 인원수가 가장 많았다.
④ 2024년에 창업지원금 신청자의 인원수는 교수가 대학생의 두 배이다.
⑤ ㉠과 ㉡에 들어갈 수는 동일하다.

21 다음은 甲은행에서 투자를 검토하고 있는 사업평가자료로 직원의 실수로 일부가 훼손되었다. 다음 중 괄호 안에 들어갈 수 있는 수치는? (단, 인건비와 재료비 이외의 투입요소는 없다.)

구분	목표량	인건비	재료비	산출량	효과성 순위	효율성 순위
A	(㉠)	200	50	500	3	2
B	1,000	(㉡)	200	1,500	2	1
C	1,500	1,200	(㉢)	3,000	1	3
D	1,000	300	500	(㉣)	4	4

※ 효율성 = 산출량÷투입량, 효과성 = 산출량÷목표량

	㉠	㉡	㉢	㉣
①	300	500	800	800
②	500	800	300	800
③	800	500	300	300
④	500	300	800	800
⑤	800	800	300	500

22 다음은 국가별 공공도서관을 비교한 표이다. 다음 표를 바르게 설명한 것을 모두 고른 것은?

국가명	인구 수	도서관 수	1관당 인구 수	장서 수	1인당 장서 수
A국가	49,268,928	607	81,168	54,450,217	1.11
B국가	299,394,900	9,198	31,253	896,786,000	3.1
C국가	59,855,742	4,549	13,158	107,654,000	1.8
D국가	127,998,984	3,111	41,144	356,710,000	2.8
E국가	60,798,563	4,319	14,077	152,159,000	2.51
F국가	82,505,220	10,339	7,980	125,080,000	1.5

> ㉠ 1인당 장서 수가 많은 국가가 도서관 수가 가장 많다.
> ㉡ 인구수가 가장 많은 국가가 1관당 인구 수가 가장 많다.
> ㉢ 1인당 장서 수가 가장 낮은 국가가 도서관 수도 가장 적다.
> ㉣ 장서와 인구가 가장 많은 국가는 B국가이다.
> ㉤ 도서관 수는 인구 수와 비례한다.

① ㉠, ㉡

② ㉢, ㉣

③ ㉠, ㉢, ㉤

④ ㉡, ㉢, ㉣

⑤ ㉢, ㉣, ㉤

23 A시는 2026년 지역 대표 축제를 개최하면서 자원봉사 인력의 수급과 배치를 계획하고 있다. A시는 지난 대규모 지역 축제의 운영 사례를 참고하여, 총 방문객 규모와 행사 기간을 고려한 자원봉사자 수를 산정하였다. 참고 사례 축제의 총 자원봉사자 수는 12,000명이었으며, A시는 해당 축제보다 규모가 작음을 고려하여 전체 인력의 60% 수준으로 자원봉사자를 운영하기로 하였다. 자원봉사자는 다음과 같은 분야 및 부문별 구성비에 따라 배치된다. 자료에 대한 설명으로 옳지 않은 것은?

〈지역 축제 자원봉사자 구성 비율〉

분야	구성비(%)	부문	구성비(%)
안내 및 운영	40%	종합안내	50%
		현장 운영	50%
행사지원	20%	무대 보조	60%
		체험 프로그램	40%
안전관리	15%	질서유지	70%
		교통안내	30%
의료 및 위생	10%	응급대응	60%
		위생관리	40%
미디어 및 홍보	15%	촬영	40%
		온라인 홍보	60%

① 안내 및 운영 분야의 현장 운영 부문이 총 자원봉사자 중 차지하는 비율은 20%이다.
② A시가 선발할 총 자원봉사자 수는 7,200명이다.
③ 행사 지원 분야에서 무대 보조 부문에 배치되는 자원봉사자 수는 864명이다.
④ 의료 및 위생 분야의 응급 대응 부문 자원봉사자 수는 432명이다.
⑤ 미디어 및 홍보 분야에서 온라인 홍보 부문이 차지하는 자원봉사자 수는 756명이다.

24 다음은 식재료 관련 수입 현황이다. 김장재료 수입현황에서 중국산 구성비가 두 번째로 높은 것은?

〈김장재료 수입현황〉

수입국	곡물류	채소류	과일류	생선류	육류
전체	64,456톤	62,484톤	97,456톤	21,464톤	26,440톤
중국	62,454톤	60,564톤	83,213톤	15,446톤	25,950톤

① 곡물류   ② 채소류
③ 과일류   ④ 생선류
⑤ 육류

25 급식 봉사활동을 위해 A 온라인 식자재몰에서 식자재를 구매하고자 한다. A 온라인 식자재몰은 식자재를 총 40kg 이상 구매할 시 총 결제금액에서 10%를 할인하는 이벤트를 진행하고 있다. 급식 봉사활동에 필요한 두부 20kg, 상추 4kg, 연근 8kg, 브로콜리 3kg, 부추 2kg, 표고버섯 3kg를 구매할 때 총 결제금액은 얼마인가? (단, 특가 상품은 이벤트 할인이 적용되지 않는다.)

식자재(kg)	단가(원)
두부(1kg)	2,500
상추(100g)	2,000
연근(1kg)	4,000
브로콜리(1kg)	~~8,000~~ ★특가상품 20% 할인★
부추(100g)	2,500
표고버섯(1kg)	10,000

① 215,880(원)   ② 237,000(원)
③ 235,080(원)   ④ 299,000(원)
⑤ 311,230(원)

26 다음은 4대궁 투어 관람객에 관한 자료이다. 이에 대한 설명으로 옳은 것을 모두 고른 것은? (단, 소수점 둘째 자리에서 반올림한다.)

(단위 : 천 명)

구분	1분기			2분기		
	1월	2월	3월	4월	5월	6월
유료 관람객	305	263	200	430	246	211
무료 관람객	418	236	329	441	302	278
외국인 관람객	113	96	106	234	227	93

※ 유·무료 관람객에는 외국인 관람객이 포함된다.

ⓐ 1분기 관람객 중 무료 관람객이 차지하는 비중은 가장 큰 달은 3월이다.
ⓑ 4월 관람객은 전월대비 60% 이상 증가율을 보인다.
ⓒ 6월 유료 관람객은 전월대비 −21% 감소율을 보인다.
ⓓ 2분기 관람객 수에서 외국인 관람객 비중이 가장 큰 달은 4월이다.

① ㉠, ㉡
② ㉠, ㉢
③ ㉡, ㉢
④ ㉢, ㉣
⑤ ㉠, ㉡, ㉣

27 다음은 5개 도시를 대상으로 화물을 운송하는 회사에서 조사한 도시 간 이동 시간에 관한 자료이다. 보기에서 계산한 이동 시간이 바르게 짝지어진 것은?

(단위 : 시간)

구분		도착 도시				
		A	B	C	D	E
출발 도시	A	–	1.5	0.5	–	–
	B	–	–	–	1.0	2.5
	C	0.5	1.0	–	–	–
	D	1.0	–	–	–	0.5
	E	–	–	0.5	0.5	–

※ 1) 화물을 싣고 내리기 위해 각 도시에서 정차하는 시간은 고려하지 않음
2) '–' 표시가 있는 구간은 이동 불가능함

─── 보기 ───

㉠ E시의 화물을 A시로 운송한 후 B시로 가서 화물을 실어 D시로 운송하는 데 걸리는 가장 짧은 이동 시간
㉡ B시에서 출발하여 모든 도시를 한 번씩 거쳐 다시 B시로 돌아오는 데 걸리는 가장 짧은시간

	㉠	㉡
①	3.5	4
②	1.5	3
③	2	3
④	3	4
⑤	4	3

28 각 부서에 표준 업무시간이 100시간인 업무를 할당하였다. 다음 중 업무효율이 가장 낮은 부서와 가장 높은 부서를 차례대로 연결한 것은?

<부서별 업무시간 분석결과>

부서명	투입인원(명)	개인별 업무시간(시간)	회의	
			횟수(회)	소요시간(시간/회)
A	2	41	3	1
B	3	30	2	2
C	4	22	1	4
D	3	27	2	1

가. 업무효율 = $\dfrac{\text{표준업무시간}}{\text{총투입시간}}$

나. 총 투입시간은 개인별 투입시간의 합

　※ 개인별 투입시간 = 개인별 업무시간 + 회의 소요시간

다. 부서원은 업무를 분담하여 동시에 수행할 수 있음

라. 투입된 인원의 개인별 업무능력과 인원당 소요시간이 동일하다고 가정함

① A부서 - C부서
② A부서 - D부서
③ B부서 - D부서
④ C부서 - B부서
⑤ C부서 - D부서

29 다음은 N공사에서 제시한 2024년 하반기 '한국'의 식품 수입액 및 수입건수 상위 10개 수입상대국 현황을 나타낸 자료이다. 이를 평가한 의견으로 옳은 것은?

〈2024년 하반기 한국의 식품 수입액 및 수입건수 상위 10개 수입 상대국 현황〉

(단위 : 조 원, 건, %)

수입액				수입건수			
순위	국가	금액	점유율	순위	국가	건수	점유율
1	중국	3.39	21.06	1	중국	104,784	32.06
2	미국	3.14	19.51	2	미국	55,980	17.17
3	호주	1.10	6.83	3	일본	15,884	4.87
4	브라질	0.73	4.54	4	프랑스	15,883	4.87
5	태국	0.55	3.42	5	이탈리아	15,143	4.65
6	베트남	0.50	3.11	6	태국	12,075	3.70
7	필리핀	0.42	2.61	7	독일	11,699	3.59
8	말레이시아	0.36	2.24	8	베트남	10,588	3.24
9	영국	0.34	2.11	9	영국	7,595	2.33
10	일본	0.17	1.06	10	필리핀	7,126	2.19
–	기타 국가	5.40	33.53	–	기타 국가	69,517	21.33

① 정 주임 : 식품의 총 수입액은 17조 원 이상이다.
② 현 대리 : 수입액 상위 10개 수입상대국의 식품 수입액 합이 전체 식품 수입액에서 차지하는 비중은 70% 이상이다.
③ 이 주임 : 식품 수입액 상위 10개 수입상대국과 식품 수입건수 상위 10개 수입상대국에 모두 속하는 국가 수는 6개이다.
④ 한 차장 : 식품 수입건수당 식품 수입액은 중국이 미국보다 크다.
⑤ 김 대리 : 중국으로부터의 식품 수입건수는 수입건수 상위 10개 수입 상대국으로부터의 식품 수입건수 합의 45% 이하이다.

30 다음은 甲은행 기업고객인 7개 기업의 2015년도와 2025년도의 주요 재무지표를 나타낸 자료이다. 자료에 대한 설명 중 옳은 것을 모두 고르면?

〈7개 기업의 2015년도와 2025년도의 주요 재무지표〉

(단위 : %)

재무지표 / 기업 \ 연도	부채 비율 2015년	부채 비율 2025년	자기자본비율 2015년	자기자본비율 2025년	영업이익률 2015년	영업이익률 2025년	순이익률 2015년	순이익률 2025년
A	295.6	26.4	25.3	79.1	15.5	11.5	0.7	12.3
B	141.3	25.9	41.4	79.4	18.5	23.4	7.5	18.5
C	217.5	102.9	31.5	49.3	5.7	11.7	1.0	5.2
D	490.0	64.6	17.0	60.8	7.0	6.9	4.0	5.4
E	256.7	148.4	28.0	40.3	2.9	9.2	0.6	6.2
F	496.6	207.4	16.8	32.5	19.4	4.3	0.2	2.3
G	654.8	186.2	13.2	34.9	8.3	8.7	0.3	6.7
7개 기업의 산술평균	364.6	108.8	24.7	53.8	11.0	10.8	2.0	8.1

가. 총자산 = 부채 + 자기자본

나. 부채구성비율(%) = $\dfrac{부채}{총자산} \times 100$

다. 부채 비율(%) = $\dfrac{부채}{자기자본} \times 100$

라. 자기자본비율(%) = $\dfrac{자기자본}{총자산} \times 100$

마. 영업이익률(%) = $\dfrac{영업이익}{매출액} \times 100$

바. 순이익률(%) = $\dfrac{순이익}{매출액} \times 100$

ⓙ 2015년도 부채 비율이 당해년도 7개 기업의 산술평균보다 높은 기업은 3개이다.

ⓛ 2015년도 대비 2025년도 부채 비율의 감소율이 가장 높은 기업은 A이다.

ⓒ 기업의 매출액이 클수록 자기자본비율이 동일한 비율로 커지는 관계에 있다고 가정하면, 2025년도 순이익이 가장 많은 기업은 A이다.

ⓔ 2025년도 순이익률이 가장 높은 기업은 2015년도 영업이익률도 가장 높았다.

① ㉠, ㉡
② ㉡, ㉢
③ ㉢, ㉣
④ ㉠, ㉡, ㉢
⑤ ㉠, ㉡, ㉣

📋 **Answer.** 29.⑤ 30.①

문제해결능력

출제경향 예측

업무 수행 시 발생하는 상황들을 창의적이고 논리적으로 해결하는 능력이다. 논리력, 사고력, 문제처리능력을 파악할 수 있는 문항들로 구성된다. 명제 및 진위관계 및 논리형 문제는 매년 한 문제 이상은 꼭 출제되는 유형이기 때문에 다양한 문항으로 연습을 하는 것이 중요하다. SWOT 분석을 통한 문제 도출, 주어진 상황을 고려하여 비용 및 시간, 순서 등의 상황 문제, 고객 응대 등의 문제의 자료해석 유형의 경우 다른 영역과 복합적으로 합쳐져서 출제되기 때문에 난이도가 높은 문항이 많이 포진된다. 최근에는 지문이 길거나 복잡한 문제, 정답을 모두 고르는 등 답을 유추하기 어려운 문항이 출제되면서 난이도를 높이는 영역 중에 하나이다. 복잡한 자료가 자주 출제되기 때문에 빠르게 핵심만 파악하여 문제를 해석하고 해결하는 능력을 높일 수 있는 많은 연습이 필요하다.

유형별 출제빈도

명제 및 진위관계	논리	고객응대	자료해석	SWOT분석

다음 중 외부 기회를 이용하여 내부 약점을 강점으로 전환할 수 있는 방안으로 옳은 것을 모두 고르면?

[SWOT 분석]

		내부환경요인	
		강점(Strengths)	약점(Weaknesses)
외부 환경 요인	기회 (Opportunities)	SO 전략 내부 강점 및 외부 기회요인 극대화	WO 전략 외부 기회를 이용하여 내부 약점을 강점으로 전환
	위협 (Threats)	ST 전략 외부 위협을 최소화하기 위한 내부 강점 극대화	WT 전략 내부 약점과 외부 위협 최소화

[甲사 SWOT 분석]

S	W
• 국내시장 점유율 1위 • 우수한 자산건전성 지표 • 가장 많은 지점 보유	• 비은행부문 계열사 해외사업 부진 • 금융부문에 집중된 서비스 • MZ세대의 진입장벽

O	T
• 금융권의 생활 밀착 플랫폼 시장 진출 • 계열사 간 협업을 통한 금융 서비스 • 빅테크, AI 등 기술 발달 및 디지털 전환 가속화	• 인터넷은행 활성화 • 비금융부문 경쟁 심화 • 비용 합리화에 따른 고객 신뢰 저하

ⓞ 국내시장 점유율을 내세워 인터넷은행에 대항할 수 있는 마케팅을 선보인다.
ⓛ MZ세대 특성을 고려해서 디지털 기술을 바탕으로 한 특화 점포를 확대 운영한다.
ⓒ 비은행플랫폼 영입으로 비금융권과 다양한 협력을 추진한다.
ⓔ ATM기기 수량을 늘려 고객 편의 및 신뢰를 구축한다.

① ⓞ

② ⓛ

③ ⓞ, ⓔ

④ ⓛ, ⓒ

⑤ ⓞ, ⓒ, ⓔ

ⓛ 빅테크, AI 등 기술 발달과 디지털 전환 가속화를 기회로 미래형 점포를 추구하는 이른바 피지털(Phygital) 전략을 통해 특화 점포 확대 운영 등 MZ 세대들의 접근을 늘리는 방안은 WO 전략으로 적절하다.
ⓒ 금융권의 생활 밀착 플랫폼 시장 진출이라는 기회를 이용하여 甲 기업이 가지고 있는 금융부문에만 집중된 서비스를 비금융 부문으로 분산시킬 수 있다.

답 ④

1 다음 글과 〈조건〉을 근거로 판단할 때, 중국으로 출장 가는 사람으로 짝지어진 것은?

C회사에서는 업무상 외국 출장이 잦은 편이다. 인사부 A 씨는 매달 출장 갈 직원들을 정하는 업무를 맡고 있다. 이번 달에는 총 4개국으로 출장을 가야 하며 인원은 다음과 같다.

미국	영국	중국	일본
1명	4명	3명	4명

출장을 갈 직원은 이 과장, 김 과장, 신 과장, 류 과장, 임 과장, 장 과장, 최 과장이 있으며, 개인별 출장 가능한 국가는 다음과 같다.

국가＼직원	이 과장	김 과장	신 과장	류 과장	임 과장	장 과장	최 과장
미국	○	×	○	×	×	×	×
영국	○	×	○	○	○	×	×
중국	×	○	○	○	○	×	○
일본	×	×	○	×	○	○	○

※ 1) ○ : 출장 가능, × : 출장 불가능
　 2) 어떤 출장도 일정이 겹치진 않는다.

───────── 조건 ─────────
가. 한 사람이 두 국가까지만 출장 갈 수 있다.
나. 모든 사람은 한 국가 이상 출장을 가야 한다.

① 신 과장, 류 과장, 임 과장
② 김 과장, 신 과장, 류 과장
③ 김 과장, 류 과장, 최 과장
④ 김 과장, 임 과장, 최 과장
⑤ 이 과장, 류 과장, 최 과장

2 甲, 乙, 丙, 丁, 戊 5명은 같은 부서에서 근무하고 있다. 이들 중 몇 명은 이번 금요일에 예정된 부서 회식에 참석해야 한다. 아래 조건에 따라 회식에 참석할 사원을 선정하기로 하고, 회식 참석 인원이 3명이라면, 다음 중 추가되어야 할 조건이 아닌 것은?

─── 조건 ───
1. 甲이 회식에 가면 乙은 가지 않는다.
2. 戊가 회식에 가면 丙은 가지 않는다.
3. 丁이 회식에 가면 甲이나 戊는 회식에 가야 한다.
4. 丙이나 乙이 회식에 가면 丁도 회식에 가야 한다.
5. 甲이 회식에 가면 丙도 함께 회식에 가야 한다.

① 丙은 회식에 가지 않는다.
② 丁은 회식에 가지 않는다.
③ 甲은 회식에 가지 않는다.
④ 戊는 회식에 가지 않는다.
⑤ 다른 조건은 더 필요하지 않다.

3 甲, 乙, 丙, 丁은 영업, 사무, 전산, 관리분야의 일을 각각 담당하기로 하였다. 甲은 영업과 사무분야 업무를 기피하고, 乙은 관리업무를 기피하며, 丙과 丁은 각각 영업분야와 전산분야를 선호한다. 인사부에서 각자의 선호에 따라 업무를 분배할 때 옳게 연결된 것은?

① 甲 – 관리   ② 乙 – 영업
③ 丙 – 전산   ④ 丁 – 사무
⑤ 丁 – 영업

┃4~5┃ 2층짜리 주택에 부모와 미혼인 자식으로 이루어진 두 가구, ㉠ ~ ㉑ 총 7명이 살고 있다. 아래의 조건을 보고 물음에 답하시오.

- 1층에는 4명이 산다.
- 혈액형이 O형인 사람은 3명, A형인 사람은 1명, B형인 사람은 1명이다.
- ㉠은 기혼남이며, 혈액형은 A형이다.
- ㉡과 ㉑은 부부이며, 둘 다 O형이다.
- ㉢은 미혼 남성이다.
- ㉣은 1층에 산다.
- ㉤의 혈액형은 B형이다.
- ㉥의 혈액형은 O형이 아니다.

---

4 ㉢의 혈액형으로 옳은 것은?

① A형   ② B형
③ AB형   ④ O형
⑤ 알 수 없다.

5 다음의 조건을 보고 1층에 사는 사람으로 옳은 것은?

① ㉠, ㉢, ㉣, ㉥   ② ㉠, ㉣, ㉤, ㉥
③ ㉡, ㉣, ㉤, ㉥   ④ ㉡, ㉤, ㉥, ㉑
④ 알 수 없다.

6 다음은 甲이 작성한 A, B, C, D 네가지 핸드폰의 제품별 사양과 사양별 점수표이다. 다음 표를 본 乙이 〈보기〉와 같은 상황에서 선택하기에 가장 적절한 제품과 가장 적절하지 않은 제품은 각각 어느 것인가?

〈제품별 사양〉

구분	A	B	C	D
크기	153.2 × 76.1 × 7.6	154.4 × 76 × 7.8	154.4 × 75.8 × 6.9	139.2 × 68.5 × 8.9
무게	171g	181g	165g	150g
RAM	4GB	3GB	4GB	3GB
저장 공간	64GB	64GB	32GB	32GB
카메라	16Mp	16Mp	8Mp	16Mp
배터리	3,000mAh	3,000mAh	3,000mAh	3,000mAh
가격	653,000원	616,000원	599,000원	549,000원

〈사양별 점수표〉

무게	160g 이하	20점	RAM	3GB	15점
	161 ~ 180g	18점		4GB	20점
	181 ~ 200g	16점	저장 공간	32GB	18점
	200g 초과	14점		64GB	20점
가격	550,000원 미만	20점	카메라	8Mp	8점
	550,000 ~ 600,000원 미만	18점		16Mp	20점
	600,000 ~ 650,000원 미만	16점			
	650,000원 이상	14점			

—— 보기 ——

"이번에 핸드폰을 바꾸려 하는데, 내가 가장 중요하게 생각하는 조건은 저장 공간이야. 그 다음으로는 무게가 가벼웠으면 좋겠고, 카메라 기능이 좋은 걸 원하지. 다른 기능은 전혀 고려하지 않지만, 저장 공간, 무게, 카메라 기능에 각각 가중치를 30%, 20%, 10% 추가 부여하는 정도라고 볼 수 있어."

① A제품과 D제품
② B제품과 C제품
③ A제품과 C제품
④ B제품과 D제품
⑤ A제품과 B제품

7 다음은 甲, 乙, 丙, 丁의 OX 시험 답안지이다. 총점 25점 만점 중 점수가 다음과 같을 때 乙의 총점은? (단, 각 문항당 5점이며, 乙은 甲보다 낮거나 같은 점수다.)

구분	1번	2번	3번	4번	5번	총점(25점)
甲	O	X	X	X	O	10점
乙	X	O	X	O	O	?
丙	O	X	O	O	O	20점
丁	X	X	O	O	O	15점

① 0점
② 5점
③ 10점
④ 15점
⑤ 알 수 없음

8 甲사가 인사 채용 건으로 업체 간 협력 가능성 등을 고려하여 외주 업체를 선정하려고 한다. 다음과 같은 조건일 때에 선정이 확실한 업체는 모두 몇 개인가?

> 조건
>
> 1. 업체는 모두 8곳이다.
> 2. A업체를 선정하면 C업체는 선정하지 않는다.
> 3. A업체는 선정하며 B업체는 선정하지 않는다.
> 4. B업체가 선정되지 않으면 E업체가 선정된다.
> 5. E업체가 선정되면 G업체는 선정되지 않는다.
> 6. D업체가 선정되지 않으면 H업체도 선정되지 않는다.
> 7. G업체가 선정되지 않으면 A업체가 선정된다.

① 1개
② 2개
③ 3개
④ 4개
⑤ 5개

9 다음은 N기업의 채용 시험에 응시한 최종 6명의 평가 결과를 나타낸 자료이다. 다음 중 응시자 A와 D의 면접 점수가 동일한 경우, 최종 채용자 2명 중 어느 한 명이라도 변경될 수 있는 조건은?

〈평가 결과표〉

분야 응시자	어학	컴퓨터	실무	NCS	면접	평균
A	( )	14	13	15	( )	( )
B	12	14	( )	10	14	12.0
C	10	12	9	( )	18	11.8
D	14	14	( )	17	( )	( )
E	( )	20	19	17	19	18.6
F	10	( )	16	( )	16	( )
계	80	( )	( )	84	( )	( )
평균	( )	14.5	14.5	( )	( )	( )

※ 1) 평균 점수가 높은 두 명을 최종 채용자로 결정함
   2) 한 분야당 20점이 최고 점수임

① E의 '컴퓨터' 점수가 5점 낮아질 경우
② A의 '실무' 점수가 최고점, D의 '실무' 점수가 13점일 경우
③ F의 '어학' 점수가 최고점일 경우
④ B의 '실무'와 'NCS' 점수가 모두 최고점일 경우
⑤ C의 '실무' 점수가 최고점일 경우

▌10 ~ 11 ▌ 甲 사원은 승진을 앞두고 어학 자격증을 취득하기 위해 중국어 학원을 다니려고 한다. 다음 강의 시간표를 읽고 이어지는 물음에 답하시오.

〈상황〉

甲은 3 ~ 4월 시간표를 참고해서 오는 5 ~ 6월 수업 시간표를 작성하려 한다. 중국어 학원은 입문-초급-중급-고급의 4단계로 이루어져 있으며 5 ~ 6월 시간표는 3 ~ 4월 강좌보다 한 단계 높은 수준을 개설할 계획이다. 예를 들어 3 ~ 4월에 입문반이 있었으면 초급반으로, 초급반이 있었으면 이번에는 중급반으로 개설하는 것이다. 단, 고급반의 경우 다시 입문반으로 개설한다. 그리고 종합반은 2개 차시로 묶어서 개설해야 한다. 시간대는 종합반은 3 ~ 4월 시간표 그대로 하고, 직장인 대상 비즈니스반은 밤 8시 이후여야 하며, 모든 강좌는 꼭 주 2회 이상 있어야 한다.

〈5 ~ 6월 강좌 예상 일정〉

강좌명	개설 가능 요일	비고
종합반	매일	학생 대상
성조반	수, 금	
회화반A	매일	
회화반B	화, 목, 금	
독해반	매일	
문법반	월, 화, 목	
청취반	화, 목	
비즈니스반	월, 목	직장인 대상
한자반	월, 수, 금	학생 대상

〈3 ~ 4월 시간표〉

	월	화	수	목	금
16 : 00 ~ 16 : 50	종합반 (초급)	회화반A	종합반 (초급)	회화반A	종합반 (초급)
		고급		고급	
17 : 00 ~ 17 : 50		한자반		한자반	
		초급		초급	
19 : 00 ~ 19 : 50	회화반B	성조반	회화반B	성조반	회화반B
	초급	중급	초급	중급	초급
20 : 00 ~ 20 : 50	문법반	독해반	문법반	독해반	문법반
	중급	고급	중급	고급	중급
21 : 00 ~ 21 : 50	청취반	비즈니스반	청취반	비즈니스반	청취반
	입문	입문	입문	입문	입문

10 다음은 甲이 5 ~ 6월 시간표를 작성하기 전에 강좌 예상 일정을 참고하여 각 강좌별 개설이 가능한 요일을 표로 정리한 것이다. 다음 중 요일의 분배가 적절하지 않은 것은?

	월	화	수	목	금
성조반	×	×	○	×	○
회화반B	×	○	×	○	○
문법반	×	○	×	○	×
한자반	○	×	○	×	○
회화반A	○	○	○	○	○

① 성조반
② 회화반B
③ 문법반
④ 한자반
⑤ 회화반A

11 다음은 甲이 작성한 5 ~ 6월 시간표이다. 시간표를 보고 수정사항을 바르게 지적한 것은?

	월	화	수	목	금
16 : 00 ~ 16 : 50	종합반(중급)	회화반B	종합반(중급)	회화반B	종합반(중급)
		중급		중급	
17 : 00 ~ 17 : 50		독해반		독해반	
		입문		입문	
19 : 00 ~ 19 : 50	한자반	청취반	한자반	청취반	한자반
	중급	초급	중급	초급	중급
20 : 00 ~ 20 : 50	비즈니스반	회화반A	회화반A	비즈니스반	회화반A
	초급	입문	입문	초급	입문
21 : 00 ~ 21 : 50	문법반	문법반	성조반	문법반	성조반
	초급	초급	고급	초급	고급

① 회화반B의 요일이 변경되어야 한다.
② 독해반은 중급반으로 수정되어야 한다.
③ 한자반의 요일과 단계가 모두 수정되어야 한다.
④ 비즈니스반과 회화반A의 요일이 서로 뒤바뀌었다.
⑤ 밤 9시에 열리는 문법반은 고급반으로 수정되어야 한다.

12 다음 점수표를 통해 확인할 수 있는 결과로 옳은 것은?

甲, 乙, 丙이 농구 자유투 대결을 총 5회까지 진행하여 우승자를 선정한다. 자유투로 골에 넣는 것을 성공하면 1점이 부여된다. 다음은 세 사람의 점수를 회차별로 기록하였는데 종이에 물이 엎어지면서 4회와 5회의 결과가 지워졌다. 4회와 5회 중 한 회차에서 세 사람의 점수가 모두 같았고, 다른 한 라운드에서 1점을 받은 사람이 한명 있었다.

〈점수표〉

구분	1회	2회	3회	4회	5회	합계
甲	2	4	3			16
乙	5	4	2			17
丙	5	2	6			18

① 3회까지 점수를 보면 甲이 1위이다.
② 丙은 매회 다른 점수를 기록하고 있다.
③ 4회와 5회 중에서 자유투로 1점을 받은 사람이 누군지 알 수 없다.
④ 4회와 5회의 점수만 본다면 乙이 최하위이다.
⑤ 회차별 합산점수가 가장 낮은 회차는 2회차이다.

13 평가대상기관 중 최종 순위 1위와 2위를 선별하여 다음 사업계획에 반영하려고 한다. 최종 순위가 1위인 기관과 2위인 기관을 순서대로 나열한 것은?

〈공공시설물 내진보강대책 추진실적 평가기준〉

가. 평가요소 및 점수부여

• 내진성능 평가지수 = $\dfrac{\text{내진성능 평가실적건수}}{\text{내진보강 대상건수}} \times 100$

• 내진보강 공사지수 = $\dfrac{\text{내진보강 공사실적건수}}{\text{내진보강 대상건수}} \times 100$

• 산출된 지수 값에 따른 점수는 아래 표와 같이 부여한다.

구분	지수 값 최상위 1개 기관	지수 값 중위 2개 기관	지수 값 최하위 1개 기관
내진성능 평가점수	5점	3점	1점
내진보강 공사점수	5점	3점	1점

나. 최종 순위 결정

• 내진성능 평가점수와 내진보강 공사점수의 합이 큰 기관에 높은 순위를 부여한다.
• 합산점수가 동점인 경우에는 내진보강 대상건수가 많은 기관을 높은 순위로 한다.

〈평가대상기관의 실적〉

(단위 : 건)

구분	A	B	C	D
내진성능 평가실적	82	72	72	83
내진보강 공사실적	91	76	81	96
내진보강 대상	100	80	90	100

① A, C

② B, A

③ B, D

④ D, B

⑤ D, C

14 다음은 甲 기업의 휴가 규정이다. 다음 중 휴가 규정에 대한 올바른 설명이 아닌 것은?

〈휴가 규정〉

휴가종류	휴가사유	휴가일수
연가	정신적, 육체적 휴식 및 사생활 편의	재직기간에 따라 12 ~ 21일
병가	질병 또는 부상으로 직무를 수행할 수 없거나 전염병으로 다른 직원의 건강에 영향을 미칠 우려가 있을 경우	• 일반병가 : 60일 이내 • 공적병가 : 180일 이내
공가	징병검사, 동원훈련, 투표, 건강검진, 헌혈, 천재지변, 단체교섭 등	공가 목적에 직접 필요한 시간
경조사 휴가	결혼, 배우자 출산, 입양, 사망 등 경조사	대상에 따라 1 ~ 20일
출산휴가	임신 또는 출산 직원	출산 전후 총 90일 (한 번에 두 자녀 출산 시 120일)
모성보호시간	임신 중인 직원의 휴식과 병원 진료를 위한 시간	1일 1 ~ 2시간
육아시간	5세 이하 자녀가 있는 직원	24개월 범위에서 1일 최대 2시간
유산·사산 휴가	유산 또는 사산한 경우	임신기간에 따라 5 ~ 90일
	배우자가 유산 또는 사산한 경우	3일
불임치료 휴가	불임치료 시술을 받는 직원	여성 : 2일 / 남성 : 1일
재해 구호 휴가	풍수해, 화재 등 재해피해 직원 및 재해지역 자원봉사 직원	5일 이내
성과우수자 휴가	직무수행에 탁월한 성과를 거둔 직원	5일 이내
장기재직 특별휴가	10 ~ 19년, 20 ~ 29년, 30년 이상 재직자	10 ~ 20일
자녀 군 입영 휴가	군 입영 자녀를 둔 직원	입영 당일 1일
가족돌봄휴가	질병, 사고, 노령 등의 사유로 조부모, 외조부모, 부모(배우자 부모 포함), 배우자, 자녀, 손자녀를 돌봐야 하는 경우	10일 이내

※ 휴가일수의 계산
  • 연가, 병가, 공가 및 특별휴가 등의 휴가일수는 휴가 종류별로 따로 계산
  • 반일연가 등의 계산
  – 반일연가는 14시를 기준으로 오전, 오후로 사용, 1회 사용을 4시간으로 계산
  – 반일연가 2회는 연가 1일로 계산
  – 지각, 조퇴, 외출 및 반일연가는 별도 구분 없이 계산, 누계 8시간을 연가 1일로 계산하고, 8시간 미만의 잔여시간은 연가일수 미산입

① 5세 이하 아동을 돌보기 위해 남성은 1일 최대 2시간 육아시간을 사용할 수 있다.

② 질병이 있는 외조모를 돌보기 위해 10일 이내의 휴가를 사용할 수 있다.

③ 헌혈을 하는 경우 공가를 통해 2일 이내의 휴가를 받을 수 있다.

④ 자녀가 군에 입대를 하는 경우 입영날 하루 휴가를 받을 수 있다.

⑤ 사생활 편의를 위해 사용하는 휴가는 재직기간에 따라 휴가일수가 다르다.

15 다음 표는 다음 표는 A, B, C, D 4명의 성별, 연차, 취미, 좋아하는 업무를 조사하여 나타낸 표이다. 이를 근거로 아래 〈조건〉에 맞도록 TF팀을 구성하려고 한다. 다음 중 함께 TF팀이 구성될 수 있는 경우는 어느 것인가?

이름	성별	연차	취미	좋아하는 업무
A	남자	10년차	수영	회계
B	남자	2년차	기타(Guitar)	수출
C	여자	7년차	농구	외환
D	여자	3년차	피아노	물류

조건

㉠ 취미가 운동인 직원은 반드시 수출을 좋아하는 직원과 TF팀을 구성한다.

㉡ 짝수 연차 직원은 홀수 인원으로 TF팀을 구성할 수 없다.

㉢ 남직원만으로는 TF팀을 구성할 수 없다.

① A, B

② A, D

③ B, C

④ A, B, C

⑤ A, C, D

16 ○○ 은행은 면접자 A, B, C, D, E 중 한 명을 채용하려고 한다. 다음 채용 기준에 근거했을 때 채용되는 사람은?

〈채용 기준〉
• 면접심사에서 가장 높은 점수를 받은 한 명을 최종적으로 채용한다.
• 면접자별 평가항목의 점수와 가중치를 곱한 값을 합한 총점이 80점 이하인 경우 불합격 처리를 한다.
※ 1) 면접자별 점수는 100점 만 점이다.
   2) 총점이 동점일 경우 윤리·책임 항목의 점수가 더 높은 면접자를 우선으로 채용한다.

면접심사 점수

평가 항목	가중치	면접자별 점수				
		A	B	C	D	E
소통 · 공감	30%	40	80	70	90	80
헌신 · 열정	20%	60	70	60	70	80
창의 · 혁신	20%	90	50	70	80	70
윤리 · 책임	30%	80	90	90	100	90

① A
② B
③ C
④ D
⑤ E

┃17~18┃ 甲은 국내 다섯 개 댐에 대해 조류 예보를 관리하는 업무를 담당하고 있다. 다음 내용을 바탕으로 물음에 답하시오.

〈조류 예보 단계 및 발령기준〉

조류 예보 단계		발령기준(CHI-a)
파란색	평상	15mg/ 미만
노란색	주의	15mg/ 이상
주황색	경보	25mg/ 이상
빨간색	대발생	100mg/ 이상

17 다음은 甲이 지난 7개월 동안 시간 흐름에 따른 조류량 변화 추이를 댐 별로 정리한 자료이다. 이에 대한 분석으로 틀린 것은?

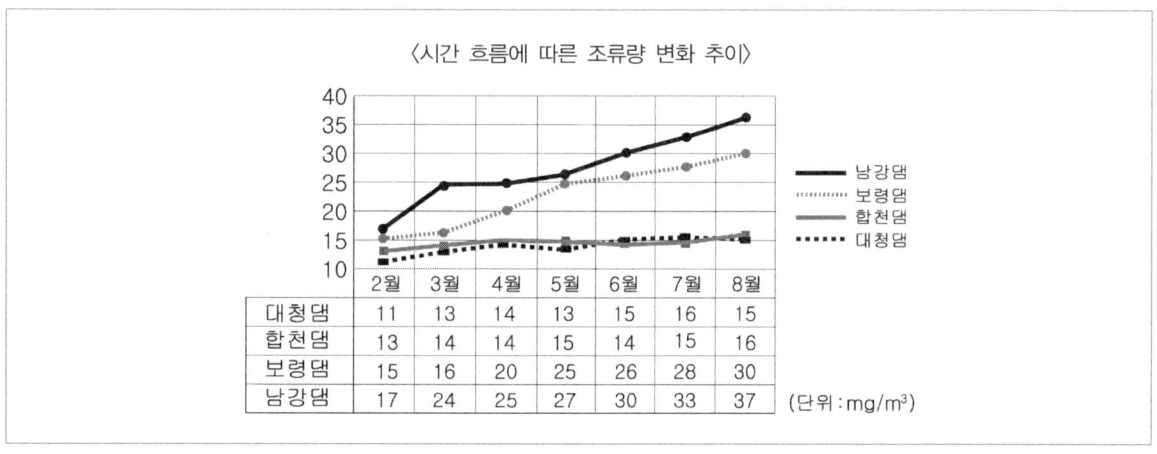

	2월	3월	4월	5월	6월	7월	8월
대청댐	11	13	14	13	15	16	15
합천댐	13	14	14	15	14	15	16
보령댐	15	16	20	25	26	28	30
남강댐	17	24	25	27	30	33	37

(단위 : mg/m³)

① 대청댐의 조류량이 2월부터 5월까지는 "평상" 단계였지만, 6월부터 "주의" 단계로 격상했구나.
② 합천댐은 대청댐과 마찬가지로 총 세 번의 "주의" 단계가 발령되었구나.
③ 보령댐은 2월부터 시간이 지날수록 조류량이 많아져서 줄곧 "주의" 단계였네.
④ 남강댐은 제시된 댐들 중에 매월 조류량이 가장 많고, 4월부터 "경보" 단계였구나.
⑤ 3월에 보령댐과 남강댐은 같은 단계가 발령되었구나.

18 甲이 다음과 같은 소식을 댐 관리자로부터 전달 받았을 때, 각 댐에 내려야 하는 예보가 적절하게 묶인 것은?

> 발신인 : 乙
> 수신인 : 甲
> 제 목 : 장마에 따른 조류량 변화
> 장마로 인하여 상류로부터의 오염물질 다량유입, 수온 상승과 일조량 증가로 조류가 성장하기에 적합한 환경이 조성됨에 따라, 우점 조류인 아나베나(Anabaena)가 급증하고 있는 것으로 보입니다. 현재 조류량이 급격히 늘어나고 있는데, 현재 시각인 14시를 기준으로 대청댐은 27mg/, 보령댐은 26mg/, 합천댐은 22mg/, 남강댐과 주암댐은 각각 12mg/로 파악되고 있습니다. 긴급히 예보에 반영 부탁드립니다.

① 대청댐 – 대발생   ② 보령댐 – 경보
③ 합천댐 – 경보   ④ 남강댐 – 주의
⑤ 주암댐 – 경보

19 A은행에서 영업부, 금융부, 홍보부, 리스크관리부, 경영기획부, 신탁부에 대한 직무조사 순서를 정할 때 다음과 같은 조건을 충족시켜야 한다면 순서로 가능한 것은?

> 가. 금융부에 대한 조사는 리스크 관리부 또는 경영기획부 중 어느 한 부서에 대한 조사보다 먼저 시작되어야 한다.
> 나. 신탁부에 대한 조사는 홍보부나 리스크 관리부에 대한 조사보다 늦게 시작될 수는 있으나, 경영기획부에 대한 조사보다 나중에 시작될 수 없다.
> 다. 영업부에 대한 조사는 아무리 늦어도 홍보부 또는 리스크 관리부 중 적어도 어느 한 부서에 대한 조사보다는 먼저 시작되어야 한다.

① 홍보부 – 금융부 – 신탁부 – 경영기획부 – 리스크 관리부 – 영업부
② 경영기획부 – 홍보부 – 금융부 – 영업부 – 신탁부 – 리스크 관리부
③ 리스크 관리부 – 영업부 – 금융부 – 경영기획부 – 신탁부 – 홍보부
④ 금융부 – 홍보부 – 영업부 – 신탁부 – 경영기획부 – 리스크관리부
⑤ 금융부 – 경영기획부 – 신탁부 – 영업부 – 리스크 관리부 – 홍보부

20 다음은 무농약 농산물과 저농약 농산물 인증기준에 대한 자료이다. 자신이 신청한 인증을 받을 수 있는 사람을 모두 고르면?

〈재배방법〉

가. 무농약 농산물의 경우 농약을 사용하지 않고, 화학비료는 권장량의 2분의 1 이하로 사용하여 재배한다.

나. 저농약 농산물의 경우 화학비료는 권장량의 2분의 1 이하로 사용하고, 농약은 살포시기를 지켜 살포 최대횟수의 2분의 1 이하로 사용하여 재배한다.

〈농산물별 관련 기준〉

종류	재배기간 내 화학비료 권장량(kg/ha)	재배기간 내 농약 살포 최대횟수	농약 살포시기
사과	100	4	수확 30일 전까지
감	120	4	수확 14일 전까지
복숭아	50	5	수확 14일 전까지

甲 : 5km²의 면적에서 재배기간 동안 농약을 전혀 사용하지 않고 20t의 화학비료를 사용하여 사과를 재배하였으며, 이 사과를 수확하여 무농약 농산물 인증신청을 하였다.

乙 : 3ha의 면적에서 재배기간 동안 농약을 1회 살포하고 50kg의 화학비료를 사용하여 복숭아를 재배하였다. 하지만 수확시기가 다가오면서 병충해 피해가 나타나자 농약을 추가로 1회 살포하였고, 열흘 뒤 수확하여 저농약 농산물 인증신청을 하였다.

丙 : 가로와 세로가 각각 100m, 500m인 과수원에서 감을 재배하였다. 재배기간 동안 총 2회(올해 4월 말과 8월 초) 화학비료 100kg씩을 뿌리면서 병충해 방지를 위해 농약도 함께 살포하였다. 추석을 맞아 9월 말에 감을 수확하여 저농약 농산물 인증신청을 하였다.

※ 1ha = 10,000m², 1t = 1,000kg

① 甲
② 甲, 丙
③ 甲, 乙
④ 乙, 丙
⑤ 甲, 乙, 丙

Answer. 18.② 19.④ 20.②

21 N기업에서는 신입사원 두 명을 채용하기 위하여 서류와 필기 전형을 통과한 갑, 을, 병, 정 네 명의 최종 면접을 실시하려고 한다. 아래 표와 같이 네 개 부서의 팀장이 각각 네 명을 모두 면접에 참석하여 최종 선정 우선순위를 결정하였다. 면접 결과에 대한 〈보기〉와 같은 설명 중 적절한 것을 모두 고르면?

구분	김 팀장	이 팀장	박 팀장	정 팀장
최종 선정자 (1/2/3/4순위)	을/정/갑/병	갑/을/정/병	을/병/정/갑	병/정/갑/을

※ 1) 우선순위가 높은 사람 순으로 2명을 채용하며, 동점자는 김 팀장, 이 팀장, 박 팀장, 정 팀장 순으로 부여한 고순위자로 결정함
   2) 팀장별 순위에 대한 가중치는 모두 동일하다.

───────────────── 보기 ─────────────────

ⓐ '을' 또는 '정' 중 한 명이 입사를 포기하면 '갑'이 채용된다.
ⓑ 김 팀장이 '을'과 '정'의 순위를 바꿨다면 '갑'이 채용된다.
ⓒ 이 팀장이 '갑'과 '병'의 순위를 바꿨다면 '정'은 채용되지 못한다.

① ⓐ   ② ⓐ, ⓑ
③ ⓐ, ⓒ   ④ ⓑ, ⓒ
⑤ ⓐ, ⓑ, ⓒ

22 甲은 인공지능 컴퓨터 A와 대결을 위해 전략을 짜려고 한다. 다음과 같은 조건일 때 甲이 세울 수 있는 전략에 대한 설명으로 옳은 것은?

조건

가. A와 매번 대결할 때마다, 甲은 A, B, C 전략 중 하나를 선택할 수 있다.

나. A는 대결을 거듭할수록 학습을 통해 각각의 전략에 대응하므로, 동일한 전략을 사용할수록 甲이 승리할 확률은 하락한다.

다. 각각의 전략을 사용한 횟수에 따라 각 대결에서 甲이 승리할 확률은 아래와 같고, 甲도 그 사실을 알고 있다.

〈전략별 사용횟수에 따른 甲의 승률〉

(단위 : %)

전략종류 \ 전략별 사용횟수	1회	2회	3회	4회
A 전략	60	50	40	0
B 전략	70	30	20	0
C 전략	90	40	10	0

① 총 3번의 대결을 하면서 승리할 확률이 가장 높은 전략부터 사용할 시에 세 가지 전략 중 한 가지 전략은 사용되지 않는다.

② 甲이 오직 하나의 전략만을 사용하여 3번의 대결에서 승리할 확률을 높인다면 C전략을 사용해야 한다.

③ 4번의 대결을 하면서 승리할 확률이 높은 전략부터 사용하면 4번째 대결에서 B전략을 사용해야 한다.

④ 甲이 하나의 전략만으로 2번의 대결에서 모두 패배할 확률을 낮추려면 C전략을 사용해야 한다.

⑤ 甲이 6번의 대결을 하면서 승률이 가장 높은 전략을 세울 때 모든 전략이 2회씩 사용된다.

23 본사에서 파견된 8명의 기술자들이 출장지에서 하룻밤을 묵게 되었다. 1개 층에 4개의 객실(101~104호, 201~204호, 301~304호, 401~404호)이 있는 3층으로 된 숙소에, 1인당 객실 1개씩을 잡고 투숙하였고 다음과 같은 조건을 만족할 경우, 12개의 객실 중 8명이 묵고 있지 않은 객실 4개를 모두 알기 위하여 필요한 사실이 될 수 있는 것은 어느 것인가? (단, 출장자 일행 외의 다른 투숙객은 없는 것으로 가정한다.)

- 출장자들은 1, 2, 3층에 각각 객실 2개, 3개, 3개에 투숙하였다.
- 출장자들은 1, 2, 3, 4호 라인에 각각 2개, 2개, 1개, 3개 객실에 투숙하였다.

① 302호에 출장자가 투숙하고 있다.
② 203호에 출장자가 투숙하고 있지 않다.
③ 102호에 출장자가 투숙하고 있다.
④ 202호에 출장자가 투숙하고 있지 않다.
⑤ 103호에 출장자가 투숙하고 있다.

24 휴대폰 제조사 A기업은 B국가에 고객서비스를 제공하기 위해 서비스센터를 한개 설립을 추진하려고 한다. 다음 자료를 근거로 A기업이 서비스센터를 설립하는 방식과 위치로 옳은 것은?

〈A기업의 서비스센터 설립방식〉

1. 설립방식에는 (가) 방식과 (나) 방식이 있다.
2. A기업은 {(고객만족도 효과의 현재가치) − (비용의 현재가치)}의 값이 큰 방식을 선택한다.
3. 비용에는 규제비용과 로열티비용이 있다.

구분		(가) 방식	(나) 방식
고객만족도 효과의 현재가치		5억 원	4.5억 원
비용의 현재가치	규제비용	3억 원 (설립 당해 년도만 발생)	없음
	로열티 비용	없음	• 3년간 로열티비용을 지불함 • 로열티비용의 현재가치 환산액 : 설립 당해 년도는 2억 원, 그 다음 해부터는 직전년도 로열티비용의 1/2씩 감액한 금액

※ 고객만족도 효과의 현재가치는 설립 당해년도를 기준으로 산정된 결과이다.

〈A기업의 서비스센터 위치 선정기준〉

1. 설립위치로 B국가의 도시 甲, 乙, 丙 3곳을 검토 중이며, 각 위치의 특성은 다음과 같다.

도시	유동인구(만 명)	20 ~ 30대 비율(%)	교통혼잡성
甲	80	75	3
乙	100	50	1
丙	75	60	2

2. A기업은 {(유동인구) × (20 ~ 30대 비율) / (교통혼잡성)} 값이 큰 곳을 선정한다.
3. A기업은 제품의 특성을 고려하여 20 ~ 30대 비율이 50% 이하인 지역은 선정대상에서 제외한다.

	설립방식	설립위치			설립방식	설립위치
①	(가)	甲		②	(가)	丙
③	(나)	甲		④	(나)	乙
⑤	(나)	丙				

25 甲 씨는 애오개역에서 9시 30분에 출발하여 먼저 f 본사에 들러 서류를 받은 후 e 연구소에 전달하고 나서 오늘 방문할 업체의 일정을 마무리해야 한다. 모든 일정을 마무리하는 데 걸리는 소요시간을 고려할 때 가장 효율적으로 이동할 수 있는 순서는?

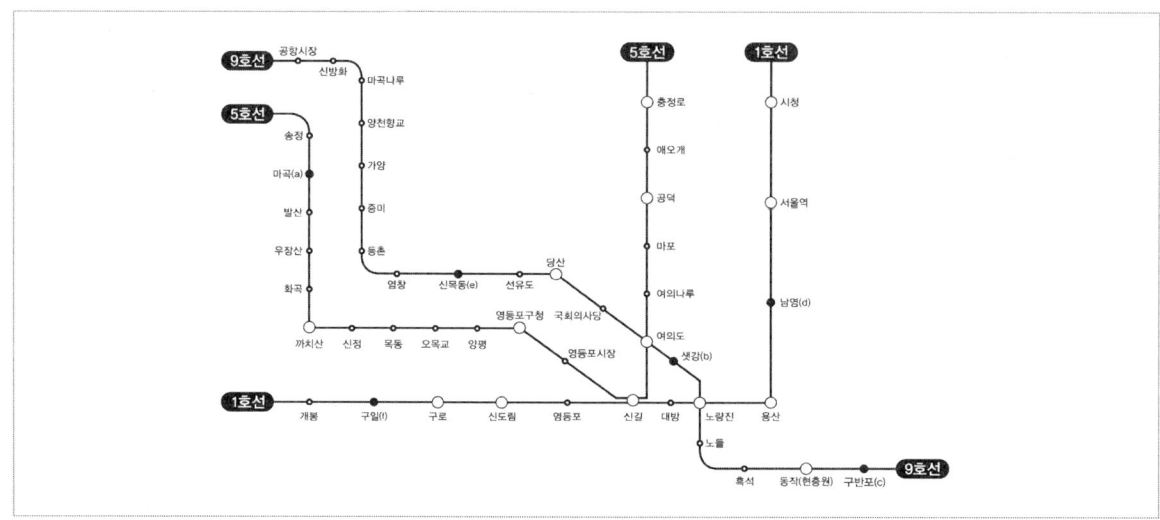

사내교육을 마치고 배치를 받은 신입사원인 甲 씨가 외근을 하며 들러야 할 지점은 다음과 같다. 금일 내로 아래 목록의 업체에 모두 방문해야 하는데 교통수단으로는 지하철을 타고 이동하고, 지하철로 한 정거장을 이동할 때는 3분이 소요된다. 환승할 경우 환승하는 시간은 10분이다. 또한 한 정거장을 이동할 때마다 요금은 1,000원이 소요되고 환승할 경우 추가 요금은 없다.

〈방문할 업체〉
a. 인쇄소 주소 : 서울 강서구 마곡동 327-48, 연락처 : 1588-xxxx
b. 마트 주소 : 서울 영등포구 여의도동, 연락처 : 02-800-xxxx
c. 출판사 주소 : 서울 서초구 반포동 1048, 연락처 : 02-456-xxxx
d. 증권사 주소 : 서울 용산구 남영동 3-4, 연락처 : 02-999-xxxx
e. 연구소 주소 : 서울 양천구 목동중앙로 204, 연락처 : 02-2634-xxxx
f. 본사 주소 : 서울 구로구 구일로 68, 연락처 : 02-8696-xxxx

① f-e-b-a-d-c
② f-e-d-b-c-a
③ f-e-b-c-d-a
④ f-e-a-c-d-b
⑤ f-e-c-b-d-a

다음 글과 평가 내역을 근거로 한 〈보기〉의 내용 중 적절한 것을 모두 고른 것은?

甲시에는 A, B, C, D 네 개의 사회인 야구팀이 있으며 시에서는 야구 활성화를 위해 네 개 야구팀에게 각종 지원을 하고 있다. 매년 네 개 야구팀에 대한 평가를 실시하여 종합 순위를 산정한 후, 1 ~ 2위 팀에게는 시에서 건설한 2개의 시립 야구장을 매주 일요일 이용할 수 있도록 허가해 주고 있으며, 3위 팀까지는 다음 해의 전국 대회 출전 자격이 부여된다. 4위를 한 팀은 장비 구입 지원 금액이 30% 삭감되며, 순위가 오르면 다음 해의 지원 금액이 다시 원상 복귀된다. 평가 방법은 다음 표와 같이 네 개 항목을 기준으로 점수를 부여하고 항목별 가중치를 곱한 값을 부여된 점수에 합산하여 총점을 산출한다.

〈올해의 팀별 평가 내역〉

평가 항목(가중치)	A팀	B팀	C팀	D팀
팀 성적(0.3)	65	80	75	85
연간 경기 횟수(0.2)	90	95	85	90
사회공헌활동(0.3)	95	75	85	80
지역 인지도(0.2)	95	85	95	85

─── 보기 ───

㉠ 내년에는 C팀과 D팀이 매주 일요일 시립 야구장을 사용하게 된다.
㉡ 팀 성적과 연간 경기 횟수에 대한 가중치가 바뀐다면 지원금이 삭감되는 팀도 바뀌게 된다.
㉢ 내년 甲시에서 전국 대회에 출전할 팀은 A, C, D팀이다.
㉣ 지역 인지도 점수가 네 팀 모두 동일하다면 네 개 팀의 순위가 모두 달라진다.

① ㉠, ㉡
② ㉡, ㉢
③ ㉢, ㉣
④ ㉡, ㉢, ㉣
⑤ ㉠, ㉡, ㉢, ㉣

27 甲, 乙, 丙 세 사람은 사업장 가입자, 지역가입자, 임의가입자 중 각기 다른 하나의 자격을 가지고 있다. 이들 세 명 중 한 명만이 진실을 말하고 있을 경우, 다음과 같은 진술을 통하여 항상 참인 명제가 아닌 것은?

> • 甲 : 나는 지역가입자이다.
> • 乙 : 나는 지역가입자가 아니다.
> • 丙 : 나는 임의가입자가 아니다.

① 甲은 임의가입자이다.
② 丙은 지역가입자이다.
③ 甲은 사업장 가입자가 아니다.
④ 乙은 지역가입자이다.
⑤ 丙은 임의가입자가 아니다.

28 甲, 乙, 丙, 丁, 戊는 모두 자차로 출퇴근한다. 다음에 제시된 조건이 모두 참일 때 항상 참인 것을 고르시오.

> a. 모두 일렬로 주차되어 있으며 지정주차다.
> b. 차량의 색은 빨간색, 주황색, 노란색, 초록색, 파란색이다.
> c. 7년차, 5년차, 3년차, 2년차, 1년차로 연차가 높을수록 지정번호는 낮다.
> d. 지정번호가 가장 낮은 자리에 주차한 차량의 색은 주황색이다.
> e. 노란색 차량과 빨간색 차량의 사이에는 초록색 차량이 주차되어 있다.
> f. 乙의 차량 색상은 초록색이다.
> g. 1이 아닌 맨 뒷자리에 주차한 사람은 丙이다.
> h. 2년차 차량 색상은 빨간색이다.
> i. 戊의 차량은 甲의 옆자리에 주차되어 있다.

① 甲은 7년차이다.
② 戊의 차량은 주황색 차량이다.
③ 2년차 차량의 색은 빨간색이다.
④ 乙보다 연차가 높은 사람은 한 명이다.
⑤ 丙의 주차장 번호에서 丁의 주차장 번호를 빼면 3보다 크다.

▍29~30 ▍ 甲은 국내 다섯 개 댐에 대해 조류 예보를 관리하는 업무를 담당하고 있다. 다음 내용을 바탕으로 물음에 답하시오.

제23조(레일의 취급) 레일의 취급은 다음 각 호에 의한다.
1. 레일을 궤간 내 또는 레일에 접근하여 두고 레일교환 작업을 할 때에는 유동되지 않도록 조치하여야 한다.
2. 레일을 내릴 때에는 손상되거나 변형되지 않도록 주의하여야 한다.
3. 레일은 레일톱 또는 절단기를 사용하여 반드시 직각되게 수직으로 절단하고 특별한 경우 외에는 레일에 열을 가하여서는 아니 된다.
4. 레일에 이음매볼트 구멍을 뚫을 때에는 레일제원에 맞는 정확한 위치에 천공하여야 하며, 볼트구멍 주위는 볼트구멍보다 3mm 큰 직경으로 면정리를 시행하여야 한다.
5. 레일을 쌓을 때에는 건조한 장소에 견고한 받침대를 설치하고 나란히 정리하여야 하며 첨부한 표에 따라 단면에 도색하여 레일종별, 길이 및 수량 등을 표시한 표찰을 세워야 한다.

제25조(레일의 이음방법) 레일의 이음방법은 다음 각 호에 의한다.
1. 레일의 이음은 상대식으로 부설하여야 한다. 다만, 특별한 경우에는 상호식으로 부설할 수 있다.
2. 상대식 이음으로 레일을 부설할 때에는 직선궤도에 있어서는 양측레일의 이음을 직각선중에, 곡선궤도에서는 반경의 대소에 따라서 짧은 레일을 혼용하여 양측레일의 이음을 원심선상에 있도록 하여야 한다.
3. 상호식 이음으로 레일을 부설할 때에는 좌, 우 레일의 이음 간 최단거리는 5m이상으로 하여야 한다.
4. 레일 이음부의 침목 배치는 현접법과 지접법을 사용하여야 한다. 다만, 측선의 경우 필요하다고 인정할 때는 그러하지 아니한다.
5. 레일의 이음부는 부득이한 경우를 제외하고는 교대, 교각부근, 거더 중앙 및 건널목 위치를 피하여야 한다.

제26조(레일 이음의 간격)
① 레일을 부설하거나 간격정정을 할 때에는 밀려남을 감안하여야 한다.
② 레일의 간격정정작업은 봄 또는 가을에 시행함을 원칙으로 한다. 다만, 터널 내 및 특별한 경우는 그러하지 아니하다.

제27조(레일의 마모방지)
① 본선의 곡선반경 300m 이하의 곡선 외측 레일에 레일도유기를 설치하여야 한다. 다만, 차륜도유기를 설치한 차량이 운행하는 구간에 레일도유기를 설치하지 아니할 경우와 레일도유기를 설치(이설) 또는 철거하고자 할 때에는 본부장의 승인을 받아야 한다.
② 레일도유기 설치 곡선의 레일을 교환하였을 때에는 두부 내측에 적당히 기름을 칠하여 급격히 마모되지 않도록 조치하여야 한다.
③ 곡선에 부설된 레일로서 마모가 심하게 발생되는 개소는 열처리레일을 설치하여 마모방지에 노력하여야 한다.

29 다음 중 위의 규정을 올바르게 이해한 것은 어느 것인가?

① 레일의 마모방지를 위하여 레일도유기를 설치하는 경우에는 반드시 본부장의 승인을 받아야 한다.

② 레일의 이음방법에는 현접법과 지접법이 있다.

③ 터널 내 레일의 간격정정작업은 여름과 겨울에 시행하는 것이 원칙이다.

④ 레일이 직선에 부설되었을 경우에는 어떠한 경우에도 열을 가할 수 없다.

⑤ 곡선궤도 연결에 사용되는 레일의 단면은 반경에 맞는 곡선으로 절단해야 한다.

30 위 규정의 밑줄 친 '첨부한 표'가 다음과 같을 때, 레일의 단면 표시로 올바르지 않은 것은 어느 것인가?

구 분	레일종별	단 면 도 색		선 별 기 준
		보통레일	열처리 레일	
신품	50kg, 60kg	흰 색	–	신품레일로 본선사용이 가능한 것
	60kg 초과	파란색	분홍색	
중고품	50kg, 60kg	검정색	–	일단 사용하였다가 발생한 레일로 마모 상태, 길이 등이 재사용이 가능한 것
	60kg 초과	노란색	녹 색	
불용품	50kg, 60kg	빨강색	빨강색	훼손(균열, 파상마모, 탐상지적레일), 마모한도 초과, 단면적 감소, 단척, 누적통과톤수 등으로 교환되어 재사용 불가로 판정된 것
	60kg 초과			

① 사용 불가한 60kg 레일

② 신품인 50kg 레일

③ 재사용 가능한 60kg 직선용 레일

④ 재사용 가능한 65kg 직선용 레일

⑤ 신품 70kg 열처리 레일

출제경향 예측

실제 업무에서 활용되는 컴퓨터 활용 유형의 문제가 출제된다. 최근 시험에서는 엑셀함수문제가 다수 출제되었다. 엑셀 관련한 문항은 출제될 확률이 높기 때문에 기본적인 함수, 오류, 작동방법 등을 자세하게 알아두는 것이 좋다. C언어나 Java 등의 기초 코딩 문제도 간간이 출제되지만 출제빈도가 높은 편에 해당하지는 않는다. 일반적으로 컴퓨터활용능력과 관련하여 출제율이 높은 편이다. 컴퓨터 용량과 관련한 기본 단위, 바이러스 관련 질문 등도 출제된다. 디지털 트렌드와 관련이 높은 이슈와 관련한 문제가 출제되는 편이므로 디지털상식에 대한 높은 관심도 필요하다.

유형별 출제빈도

엑셀	코딩	컴퓨터활용능력	정보처리능력	알고리즘

다음 중 [D2] 셀에서 사용하고 있는 함수식으로 옳은 것은? (금액 = 수량 × 단가)

	A	B	C	D	E
1	지역	상품코드	수량	금액	
2	甲	AA-10	15	45,000	
3	乙	BB-20	25	125,000	
4	丙	AA-10	30	90,000	
5	丁	CC-30	35	245,000	
6					
7		상품코드	단가		
8		AA-10	3,000		
9		BB-20	7,000		
10		CC-30	5,000		
11					

① =C2*VLOOKUP(B2,$B$8:$C$10, 1, 1)

② =B2*HLOOKUP(C2,$B$8:$C$10, 2, 0)

③ =C2*VLOOKUP(B2,$B$8:$C$10, 2, 0)

④ =C2*HLOOKUP($B$8:$C$10, 2, B2)

⑤ =C2*HLOOKUP($B$8:$C$10, 2, 1)

① C2*VLOOKUP(B2,$B$8:$C$10, 2, 0) 상품코드별 단가가 수직(열)형태로 되어 있으므로, 그 단가를 가져오기 위해서는 VLOOKUP함수를 이용해야 되며, 상품코드별 단가에 수량(C2)를 곱한다. $B$8:$C$10에서 단가는 2열이고 반드시 같은 상품코드 (B2)를 가져와야 되므로, 0(False)를 사용하여 VLOOKUP(B2,$B$8:$C$10, 2, 0)처럼 수식을 작성해야 한다.

답 ③

1 다음 개념들에 관한 설명으로 옳지 않은 것은?

① 비트(Bit) : Binary Digit의 약자로 데이터(정보) 표현의 최소단위
② 바이트(Byte) : 하나의 문자, 숫자, 기호의 단위로 8Bit의 모임
③ 레코드(Record) : 하나 이상의 필드가 모여 구성되는 프로그램 처리의 기본 단위
④ 파일(File) : 항목(Item)이라고도 하며, 하나의 수치 또는 일련의 문자열로 구성되는 자료처리의 최소단위
⑤ 니블(Nibble) : 4개의 비트가 모여 구성되는 단위

2 다음에서 설명하는 검색 옵션은 무엇인가?

와일드 카드 문자를 키워드로 입력한 단어에 붙여 사용하는 검색으로 어미나 어두를 확장시켜 검색한다.

① 필드 검색　　　　　　　　　　② 절단 검색
③ 구문 검색　　　　　　　　　　④ 자연어 검색
⑤ 메타 검색

3 Java에서 제공하는 연산식에 대한 설명으로 옳은 것은?

① 연산되는 데이터를 연산식이라고 한다.
② 연산자가 달라도 산출되는 값의 타입은 동일하다.
③ 연산식은 하나의 값만 산출한다.
④ 연산식의 값은 보통 결과 값에 저장한다.
⑤ 다른 연산식의 피연산자 위치에 올 수 없다.

4 다음 중 김 대리가 HTML Tag를 잘못 입력한 것은 무엇인가?

① 줄을 바꾸기 위해 〈br〉을 사용하였다.
② 글자의 크기, 모양, 색상을 설정하기 위해 〈font〉를 사용하였다.
③ 표를 만들기 위해 〈table〉을 사용하였다.
④ 이미지를 삽입하기 위해 〈form〉을 사용하였다.
⑤ 연락처 정보를 넣기 위해 〈address〉를 사용하였다.

5 다음 중 컴퓨터에서 고급 언어로 프로그래밍하는 과정으로 옳은 것은?

㉠ 목적프로그램	㉡ 원시프로그램
㉢ 번역(Compile)	㉣ 링킹(Linking)
㉤ 로딩(Loading)	㉥ 프로그램 실행

① ㉠ → ㉡ → ㉣ → ㉤ → ㉢ → ㉥
② ㉠ → ㉥ → ㉣ → ㉡ → ㉢ → ㉤
③ ㉡ → ㉢ → ㉠ → ㉣ → ㉤ → ㉥
④ ㉡ → ㉤ → ㉣ → ㉠ → ㉥ → ㉢
⑤ ㉥ → ㉢ → ㉠ → ㉤ → ㉣ → ㉡

6 다음 중 기억 용량 단위가 가장 큰 것은?

① GB → MB → TB → PB → EB → KB
② GB → TB → PB → EB → KB → MB
③ EB → KB → MB → GB → TB → PB
④ EB → PB → KB → MB → GB → TB
⑤ KB → MB → GB → TB → PB → EB

7 다음 중 Windows의 [명령 프롬프트]에서 네트워크의 현재 상태나 다른 컴퓨터의 네트워크 접속 여부를 확인하는 명령어로 옳은 것은?

① ping
② ipconfig
③ tracert
④ nbtstat
⑤ net view

Answer. 1.④ 2.② 3.③ 4.④ 5.③ 6.⑤ 7.①

8 함수식을 이용해서 평균 80점 이상이면 '우수', 60 ~ 79점이면 '보통', 60점 미만이면 '미달'로 승진 대상자들을 평가하려고 한다. [F2] 셀에 입력할 수 있는 함수식으로 옳은 것은?

	A	B	C	D	E	F	G
1	번호	이름	직위	부서	점수	평가	
2	1	김XX	사원	영업	82		
3	2	이XX	사원	영업	90		
4	3	박XX	대리	마케팅	79		
5	4	정XX	사원	회계	52		
6	5	오XX	대리	마케팅	63		
7	6	함XX	대리	마케팅	87		
8	7	지XX	사원	영업	65		
9	8	홍XX	사원	회계	74		
10	9	강XX	대리	영업	92		
11	10	주XX	사원	회계	86		
12							

① =IF(E2>=80,"우수",IF(E2>=60,"보통","미달"))

② =IF(F2>=80,"우수",IF(F2>=60,"보통","미달"))

③ =IF(OR(E2<80,F2<80)"우수","보통","미달")

④ =IF(OR(F2<80,E2<80)"우수","보통","미달")

⑤ =IFERROR(AVERAGE(E2:E11),F2>=80,"우수",IF(F2>=60,"보통","미달"))

9 다음 표에 제시된 통계함수와 함수의 기능이 서로 잘못 짝지어진 것은?

함수명	기능
㉠ AVERAGEA	텍스트로 나타낸 숫자, 논리값 등을 포함, 인수의 평균을 구함
㉡ COUNT	인수 목록에서 공백이 아닌 셀과 값의 개수를 구함
㉢ COUNTIFS	범위에서 여러 조건을 만족하는 셀의 개수를 구함
㉣ LARGE(범위, k번째)	범위에서 k번째로 큰 값을 구함
㉤ RANK	지정 범위에서 인수의 순위를 구함

① ㉠

② ㉡

③ ㉢

④ ㉣

⑤ ㉤

10 다음 중 아래 시트에서 [C6] 셀에 제시된 바와 같은 수식을 넣을 경우 나타나게 될 오류 메시지는?

	A	B	C
1	직급	이름	수당(원)
2	과장	홍길동	750,000
3	대리	조길동	600,000
4	차장	이길동	830,000
5	사원	박길동	470,000
6	합계		=SUM(C2:C6)

① #DIV/0!   ② #VALUE!
③ #NAME?   ④ #NUM!
⑤ #####

11 다음 시트의 [D10] 셀에서 =DCOUNT(A2:F7,4,A9:B10)을 입력했을 때 결과 값으로 옳은 것은?

	A	B	C	D	E	F
1		4차 산업혁명 주요 테마별 사업체당 종사자 수				
2		2016	2017	2018	2019	2020
3	자율주행	24.2	21.2	21.9	20.6	20
4	인공지능	22.6	17	19.2	18.7	18.7
5	빅데이터	21.8	17.5	18.9	17.8	18
6	드론	43.8	37.2	40.5	39.6	39.7
7	3D 프린팅	25	18.6	21.8	22.7	22.6
8						
9	2016	2020				
10	<25	>19				

① 0   ② 1
③ 2   ④ 3
⑤ 4

12 엑셀로 정리한 승진 후보 대상자들 중 "생산부 사원"의 승진시험 점수 평균을 알기 위해 사용해야 하는 함수로 옳은 것은?

① AVERAGE   ② AVERAGEA
③ AVERAGEIF   ④ AVERAGEIFS
⑤ COUNTIF

Answer. 8.① 9.② 10.② 11.② 12.④

13 다음 워크시트에서 매출액[B3:B9]을 이용하여 매출 구간별 빈도수를 [F3:F6] 영역에 계산하고자 한다. 다음 중 이를 위한 배열수식으로 옳은 것은?

	A	B	C	D	E	F
1						
2		매출액		매출구간		빈도수
3		75		0	50	1
4		93		51	100	2
5		130		101	200	3
6		32		201	300	1
7		123				
8		257				
9		169				
10						

① {=PERCENTILE(B3:B9, E3:E6)}

② {=PERCENTILE(E3:E6, B3:B9)}

③ {=FREQUENCY(B3:B9, E3:E6)}

④ {=FREQUENCY(E3:E6, B3:B9)}

⑤ {=PERCENTILE(E3:E9, B3:B9)}

14 엑셀에서 바로가기 단축키에 대한 설명이 다음과 같을 때, 괄호 안에 들어갈 내용으로 알맞은 것은?

통합 문서 내에서 (㉠) 키는 다음 워크시트로 이동하고 (㉡) 키는 이전 워크시트로 이동한다.

	㉠	㉡
①	⟨Ctrl⟩ + ⟨Page Down⟩	⟨Ctrl⟩ + ⟨Page Up⟩
②	⟨Shift⟩ + ⟨Page Down⟩	⟨Shift⟩ + ⟨Page Up⟩
③	⟨Tab⟩ + ←	⟨Tab⟩ + →
④	⟨Alt⟩ + ⟨Shift⟩ + ↑	⟨Alt⟩ + ⟨Shift⟩ + ↓
⑤	⟨Ctrl⟩ + ⟨Shift⟩ + ⟨Page Down⟩	⟨Ctrl⟩ + ⟨Shift⟩ + ⟨Page Up⟩

15 다음 중 아래 워크시트에서 참고표를 참고하여 55,000원에 해당하는 할인율을 [C6] 셀에 구하고자 할 때의 적절한 함수식은?

	A	B	C	D	E	F
1		<참고표>				
2		금액	30,000	50,000	80,000	150,000
3		할인율	3%	7%	10%	15%
4						
5		금액	55,000			
6		할인율	7%			
7						

① =LOOKUP(C5,C2:F2,C3:F3)

② =HLOOKUP(C5,B2:F3,1)

③ =VLOOKUP(C5,C2:F3,1)

④ =VLOOKUP(C5,B2:F3,2)

⑤ =HLOOKUP(C5,B2:F3,2)

16 다음 자료는 '발전량' 필드를 기준으로 발전량과 발전량이 많은 순위를 엑셀로 나타낸 표이다. 태양광의 발전량 순위를 구하기 위한 함수식으로 [C3] 셀에 들어가야 할 알맞은 것은 어느 것인가?

	A	B	C
1	<에너지원별 발전량(단위: Mwh)>		
2	에너지원	발전량	순위
3	태양광	88	2
4	풍력	100	1
5	수력	70	4
6	바이오	75	3
7	양수	65	5

① =ROUND(B3,$B$3:$B$7,0)

② =ROUND(B3,$B$3:$B$7,1)

③ =RANK(B3,$B$3:$B$7,1)

④ =RANK(B3,$B$2:$B$7,0)

⑤ =RANK(B3,$B$3:$B$7,0)

Answer. 13.③ 14.① 15.① 16.⑤

▌17 ~ 18 ▌ **다음은 선택정렬에 관한 설명과 예시이다. 이를 보고 물음에 답하시오.**

선택정렬(Selection Sort)은 주어진 데이터 중 최솟값을 찾고 최솟값을 정렬되지 않은 데이터 중 맨 앞에 위치한 값과 교환한다. 교환은 두 개의 숫자가 서로 자리를 맞바꾸는 것을 말한다. 정렬된 데이터를 제외한 나머지 데이터를 같은 방법으로 교환하여 반복하면 정렬이 완료된다.

〈예시〉

68, 11, 3, 82, 7을 정렬하려고 한다.

• 1회전(최솟값 3을 찾아 맨 앞에 위치한 68과 교환)

68	11	3	82	7

3	11	68	82	7

• 2회전(정렬이 된 3을 제외한 데이터 중 최솟값 7을 찾아 11과 교환)

3	11	68	82	7

3	7	68	82	11

• 3회전(정렬이 된 3, 7을 제외한 데이터 중 최솟값 11을 찾아 68과 교환)

3	7	68	82	11

3	7	11	82	68

• 4회전(정렬이 된 3, 7, 11을 제외한 데이터 중 최솟값 68을 찾아 82와 교환)

3	7	11	82	68

3	7	11	68	82

17 다음 수를 선택정렬을 이용하여 오름차순으로 정렬하려고 한다. 2회전의 결과는?

5, 3, 8, 1, 2

① 1, 2, 8, 5, 3
② 1, 2, 5, 3, 8
③ 1, 2, 3, 5, 8
④ 1, 2, 3, 8, 5
⑤ 1, 2, 8, 3, 5

18 다음 수를 선택정렬을 이용하여 오름차순으로 정렬하려고 한다. 3회전의 결과는?

55, 11, 66, 77, 22

① 11, 22, 66, 55, 77
② 11, 55, 66, 77, 22
③ 11, 22, 66, 77, 55
④ 11, 22, 55, 77, 66
⑤ 11, 22, 55, 66, 77

|19 ~ 21 | 글로벌 기업 N사는 한국, 일본, 중국, 베트남에 지점을 두고 있다. 다음 코드 부여 규정을 보고 이어지는 물음에 답하시오.

〈코드번호〉

2021년 12월 13일에 한국 제1공장에서 제조된 AS1 1TB 326번째 품목 → 211213-1A-01002-00326

〈코드 부여방법〉

가. 제조연월
• 2021년 11월 11일 제조 → 201111
• 2022년 2월 17일 제조 → 220217

나. 공장라인 코드

제조 국가		공장	
한국	1	제1공장	A
		제2공장	B
		제3공장	C
		제4공장	D
일본	2	제1공장	A
		제2공장	B
		제3공장	C
		제4공장	D
중국	3	제1공장	A
		제2공장	B
		제3공장	C
		제4공장	D
베트남	4	제1공장	A
		제2공장	B
		제3공장	C
		제4공장	D

다. 제품코드

분류코드		용량번호	
AS1	01	500GB	001
		1TB	002
		2TB	003
AS2	02	500GB	001
		1TB	002
		2TB	003
OZ	03	500GB	001
		1TB	002
		2TB	003
XS	04	500GB	001
		1TB	002
		2TB	003
QI	05	500GB	001
		1TB	002
		2TB	003

라. 완성 순서
- 0001부터 시작하여 완성된 순서대로 번호가 매겨짐
- 1021번째 품목일 시 → 01021

19 2023년 3월 23일에 중국 제2공장에서 제조된 QI 모델로, 용량이 2TB인 1102번째 품목코드로 알맞은 것은?

① 2303233B0400311102
② 2303233C0400301102
③ 2303223B0500301102
④ 2303232C0500301102
⑤ 2303233B0500301102

20 상품코드 2110101A0200200321에 대한 설명으로 옳지 않은 것은?

① 2021년 10월 10일에 제조되었다.
② 완성된 품목 중 321번째로 제조되었다.
③ 한국 제1공장에서 제조되었다.
④ 용량은 2TB이다.
⑤ AS2에 해당한다.

21 담당자의 실수로 코드번호가 다음과 같이 부여되었을 경우 올바르게 수정한 것은?

> 2023년 4월 23일 한국 제4공장에서 제조된 oz 1TB 13424번째 품목
> → 2304234A0300213424

① 제조연월일 : 230423 → 20230423
② 생산라인 : 4A → 1D
③ 제품 종류 : 03002 → 02003
④ 완성된 순서 : 13424 → 013424
⑤ 수정할 부분 없음

22 다음 시트에서 한 달간의 야근 일수를 구하기 위해 [B9] 셀에 입력할 수 있는 함수로 옳은 것은?

	A	B	C	D	E
1	한 달 야근 기록				
2	날짜	김지희	이가현	강소정	윤미희
3	2월 15일				○
4	2월 16일	○		○	
5	2월 17일	○	○	○	
6	2월 18일		○	○	○
7	2월 19일	○		○	
8	2월 20일	○			
9	2월 21일				
10	2월 22일				
29	3월 13일			○	
30	3월 14일	○	○		○
31	3월 15일	○		○	
32	야근일수				
33					

① =COUNTBLANK(B3:B32) ② =COUNT(B3:B32)
③ =COUNTA(B3:B32) ④ =SUM(B3:B32)
⑤ =SUMIF(B3:B32)

23 Java에서 괄호에 주어진 형식대로 출력하는 코드로 옳은 것은?

① System.out.printf()
② System.out.println()
③ System.out.print()
④ System.in.read()
⑤ Scanner

24 주기억장치 관리기법 중 "Best Fit" 기법 사용 시 8K의 프로그램은 주기억장치 영역 중 어느 곳에 할당되는가?

영역1	9K
영역2	15K
영역3	10K
영역4	30K
영역5	35K

① 영역1
② 영역2
③ 영역3
④ 영역4
⑤ 영역5

25 검색엔진을 사용하여 인터넷에서 윤동주 시인의 시집을 알아보려고 한다. 정보검색 연산자를 사용할 때 가장 적절한 검색식은 무엇인가? (단, 사용하려는 검색엔진은 AND 연산자로 '&', OR 연산자로 '+', NOT 연산자로 '!', 인접검색 연산자로 '~'을 사용한다.)

① 윤동주 + 시집
② 시인 & 윤동주
③ 시집 ! 윤동주
④ 윤동주 & 시집
⑤ 시인 ~ 윤동주

26 컴퓨터 내부의 명령처리 단위로, 한 번에 처리할 수 있는 데이터의 양을 가리키는 단위는?

① 니블
② 워드
③ 필드
④ 레코드
⑤ 데이터베이스

Answer. 21.② 22.③ 23.① 24.① 25.④ 26.②

27 다음 시트의 주문 수량 중 문자를 제외한 숫자만 추출하려고 할 때 [C2] 셀에 입력할 수 있는 함수로 옳은 것은?

	A	B	C
1	no.	상품 코드	주문수량
2	1	a216-1000	수량:300
3	2	a116-4000	수량:110
4	3	c003-1693	수량:98
5	4	a139-9700	수량:216
6	5	b210-0001	수량:376
7	6	b113-3102	수량:71
8			

① =SMALL(B2:C2,3)

② =SUMPRODUCT(B:2,C:2,B:7,C7)

③ =SUM(INDIRECT(C2))

④ =RIGHT(C2,LEN(C2)-3)

⑤ =SUBSTITUTE(C2,"수량:")

28 다음 데이터베이스의 구성요소에 대한 설명을 참고하여 〈표〉의 튜플 수를 구하시오.

〈헬스 등록 회원 정보〉

등록 번호	성명	성별	나이	기간
16796	김지영	여성	30세	3개월
17460	권혜현	여성	32세	6개월
20013	한영길	남성	32세	3개월
18234	김규호	남성	33세	12개월

● 튜플 : 릴레이션의 각 행
● 애트리뷰트(속성) : 릴레이션에서 이름을 가진 열
● 도메인 : 애트리뷰트가 가질 수 있는 값의 집합
● 차수 : 애트리뷰트의 수

① 5   ② 4

③ 3   ④ 2

⑤ 1

29 처음으로 맡은 대형 프로젝트의 일정을 나타낸 표이다. 종료일을 나타내기 위해 셀 [C2]에 입력할 수 있는 수식은?

	A	B	C
1	프로젝트 시작일	예상 소요 개월	프로젝트 마감일
2	2024-11-04	5	
3			

① =DSUM(A2,B2)

② =YEAR(A2,B2)

③ =INDEX(B2,A2)

④ =EDATE(A2,B2)

⑤ =EOMONTH(B2,A2)

30 다음 워크시트에서 A열에 숫자를 입력할 때 B열의 기호로 변경되도록 수식을 넣으려고 한다. [B2] 셀에 입력할 수 있는 수식으로 옳은 것은? (단, 숫자는 1~5까지이다)

	A	B
1	숫자	기호
2	1	★
3	2	♡
4	3	♣
5	4	♪
6	5	☎
7		
8		

① =AVERANGE($A2:$B2,A2="★")

② =CONCAT(1="★",2="♡",3="♣",4,="♪",5="☎")

③ =DCOUNT($A1=★,$A2=♡,$A3=♣,$A4=♪,$A5=☎)

④ =IF(A1=★,IF(A2=♡,IF(A3=♣,IF(A4=♪,IF(A5=☎)))))

⑤ =IF(A2=1,"★",IF(A2=2,"♡",IF(A2=3,"♣",IF(A2=4,"♪",IF(A2=5,"☎")))))

자원관리능력

업무 수행에 있어서 필요한 자원을 확인·확보하여 적절히 할당할 수 있는가를 평가한다. 가장 자주 출제되는 유형은 시간관리와 예산관리가 복합형으로 난도가 높은 편에 속한다. 그 외에 자주 출제되는 유형의 문제는 회의시간 정하기, 출장 날짜 정하기, 가격 비교하기, 업체 비교하여 선정하는 것, 필기·면접평가 관련, 인적자원 관리방법, 리더십 방법 등이 자주 출제된다. 점차 난도가 상승하면서 제시문의 길이가 길어지고 자료를 해석하는 능력을 요하는 문제가 많이 출제되고 있다. 모듈형보다 난도가 높아지고, 지문을 꼼꼼히 읽지 않으면 틀리기 쉬운 형태의 문제가 다수 출제되어 지문을 읽을 때 신속하지만 정확하게 읽으려는 연습을 많이 해두는 것이 좋다.

유형별 출제빈도

시간관리	예산관리	물적자원관리	인적자원관리	리더십

직원 채용시험 최종 결과가 다음과 같을 때 5명의 응시자 중 가장 많은 점수를 얻은 최종합격자는 누구인가?

〈최종결과표〉

(단위 : 점)

구분	응시자 A	응시자 B	응시자 C	응시자 D	응시자 E
서류전형	89	86	94	92	93
1차 필기	94	92	89	83	91
2차 필기	88	87	90	97	89
면접	90	94	93	92	93

※ 1) 각 단계별 다음과 같은 가중치를 부여하여 해당 점수에 추가 반영한다.
  • 서류전형 점수 : 10%
  • 1차 필기 점수 : 15%
  • 2차 필기 점수 : 20%
  • 면접 점수 : 5%
  2) 4개 항목 중 어느 항목이라도 최하위 득점이 있는 응시자는(최하위 점수가 90점 이상일 경우 제외), 최종 합격자가 될 수 없음
  3) 동점자는 가중치가 많은 항목 고득점자 우선 채용

① 응시자 A
② 응시자 B
③ 응시자 C
④ 응시자 D
⑤ 응시자 E

---

③ 응시자들의 점수를 구하기 전에 채용 조건에 따라 서류전형과 2차 필기에서 최하위 득점을 한 응시자 B와 1차 필기에서 최하위 득점을 한 응시자 D는 채용이 될 수 없다. 면접에서 최하위 득점을 한 응시자 A는 90점 이상이므로 점수를 계산해 보아야 한다. 따라서 응시자 A, C, E의 점수는 다음과 같다.

구분	응시자 A	응시자 C	응시자 E
서류전형	8.9	9.4	9.3
1차 필기	14.1	13.35	13.65
2차 필기	17.6	18	17.8
면접	4.5	4.65	4.65
총 합계	45.1	45.4	45.4

응시자 C와 E가 동점이나, 가중치가 많은 2차 필기의 점수가 높은 응시자 C가 최종 합격자가 된다.

🔲 ③

1 다음 자료는 A기업의 채용의 2차 전형인 필기시험 과목별 우수자 현황을 응시자가 졸업한 학과별로 정리한 것이다. 다음 자료에 대한 설명으로 옳은 것은?

(단위 : 명)

필기시험 과목	국제계열	상경계열	이공계열	외국어계열	기타계열	소계
직업기초능력	14	25	35	11	15	100
직무상식	12	34	25	12	17	100
경영학/경제학	24	37	24	9	6	100
논술	21	31	25	15	8	100

① 필기시험 우수자 중 상경계열을 졸업한 응시자가 제일 많다.
② 경영학/경제학 과목에서 우수자가 제일 낮은 학과는 외국어계열 응시자이다.
③ 직무상식에서 과목별 우수자 평균을 넘은 학과는 상경계열 뿐이다.
④ 응시자 중에서 100명만이 선발된다면 기타계열 응시자는 전원 합격이다.
⑤ 필기시험 우수자가 가장 낮은 것은 외국어계열이다.

2 다음은 자원을 관리 과정을 설명한 것이다. ㈎ ~ ㈐를 효율적인 자원관리를 위한 순서에 맞게 바르게 나열한 것은?

㈎ 확보된 자원을 활용하여 계획에 맞는 업무를 수행해야 한다. 계획에 지나치게 얽매일 필요는 없지만 최대한 계획대로 수행하는 것이 바람직하다. 불가피하게 수정해야 하는 경우는 전체 계획에 미칠 수 있는 영향을 고려하여야 할 것이다.

㈏ 자원을 실제 필요한 업무에 할당하여 계획을 세워야 한다. 여기에서 중요한 것은 업무나 활동의 우선순위를 고려하는 것이다. 최종적인 목적을 이루는 데 가장 핵심이 되는 것에 우선순위를 두고 계획을 세울 필요가 있다. 만약, 확보한 자원이 실제 활동 추진에 비해 부족할 경우 우선순위가 높은 것에 중심을 두고 계획하는 것이 바람직하다.

㈐ 실제 상황에서 그 자원을 확보하여야 한다. 수집 시 가능하다면 필요한 양보다 좀 더 여유 있게 확보할 필요가 있다. 실제 준비나 활동을 하는 데 있어서 계획과 차이를 보이는 경우가 자주 발생하기 때문에 여유 있게 자원을 확보하는 것이 안전할 것이다.

㈑ 업무를 추진하는 데 있어서 어떤 자원이 필요하며, 또 얼마만큼 필요한지를 파악하는 단계이다. 자원의 종류에는 크게 시간, 예산, 물적자원, 인적자원으로 나누어지지만 실제 업무 수행에서는 이보다 더 구체적으로 나눌 필요가 있다. 구체적으로 어떤 활동을 할 것이며, 이 활동에 어느 정도의 시간, 돈, 물적·인적자원이 필요한지를 파악한다.

① ㈎ - ㈐ - ㈏ - ㈑
② ㈐ - ㈑ - ㈏ - ㈎
③ ㈑ - ㈐ - ㈎ - ㈏
④ ㈑ - ㈏ - ㈐ - ㈎
⑤ ㈑ - ㈐ - ㈏ - ㈎

3 효과적인 물품관리를 위하여 '물품출납 및 운용카드'를 수기로 작성하였다. 수기로 작성한 '물품출납 및 운용카드'를 활용할 때의 장점이 아닌 것은 무엇인가?

물품출납 및 운용카드			물품출납원				물품관리관	
분류번호	000 - 0000 - 0001		품명	자전거				
회계	재고 특별회계		규격	생략				
품종	생략		내용 연수	3년	정수	1	단위	대
정리일자	취득일자	정리구분 증비서 번호	수량	단가	금액		재고 수량, 금액 운영 수량, 구매	
23.01.01	23.01.14	–	1	10만	10만		1 0	10만 –
22.12.01	22.12.14	–	2	10만	10만		0 0	– –
22.10.25	22.11.07	–	2	20만	20만		1 1	10만 20만
21.06.01	20.06.16	–	3	30만	30만		2 0	30만 –
20.04.01	20.04.12	–	2	10만	10만		0 2	– 20만

① 보유하고 있는 물품의 종류 및 양을 확인할 수 있다.
② 제품파악이 쉬우므로 일의 인계 작업이 쉽다.
③ 물품의 상태를 지속해서 점검할 수 있다.
④ 자료를 쉽고 빠르게 입력할 수 있다.
⑤ 분실의 위험을 줄일 수 있다.

4 인사팀 Y 대리에게 K 사원이 다음과 같은 고민을 이야기 하였다. Y 대리가 K 사원에게 조언한 내용 중 적절하지 않은 것은 무엇인가?

> 입사한 지 2년이 넘었지만 요즘 부적 고민이 늘었습니다. 매일 바쁘게 일상을 살고 있지만, 업무를 마칠 때까지 걸리는 시간이 상대적으로 오래 걸려서 상사에게 재촉을 받는 일이 많습니다. 또한, 월급 관리도 어려워서 직장 생활의 전반적인 부분에 회의감 들고 힘이 듭니다.

① 지금 하는 업무들이 단독으로 할 수 있는 일들인지 확인해보세요. 여러 사람이 같이 해야 하는 일을 혼자 하고 있다면 인원을 보충하여 업무를 분담해보는 것도 고려해봐야 합니다.

② 본인이 신용카드를 자주 사용하다 보면 예산을 초과하여 사용하는 경우가 있습니다. 자신 소득에 예산을 설정해서 체크카드를 위주로 하여 계획적으로 소득을 관리해보세요.

③ 자신이 하고 있는 업무에 걸리는 소요시간을 알고 있는 것이 중요합니다. 자신의 업무소요시간을 파악하고 관리하여 상사에게 언제까지 마감하겠다는 것을 정확히 알려주세요.

④ 그럴수록 SWOT를 활용하여 더욱 업무에 매진하는 것이 본인의 업무능력을 향상시키는 데에 도움이 됩니다.

⑤ 사용하는 컴퓨터나 비품 등 물품의 노후화로 업무소요시간이 연장된 것은 아닌가를 고려해보세요. 노후화로 인한 것이라면 장비교체를 요청해야 합니다.

---

5 다음은 A기업의 연차휴가에 관한 규정이다. 다음 중 올바른 설명은 어느 것인가?

제12조(연차휴가)

1. 1년간 8할 이상 출근한 직원에게 15일의 연차휴가를 준다.
2. 계속근로연수가 1년 미만인 직원에게 1월간 개근 시 1일의 연차휴가를 준다.
3. 직원의 최초 1년간의 근로에 대하여 연차휴가를 주는 경우에는 제2항의 규정에 의한 휴가를 이미 사용한 경우에는 그 사용한 휴가일수를 15일에서 공제한다.
4. 3년 이상 계속근무한 직원에 대하여는 제1항의 규정에 의한 휴가에 최초 1년을 초과하는 계속근로연수 매 2년에 대하여 1일을 가산한 휴가를 주어야 한다. 이 경우 가산휴가를 포함한 총 휴가일수는 25일을 한도로 한다.
5. 직원이 업무상의 부상 또는 질병으로 인하여 병가 또는 휴직한 기간과 산전·산후의 직원이 휴직한 기간은 연차휴가기간을 정함에 있어서 출근한 것으로 본다.
6. 연차휴가는 14시를 전후하여 4시간씩 반일 단위로 허가할 수 있으며, 반일 연차휴가 2회는 연차휴가 1일로 계산한다.
7. 직원의 연차 유급휴가를 연 2회(3/1, 9/1)기준으로 부여한다.

제12조의2(연차휴가의 사용촉진)
회사가 제12조 제1항·제3항 및 제4항의 규정에 의한 연차휴가의 사용을 촉진하기 위하여 다음과 같이 조치를 하였음에도 불구하고 직원이 1년간 휴가를 사용하지 아니하여 소멸된 경우에는 회사는 그 미사용 휴가에 대하여 연차수당을 지급하지 않는다.

1. 휴가 소멸기간이 끝나기 6개월 전을 기준으로 10일 이내에 직원의 직근 상위자가 직원별로 그 미사용 휴가일수를 알려주고, 직원이 그 사용 시기를 정하여 직근 상위자에게 통보하도록 서면으로 촉구할 것
2. 제1호의 규정에 의한 촉구에도 불구하고 직원이 촉구를 받은 때부터 10일 이내에 미사용 휴가의 전부 또는 일부의 사용 시기를 정하여 직근 상위자에게 통보하지 아니한 경우에는 휴가 소멸기간이 끝나기 2개월 전까지 직근 상위자가 미사용 휴가의 사용 시기를 정하여 직원에게 서면으로 통보할 것

---

① 甲은 입사 첫 달에 연차휴가를 3일 사용하고 첫 해 8할 이상 출근하여 2년차에 15일의 연차 휴가를 받는다.
② 乙은 계속근로연수가 8년이 되어 19일의 연차휴가를 받았다.
③ 丙은 직근 상위자로부터 잔여 휴가일수에 대한 서면 통보를 받지 못하여 연차수당을 지급받을 수 없다.
④ 계속근로연수 3년인 丁이 3년차에 반일 연차를 6회 사용하였다면 남은 연차휴가일수는 13일이 된다.
⑤ 계속근로연수가 5년인 戊가 5년차에 직근 상위자에 의한 서면 통보를 받았음에도 불구하고 질병으로 인한 병가만 3일 사용하였다면, 소멸되는 연차휴가일수는 14일이다.

6 다음은 기업에서 운영하는 '직장인 아파트'에 대한 임대료와 신입사원인 甲 씨의 월 소득 및 비용현황 자료이다. 신입사원인 甲 씨는 기업에서 운영하는 '직장인 아파트'에 입주하려고 한다. 근무 지역은 별 상관이 없는 甲 씨는 월 급여에서 비용을 지출하고 남은 금액의 90%를 넘지 않는 금액으로 가장 넓고 좋은 방을 구하려 한다. 甲 씨가 구할 수 있는 방으로 가장 적절한 것은?

〈지역별 보증금 및 월 임대료〉

(단위 : 원)

구분	아파트	K지역	P지역	D지역	I지역	B지역	C지역
보증금	큰방	990,000	660,000	540,000	840,000	960,000	460,000
	작은방	720,000	440,000	360,000	540,000	640,000	240,000
월 임대료	큰방	141,000	89,000	71,000	113,000	134,000	160,000
	작은방	91,000	59,000	47,000	75,000	89,000	33,000

〈甲 씨의 월 소득 및 비용현황〉

(단위 : 만 원)

월 급여	외식비	저축	각종세금	물품구입	여가	보험	기타소비
300	50	50	20	30	25	25	30

※ 월 소득과 비용 내역은 매월 동일하다고 가정함

① P지역 작은 방
② B지역 작은 방
③ I지역 작은 방
④ D지역 큰 방
⑤ C지역 큰 방

Answer. 5.④ 6.④

7 다음은 총무팀 박 과장이 윤 팀장으로부터 지시받은 이번 주 업무 내역이다. 윤 팀장은 박 과장에게 가급적 급한 일보다 중요한 일을 먼저 처리해 줄 것을 당부하며 아래의 일들에 대한 시간 분배를 적절하게 하도록 지시하였는데, 윤 팀장의 지시사항을 참고로 박과장이 처리해야 할 업무를 순서대로 바르게 나열한 것은?

Ⅰ 긴급하면서 중요한 일 – 부서 손익실적 정리(A) – 개인정보 유출 방지책 마련(B) – 다음 주 부서 야유회 계획 수립(C)	Ⅱ 긴급하지 않지만 중요한 일 – 월별 총무용품 사용현황 정리(D) – 부산 출장계획서 작성(E) – 내방 고객 명단 작성(F)
Ⅲ 긴급하지만 중요하지 않은 일 – 민원 자료 취합 정리(G) – 영업부 파티션 교체 작업 지원(H) – 출입증 교체 인원 파악(I)	Ⅳ 긴급하지 않고 중요하지 않은 일 – 신입사원 신규 출입증 배부(J) – 프린터기 수리 업체 수배(K) – 정수기 업체 배상 청구 자료 정리(L)

① (D) – (A) – (G) – (K)

② (B) – (E) – (J) – (H)

③ (A) – (G) – (E) – (K)

④ (B) – (F) – (G) – (L)

⑤ (I) – (E) – (C) – (J)

8 200만 원을 가진 갑은 다음 A, B프로젝트 중 B프로젝트에 투자하기로 결정하였다. 갑의 선택이 합리적이기 위한 B프로젝트 연간 예상 수익률의 최저 수준으로 가장 적절한 것은 어느 것인가? (단, 각 프로젝트의 기간은 1년으로 가정한다.)

• A프로젝트는 200만 원의 투자 자금이 소요되고, 연 9.0%의 수익률이 예상된다.
• B프로젝트는 400만 원의 투자 자금이 소요되고, 부족한 돈은 연 5.0%의 금리로 대출받을 수 있다.

① 8.1%

② 7.1%

③ 6.1%

④ 5.1%

⑤ 4.1%

9 다음 글에서 암시하고 있는 '자원과 자원관리의 특성'을 가장 적절하게 설명한 것은?

> 더 많은 토지를 사용하고 모든 농장의 수확량을 최고의 농민들이 얻은 수확량으로 올리는 방법으로 식량 공급을 늘릴 수 있다. 그러나 우리의 주요 식량 작물은 높은 수확량을 달성하기 위해 좋은 토양과 물 공급이 필요하며 생산 단계에 있지 않은 토지는 거의 없다. 실제로 도시의 스프롤 현상, 사막화, 염화 및 관개용으로 사용된 대수층의 고갈은 미래에 더 적은 토지가 농업에 제공될 수 있음을 암시한다.
>
> 농작물은 오늘날 사용되는 것보다 더 척박한 땅에서 자랄 수 있고, 수확량이 낮고 환경 및 생물 다양성이 저하될 환경일지도 모른다. 농작물의 수확량은 농장과 국가에 따라 크게 다르다. 예를 들어, 2013년 미국의 옥수수 평균 수확량은 10.0t/ha, 짐바브웨가 0.9t/ha였는데, 두 국가 모두 작물 재배를 위한 기후 조건은 비슷했다(2015년 유엔 식량 농업기구). 미국의 수확률이 다른 모든 나라의 목표겠지만 각국의 정책, 전문가의 조언, 종자 및 비료에 접근하는 데 크게 의존할 수밖에 없다. 그리고 그중 어느 것도 새로운 농지에서 확실한 수확률을 보장하지는 않는다. 따라서 좋은 시기에는 수확 잠재력이 개선된 종자가 필요하지 않을 수도 있지만, 아무것도 준비하지 않는 건 위험하다. 실험실에서 혁신적인 방법을 개발하는 것과 그걸 바탕으로 농민에게 종자를 제공하는 것 사이에 20년에서 30년의 격차가 있다는 걸 감안할 때, 분자 공학과 실제 작물 육종 간의 격차를 줄이고 더 높은 수율을 달성하는 일은 시급하다.

① 누구나 동일한 자원을 가지고 있으며 그 가치와 밀도도 모두 동일하다.
② 특정 자원이 없음으로 해서 다른 자원을 확보하는 데 문제가 발생할 수 있다.
③ 자원은 유한하며 따라서 어떻게 활용하느냐 하는 일이 무엇보다 중요하다.
④ 사람들이 의식하지 못하는 사이에 자원은 습관적으로 낭비되고 있다.
⑤ 무엇이 자원이며 자원을 관리하는 방법이 무엇인지를 모르는 것이 자원관리의 문제점이다.

📝 **Answer.** 7.④ 8.② 9.③

10 다음은 A은행의 면접평정표이다. 인사팀 사람들의 회의에서 적절하지 않은 대답을 한 사람은 누구인가?

〈면접평정표〉

평정요소	평가등급		
	우수	보통	미흡
㉠ 소통 · 공감			
㉡ 헌신 · 열정			
㉢ 창의 · 혁신			
㉣ 윤리 · 책임			
㉤ 금융인으로서의 자세			

① ㉠을 평정하기 위해서는 고객의 입장을 정확히 이해하기 위해 어떤 노력을 할 수 있는지 질문하면 좋겠어.

② ㉡을 평정하기 위해서는 연관된 금융상식과 최근 경제 이슈를 질문하면 좋겠어.

③ ㉢을 평정하기 위해서는 자신의 의견을 명확하게 전달하고 유관부서와의 협력적인 태도를 파악할 수 있는 질문이 좋겠어.

④ ㉣을 평정을 위해서는 기대보다 더 많은 책임이 주어졌을 때 어떻게 대처할 것인지 질문하면 좋겠어.

⑤ ㉤을 평정하기 위해서는 응시자가 금융인으로서 가져야 하는 가치관과 덕목을 묻는 것이 좋겠어.

11 다음 생산부의 근무 현황을 보고 판단한 戊의 의견 중 적절하지 않은 것은 어느 것인가?

〈생산부 근무 현황표〉

순번	성명	근무내역	기간	승인상태
1	甲	연차	2 ~ 3	승인
2	乙	결혼 휴가	8 ~ 14	승인
3	丙	연차	17 ~ 18	승인
4	丁	출장	21 ~ 23	승인
5	戊	연차	10 ~ 11	승인대기

〈달력〉

일	월	화	수	목	금	토
		1	2	3	4	5
6	7	8	9	10	11	12
13	14	15	16	17	18	19
20	21	22	23	24	25	26
27	28	29	30	31		

① 10 ~ 11일에는 결혼 휴가자가 있으니 나까지 연차를 쓰면 업무에 누수가 생길 수 있겠네.

② 내가 31일에 휴가를 쓰게 되면 이번 달은 전원이 근무하는 목요일은 한 번도 없겠네.

③ 마지막 주로 휴가를 옮겨야 매주 휴가가 적절히 분배되겠다.

④ 이번 달에는 수요일과 목요일에 휴가자가 가장 많군.

⑤ 내가 이번 달에 휴가를 쓰지 않으면 마지막 주에는 전원이 참여할 회식 날짜를 잡기 좋겠다.

┃ 12 ~ 13 ┃ 제시문을 읽고 이어지는 물음에 답하시오.

A사와 B사는 동일한 甲제품을 생산하는 경쟁관계에 있는 두 기업이며, 다음과 같은 각기 다른 특징을 가지고 마케팅을 진행하였다.

〈A사〉

후발 주자로 업계에 뛰어든 A사는 우수한 품질과 생산 설비의 고급화를 이루어 甲제품 공급을 고가 정책에 맞추어 진행하기로 하였다. 이미 甲제품의 개발이 완료되기 이전부터 A사의 잠재력을 인정한 해외의 K사로부터 장기 공급계약을 체결하는 등의 실적을 거두며 대내외 언론으로부터 조명을 받았다. A사는 甲제품의 개발 단계에서, 인건비 등 기타 비용을 포함한 자체 마진을 설비 1대당 1천만 원, 연구개발비를 9천만 원으로 책정하고 총 1억 원에 K사와 계약을 체결하였으나 개발 완료 시점에서 알게 된 실제 개발에 투입된 연구개발비가 약 8천 5백만 원으로 집계되어 추가의 이익을 보게 되었다.

〈B사〉

A사보다 먼저 시장에 진입한 B사는 상대적으로 낮은 인건비의 기술 인력을 확보할 수 있어서 동일한 甲제품을 생산하는 데 A사보다 저렴한 가격 구조를 형성할 수 있었다. B사는 당초 설비 1대당 5백만 원의 자체 마진을 향유하며 연구개발비로 약 8천만 원이 소요될 것으로 예상, 총 8천 5백만 원으로 공급가를 책정하고, 저가 정책에 힘입어 개발 완료 이전부터 경쟁자들을 제치고 많은 거래선들과 거래 계약을 체결하게 되었다. 그러나 甲제품 개발이 완료된 후 비용을 집계해 본 결과, 당초 예상과는 달리 A사와 같은 8천 5백만 원의 연구개발비가 투입되었음을 알게 되어 개발 단계에서 5백만 원의 추가 손실을 보게 되었다

12 다음 중 위와 같은 상황 속에서 판단할 수 있는 설명으로 적절하지 않은 것은?

① A사는 결국 높은 가격으로 인하여 시장점유율이 하락할 것이다.
② B사는 물건을 만들면 만들수록 계속 손실이 커지게 될 것이다.
③ A사가 시장경쟁력을 확보하려면 가격을 인하하여야 한다.
④ 비용을 가급적 적게 책정한다고 모두 좋은 것은 아니다.
⑤ 개발비 책정 시 실제 들어가는 비용과 상이해야 한다.

13 예산자원관리의 측면에서 볼 때, 윗글이 암시하고 있는 예산관리의 특징으로 적절하지 않은 것은?

① 예산만 정확하게 수립되면 실제 활동이나 사업 진행하는 과정상 관리가 크게 개입될 필요가 없다.
② 개발 비용 > 실제 비용의 경우 결국 해당 기업은 경쟁력을 상실하게 된다.
③ 실제 비용 > 개발 비용의 경우 결국 해당 기업은 지속 적자가 발생한다.
④ 실제 비용 = 개발 비용으로 유지하는 것이 가장 바람직하다.
⑤ 예산관리는 최소의 비용으로 최대의 이익을 얻기 위해 요구되는 능력이다.

▎14 ~ 15▎ 공장 주변 지역의 농경수 오염에 책임이 있는 기업이 총 70억 원의 예산을 가지고 피해 현황 심사와 보상을 진행한다고 한다. 다음 글을 읽고 물음에 답하시오.

총 500건의 피해가 발생했고, 기업 측에서는 실제 피해 현황을 심사하여 보상하기로 하였다. 심사에 소요되는 비용은 보상 예산에서 사용한다. 심사를 통해 좀 더 정확한 피해 규모를 파악할 수 있지만, 그에 따라 소요되는 비용 또한 증가하게 된다.

구분	1일째	2일째	3일째	4일째
일별 심사 비용(억 원)	0.5	0.7	0.9	1.1
일별 보상대상 제외건수	50	45	40	35

- 보상금 총액 = 예산 – 심사 비용
- 표는 누적수치가 아닌, 하루에 소요되는 비용을 말함
- 일별 심사 비용은 매일 0.2억씩 증가하고 제외건수는 매일 5건씩 감소함
- 제외건수가 0이 되는 날, 심사를 중지하고 보상금을 지급함

14 기업측이 심사를 중지하는 날까지 소요되는 일별 심사 비용은 총 얼마인가?

① 15억 원
② 15.5억 원
③ 16억 원
④ 16.5억 원
⑤ 17억 원

15 심사를 중지하고 총 500건에 대해서 보상을 한다고 할 때, 보상대상자가 받는 건당 평균 보상금은 대략 얼마인가?

① 약 1천만 원
② 약 2천만 원
③ 약 3천만 원
④ 약 4천만 원
⑤ 약 5천만 원

▌16 ～ 17▐ 甲기업 홍보팀에서는 사내 행사를 위해 다음과 같이 3개 공급업체로부터 경품 1과 경품 2에 대한 견적서를 받아보았다. 행사 참석자가 모두 400명이고 1인당 경품 1과 경품 2를 각각 1개씩 나누어 주어야 한다. 다음 자료를 보고 이어지는 질문에 답하시오.

〈경품 견적서〉

공급처	물품	세트당 포함 수량(개)	세트 가격
A업체	경품 1	100	85만 원
	경품 2	60	27만 원
B업체	경품 1	110	90만 원
	경품 2	80	35만 원
C업체	경품 1	90	80만 원
	경품 2	130	60만 원

• A업체 : 경품 2 170만 원 이상 구입 시, 두 물품 함께 구매하면 총 구매가의 5% 할인
• B업체 : 경품 1 350만 원 이상 구입 시, 두 물품 함께 구매하면 총 구매가의 5% 할인
• C업체 : 경품 1 350만 원 이상 구입 시, 두 물품 함께 구매하면 총 구매가의 20% 할인
※ 모든 공급처는 세트 수량으로만 판매한다.

16 가장 저렴한 가격으로 인원수에 모자라지 않는 수량의 경품1, 2를 함께 구매할 수 있는 공급처와 공급가격은?

① A업체 / 5,000,500원
② A업체 / 5,025,500원
③ B업체 / 5,082,500원
④ B업체 / 5,095,000원
⑤ B업체 / 5,120,000원

17 다음 중 C업체가 甲기업의 공급처가 되기 위한 조건으로 적절한 것은?

① 경품 1의 세트당 포함 수량을 100개로 늘린다.
② 경품 2의 세트당 가격을 2만 원 인하한다.
③ 경품 1의 세트당 수량을 85개로 줄인다.
④ 경품 2의 세트당 포함 수량을 120개로 줄인다.
⑤ 경품 1의 세트당 가격을 5만 원 인하한다.

18 제시문을 읽고 상사의 출장준비를 위한 부하 직원의 관련 업무에 대한 설명으로 적절하지 않은 것은?

> 글로벌 화장품회사의 한국지사장인 상사는 다음달 1일부터 15일까지 싱가포르에서 아태지역 마케팅 전략 회의 및 세미나가 예정되어 있어 출장을 갈 계획이다. 한국 도착은 16일 오전으로 예정되어 있다. 또한 상사는 세미나에서 새로운 신제품의 실험장이라 할 만큼 중요한 한국시장에 대한 좀 더 심층 있는 논의를 위해 '한국소비자의 화장품 구매 패턴'에 대한 프레젠테이션을 계획하고 있다.

① 여권만료일을 확인하고 비자를 신청하였다.
② 숙박은 이동의 편의성을 고려하여 회의가 열리는 호텔로 예약하였다.
③ 프레젠테이션 자료를 노트북에 저장하고 만약을 위해 USB에 다시 저장하여 별도로 준비하였다.
④ 고액권과 소액권을 섞어 필요한 금액으로 환전하였다.
⑤ 프레젠테이션을 할 회의실의 컴퓨터, 프로젝터, 스크린 등의 유무를 체크하여 정리하였다.

19 다음은 A기업의 채용 공고문으로 자료에 대한 설명으로 옳은 것은?

> 당사와 함께 할 인재를 모십니다.
> 가. 회사 소개 : 공장 자동화 생산 설비품을 생산하고 있는 회사입니다. 종업원 현황은 110명(상시)에 해당하고 있습니다.
> 나. 근무 형태
> • 근무 시간 : 09 : 00 ~ 18 : 00, 주 5일 근무
> • 주2회 시간외근무(희망자) : 19 : 00 ~ 23 : 00
> 다. 급여 및 복지
> • 기본급 : 300만 원(수습 기간 3개월은 80%)
> • 시간외근무 수당 : 8만 원(1회 당)
> • 상여금 : 명절(추석 및 설) 휴가비 기본급의 100%
> • 기타 : 4대 보험, 중식 및 기숙사 제공
> 라. 채용 인원
> • 특성화고/마이스터고 관련 학과 재학생 및 졸업생 00명
> • 직종 관련 자격증 소지자 우대

① 기업의 형태는 대기업이다.
② 법정복리후생을 제공하고 있다.
③ 시간외임금은 제시되어 있지 않다.
④ 수습기간에는 주2회 시간외근무가 필수이다.
⑤ 채용 시 우대사항이 없다.

Answer. 16.② 17.⑤ 18.① 19.②

20 다음 자료를 참고하여 기업의 건전성을 파악하는 지표인 금융비용부담률이 가장 낮은 기업과 이자보상비율이 가장 높은 기업을 순서대로 알맞게 짝지은 것은? (단, 소수 셋째 자리에서 반올림한다)

(단위 : 천만 원)

	매출액	매출원가	판관비	이자비용
A기업	98	90	2	1.5
B기업	105	93	3	1
C기업	95	82	3	2
D기업	112	100	5	2

※ 1) 영업이익 = 매출액 − 매출원가 − 판관비
　 2) 금융비용부담률 = 이자비용 ÷ 매출액 × 100
　 3) 이자보상비율 = 영업이익 ÷ 이자비용 × 100

① A기업, B기업
② B기업, A기업
③ A기업, C기업
④ C기업, B기업
⑤ B기업, B기업

21 다음 기업의 재무자료에 대한 설명으로 옳은 것은? (단, 순자산 = 자산 − 부채)

자산		부채	
㉠ 아파트	4억 원	㉤ 은행 대출금	1억 원
자동차	2,000만 원	㉥ 자동차 할부금	500만 원
현금	500만 원		
㉡ 요구불예금	200만 원		
㉢ 채권	300만 원		
㉣ 주식	500만 원		

① ㉠은 ㉡보다 유동성이 높다.
② ㉣은 ㉡보다 안전성이 높다.
③ 배당금은 ㉢에 대한 투자 수익이다.
④ 기업이 보유 현금으로 ㉥을 상환하여도 순자산은 변동이 없다.
⑤ 기업이 보유 현금으로 ㉤을 상환할 경우 순자산은 변동이 생긴다.

22 다음 사례에 나오는 甲의 시간관리 유형은 무엇인가?

> 甲은 하루 24시간 중 8시간의 회사 업무 이외에도 8시간을 효율적으로 활용하고 8시간 동안 충분히 숙면도 취한다. 甲은 어느 누구보다도 하루하루를 정신없이 바쁘게 살아가는 사람 중 한 명이다.

① 시간 창조형　　　　　　　　　② 시간 소비형
③ 시간 절약형　　　　　　　　　④ 시간 파괴형
⑤ 시간 틈새형

23 다음은 A, B 두 제품을 1개씩 만드는 데 필요한 전력과 연료 및 하루 사용 제한량이다. A는 1개당 5만 원, B는 1개당 2만 원의 이익이 생기고, 두 제품 A, B를 총 50개 생산한다고 할 때, 이익을 최대로 하려면 제품 A는 몇 개를 생산해야 하는가?

구분	A제품	B제품	제한량
전력(kWh)	50	20	1,600
연료(L)	3	5	240

① 16개
② 18개
③ 20개
④ 24개
⑤ 26개

24 다음 네 명의 임원들은 회의 참석차 한국으로 출장을 오고자 한다. 이들의 현지 이동 일정과 이동 시간을 참고할 때, 한국에 도착하는 시간이 빠른 순서대로 올바르게 나열한 것은 어느 것인가?

구분	출발국가	출발시각(현지시간)	소요시간
H 상무	네덜란드	12월 12일 17:20	13시간
P 전무	미국 동부	12월 12일 08:30	14시간
E 전무	미국 서부	12월 12일 09:15	11시간
M 이사	터키	12월 12일 22:30	9시간

※ 현지시간 기준 한국은 네덜란드보다 8시간, 미국 동부보다 14시간, 미국 서부보다 16시간, 터키보다 6시간이 빠르다. 예를 들어, 한국이 11월 11일 20시일 경우 네덜란드는 11월 11일 12시가 된다.

① P 전무 – E 전무 – M 이사 – H 상무
② E 전무 – P 전무 – H 상무 – M 이사
③ E 전무 – P 전무 – M 이사 – H 상무
④ E 전무 – M 이사 – P 전무 – H 상무
⑤ P 전무 – E 전무 – H상무 – M 이사

25 다음 〈표〉는 5명의 사원의 진급 점수표의 일부이다. 이에 대한 〈보기〉의 설명 중 옳은 것만을 모두 고르면?

〈표〉 진급 점수표

(단위 : 점)

사원 \ 과목	상사와 관계	융통성	업무 이해력	작업속도	동료와 관계	합계
A 사원	7	8	5	5	9	34
B 사원	6	9	8	5	8	36
C 사원	5	( )	9	6	7	( )
D 사원	8	6	6	( )	8	( )
E 사원	( )	7	6	9	7	( )
계	( )	( )	34	( )	39	( )

※ 각 과목에 점수 범위는 0 ~ 10점이다. 진급의 결과는 총점을 기준으로 결정한다. 단, 대상자 중 총점이 40점 이상이 없다면 최고점인 사람을 진급시킨다.

가. 총점이 40점 이상 : 진급＋(상여금)

나. 총점이 30점 이상 ~ 40점 미만 : 진급 보류＋(상여금)

다. 총점이 30점 미만 : 진급 보류

보기

㉠ C 사원이 B 사원보다 점수가 높기 위해서는 융통성에서 10점을 맞아야 한다.

㉡ D 사원은 작업속도 부분에서 10점을 받았다면 진급도 하고 상여금도 받는다.

㉢ A 사원과 B 사원의 융통성 부분의 점수가 바뀐다면 총점에서 A 사원이 더 높은 점수를 받았을 것이다.

㉣ 진급 한 사람은 40점은 넘지 못했지만 1등이라 진급할 수 있었다.

① ㉠, ㉡

② ㉠, ㉢

③ ㉠, ㉣

④ ㉡, ㉣

⑤ ㉡, ㉢, ㉣

26 甲은 L대학교 대강당에서 열리는 세미나에 참석하려고 한다. 출근 후 회사에서 오전 9시 30분에 출발한다고 할 때, 다음 제시된 세미나 정보를 참고하여 가장 빠르게 도착할 수 있는 교통편과 소요시간을 고르시오.

● 일시 및 장소

2025년 2월 3일(월) 오전 10시 30분~12시 30분, L대학교 대강당

※ 오전 10시 30분 이후에는 입장 불가

● 회사에서 L대학교 대강당까지 가는 길
  1) 지하철 : 회사 → A역 → B역 → L대학교 대강당
  2) 버스 : 회사 → C정류장 → D정류장 → L대학교 대강당

● 경로별 소요시간

출발지	도착지	소요시간
회사	A역	15분
	C정류장	21분
A역	B역	18분
B역	L대학교 대강당	22분
C정류장	D정류장	28분
D정류장	L 대학교 대강당	15분

① 버스, 48분

② 버스, 55분

③ 지하철, 45분

④ 지하철, 55분

⑤ 지하철, 60분

27 다음 제시된 자료를 참고하여 2월 출장에 필요한 항공료를 고르시오. (단, 항공료는 모든 일정을 포함한 금액이다.)

〈항공료〉

국가	도시	편도	왕복
미국	샌프란시스코	1,015,000	2,265,440
일본	오사카	247,000	505,000
독일	베를린	1,785,560	2,926,500
이탈리아	피렌체	1,652,300	2,855,260
프랑스	파리	1,789,200	2,397,800
스위스	제네바	1,292,400	2,841,500

※ 1) 개인은 항공료 20% 할인, 단체는 항공료 35% 할인
   2) 단, 단체할인 적용은 5인 이상

〈2025년 출장 일정〉

부서	인원	출장지	일정	비고
영업부	2명	오사카	1월 20일 ~ 1월 24일	왕복
해외사업부	5명	베를린	1월 21일 ~ 1월 30일	왕복
영업부	3명	제네바	2월 3일 ~ 2월 15일	왕복
해외개발부	4명	파리	2월 13일 ~ 2월 20일	편도
수출부	2명	샌프란시스코	3월 4일 ~ 3월 15일	왕복

① 8,737,800원
② 10,002,690원
③ 10,070,760원
④ 12,545,040원
⑤ 14,492,560원

28 甲의 타 지점 외근 내역이 다음과 같을 때 지원받을 수 있는 외근 비용은 모두 얼마인가? (단, 외근 비용엔 톨게이트 비용이 포함되며 왕복으로 계산한다.)

〈甲 외근 내역〉

일자	지점	이동 거리(편도)	톨게이트 비용(편도)
11/8	포천점	59km	10,000원
11/12	양주점	36km	1,800원
11/20	하남점	33km	1,600원
11/29	금남점	53km	8,000원
12/6	미추홀구점	40km	1,900원

※ 1km당 유류비 1,300원 지원

① 487,300원

② 534,000원

③ 583,500원

④ 613,900원

⑤ 621,200원

29 상호금융팀 팀원들(A~F)의 업무 일정과 조건을 고려하여 상반기 사내교육을 실시할 수 있는 가장 적절한 첫 날짜를 고르시오.

일	월	화	수	목	금	토
					1 E 신입사원 교육 진행	2
3	4 B 출장 (~13일까지)	5	6 F 오전 반차	7	8	9
10	11 C 외근	12	13	14	15 C 연차	16
17	18 A 외부 미팅	19	20	21	22 E 오후 반차	23
24	25 B 외근	26 C 외부 미팅	27	28 D 연차	29 B 연차	30

보기

• 상호금융부 직원 모두 필참하여야 한다.
• 사내교육은 사내연수원에서 평일 2박 3일간 진행된다.
• 사내교육은 오전 9시에 시작하여 오후 4시까지 진행되며 마지막 날에는 오전 10시에 종료된다.

① 7일   ② 12일
③ 19일   ④ 23일
⑤ 30일

30 ○○기업은 승진 시험에 필요한 구매 희망 교재를 팀마다 지원하려고 한다. 단, 조건에 해당되는 교재는 반드시 회사 승인 후 지원 받을 수 있다. 甲팀의 구매 희망 목록이 다음과 같을 때 구매할 수 있는 교재 중 승인이 필요한 교재 종류는 몇 개인가?

〈甲팀의 구매 희망 목록〉

교재명	수량	가격(권당)	구매 가능 여부
시사용어사전 1200	6	18,000	가능
경제용어사전 1030	5	18,000	가능
빈출 일반상식	7	23,000	가능
금융상식 2주 만에 완성하기	4	21,000	일시품절 (5일 후 입고예정)
영어면접 전면돌파	5	13,000	품절
한국사능력검정시험 30일 벼락치기	3	18,000	가능
상공회의소 한자 중급 기초＋모의고사 Set [전 2권]	1	32,000	일시품절 (3일 후 입고 예정)
한자능력검정시험 7·8급	2	29,000	가능
파워특강 영어	2	27,000	품절
도시락 한국사 심화과정	3	25,000	가능
필통 한국사 실전모의고사	4	19,000	품절

〈조건〉

• 권당 가격이 3만 원이 넘는 경우
• 희망 교재 총 수량이 5권 이상인 경우
• Set 교재 구매인 경우

※ 1) 위 조건 중 하나라도 해당될 경우 반드시 승인이 필요합니다.
　　2) 품절 교재는 구매가 불가능하며 일시품절인 상품은 입고 후 구매가 가능합니다.

① 1개   ② 2개
③ 3개   ④ 4개
⑤ 5개

PART

04

직무
상식평가

Chapter 01 협동조합 상식

(1) 정의

① 협동조합기본법(제2조 제1호) : 재화 또는 용역의 구매·생산·판매·제공 등을 협동으로 영위함으로써 조합원의 권익을 향상하고 지역사회에 공헌하는 사업조직

② 국제협동조합연맹(ICA) : 공동으로 소유되고 민주적으로 운영되는 사업체를 통하여 공통의 경제적, 사회적, 문화적 필요와 욕구를 충족시키고자 하는 사람들이 자발적으로 결성한 자율적인 조직

③ 미국 농무성(USDA) : 이용자가 소유하고 이용자가 통제하며 이용규모를 기준으로 이익을 배분하는 사업체

(2) 특징

① **사업범위** : 공동의 목적을 가진 5인 이상이 모여 조직한 사업체로서 그 사업의 종류에 제한이 없음(금융 및 보험 제외)

② **의결권** : 출자규모와 무관하게 1인 1표제

③ **책임범위** : 조합원은 출자자산에 한정한 유한책임

④ **가입·탈퇴** : 자유로운 가입·탈퇴

⑤ **배당** : 전체 배당액의 100분의 50 이상을 협동조합 사업이용 실적에 따라 배당

(3) 협동조합기본법 목적 및 의의

① **목적** : 협동조합의 설립운영에 관한 기본적인 사항을 규정하여 자주적, 자립적, 자치적인 협동조합 활동을 촉진하고 사회통합과 국민경제의 균형 있는 발전에 기여함을 목적으로 한다.

② **의의** : 법인격 부재로 인한 애로사항을 해소하고 새로운 경제사회 발전의 대안모델로 주목받고 있는 협동조합의 설립과 운영을 규정함으로써 경제 사회적 수요를 반영하기 위한 것이다.

(4) 7대 원칙

① **자발적이고 개방적인 조합원 제도** : 협동조합은 자발적이며, 모든 사람들에게 성(性)적·사회적·인종적·정치적·종교적 차별 없이 열려있는 조직

② **조합원에 의한 민주적 관리**
- 조합원들은 정책수립과 의사결정에 활발하게 참여하고 선출된 임원들은 조합원에게 책임을 갖고 봉사
- 조합원마다 동등한 투표권(1인 1표)을 가지며, 협동조합연합회도 민주적인 방식으로 조직·운영

③ **조합원의 경제적 참여**
- 협동조합의 자본은 공정하게 조성되고 민주적으로 통제
- 자본금의 일부는 조합의 공동재산이며, 출자배당이 있는 경우에 조합원은 출자액에 따라 제한된 배당금을 받음

- 잉여금은 협동조합의 발전을 위해 일부는 유보금으로 적립, 사업이용 실적에 비례한 편익 제공, 여타 협동조합 활동 지원 등에 배분
④ 자율과 독립 : 협동조합이 다른 조직과 약정을 맺거나 외부에서 자본을 조달할 때 조합원에 의한 민주적 관리가 보장되고, 협동조합의 자율성이 유지되어야 함
⑤ 교육, 훈련 및 정보 제공
- 조합원, 선출된 임원, 경영자, 직원들에게 교육과 훈련을 제공
- 젊은 세대와 여론 지도층에게 협동의 본질과 장점에 대한 정보를 제공
⑥ 협동조합 간의 협동 : 국내외에서 공동으로 협력 사업을 전개함으로써 협동조합 운동의 힘을 강화시키고, 조합원에게 효과적으로 봉사
⑦ 지역사회에 대한 기여 : 조합원의 동의를 토대로 조합이 속한 지역사회의 지속가능한 발전을 위해 노력

(5) 협동조합 기본법

내용		의의
요약	상세	
1인 1표	출자액수에 관계없이 1인 1개의 의결권과 선거권 부여	주식회사(1주 1표)와 다른 민주적 운영방식
2개의 법인격	일반협동조합 · 사회적협동조합	영리 · 비영리 부분의 정책수요 모두 반영
최소설립조합 수 3개	3개 이상의 협동조합이 모여 연합회 설립 가능	협동조합 활성화 촉진
자본주의 4.0 (대안적 기업모델)	기존 주식회사, 비영리법인과 달리 소액 · 소규모 창업, 취약계층 자활을 통한 '공생발전' 모델	양극화 해소 · 서민경제 활성화의 대안모델
최소설립인원 5인	5인 이상 자유롭게 설립가능(기존 개별법 : 300 ~ 1,000명)	자발적 소규모 활동 지원
기본법 제6조 (협동조합 기본원칙)	• 조합원을 위한 최대 봉사 • 자발적 결성 · 공동소유 · 민주적 운영 • 투기 · 일부조합원 이익 추구 금지	협동조합 정신 반영
7월 첫 토요일 ("협동조합의 날")	협동조합의 날(7월 첫 토요일), 협동조합주간(그 전 1주간)	협동조합 활성화 촉진
8개 협동조합법의 일반법	기존 8개 법과 독립적인 일반법 (농협, 수협, 신협, 중기협, 생협, 새마을, 엽연초, 산림조합법)	협동조합 설립 범위 확대, 개별법과 관계 정립

시험에 이렇게 나온다! 우리나라 농업협동조합에서 ICA에 준회원 자격으로 가입한 연도는?

① 1950년   ② 1951년

③ 1960년   ④ 1963년

⑤ 1967년

A. ④

(6) 협동조합과 주식회사 비교

구분	협동조합	주식회사
목적	• 자주, 자립, 자치적 협동조합 활동 촉진 • 상생발전, 국민 삶의 질 향상	상행위에 관한 규정
근거 법령	협동조합 기본법	상법
경영기구	조합원에 의해 선출된 이사회, 이사회에서 선출된 경영자 또는 선출직 상임조합장	주주에 의해 선출된 이사회, 이사회에서 선출한 경영자 또는 대주주의 자체 경영
사업	• 조합원에 대한 상담, 교육훈련 등 • 협농조합 간 협동 • 협동조합의 홍보 및 지역에 기여	• 동산, 부동산, 유가증권 기타 재상의 임대차 • 제조, 가공 또는 수선에 관한 행위 등
배당	• 이용실적에 대한 배당은 전체 배당액의 100분의 50 이상 • 납입출자액에 대한 배당은 출자금의 100분의 10을 초과하여서는 안 됨	주주총회 결정
출자 방식	조합원의 출자 이외의 수단 없음	채권, 유상증자 등
의결권 및 선거권	1인 1표	1주 1표

(7) 협동조합과 사회적 협동조합 비교

구분	협동조합	사회적 협동조합
법인격	(영리)법인	비영리법인
설립	시도지사 신고	기획재정부(관계부처) 인가
사업	업종 및 분야 제한 없음(금융 및 보험업 제외)	• 지역사회 재생, 주민 권익 증진 등 • 취약계층 사회서비스, 일자리 제공 • 국가 지자체 위탁사업 • 그 밖의 공익증진 사업 ※ 공익사업 40% 이상 수행
법정적립금	잉여금의 10/100 이상	잉여금의 30/100 이상
배당	배당 가능	배당 금지
청산	정관에 따라 잔여재산 처리	비영리법인 국고 등 귀속

⑻ 설립 가능한 협동조합

구분		내용
복지·육아 등 사회 서비스	복지	자활단체, 돌봄노동, 대안기업, 보훈단체, 사회복지 단체 등 사회서비스 분야
	육아	공동육아, 소규모 어린이집, 공동구매 등
직원협동조합 (조합원 = 직원)	근로자	대리운전, 청소, 세차, 경비, 집수리, 퀵서비스 등
	교육훈련	시간강사(대학), 대학병원 전공의 등
	취약계층	각종 비정규직, 실업자, 노숙자, 화물연대, 레미콘 기사 등
	특수계층	캐디, 학습지교사 등
	소상공인	전통시장, 마을기업, 식당주인, 소매업 등
경제·사회 등	창업	대학생창업, 소액창업, 공동연구, 벤처 등
	문화	문화, 예술, 체육, 시골봉사, 문화교실, 종교 등
	기타	소비자단체, 시골버스, 실버타운, 공동주택, 환경, 축구단(FC 경남) 등

※ 단, 상조·공제 등 금융업을 주목적으로 하는 협동조합은 설립불가

시험에 이렇게 나온다! **ICA의 협동조합 7대 원칙으로 옳지 않은 것은?**

① 조합원에 의한 민주적 관리
② 자격 성립 시 자동 가입
③ 교육, 훈련 및 정보 제공
④ 조합원의 경제적 참여
⑤ 지역사회에 대한 기여

A. ②

시험에 이렇게 나온다! **신세대 협동조합의 특징이 아닌 것은?**

① 조합원에 의한 감시가 어려움
② 사업 이용 규모에 비례한 의결권 부여
③ 출하권 양도 시 손실 없이 협동조합에서 탈퇴 가능
④ 농산물 가공을 통해 부가가치 창출
⑤ 조합원 무임승차를 최대한 배제하자는 취지

A. ①

Chapter 02 농업 농촌

❋ 협동조합의 해

유엔은 "협동조합이 더 나은 세상을 만든다"는 것을 주제로 지난 2012년을 세계 협동조합의 해로 지정한 데 이어 13년 만에 같은 주제로 2025년을 협동조합의 해로 지정했다. 유엔은 협동소합의 해를 지정하면서 각국의 정부가 협동조합의 활성화를 뒷받침할 수 있는 제도적 지원책을 보다 적극적으로 마련할 것을 요청했다.

❋ 식품사막

소비자들이 신선하고 건강한 식품을 구하기 어려운 지역이다. 주로 저소득층이 거주하는 도심이나 농촌 지역에서 발생하며 이러한 곳에서는 과일, 채소, 통곡물, 신선한 육류를 판매하는 마트가 부족하거나 아예 없는 경우가 많다. 대신 패스트푸드점이나 편의점들이 많아 지역 주민들이 영양 불균형이나 건강문제에 노출될 위험이 많아진다.

❋ 공공비축미 제도

정부가 일정 분량의 쌀을 시가로 매입해 시가로 방출하는 제도로, 양곡 부족으로 인한 수급 불안과 자연재해 또는 전쟁 등 식량 위기에 대비하기 위함이다. 2005년부터 추곡수매제도를 폐지하고 공공비축미 제도를 도입하였다.

❋ 고향사랑기부제

개인이 고향(지자체)에 기부하고 지자체는 이를 주민 복리에 사용하는 제도로 지방재정을 확충하고 지역 특산품 등을 답례품으로 제공하여 지역경제 활성화를 돕는다. 기부자는 세액 공제와 답례품 혜택을 받는다.

❋ 공공형 계절근로

각 지자체가 모집한 외국인 계절근로자를 지역농협이 고용하여 일손이 필요한 농가에 하루 단위로 파견하는 제도로, 단기 인력이 필요한 농가는 외국인 근로자를 직접 고용하지 않아도 된다. 농가에서 숙소를 제공할 의무가 없고, 사업이 시행되는 지역의 인건비 상승 억제 효과가 있어 큰 호응을 얻고 있다.

❋ 지방소멸대응기금

지역의 인구감소와 지방소멸 위기에 대응하기 위해 2022년부터 도입된 재원이다. 인구감소지역 등 122개 기초·광역 자치단체에 매년 1조 원씩 10년간 한시적으로 지원한다.

■■■
✻ 농촌체류형쉼터
도시민 등이 소유한 농지에 농지전용 절차 없이 설치할 수 있는 임시숙소다. 농촌체류형 쉼터 기본 사용 기간을 12년으로 하되, 안전점검 등을 통해 연장할 수 있는 방안을 검토 중이다.

■■■
✻ 1사1촌
기업과 마을 간 상생 사업으로 농촌과 도시의 교류 활성화를 위한 사업이다. 한 개의 기업 혹은 단체 등이 한 개의 농촌마을과 자매결연을 맺어 다양한 프로그램 개발·운영을 통해 기업과 마을 간 상생을 도모한다.

■■■
✻ 정밀농업
ICT 기술을 활용하여 투입되는 자원을 줄이면서 생산량을 높이는 생산방식이다. 인공위성이나 드론 등의 기술을 활용하여 토양, 작물, 생산량 등의 자료를 수집하고 분석을 통해서 최적의 조건을 만들어서 작물을 키워낸다. 기술을 통해 농사 계획을 세우고 농작물을 정밀하게 정찰 및 관리할 수 있으며 비료나 농약 등의 사용량을 줄여서 환경 보호를 하면서 농업의 효율을 높일 수 있다.

■■■
✻ 사회적 농업
농업활동을 통해 돌봄·교육·고용 등 다양한 서비스를 공급하는 사회적 농업 실천 조직을 육성하여 사회적 농업의 확산을 도모한다. 취약계층의 자활과 고용을 유도하여 사회 통합을 실현하고 관련된 일자리 창출, 공동체 활성화를 위해 진행되는 정책이다. 농업 생산활동을 포함하여 농촌자원을 활용하는 활동을 기반으로 취약계층에 서비스를 제공한다. 지역사회와 지속적으로 협력하는 사회적 경제 조직, 농업법인, 비영리민간단체 등을 대상으로 진행되는 농림축산식품부의 정책으로 사회적 농업 프로그램 운영비, 지역사회와 네트워크 구축비를 지원한다.

■■■
✻ 에어로팜
작물을 재배하는 재배대(Layer)를 층층이 쌓아올려 좁은 공간에서도 많은 양의 농작물을 생산할 수 있도록 하는 것이다. 햇빛 대신에 특수 발광다이오드(LED)를 사용하고 식물의 뿌리를 물에 담그거나 흙에 심지 않고 플라스틱을 재활용한 특수 제작된 천(Cloth Medium)에 작물을 키운다. 천 사이로 내려온 뿌리에 물과 양분을 분무기로 뿌려주는 방식 때문에 일명 '분무식 재배 시스템'이라고도 불린다.

■■■
✻ 지속 농업
다음 세대에서도 농업을 지속할 수 있도록 환경 보호와 생산성 유지를 달성하는 농업으로, 즉 현재 세대를 넘어서 다음 세대에도 농업이 유지될 수 있도록 비료, 농약 등의 사용을 줄이면서 농산물의 생산성을 높이는 것을 의미한다.

■■■
※ 겸업농가 농업에 종사하면서 농업 외의 다른 직업을 겸하는 것을 말한다. 농업을 주업으로 하는 경우에는 제1종 겸업농가라고 하며 농업 외의 다른 직업이 주업이 되면 제2종 겸업농가로 구별한다.

■■■
※ 농지형 역모기지론 소유 농지를 담보로 맡기고 매월 생활자금을 연금처럼 받는 제도를 말한다. 경쟁력이 낮은 고령 농업인에 대한 복지 정책으로 2011년도에 도입되었다.

■■■
※ 농민 공익수당 농업경영체 등록 농가 중 실제 영농에 종사하는 농가 및 전북 내 양봉농가로 등록되어 있는 사람을 대상으로 자치단체가 농민들에게 지급하는 지원금이다.

■■
※ 신고 포상금 제도 농업 활동을 통하여 환경 보전, 농촌 유지, 식품 안전 등을 도모하기 위해 공익직접지불금을 부정수급한 자를 주무관청에 신고하는 제도이다.

■■
※ 계약재배 생산물을 일정한 조건으로 인수하는 계약을 맺고 재배하는 것을 말한다. 주로 담배 재배, 식품 회사나 소비자 단체 등과 제휴하여 행해진다.

■■■
※ 농산물 가격 지지제도 정부의 잉여농산물 매입이나 가격 하락분 지불 등으로 인한 농산물이 공급과잉 혹은 소비 부진으로 대폭 하락하였을 경우에 생산자 손해를 방지하는 제도이다

■■
※ 농지은행 효율적인 농지이용과 농업 구조 개선으로 농업 경쟁력 제고와 안정적인 농지시장을 위하여 한국농어촌공사가 운영하는 제도이다.

■■
※ 농약허용물질목록 관리제도 농산물을 재배하는 과정에서 사용하는 다양한 농약 중 농산물에 잔류하는 농약의 양에 대한 허용기준을 설정하고 농약이 농산물에 남아있지 않도록 하는 것이다. 잔류 기준 내에서의 사용이 허가된 농약 외에 목록에 포함되지 않는 농약은 잔류 허용기준을 0.01mg/kg로 설정하여 사실상 사용을 금지한다.

■■■
＊ **청년 농업인**
　영농정착 지원사업　영세한 영농규모, 자금 부족 등 현재 농업소득으로는 생활이 어려운 청년 농업인을 선발
하여 영농정착지원금을 지급하고 조기 영농정착을 지원하는 제도이다.

■■■
＊ **경영회생지원**
　농지매입 사업　한국농어촌공사와 농림축산식품부가 기후변화 등으로 인해 경영이 어려워진 농가의 농
지를 매입하여 부채를 상환할 수 있도록 지원하는 사업이다.

■■■
＊ **치유농업**　농업 · 농촌자원 또는 이와 관련한 활동을 활용하여 심리적 · 사회적 · 인지적 · 신체적
건강을 도모하는 산업 및 활동이다. 농업 · 농촌 체험을 통해 심리적 안정을 주를 이루
는 것으로 이용자를 치료할 뿐만 아니라 농가소득 증대에도 도움이 돼 미래 유망산업으
로 주목받고 있다.

■■■
＊ **귀농인의 집**　귀농 · 귀촌 희망자가 안정적으로 농촌에 정착할 수 있도록 이루어지는 사업으로, 거주지나 영
농기반을 마련할 때까지 임시로 거주할 수 있는 거처를 저렴하게 제공한다.

■■■
＊ **팜 파티플래너**　도시의 소비자에게는 품질 좋은 농산물을 저렴한 가격에 만나볼 수 있도록 주선하고,
농촌의 농업인에게는 안정적인 판매 경로를 만들어 주는 직업이다.

■■■
＊ **스마트팜**　비닐하우스나 유리온실, 축사 등에 ICT를 접목하여 원격 · 자동으로 작물과 가축의 생육
환경을 적정하게 유지 · 관리할 수 있는 농장을 말한다.

시험에 이렇게 나온다! **ICT를 활용하여 비료, 물, 노동력 등 투입 자원을 최소화하면서 생산량을 최대화
하는 생산방식은?**

① 계약재배　　　　　　　　　② 겸업농가
③ 녹색혁명　　　　　　　　　④ 정밀농업
⑤ 지속 농업

A. ④

❋ **식량자급률**

식량 총소비량 중 국내에서 생산·조달되는 정도를 나타내는 비율이다. 사료용 곡물을 제외한 주식용을 대상으로 한다.

❋ **친환경 농산물 인증제도**

소비자에게 보다 안전한 친환경 농산물을 제공하기 위하여 전문인증기관과 정부가 엄격한 기준으로 선별하고 안정성을 인증하는 제도가 친환경 농산물 인증제도이다.

❋ **애그테크**

첨단기술을 농업에 적용하는 것을 말한다. 농산물의 파종부터 수확까지의 전 단계에 적용한다.

❋ **양곡증권**

양곡가격의 안정과 원활한 수급 및 매입자금의 효율적인 조달을 위하여 재정경제부 장관이 발행하는 증권을 말한다.

❋ **ICAO**

ICA(국제협동조합연맹)의 8개 분과기구 중 하나이다. 농협 관련 현안을 논의하고, 각국 농협에 대한 조사와 연구 사업을 진행한다. 개발도상국 농협운동 지원활동을 펼치고 있다. 2020년 7월에는 이성희 농협중앙회 회장이 ICAO 회장으로 취임하였다.

❋ **팜스테이**

농가에 머무르면서 농촌 체험을 하는 프로그램을 말한다. 단순히 시골 농가를 찾는 것과 달리 농촌·영농 체험을 할 수 있어서 인기가 높아지고 있으며 이를 지원하는 사업도 확대되고 있다.

❋ **푸드테크**

식품산업과 정보통신기술, 인공지능, 사물인터넷 등을 접목시킨 4차 산업기술을 말한다.

❋ **푸드체인**

농산물이 생산되고 유통·판매·소비되는 과정의 이력 정보를 표준화해서 통합 관리하는 시스템이다. 누구나 원산지 추적이나 위치 및 상태, 유통기한 등의 정보를 수초 이내로 확인할 수 있다.

＊ 농업인 법률구조

농협과 대한법률구조공단이 공동으로 농업인의 법률적 피해에 대한 구조와 예방 활동을 전개함으로써 농업인의 경제·사회적 지위향상을 도모하는 무료법률복지사업이다.

＊ 플랜테이션

열대 또는 아열대 지방에서 선진국 혹은 다국적 기업의 자본과 기술, 원주민의 값싼 노동력이 결합되어 상품 작물을 대규모로 경작하는 농업 방식을 말한다.

＊ GMO 표시제

유전자변형 농산물에 대해 표시하는 제도를 GMO 표시제라고 한다. 소비자의 알 권리 보호와 선택권 보장을 위하여 2001년부터 시행하고 있으나, 완전 표시제를 둘러싼 갈등은 여전히 해소되고 있지 않다.

＊ 엘리트 귀농

고학력자나 전문직 종사자, 대기업 출신 귀농자들이 귀농 준비 단계부터 정보를 공유하고, 지자체의 지원을 받아 시골살이에 성공적으로 적응하는 것을 말한다.

＊ MMA

최소시장접근을 의미하는 것으로 수입을 금지했던 상품 시장을 개방할 때 일정 기간 동안 최소한의 개방 폭을 규정하는 것을 말한다.

＊ 농협 농촌인력 중개센터

농촌에 유·무상 인력을 종합하여 중개하는 사업이다. 일자리 참여자에게 맞춤형 일자리를 제공하고 농업인에게는 일손을 제공한다.

＊ 농지집단화

각 농가의 분산되어 있는 소유농지를 서로의 권리로 조정함으로써 집단화하는 것이다. 교환, 분합, 환지 처분 등은 이를 위한 수단이 된다.

＊ 축산물위해 요소 중점관리제도 (HACCP)

위해 요소 중점관리기준으로 작업공정에 대한 체계적이고 과학적인 사전 예방 위생관리 기법이다.

▪▪▪
✳ 농산물 이력 추적제
농산물을 생산단계부터 판매단계까지의 정보를 기록하고 관리하여 농산물의 안전성 등에 문제가 발생할 경우 해당 농산물을 추적하여 원인규명 및 조치를 취할 수 있도록 관리하는 제도를 말한다.

▪▪▪
✳ 농산물우수관리 인증제도(GAP)
생산부터 수확 후 포장단계까지 농약·중금속·병원성미생물 등 농식품 위해 요소를 종합적으로 관리하는 제도이다.

▪▪▪
✳ NH OCTO
농협형 스마트팜으로 서비스철학 Open, Collaboration, Total, Operation의 앞글자를 따온 것이다. 농사준비를 위한 교육 및 컨설팅, 농사시작 전에 시설 구축과 금융지원, 생산자 조직화와 판로지원, 영농정보제공과 신기술 도입에 도움을 주는 농협의 플랫폼이다.

▪▪▪
✳ 6차 산업
농촌의 인구 감소와 고령화, 수입 농산물 개방으로 인한 국내 농산물 경쟁력 약화 등의 문제로 새롭게 등장하였으며 국내 공식 명칭은 농촌 융·복합 산업이다.

시험에 이렇게 나온다! **농민운동과 관련한 설명으로 옳지 않은 것은?**

① 신토불이운동, 농도불이운동, 농촌사랑운동 순서로 가치확산운동이 전개되었다.

② '식사랑 농사랑 운동'은 우루과이라운드(UR) 협상으로 농축산물 수입 개방을 저지하기 위해서 전개되었다.

③ '신풍운동'의 목표는 농협의 이미지를 쇄신하고 농협운영을 활성화하는 것이다.

④ '새마을운동'은 근면·자조·협동을 기반으로 농민의 자조와 협동으로 새마을지도자를 양성하고자 했다.

⑤ 도농협동을 위해서 도시민과 농업인이 함께 발전하는 것을 목표로 '또 하나의 마을만들기 운동'이 전개되었다.

A. ②

경제 디지털

✳ **상대강도지수**
(RSI : Relative
Strength Index)

금융시장에서 사용되는 기술적 분석 지표로 특정 자산의 가격 움직임의 강도를 평가하는데 사용된다. 즉, 주어진 기간 동안 상승폭과 하락폭의 비율을 분석하여 시장 내 매수와 매도의 강도(자산의 과매수 또는 과매도 상태)를 판단한다. 단기 매수 · 매도 신호로 사용되며 직접적인 심리측정도구는 아니지만 투자자들의 심리가 가격 움직임에 어떻게 영향을 미쳤는지 간접적으로 해석할 수 있다.

> **상식PLUS⁺ 주요 해석**
> ㉠ RSI 70 이상(과매수 상태)
> - 자산 가격이 급등하면서 탐욕과 낙관론이 강해진 상태를 반영한다.
> - 투자자들이 과도하게 매수하여 가격이 실제 가치보다 높아질 가능성이 크다.
> - 이때 가격하락이 예상된다.
> ㉡ RSI 30 이하(과매도 상태)
> - 자산 가격이 급락하면서 공포나 비관론이 강해진 상태를 반영한다.
> - 투자자들이 지나치게 매도하여 가격이 실제 가치보다 낮아질 가능성이 크다.
> - 이때 가격상승이 예상된다.

✳ **공포탐욕지수**
(Fear&Greed
Index)

미국 CNN에서 개발한 시장에 대한 투자자들의 심리상태 지표로, 시장 전반의 투자 심리를 평가하여 매수 · 매도 타이밍을 잡는 데 도움을 준다. RSI와 함께 보조 수단으로 사용된다. 변동성, 시장모멘텀, 옵션시장, 주가 강도, 주가 폭, 채권 수익률 스프레드 총 7가지 요인으로 시장 심리를 측정하며 0~100까지 5단계로 구분한다. 0~24는 극도의 공포, 25~49는 공포, 50은 중립, 51~74는 탐욕, 75~100은 극도의 탐욕이다. 지표가 극도의 공포에 가까울수록 시장 저평가 가능성이 높고, 극도의 탐욕에 가까울수록 시장 고평가 가능성이 높다.

✳ **캐즘**

금융시장의 안정을 유지하고자 도입된 제도다. 금융기관이 경영부실로 영업정지 혹은 파산하고 예금자에게 예금을 지급하지 못하면 뱅크런(Bank Run)이 일어나는데 이런 경우를 막고자 예금보험공사가 해당 금융기관을 대신하여 예금자에게 원리금의 전부 또는 일부를 지급한다.

▪▪▪
✽ 런케이션

배움의 'Learning'과 휴식의 'Vacation'의 합성어로, 배움과 휴식이 공존하는 여행을 의미한다. 단순한 관광에 그치는 것이 아닌, 해당 지역이나 국가의 특색있는 문화 등을 학습하는 것이다. 최근 우리나라 제주도에서는 대학교육의 혁신과 지역발전을 접목한 런케이션 프로젝트가 본격적으로 추진되고 있다. 제주의 대학교에서 계절학기 등으로 수업으로 학점을 취득하면서 여가시간에 자유롭게 여행할 수 있는 런케이션 프로그램이 증가하고 있다. 참여 학생들은 해당 지역에서 마련해준 숙소 등에 머물며 학습과 여행을 병행한다.

▪▪▪
✽ 근원 개인소비지출

근원 개인소비지출은 개인소비지출(PCE)에서 가격 변동성이 커 전체적인 경제 트렌드를 왜곡할 수 있는 식료품과 에너지를 제외한 지수다. 근원 개인소비지출은 중앙은행 등의 정책 결정권자들에게 인플레이션 추세를 보이기 위해 사용된다.

▪▪▪
✽ 소프트랜딩

경기 성장세가 꺾이지만 급격한 둔화로까지는 이어지지 않는 것을 말한다. 원래 비행기나 우주선이 기체에 무리가 가지 않도록 착륙하거나 궤도에 진입하는 기법을 가리키는 우주항공 용어였으나, 경제 분야에서는 급격한 경기침체나 실업률 증가를 야기하지 않으면서 경기가 서서히 가라앉는 것을 일컫는다.

▪▪▪
✽ 애프터마켓

제품을 판매한 이후 추가로 발생하는 수요에 의해 형성된 시장을 일컫는다.

▪▪▪
✽ 신3저 · 신3고

저유가, 저금리, 저달러 현상과 고유가, 고금리, 고달러 현상을 각각 일컫는 말이다.

▪▪▪
✽ 예금자보호제도

금융시장의 안정을 유지하고자 도입된 제도다. 금융기관이 경영부실로 영업정지 혹은 파산하고 예금자에게 예금을 지급하지 못하면 뱅크런이 일어나는데 이런 경우를 막고자 예금보험공사가 해당 금융기관을 대신하여 예금자에게 원리금의 전부 또는 일부를 지급한다. 예금자보호한도는 5천만 원이었으나, 2024년 예금자보호법 개정안이 국회 본회의를 통과하면서 2025년부터는 1억 원으로 상향 조정됐다.

▪▪▪
✽ 리플레이션

심각한 인플레이션을 야기하지 않을 정도로 재정 및 금융을 확대하면서 경기의 회복과 확대를 도모한다.

■■■
✳ **도덕적 해이**

이해당사자들이 상대를 배려하지 않는 태도를 일컫는다. 보험시장에서 처음 사용되었던 용어이며, 모럴 해저드라고도 불린다. 정보를 가진 측과 정보를 가지지 못하여 정보의 불균형 상황이 되었을 때, 정보를 가진 쪽이 불투명하여 행동을 예측할 수 없을 때 도덕적 해이가 발생한다.

■■■
✳ **어슈어뱅킹**

보험사가 은행을 자회사로 두거나 은행상품을 판매하는 것으로, 은행이 보험회사를 자회사로 두거나, 창구에서 보험 상품을 판매하는 것을 의미하는 방카슈랑스에 상대되는 개념이다. 즉, 보험회사가 은행업을 겸하는 것이다. 보험회사가 은행의 업무 영역인 지급 결제기능을 포함하고 있거나, 은행을 자회사로 두어 간접적으로 은행업을 겸하는 경우를 말한다.

■■
✳ **레드라이닝**

금융기관 및 보험회사가 특정 지역에 붉은 선을 긋고 그 지역에 금융서비스를 거부하는 행위다. 지역 주민들의 신용도를 바탕으로 A(초록색), B(파란색), C(노란색), D(빨간색)로 나누어 지도에 표시했으며, 낙후된 도심이나 유색인종이 살고 있는 지역이 빨간색으로 표시했다. 해당 지역의 거주민들은 대출을 받지 못하거나 대출을 받더라도 높은 이자율을 부담해야 했다.

■■■
✳ **더블 딥**

불황에서 벗어난 경제가 다시 침체에 빠지는 이중하강 현상을 말한다. W자형 경제구조라고도 하며 경기침체의 골을 두 번 지나야 비로소 완연한 회복을 보일 것이라는 전망 때문에 W자 모양의 더블 딥으로 불리게 됐다.

■■
✳ **파킹 통장**

불안한 투자환경과 시장 변동성 속에서 잠시 자금의 휴식처가 필요하거나 당장 목돈을 사용할 계획이 없는 투자자들에게 유용하다.

시험에 이렇게 나온다! **예금자보호법 개정에 따라 상향된 예금보호금액은?**

① 2천만 원　　　　　　　　② 5천만 원
③ 1억 원　　　　　　　　　④ 2억 원
⑤ 3억 원

A. ③

✳ **베이시스**

주식시장에서 선물가격과 현물가격의 차이를 나타내는 말이다. 베이시스가 양(+)이면 콘탱고라고 하며 음(−)일 경우 백워데이션이라고 한다.

✳ **신파일러**

개인 신용을 평가할 금융정보가 부족하여 금융거래에서 소외되는 계층을 의미한다. 금융이력이 부족하다는 이유로 대출과 신용카드 발급에 제재를 받은 계층이다. 소득과 상환능력이 있더라도 신용점수에 불리하게 작용하는 것이다.

✳ **레인지 포워드**

불리한 방향의 리스크를 헤지하기 위해 옵션을 매입하고 그에 따른 지급 프리미엄을 얻기 위해 유리한 방향의 옵션을 매도하여 환율변동에 따른 기회이익을 포기하는 전략이다.

✳ **회색 코뿔소**

지속적으로 경고하지만 쉽게 간과하게 되는 위험 요인을 말한다. 코뿔소는 멀리서도 눈에 띄며 움직임을 알 수 있지만 두려움 때문에 아무런 대처를 하지 못하거나, 대처방법을 알지 못해 일부러 무시하는 것을 빗대어 표현한 용어이다. 2013년 다보스포럼에서 처음 사용되었다.

✳ **아웃소싱**

기업 내부의 업무 일부를 경영 효율의 극대화를 위해 외부의 전문 업체에 위탁해서 처리하는 경영전략이다. 급속한 시장변화와 치열한 경쟁에서 살아남기 위해 기업은 핵심 사업에 집중하고, 나머지 부수적인 업무는 외주에 의존함으로서 인원 절감과 생산성 향상의 효과를 노리고 있다.

✳ **골드뱅킹**

고객들이 은행을 통하여 금에 투자하는 방식 중 하나로, 2003년에 도입된 제도이다. 금을 직접 사고파는 방식과 금을 직접 주고받지 않아도 거래한 후 투자의 이익과 원금을 현금으로 지급하는 방식이 있다.

✳ **FIDO**

지문, 홍채 등 신체적 특성의 생체 정보를 이용하거나 동작 등 행동적 특성의 생체정보 인증도 이용하여 비밀번호 없이 편리하고 안전한 개인 인증 기술이다.

✳ **6시그마**

1987년 모토로라의 마이클 해리가 통계기법을 활용하여 기존의 품질관리 기법을 확장하는 6시그마 경영기법을 고안하였다. 100만 번의 프로세스 중 3 ~ 4번의 실수나 결함이 있는 상태를 말하며, 경영활동에 존재하는 모든 프로세스를 분석하고 규명해서 현재 시그마 수준을 알아낸 다음 혁신을 통해 6시그마 수준에 도달하는 것을 목표로 한다.

■■■■
✳ 퍼블릭 클라우드

전문 업체가 제공하는 IT인프라 자원을 별도의 구축비용 없이 사용한 만큼만 이용료를 지불하고 활용하는 방식을 말한다.

■■■■
✳ 교차판매

금융기관들이 대형화, 겸업화하면서 다른 금융회사가 개발한 상품까지 판매하는 적극적인 판매방식으로 손해보험사 소속 설계사가 생명보험사 상품을, 생명보험사 소속 설계사가 손해보험상품을 팔 수 있는 것으로 2008년 8월부터 시행되었다.

■■■■
✳ 에스크로

구매자와 판매자의 신용관계가 불확실 할 때 상거래가 원활하게 이루어질 수 있도록 제3자가 중개하는 매매 보호 서비스이다.

■■■■
✳ 버그바운티

기업의 서비스나 제품 등을 해킹해 취약점을 발견한 화이트 해커에게 포상금을 지급하는 제도이다. 블랙 해커의 악의적인 의도로 해킹 당할 시 입는 손해를 방지하기 위하여 공개적으로 포상금을 걸고 버그바운티를 진행한다.

■■■■
✳ 디지털 발자국

온라인 사용자들이 온라인 활동을 하면서 남긴 구매 패턴, 검색어 기록, 홈페이지 방문 기록 등을 디지털 발자국이라고 하며 디지털 흔적이라고도 한다. 기업들은 이를 분석하여 광고나 프로모션을 할 수 있는 소프트웨어를 활용하여 소비자 맞춤형 광고를 노출한다.

■■■■
✳ 에지 컴퓨팅

중앙 집중 서버가 모든 데이터를 처리하는 클라우드 컴퓨팅과 다르게 분산된 소형 서버를 통하여 실시간으로 처리하는 기술을 일컫는다. 사물인터넷 기기의 확산으로 데이터의 양이 폭증하면서 이를 처리하기 위해 개발되었다.

■■■■
✳ 차이니스 월

금융회사의 부서 간 또는 계열사 간 정보 교류를 차단하는 장치나 제도를 말한다. 불필요한 정보 교류를 차단하지 않으면 고객의 이익보다 회사의 이익을 위하는 방향으로 자산을 운용할 가능성이 있기 때문이다.

■■■■
✳ HTML

직접 프로그램을 제작하는 데에 사용되는 C나 PASCAL과 달리 웹에서 사용되는 각각의 하이퍼텍스트 문서를 작성하는데 사용되며, 우리가 인터넷에서 볼 수 있는 수많은 홈페이지들은 기본적으로 HTML이라는 언어를 사용하여 구현된 것이다.

■■■
❋ 등대공장

사물인터넷(IoT)과 인공지능(AI), 빅데이터 등 4차 산업혁명의 핵심기술을 적극적으로 도입하여 제조업의 미래를 혁신적으로 이끌고 있는 공장을 의미한다.

■■□
❋ 해시함수

다양한 크기의 데이터를 고정된 길이의 해시 값으로 출력하는 함수다. 암호화 기술 중 하나로 현재 표준 해시함수는 160~256비트의 해시 값을 출력한다. 암호알고리즘에는 키를 사용한다. 하지만 해시함수는 키를 사용하지 않아 항상 동일한 출력값이 나오는 특성에 따라 무결성을 검증할 수 있다. 동작 일고리즘이 간단하여 상대적으로 시스템 자원 소모량이 적은 편이다. MD5, SHA 등의 해시함수가 있다.

■■■
❋ 오픈사이언스

과학연구와 보급을 아마추어 또는 전문가, 즉 사회의 모든 수준에서 협업 네트워크를 통해 공유 및 개발되며 투명하고 접근 가능한 지식이다. 많은 과학연구물을 다루는 출판물이나 데이터, 물리적 샘플 등에 접근하기 위해서는 돈을 지불해야 하며 이는 곧 소수의 부유층만 볼 수 있을뿐, 전 세계 과학자 대다수는 접근할 수 없다는 점을 꼬집으며 이를 해결하고자 하는 일련의 운동이다. 오픈 사이언스는 개방된 방법론, 오픈 소스, 오픈 데이터, 오픈 액세스, 공개 피어 리뷰, 오픈 교육 리서스를 원칙으로 삼는다.

■■□
❋ 클라우드 서비스

각종 자료를 내부 저장공간이 아닌 외부 클라우드 서버에 저장한 뒤 다운로드 받는 서비스다. 인터넷으로 연결된 초대형 고성능 컴퓨터에 소프트웨어와 콘텐츠를 저장해 두고 필요할 때마다 꺼내어 쓸 수 있다.

■■□
❋ 게이트웨이

디지털 · ICT에서의 게이트웨이는 현재 사용자가 위치한 네트워크에서 다른 네트워크로 이동하기 위해 반드시 거쳐야 하는 거점을 의미한다. 즉, 서로 다른 프로토콜을 통신이 가능하도록 연결해주는 것으로 LAN 통신은 게이트웨이를 통해 이루어진다.

■■□
❋ 프레임워크

개발을 수월하게 하기 위한 협업 형태로 제공되는 소프트웨어 플랫폼이다. 소프트웨어 애플리케이션을 개발할 때 기능의 설계와 구현이 수월하게 가능하도록 하여 개발 · 실행 · 테스트 · 운영 환경을 지원하여 개발기간을 단축할 수 있다. 소프트웨어의 프레임워크는 프로그램, 코드 라이브러리, 컴파일러, API 등이 있다.

✳ GPT-4o

오픈AI가 설계한 다중 언어, 다중 모달 생성 사전 훈련 변환기로 즉, 복합적 AI라고 할 수 있다. '지피티포 옴니' 또는 '지피티포오'라고 부르는데, 'o'는 '옴니'의 줄임말로 '모든 것', '어디에나 있다'는 뜻이다. GPT-4o에서 사용할 수 있는 5가지 옴니 기능은 ▲ 텍스트, 이미지, 오디오 등 다양한 형식의 데이터를 처리할 수 있는 멀티모달(multi modal) 기능 ▲ 이미지를 분석하고 설명하며 생성하는 강화된 비전(vision) 기능 ▲ 실시간 웹 정보 검색을 통해 얻은 최신 정보를 기반으로 한 깊이 있는 답변 기능 ▲ 외부 API(응용프로그램 인터스페이스)를 호출해 새로운 기능을 확장할 수 있는 펑션콜(function call) 기능 ▲ 데이터 해석 능력을 바탕으로 한 비즈니스 인사이트 제공 기능 등이다.

✳ 알고리즘

문제해결을 위한 단계적으로 처리하는 절차 · 방법 · 명령어다. 알고리즘 수행을 위해 자료를 입력(Input)하면 업무가 수행되어 출력(Output)이 된다. 알고리즘을 처리할 때 명령어를 명확하게 입력해야 하는 명확성과 수행 후 종료되어야 하는 유한성, 실행이 가능해야 하는 효과성의 조건을 가진다. 데이터를 상태에 맞게 정렬하는 정렬 알고리즘과 데이터 집합에서 원하는 것을 찾는 검색 알고리즘, 그래프 정점에 들어가 처리하는 그래프 탐색 알고리즘이 있다.

✳ 디버깅

작성된 프로그램들이 정확한가, 즉 잘못 작성된 부분이 없는가를 조사하는 과정이다. 이 작업은 기계에 넣기 전에 책상 위에서 주어진 문제대로 프로그램이 작성되었는가를 순서도와 메모리의 작업 영역표에 실제 데이터를 넣어서 수동 작업으로 정확한 결과가 나오는가를 검사하는 데스크상의 검사와 컴퓨터를 이용한 표준적 데이터로 메인 루틴을 조사하는(이때, 예외 사항이 포함된 데이터와 오류가 있는 데이터 포함) 컴퓨터를 사용한 검사이다.

시험에 이렇게 나온다! **정보통신망의 형태에 해당하지 않는 것은?**

① 패킷형　　　　　　　　　　② 성형
③ 망형　　　　　　　　　　　④ 버스형
⑤ 링형

A. ①

제1회 실전모의고사

풀이시간 |_____분 분	정답문항수 _____ 문항

1 최근 수입차의 가격 할인 프로모션 등으로 인하여 국내 자동차 시장이 5년 만에 마이너스 성장한 것으로 나타남에 따라 乙자동차회사에 근무하는 A 대리는 신차 개발에 앞서 자동차 시장에 대한 환경 분석과 관련된 보고서를 제출하라는 업무를 받았다. 다음은 A가 작성한 자동차 시장에 대한 SWOT분석이다. 기회 요인에 작성한 내용 중 잘못된 것은?

강점	약점
• 자동차그룹으로서의 시너지 효과 • 그룹 내 위상 · 역할 강화 • G 시리즈의 성공적인 개발 경험 • 하이브리드 자동차 기술 개발 성공	• 노조의 잦은 파업 • 공격적인 생산라인 증설 • 신형차의 짧은 수명 • 경쟁사의 마케팅 대응 부족 • 핵심 부품의 절대적 수입 비중
기회	**위협**
① 노후화된 경유차 조기폐차 보조금 지원 ② 하이브리드 자동차에 대한 관심 증대 ③ 국제유가 하락세의 장기화 ④ 난공불락의 甲자동차회사 ⑤ 동남아에서 한국산 자동차의 인기	• 대대적인 수입차 가격 할인 프로모션 • 취업난으로 인한 젊은 층의 소득 감소 • CEO의 부정적인 이미지 이슈화 • 미국에서 한국이 제조한 자동차에 관세 부과 시사

2 양 대리는 살고 있던 전셋집 계약이 만료되어 이사를 계획하고 있다. 이사 하는 김에 새로운 집에서 열심히 살아보자는 의지로 출근 전에는 수영을, 퇴근 후에는 영어학원을 등록하였다. 회사와 수영장, 영어학원의 위치가 다음과 같을 때, 양 대리가 이사할 곳으로 가장 적당한 곳은? (단, 이동거리 외에 다른 조건은 고려하지 않는다.)

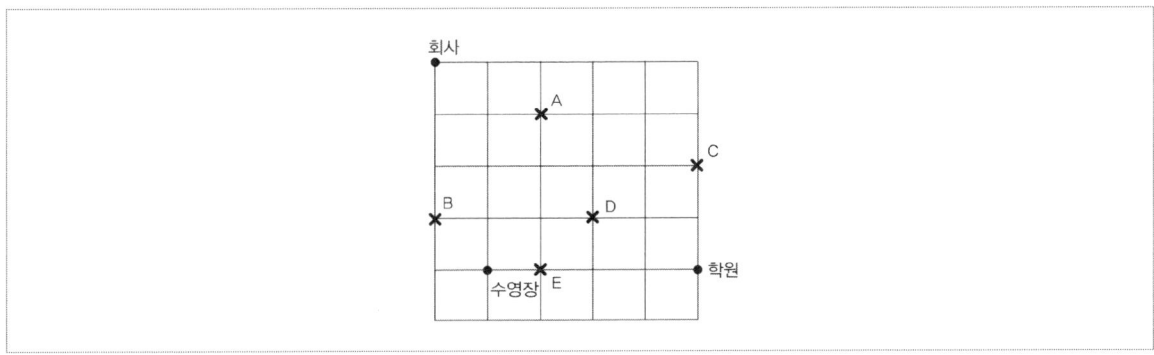

① A   ② B

③ C   ④ D

⑤ E

3 다음 워크시트에서 [A2] 셀 값을 소수점 첫째 자리에서 반올림하여 [B2] 셀에 나타내려고 할 때, [B2] 셀에 알맞은 함수식은?

	A	B
1	숫자	반올림한 값
2	987.9	
3	247.6	
4	864.4	
5	69.3	
6	149.5	
7	75.9	
8		

① ROUND(A2, − 1)   ② ROUND(A2, 0)

③ ROUNDDOWN(A2, 0)   ④ ROUNDUP(A2, − 1)

⑤ ROUND(A3, 0)

📝 Answer. 1.④ 2.⑤ 3.②

▮4〜5▮ 다음은 시스템 모니터링 중에 나타난 화면이다. 다음 화면에 나타나는 정보를 이해하고 시스템 상태를 파악하여 적절한 input code를 고르시오.

〈시스템 화면〉

System is checking........

Run.....

Error Found!
Index GTEMSHFCBA of file WODRTSUEAI

input code :

항목	세부사항
index '__' of file '__'	• 오류 문자 : Index 뒤에 나타나는 10개의 문자 • 오류 발생 위치 : file 뒤에 나타나는 10개의 문자
Error Value	오류 문자와 오류 발생 위치를 의미하는 문자에 사용된 알파벳을 비교하여 일치하는 알파벳의 개수를 확인(단, 알파벳의 위치와 순서는 고려하지 않으며 동일한 알파벳이 속해 있는지만 확인한다.)
input code	Error Value를 통하여 시스템 상태를 판단

판단 기준	시스템 상태	input code
일치하는 알파벳의 개수가 0개인 경우	안전	safe
일치하는 알파벳의 개수가 1 〜 3개인 경우	경계	alert
일치하는 알파벳의 개수가 4 〜 6개인 경우		vigilant
일치하는 알파벳의 개수가 7 〜 9개인 경우	위험	danger
일치하는 알파벳의 개수가 10개인 경우	복구 불능	unrecoverable

4

〈시스템 화면〉

System is checking........
Run.....

Error Found!
Index DRHIZGJUMY of file OPAULMBCEX

input code : _____

① safe
② alert
③ vigilant
④ danger
⑤ unrecoverable

5

〈시스템 화면〉

System is checking........
Run.....

Error Found!
Index QWERTYUIOP of file POQWIUERTY

input code : _____

① safe
② alert
③ vigilant
④ danger
⑤ unrecoverable

📑 **Answer.** 4.② 5.⑤

6 다음은 지자체에서 귀농인 지원을 위한 신청 공고이다. 다음 신청 공고에 따라 〈보기〉에 정리된 지원자 중에서 지원대상에 해당하는 귀농가구는?

〈귀농인 지원 신청 공고〉

가. 신청자격 : 지자체에 소재하는 귀농가구 중 거주기간이 6개월 이상이고, 가구주의 연령이 20세 이상 60세 이하인 가구

나. 심사기준 및 점수 산정방식
- 다음 심사기준별 점수를 합산한다.
- 심사기준별 점수
  - 거주기간 : 10점(3년 이상), 8점(2년 이상 3년 미만), 6점(1년 이상 2년 미만), 4점(6개월 이상 1년 미만)
  - 가족 수 : 10점(4명 이상), 8점(3명), 6점(2명), 4점(1명)
    ※ 가족 수에는 가구주가 포함된 것으로 본다.
  - 영농규모 : 10점(1.0ha 이상), 8점(0.5ha 이상 1.0 미만), 6점(0.3ha 이상 0.5ha 미만), 4점(0.3ha 미만)
  - 주택노후도 10점(20년 이상), 8점(15년 이상 20년 미만), 6점(10년 이상 15년 미만), 4점(5년 이상 10년 미만)
  - 사업시급성 : 10점(매우 시급), 7점(시급), 4점(보통)

다. 지원내용
- 지원목적 : 귀농인의 안정적인 정착을 도모하기 위해 일정 기준을 충족하는 귀농가구의 주택 개·보수 비용을 지원
- 예산액 : 6,000,000원
- 지원액 : 가구당 3,000,000원
- 지원대상 : 심사기준별 점수의 총점이 높은 순으로 2가구를 지원(총점이 동점일 경우 가구주의 연령이 높은 가구를 지원)

보기

귀농가구	가구주 연령(세)	거주기간	가족수(명)	영농규모(ha)	주택 노후도(년)	사업 시급성
A	48	4년 4개월	1	0.2	20	매우 시급
B	47	11개월	3	1.1	14	매우 시급
C	55	1년 9개월	2	0.7	22	매우 시급
D	60	7개월	4	0.3	14	보통
E	35	2년 7개월	1	1.4	17	시급

① A, B
② A, C
③ B, C
④ C, E
⑤ D, E

7 어떤 사람이 가격이 1,000만 원인 자동차를 구매하기 위해 은행에서 상품 A, B, C에 대해 상담을 받았다. 다음 상담 내용을 참고하여 보기에서 옳은 것을 고르시오. (단, 총비용으로 은행에 내야하는 금액과 수리비만을 고려하고, 등록비용 등 기타 비용은 고려하지 않는다)

가. A상품

고객님이 자동차를 구입하여 소유권을 취득하실 때, 은행이 자동차 판매자에게 즉시 구입금액 1,000만 원을 지불해드립니다. 그리고 그날부터 매월 1,000만 원의 1%를 이자로 내시고, 1년이 되는 시점에 1,000만 원을 상환하시면 됩니다.

나. B상품

고객님이 원하시는 자동차를 구매하여 고객님께 전달해 드리고, 고객님께서는 1년 후에 자동차 가격에 이자를 추가하여 총 1,200만 원을 상환하시면 됩니다. 자동차의 소유권은 고객님께서 1,200만 원을 상환하시는 시점에 고객님께 이전되며, 그 때까지 발생하는 모든 수리비는 저희가 부담합니다.

다. C상품

고객님이 원하시는 자동차를 구매하여 고객님께 임대해 드립니다. 1년 동안 매월 90만 원의 임대료를 내시면 1년 후에 그 자동차는 고객님의 소유가 되며, 임대기간 중 발생하는 모든 수리비는 저희가 부담합니다.

보기
───────────────────────────────────────

ⓧ 사고 여부와 관계없이 자동차 소유권 취득 시까지의 총비용 측면에서 B상품보다 C상품을 선택하는 것이 유리하다.

ⓒ 최대한 빨리 자동차 소유권을 얻고 싶다면 A상품을 선택하는 것이 다른 두 선택지보다 유리하다.

ⓔ 자동차 소유권을 얻기까지 은행에 내야 하는 총금액은 A상품이 가장 적다.

ⓡ 1년 내에 사고가 발생해 50만 원의 수리비가 소요될 것으로 예상한다면 총비용 측면에서 A상품보다 B상품을 선택하는 것이 유리하다.

───────────────────────────────────────

① ㉠, ㉡　　　　　　　　　　　　　② ㉡, ㉢

③ ㉠, ㉡, ㉢　　　　　　　　　　　④ ㉡, ㉢, ㉣

⑤ ㉠, ㉡, ㉢, ㉣

| 8 ~ 9 | 甲과 乙은 산양우유를 생산하여 판매하는 산양목장에서 일한다. 다음을 바탕으로 물음에 답하시오.

가. 산양목장은 A ~ D의 4개 구역으로 이루어져 있으며 산양들은 자유롭게 다른 구역을 넘나들 수 있지만 목장을 벗어나지 않는다.

나. 甲과 乙은 산양을 잘 관리하기 위해 구역별 산양의 수를 파악하고 있어야 하는데, 산양들이 계속 구역을 넘나들기 때문에 산양의 수를 정확히 헤아리는 데 어려움을 겪고 있다.

다. 고민 끝에 甲과 乙은 시간별로 산양의 수를 기록하되, 甲은 특정 시간 특정 구역의 산양의 수만을 기록하고, 乙은 산양이 구역을 넘나들 때마다 그 시간과 그때 이동한 산양의 수를 기록하기로 하였다.

라. 甲과 乙이 같은 날 오전 9시부터 오전 10시 15분까지 작성한 기록표는 다음과 같으며, ㉠ ~ ㉣을 제외한 모든 기록은 정확하다.

甲의 기록표			乙의 기록표		
시간	구역	산양 수	시간	구역 이동	산양 수
09:10	A	17마리	09:08	B→A	3마리
09:22	D	21마리	09:15	B→D	2마리
09:30	B	8마리	09:18	C→A	5마리
09:45	C	11마리	09:32	D→C	1마리
09:58	D	㉠21마리	09:50	A→C	4마리
10:04	A	㉡18마리	10:00	D→B	1마리
10:10	B	㉢12마리	10:05	C→D	3마리
10:15	C	㉣10마리	10:11	C→B	2마리

※ 구역 이동 외 산양의 수 변화는 고려하지 않는다.

8 ㉠ ~ ㉣ 중 바르게 기록된 것만을 고른 것은?

① ㉠, ㉡   ② ㉠, ㉢

③ ㉡ ㉢   ④ ㉡, ㉣

⑤ ㉢, ㉣

9 산양목장에서 키우는 산양의 총 마리 수는?

① 58마리   ② 59마리

③ 60마리   ④ 61마리

⑤ 62마리

10 다음 표는 어떤 렌터카 회사에서 제시한 차종별 자동차 대여료이다. A 부장이 팀원 9명과 함께 차량을 대여하여 3박 4일로 야유회를 계획하고 있다. 다음 중 가장 경제적인 차량 임대 방법은?

구분	대여 기간별 1일 요금(원)			대여 시간별 요금(원)	
	1 ~ 2일	3 ~ 6일	7일 이상	6시간	12시간
소형(4인승)	75,000	68,000	60,000	34,000	49,000
중형(5인승)	105,000	95,000	84,000	48,000	69,000
대형(8인승)	182,000	164,000	146,000	82,000	119,000
SUV(7인승)	152,000	137,000	122,000	69,000	99,000

※ 1) 대여 시간을 초과하면 다음 단계의 요금을 적용
  2) 소형차, 중형차, 대형차 대여 시 차 대수 × 대여일수 > 7일 이라면, 전체 금액의 5% 할인
  3) SUV 대여 시 차 대수 × 대여일수 > 5일이라면, 전체 금액의 10% 할인(예를 들어 소형차 2대와 SUV 1대를 4일간 대여한 다면, 소형차 2대 × 4일 > 7이 되므로 소형차 2대의 4일 대여 가격만 5% 할인한다.)

① SUV 2대 대여
② 소형차 3대 대여
③ 중형차 2대 대여
④ SUV 1대와 소형차 1대 대여
⑤ 소형차 1대와 중형차 1대 대여

11 다음은 경영전략의 추진과정을 도식화하여 나타낸 표이다. 표의 빈칸 ㈎ ~ ㈐에 대한 설명으로 적절하지 않은 것은?

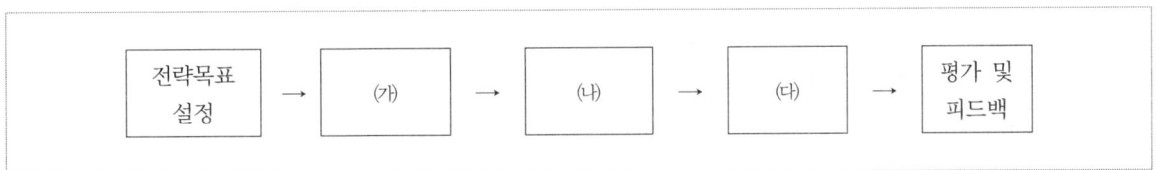

① ㈎에서는 SWOT 분석을 통해 기업이 처한 환경을 분석해 본다.
② ㈏에서는 조직과 사업부문의 전략을 수립한다.
③ ㈐에서는 경영전략을 실행한다.
④ ㈏에서는 경영전략을 도출하여 실행에 대한 모든 준비를 갖춘다.
⑤ ㈐에서는 경영 목표와 전략을 재조정할 수 있는 기회를 갖는다.

|12 ~ 13| 주어진 지문을 읽고, 글의 내용과 부합하는 것이 몇 개인지 보기에서 고르시오.

12

대부분의 사람들은 '이슬람', '중동', 그리고 '아랍'이라는 지역 개념을 혼용한다. 그러나 엄밀히 말하면 세 지역 개념은 서로 다르다. 우선 이슬람지역은 이슬람교를 믿는 무슬림이 많이 분포된 지역을 지칭하는 것으로 종교적인 관점에서 구분한 지역 개념이다. 오늘날 무슬림은 전 세계 약 57개국에 많게는 약 16억, 적게는 약 13억이 분포된 것으로 추정되며, 그 수는 점점 더 증가하는 추세이다. 무슬림 인구는 이슬람교가 태동한 중동지역에 집중되어 있다. 또한 무슬림은 중국과 중앙아시아, 동남아시아, 북아프리카 지역에 걸쳐 넓게 분포해 있다.

중동이란 단어는 오늘날 학계와 언론계에서 자주 사용되고 있다. 그러나 이 단어의 역사는 그리 길지 않다. 유럽, 특히 영국은 19세기 이래 아시아지역에서 식민정책을 펼치기 위해 전략적으로 이 지역을 근동, 중동, 극동의 세 지역으로 구분했으며, 이후 이러한 구분은 런던타임즈에 기고된 글을 통해 정착되었다. 따라서 이 단어 뒤에는 중동을 타자화한 유럽 중심적인 사고관이 내재되어 있다. 중동지역의 지리적 정의는 학자에 따라, 그리고 국가의 정책에 따라 다르다. 북아프리카에 위치한 국가들과 소련 해체 이후 독립한 중앙아시아의 신생 독립국들을 이 지역에 포함시켜야 하는가에 대해서는 확고하게 정립된 입장은 아직 없지만, 일반적으로 합의된 중동지역에는 아랍연맹 22개국과 비아랍국가인 이란, 튀르키예 등이 포함된다. 이 중 튀르키예는 유럽연합 가입을 위해 계속적으로 노력하고 있으나 거부되고 있다. 이슬람지역이 가장 광의의 지역 개념이라면 아랍은 가장 협소한 지역 개념이다.

아랍인들은 셈족이라는 종족적 공통성과 더불어 아랍어와 이슬람 문화를 공유하고 있다. 아랍지역에 속하는 국가는 아랍연맹 회원국 22개국이다. 아랍연맹 회원국에는 아라비아 반도에 위치한 사우디아라비아, 바레인, 쿠웨이트, 이라크, 오만, 아랍에미리트 등과 북아프리카 지역의 알제리, 모로코, 리비아, 튀니지, 이집트, 수단 등이 포함된다.

보기

㉠ 셈족의 혈통을 지닌 이라크의 많은 국민들은 아랍어를 사용한다.

㉡ 중동은 서구유럽의 식민정책이 반영된 단어로 그 지리적인 경계가 유동적이다.

㉢ 리비아는 이슬람지역에는 속하지만 일반적으로 합의된 중동지역에는 속하지 않는다.

㉣ 일반적으로 합의된 중동지역에 속하지만 아랍지역에 속하지 않는 국가로는 이란이 있다.

㉤ 이슬람지역이 종교적인 관점에서 구별된 지역 개념이라면 아랍지역은 언어·종족·문화적 관점에서 구별된 지역 개념이다.

① 1개　　　　　　　　　　　② 2개

③ 3개　　　　　　　　　　　④ 4개

⑤ 5개

13

　　고생물의 골격, 이빨, 패각 등의 단단한 조직은 부패와 속성작용에 대한 내성을 가지고 있기 때문에 화석으로 남기 쉽다. 여기서 속성작용이란 퇴적물이 퇴적분지에 운반·퇴적된 후 단단한 암석으로 굳어지기까지의 물리·화학적 변화를 포함하는 일련의 과정을 일컫는다. 그러나 이들 딱딱한 조직도 지표와 해저 등에서 지하수와 박테리아의 분해작용을 받으면 화석이 되지 않는다. 따라서 딱딱한 조직을 가진 생물은 전혀 그렇지 않은 생물보다 화석이 될 가능성이 크지만, 그것은 어디까지나 이차적인 조건이다. 화석이 되기 위해서는 우선 지질시대를 통해 고생물이 진화·발전하여 개체수가 충분히 많아야 한다. 다시 말하면, 화석이 되어 남는 고생물은 그 당시 매우 번성했던 생물인 것이다. 진화론에서 생물이 한 종에서 다른 종으로 진화할 때 중간 단계의 전이 형태가 나타나지 않음은 오랫동안 문제시되어 왔다.

　　이러한 '잃어버린 고리'에 대한 합리적 해석으로 엘드리지와 굴드가 주장한 단속 평형설이 있다. 이에 따르면 새로운 종은 모집단에서 변이가 누적되어 서서히 나타나는 것이 아니라 모집단에서 이탈, 새로운 환경에 도전하는 소수의 개체 중에서 비교적 이른 시간에 급속하게 출현한다. 따라서 자연히 화석으로 남을 기회가 상대적으로 적다는 것이다. 고생물의 사체가 화석으로 남기 위해서는 분해 작용을 받지 않아야 하고 이를 위해 가능한 한 급속히 퇴적물 속에 매몰될 필요가 있다. 대개의 경우 이러한 급속 매몰은 바람, 파도, 해류의 작용에 의한 마멸, 파괴 등의 기계적인 힘으로부터 고생물의 사체를 보호한다거나, 공기와 수중의 산소와 탄소에 의한 화학적인 분해 및 박테리아에 의한 분해, 포식동물에 의한 생물학적인 파괴를 막아 줄 가능성이 높기 때문이다. 퇴적물 속에 급속히 매몰되면 딱딱한 조직을 가지지 않은 해파리와 같은 생물도 화석으로 보존될 수 있으므로 급속 매몰이 중요한 의의를 가진다.

보기

　㉠ 화석의 고생물이 생존했던 당시에는 대부분의 생물이 딱딱한 조직을 가지고 있었음을 알 수 있다.

　㉡ 딱딱한 조직이 없는 고생물은 퇴적물 속에 급속히 매몰되어도 분해작용을 받으면 화석으로 남기 어렵다.

　㉢ 단속 평형설은 연관된 화석의 발굴과 분석을 통하여 생물의 진화상 중간단계의 생물종을 설명하고 있다.

　㉣ 고생물의 사체가 땅 속에 급속히 매몰되면 지하수에 의해 분해될 가능성이 높아져서 화석의 수가 급격하게 감소된다.

　㉤ 진화의 중간단계에 해당하는 고생물의 화석이 존재하지 않는 것은 이것들이 대부분 딱딱한 조직이 없는 생물이었기 때문이다.

① 1개　　　　　　　　　　　　　② 2개

③ 3개　　　　　　　　　　　　　④ 4개

⑤ 5개

14 다음에 열거된 국제 비즈니스 상의 테이블 매너 중 적절하지 않은 설명을 모두 고른 것은?

> ㉠ 상석(上席)을 정함에 있어 나이는 많은데 직위가 낮으면 나이가 직위를 우선한다.
> ㉡ 최상석에 앉은 사람과 가까운 자리일수록 순차적으로 상석이 되며, 멀리 떨어진 자리가 말석이 된다.
> ㉢ 주빈(主賓)이 있는 남자만의 모임 시 주빈은 초청자의 맞은편에 앉는다.
> ㉣ 장갑, 부채와 같은 소형 휴대품은 테이블 위에 두어도 된다.
> ㉤ 식사 중에 냅킨을 테이블 위에 올려놓는 것은 금기다. 냅킨을 올려놓는 때는 커피를 마시고 난 다음이다.
> ㉥ 여성은 냅킨에 립스틱이 묻지 않도록 식전에 립스틱을 살짝 닦아낸 후 사용한다.
> ㉦ 메뉴 판을 이해하기 어려울 때 웨이터에게 물어보는 것은 금기이며, 그날의 스페셜 요리를 주문하는 것이 좋다.
> ㉧ 옆 사람이 먹는 것을 손가락으로 가리키며 주문하지 않는다.

① ㉡, ㉢, ㉤
② ㉢, ㉥, ㉧
③ ㉠, ㉣, ㉦
④ ㉣, ㉤, ㉦
⑤ ㉤, ㉥, ㉧

15 직원 4명(갑, 을, 병, 정)이 2명씩 조를 이뤄 1조와 2조로 나뉘어 5개 업무(X, Y, Z, P, Q)를 분담하였다. 다음의 〈조건〉에 따라 1조는 2개의 업무, 2조는 3개의 업무를 맡았다고 할 때 반드시 참인 것은?

> ─────── 조건 ───────
> 1. 사원 정은 2조에 속하며 업무 Q를 맡았다.
> 2. 사원 병은 업무 X를 맡았다.
> 3. 업무 Y를 맡은 조는 업무 Q도 함께 맡았다.
> 4. 사원 갑은 을과 같은 조가 아니며, 업무 Z는 맡지 않았다.

① 1조는 업무 P를 맡았다.
② 사원 갑은 업무 P를 맡았다.
③ 2조는 업무 Z를 맡았다.
④ 사원 을은 업무 X를 맡지 않았다.
⑤ 사원 병과 정은 같은 업무를 맡지 않았다.

16 다음은 학생별 월평균 독서량에 관한 자료이다. 실수로 종이에 물을 엎지르면서 甲의 그래프 수치가 지워졌다. 다음 중 甲의 독서량과 甲의 독서량이 전체에서 차지하는 비율로 바르게 묶여진 것은? (단, 여섯 학생의 월평균 총 독서량은 乙의 월평균 독서량보다 3배 많다.)

이름	월 평균 독서량(단위 : 권)									
甲										
乙										
丙										
丁										
戊										
己										

	甲의 독서량	甲의 독서량이 전체에서 차지하는 비율
①	4권	14.5%
②	5권	15.9%
③	6권	16.7%
④	7권	17.2%
⑤	8권	18.3%

| 17 ~ 18 | 다음은 성별 경제활동인구를 나타낸 자료이다. 다음을 보고 물음에 답하시오.

(단위 : 천 명, %)

구분	2025년		2024년	
	남	여	남	여
15세 이상인구	21,886	22,618	21,699	22,483
취업자	15,463	11,660	15,372	11,450
실업자	627	437	630	443
비경제활동인구	5,796	10,521	5,697	10,590
경제활동참가율	73.5	53.5	73.7	52.9
실업률	3.9	3.6	3.9	3.7
고용률	(가)	(나)	(다)	(라)

※ 1) 경제활동인구 : 15세 이상 인구 중 취업자와 실업자를 의미한다.
  2) 비경제활동인구 : 15세 이상 인구 중 경제활동인구를 제외한 나머지를 의미한다.
  3) 경제활동참가율 : 15세 이상 인구 중 취업자와 실업자를 합한 경제활동인구의 비율
  4) 실업률 : 경제활동인구 중 실업자가 차지하는 비율
  5) 고용률 : 15세 이상 인구 중 취업자의 비율

17 (가) ~ (라)에 들어갈 숫자들의 합은? (단, 고용률은 소수점 둘째 자리에서 반올림한다.)

① 243.9   ② 244.0

③ 244.1   ④ 244.2

⑤ 244.3

18 2025년의 전체 실업률과 2024년의 전체 실업률을 비교한 것으로 옳은 것은? (단, 실업률은 소수점 둘째 자리에서 반올림한다.)

> ㉠ 2025년의 실업률과 2024년의 실업률은 동일하다.
> ㉡ 2025년의 실업률이 2024년의 실업률보다 크다.
> ㉢ 2024년의 실업률은 3.7%이다.
> ㉣ 2025년의 실업률은 3.8%이다.

① ㉠, ㉢   ② ㉠, ㉣

③ ㉡, ㉢   ④ ㉡, ㉣

⑤ ㉠, ㉢, ㉣

19 홍보팀에서는 신입직원 6명(A, B, C, D, E, F)을 선배직원 3명(甲, 乙, 丙)이 각각 2명씩 맡아 문서작성 및 결재 요령에 대하여 1주일간 교육을 실시하고 있다. 다음 조건을 만족할 때, 신입직원과 교육을 담당한 선배직원에 대한 설명으로 옳은 것은?

• B와 F는 같은 조이다.
• 甲은 A에게 문서작성 요령을 가르쳐 주었다.
• 乙은 C와 F에게 문서작성 및 결재 요령에 대하여 가르쳐 주지 않았다.

---

① 丙은 A를 교육한다.
② D는 乙에게 교육을 받지 않는다.
③ C는 甲에게 교육을 받는다.
④ 乙은 C를 교육한다.
⑤ 甲과 丙 중에 E를 교육하는 사람이 있다.

20 다음은 甲은행에 다니는 K 주임의 업무일정이다. 다음 일정을 통해 알 수 있는 내용이 아닌 것은?

업무 내용	비고
09 : 00 ~ 10 : 00 최신 트렌드 조사자료 및 보고서 정리	※ 외부작업 진행
10 : 00 ~ 12 : 30 홍보부 회의	1. 홍보모델 미팅(다음주 화요일 3시)
12 : 30 ~ 13 : 30 점심식사	2. SNS 콘텐츠 디자인업체와 미팅(미정)
13 : 30 ~ 17 : 00 회의록 작성 및 팀 회의	3. SNS 콘텐츠 작가 미팅(다음주 금요일 1시)
17 : 00 ~ 18 : 00 SNS 업데이트 콘텐츠 자료조사	
※ 연장근무 요청(18:00~20:00) 甲은행앱 메타버스 서비스 SNS 업데이트를 위한 홍보문구 관련 자료 수집	※ Y 팀장님 작업요청건 1. 메타버스 서비스 홍보문구 작성 2. SNS 업데이트 사진촬영 스튜디오 예약

① K 주임은 메타버스 서비스 관련한 은행상품을 판매하는 것이 주업무이다.
② K 주임은 SNS에 업데이트 사진촬영 스튜디오를 예약해야 한다.
③ K 주임은 SNS 콘텐츠 업데이트를 위해 작가와 미팅을 할 예정이다.
④ K 주임은 Y 팀장이 요청한 작업을 하기 위해 연장근무를 요청했다.
⑤ SNS 콘텐츠를 디자인하는 업체와 구체적인 미팅날짜를 아직 정하지 않았다.

📄 **Answer.** 17.② 18.② 19.③ 20.①

21 수당에 관련한 다음 글을 읽고 설명을 잘못 이해한 내용을 고르시오.

<관련 지급>

◆ 자녀학비보조수당
　　○ 지급 대상 : 초등학교·중학교 또는 고등학교에 취학하는 자녀가 있는 직원(부부가 함께 근무하는 경우 한 쪽에만 지급)
　　○ 지급범위 및 지급액
　　　(범위) 수업료와 학교운영지원비(입학금은 제외)
　　　(지급액) 상한액 범위 내에서 공납금 납입영수증 또는 공납금 납입고지서에 기재된 학비 전액 지급하며 상한액은 자녀 1명당 월 60만 원.
◆ 육아휴직수당
　　○ 지급 대상 : 만 8세 이하의 자녀를 양육하기 위하여 필요하거나 여직원이 임신 또는 출산하게 된 때로 30일 이상 휴직한 남녀 직원
　　○ 지급액 : 휴직 개시일 현재 호봉 기준 월 봉급액의 40퍼센트
　　　(휴직 중) 총 지급액에서 15퍼센트에 해당하는 금액을 뺀 나머지 금액
　　※ 월 봉급액의 40퍼센트에 해당하는 금액이 100만 원을 초과하는 경우에는 100만 원을, 50만 원미만일 경우에는 50만 원을 지급
　　　(복직 후) 총 지급액의 15퍼센트에 해당하는 금액
　　※ 복직하여 6개월 이상 계속하여 근무한 경우 7개월 째 보수지급일에 지급함. 다만, 복직 후 6개월 경과 이전에 퇴직하는 경우에는 지급하지 않음
　　○ 지급기간 : 휴직일로부터 최초 1년 이내
◆ 위험근무수당
　　○ 지급 대상 : 위험한 직무에 상시 종사하는 직원
　　○ 지급 기준
　　　1) 직무의 위험성은 각 부문과 등급별에서 정한 내용에 따름.
　　　2) 상시 종사란 공무원이 위험한 직무를 일정기간 또는 계속 수행하는 것을 의미. 따라서 일시적·간헐적으로 위험한 직무에 종사하는 경우는 지급대상에 포함될 수 없음.
　　　3) 직접 종사란 해당 부서 내에서도 업무 분장 상에 있는 위험한 작업 환경과 장소에 직접 노출되어 위험한 업무를 직접 수행하는 것을 의미.
　　○ 지급방법 : 실제 위험한 직무에 종사한 기간에 대하여 일할 계산하여 지급함.

① 위험한 직무에 3일간 근무한 것은 위험근무수당 지급 대상이 되지 않는다.
② 자녀학비보조수당은 수업료와 입학금 등 정상적인 학업에 관한 일체의 비용이 포함된다.
③ 육아휴직수당은 휴직일로부터 최초 1년이 경과하면 지급받을 수 없다.
④ 부부가 함께 근무해도 자녀학비보조수당은 부부 중 한 쪽에게만 지급된다.
⑤ 초등학교 고학년에 재학 중인 자녀가 있는 부모에게는 육아휴직수당이 지급되지 않는다.

22 다음 제시된 조건을 보고, 만일 C와 乙을 같은 날 보낼 수 없다면, 목요일에 보내야 하는 남녀사원은 누구인가?

영업부의 P 부장은 월요일부터 목요일까지 매일 남녀 각 한 명씩 두 사람을 행사담당자로 보내야 한다. 영업부에는 현재 남자 사원 4명(A, B, C, D)과 여자 사원 4명(甲, 乙, 丙, 丁)이 근무하고 있으며, 다음과 같은 제약 사항이 있다.

가. 매일 다른 사람을 보내야 한다.
나. D는 B 이전에 보내야 한다.
다. 乙은 수요일에 보낼 수 없다.
라. B와 甲은 같이 보낼 수 없다.
마. 甲은 丙과 丁 이후에 보내야 한다.
바. D는 C보다 앞서 보내야 한다.
사. 乙은 丙 이후에 보내야 한다.
아. A는 B를 보낸 바로 다음날 보내야 한다.

① A와 甲
② C와 甲
③ D와 乙
④ A와 乙
⑤ C와 丁

23 다음 설명을 참고할 때, 'ISBN 89 349 0490'코드를 EAN코드로 올바르게 바꾼 것은 어느 것인가?

한국도서번호란 국제적으로 표준화된 방법에 의해, 전 세계에서 생산되는 각종 도서에 부여하는 국제표준도서번호(International Standard Book Number : ISBN) 제도에 따라 우리나라에서 발행되는 도서에 부여하는 고유번호를 말한다. 또한 EAN(European Artical Number)은 바코드 중 표준화된 바코드를 말한다. 즉, EAN 코드는 국내뿐만 아니라 전 세계적으로 코드체계(자리수와 규격 등)가 표준화되어 있어 소매점이 POS시스템 도입이나 제조업 혹은 물류업자의 물류관리 등에 널리 사용이 가능한 체계이다. ISBN코드를 EAN코드로 변환하는 방법은 다음과 같다.

먼저 9자리로 구성된 ISBN코드의 맨 앞에 3자리 EAN 도서번호인 978을 추가한다. 이렇게 연결된 12자리 숫자의 좌측 첫 자리 수부터 순서대로 번갈아 1과 3을 곱한다. 그렇게 곱해서 산출된 모든 수들을 더하고, 다시 10으로 나누게 된다. 이때 몫을 제외한 '나머지'의 값이 다음과 같은 체크기호와 대응된다.

나머지	0	1	2	3	4	5	6	7	8	9
체크기호	0	9	8	7	6	5	4	3	2	1

나머지에 해당하는 체크기호가 확인되면 처음의 12자리 숫자에 체크기호를 마지막에 더하여 13자리의 EAN 코드를 만들 수 있게 된다.

① EAN 9788934904909 ② EAN 9788934904908
③ EAN 9788934904907 ④ EAN 9788934904906
⑤ EAN 9788934904905

24 甲사는 세 종류의 신규 음료 출시를 앞두고 시음 설문을 진행했다. 설문 결과가 다음과 같을 때, 두 가지 이상 음료를 선호한다고 응답한 사람의 비율은?

〈설문 결과〉
• 설문 참여자 중 85%가 최소 한 가지 음료를 선호한다고 응답했다.
• 이들 중 50%는 A를, 35%는 B를, 25%는 C를 선호했다.
• 설문 참여자 중 5%는 세 가지 음료 모두를 선호한다고 응답했다

① 18% ② 19%
③ 20% ④ 21%
⑤ 22%

25 다음 글을 순서대로 바르게 배열한 것을 고르시오.

저소득 계층을 위한 지원 방안으로는 대상자에게 현금을 직접 지급하는 소득보조, 생활필수품의 가격을 할인해 주는 가격보조 등이 있다.

(개) 특별한 조건이 없다면 최적의 소비선택은 무차별 곡선과 예산선의 접점에서 이루어진다.
(내) 또한 X재, Y재를 함께 구매했을 때, 만족도가 동일하게 나타나는 X재와 Y재 수량을 조합한 선을 무차별 곡선이라고 한다.
(대) 그런데 소득보조나 가격보조가 실시되면, 실질 소득의 증가로 예산선이 변하고 이에 따라 소비자마다 만족하는 상품 조합도 변하게 된다.
(래) 이 제도들을 이해하기 위해서는 먼저 대체효과와 소득효과의 개념을 아는 것이 필요하다.
(매) 어떤 소비자가 X재와 Y재만을 구입한다고 할 때, 한정된 소득 범위 내에서 최대로 구입 가능한 X재와 Y재의 수량을 나타낸 선을 예산선이라고 한다.

즉, 예산선과 무차별 곡선의 변화에 따라 각 소비자의 최적 선택지점도 변하는 것이다.

① (개) → (내) → (래) → (매) → (대)
② (대) → (매) → (개) → (내) → (래)
③ (매) → (개) → (내) → (대) → (래)
④ (래) → (매) → (내) → (개) → (대)
⑤ (내) → (개) → (매) → (대) → (래)

26 다음 워크시트에서 [A1:B2] 영역을 선택한 후 채우기 핸들을 사용하여 드래그 했을 때 [A5:B5] 영역 값으로 바르게 짝지은 것은?

	A	B
1	A	13.9
2	B	14.9
3		
4		
5		

① A, 15.9
② B, 17.9
③ A, 17.9
④ C, 14.9
⑤ E, 16.9

27 다음 제시된 트리를 전위 순회했을 때의 출력 결과는?

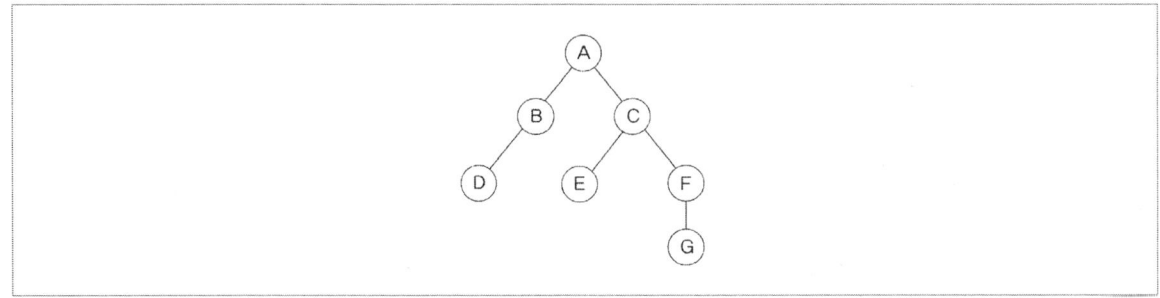

① ABCDEFG   ② ABDCEFG

③ DBAECFG   ④ DBACEFG

⑤ GFCEABD

28 다음 트리의 터미널 노드의 수는?

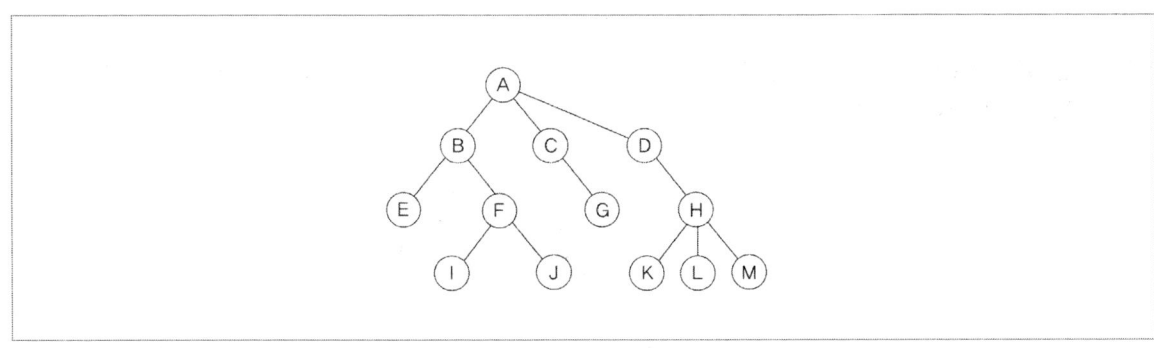

① 2개   ② 4개

③ 5개   ④ 7개

⑤ 8개

29 박 씨는 수집했던 고가의 피규어를 인터넷 경매를 통해 판매하려고 한다. 경매 방식과 규칙, 예상 응찰 현황이 다음과 같을 때, 경매 결과를 바르게 예측한 것은?

가. 경매 방식 : 각 상품은 따로 경매하거나 묶어서 경매

나. 경매 규칙
- 낙찰자 : 최고가로 입찰한 자
- 낙찰가 : 두 번째로 높은 입찰가
- 두 상품을 묶어서 경매할 경우 낙찰가의 5%를 할인해 준다.
- 입찰자는 낙찰가의 총액이 100,000원을 초과할 경우 구매를 포기한다.

다. 예상 응찰 현황

입찰자	A 입찰가	B 입찰가	합계
甲	20,000	50,000	70,000
乙	30,000	40,000	70,000
丙	40,000	70,000	110,000
丁	50,000	30,000	80,000
戊	90,000	10,000	100,000
己	40,000	80,000	120,000
庚	10,000	20,000	30,000
辛	30,000	10,000	40,000

---

① 두 상품을 묶어서 경매한다면 낙찰자는 己이다.

② 경매 방식에 상관없이 박 씨의 예상 수입은 동일하다.

③ 두 상품을 따로 경매한다면 얻는 수입은 120,000원이다.

④ 두 상품을 따로 경매한다면 A의 낙찰자는 丁이다.

⑤ 낙찰가의 총액이 100,000원이 넘을 경우 낙찰받기 유리하다.

30 다음 중 박 주임이 해야 할 일을 시간관리 매트릭스 4단계로 구분했을 때 옳지 않은 것은?

〈박 주임이 해야 할 일〉

㉠ 어제 못 본 드라마 보기　　　　　　㉡ 마감이 정해진 프로젝트 마무리 하기
㉢ 새로운 인간관계 구축하기　　　　　　㉣ 회의록 작성하기
㉤ 회의하기　　　　　　　　　　　　　㉥ 자기개발하기

〈시간관리 매트릭스〉

	긴급함	긴급하지 않음
중요함	제1사분면	제2사분면
중요하지 않음	제3사분면	제4사분면

① 제1사분면 : ㉢
② 제2사분면 : ㉥
③ 제3사분면 : ㉣
④ 제3사분면 : ㉤
⑤ 제4사분면 : ㉠

31 예산집행을 담당하는 홍 대리는 이번 달 사용한 비용 내역을 다음과 같이 정리하였다. 이를 본 팀장은 홍 대리에게 이번 달 간접비의 비중이 직접비의 15%를 넘지 말았어야 했다고 말한다. 다음 보기와 같이 홍 대리가 생각하는 내용 중 팀장이 이번 달 계획했던 비용 지출 계획과 어긋나는 것은?

〈이번 달 비용 내역〉

항목	금액	항목	금액
직원 급여	1,200만 원	출장비	200만 원
설비비	2,200만 원	자재대금	400만 원
사무실 임대료	300만 원	수도/전기세	35만 원
광고료	550만 원	비품	30만 원
직원 통신비	60만 원		

① '비품을 다음 달에 살 걸 그랬네…'
② '출장비가 80만 원만 더 나왔어도 팀장님이 원하는 비중대로 되었을 텐데…'
③ '어쩐지 수도/전기세를 다음 달에 몰아서 내고 싶더라…'
④ '직원들 통신비를 절반으로 줄이기만 했어도…'
⑤ '가만, 내가 설비비 부가세를 포함했는지 확인해야겠다. 그것만 포함되면 될 텐데…'

32 다음은 甲기업의 재고 관리 사례이다. 금요일까지 부품 재고 수량이 남지 않게 완성품을 만들 수 있도록 월요일에 주문할 A ~ C 부품 개수로 옳은 것은? (단, 주어진 조건 이외에는 고려하지 않는다)

〈부품 재고 수량과 완성품 1개당 소요량〉

부품명	부품 재고 수량	완성품 1개당 소요량
A	500	10
B	120	3
C	250	5

〈완성품 납품 수량〉

항목 \ 요일	월	화	수	목	금
완성품 납품 개수	없음	30	20	30	20

〈조건〉
• 부품 주문은 월요일에 한 번 신청하며 화요일 작업 시작 전 입고된다.
• 완성품은 부품 A, B, C를 모두 조립해야 한다.

	A	B	C
①	100	100	100
②	100	180	200
③	500	100	100
④	500	180	250
⑤	500	150	250

SWOT분석이란 기업의 환경 분석을 통해 마케팅 전략을 수립하는 기법이다. 조직 내부 환경으로는 조직이 우위를 점할 수 있는 강점(Strength), 조직의 효과적인 성과를 방해하는 자원·기술·능력면에서의 약점(Weakness), 조직 외부 환경으로는 조직 활동에 이점을 주는 기회(Opportunity), 조직 활동에 불이익을 미치는 위협(Threat)으로 구분된다.

※ SWOT분석에 의한 마케팅 전략
• SO전략(강점 - 기회전략) : 시장의 기회를 활용하기 위해 강점을 사용하는 전략
• ST전략(강점 - 위협전략) : 시장의 위협을 회피하기 위해 강점을 사용하는 전략
• WO전략(약점 - 기회전략) : 약점을 극복함으로 시장의 기회를 활용하려는 전략
• WT전략(약점 - 위협전략) : 시장의 위협을 회피하고 약점을 최소화하는 전략

33 다음은 A화장품 기업의 SWOT분석이다. 다음 중 SO전략에 해당하는 것은?

강점(Strength)	• 기초화장품과 관련된 높은 기술력 보유 • 기초화장품 전문 브랜드라는 소비자인식과 높은 신뢰도
약점(Weakness)	• 알레르기 피부전용 화장품 라인의 후발주자 • 용량 대비 높은 가격
기회(Opportunity)	• 알레르기 피부전용 화장품에 대한 인식변화와 화장품 시장의 지속적인 성장 • 화장품 분야에 대한 정부의 지원
위협(Threat)	• 경쟁업체들의 알레르기 피부전용 화장품 시장 공략 • 내수경기 침체로 인한 소비심리 위축

① 유통비 조정을 통한 제품의 가격 조정
② 정부의 지원을 통한 제품의 가격 조정
③ 알레르기 피부전용 화장품 이외의 라인에 주력하여 경쟁력 강화
④ 기초화장품 기술력을 알레르기 피부전용 화장품 이외의 라인에 적용
⑤ 기초화장품 기술력을 통해 경쟁적으로 알레르기 피부전용 기초화장품 개발

34 다음은 의류를 판매하는 인터넷 쇼핑몰의 SWOT분석이다. 가장 적절한 전략은?

강점(Strength)	• 쉽고 빠른 제품선택, 시·공간의 제약 없음 • 오프라인 매장이 없어 비용 절감 • 고객데이터 활용의 편리성
약점(Weakness)	• 높은 마케팅비용 • 보안 및 결제시스템의 취약점 • 낮은 진입 장벽으로 경쟁업체 난립
기회(Opportunity)	• 업체 간 업무 제휴로 상생 경영 • IT기술과 전자상거래 기술 발달
위협(Threat)	• 경기 침체의 가변성 • 잦은 개인정보유출사건으로 인한 소비자의 신뢰도 하락 • 일부 업체로의 집중화에 의한 독과점 발생

① SO전략 : 대형 쇼핑플랫폼과의 제휴로 마케팅비용을 줄인다.

② ST전략 : 보안성이 강화된 결제시스템 IT기술을 이용하여 보안부문을 강화한다.

③ WT전략 : 고객데이터를 이용하여 이벤트를 주기적으로 열어 경쟁력을 높인다.

④ WO전략 : 대형 쇼핑플랫폼과 제휴를 맺어 할인쿠폰을 제공하며 경쟁력을 높인다.

⑤ ST전략 : 다른 의류업체와 협업으로 팝업스토어를 열어 판매하는 제품의 정보를 제공한다.

|35~ 36| 다음 〈표〉와 〈선정절차〉는 정부가 추진하는 신규 사업에 지원한 A ~ E 기업의 현황과 사업 선정절차에 대한 자료이다. 물음에 답하시오.

〈표〉A ~ E 기업 현황

기업	직원수(명)	임원수(명)		임원평균 근속기간(년)	시설현황				통근차량 대수(대)
		이사	감사		사무실		휴게실 면적(㎡)	기업 총면적(㎡)	
					수(개)	총면적(㎡)			
A	132	10	3	2.1	5	450	2,400	3,800	3
B	160	5	1	4.5	7	420	200	1,300	2
C	120	4	3	3.1	5	420	440	1,000	1
D	170	2	12	4.0	7	550	300	1,500	2
E	135	4	6	2.9	6	550	1,000	2,500	2

※ 여유면적 = 기업 총면적 – 사무실 총면적 – 휴게실 면적

〈선정절차〉

가. 1단계 : 아래 4개 조건을 모두 충족하는 기업을 예비 선정한다.
- 사무실조건 : 사무실 1개당 직원수가 25명 이하여야 한다.
- 임원조건 : 임원 1인당 직원수가 15명 이하여야 한다.
- 차량조건 : 통근 차량 1대당 직원수가 100명 이하여야 한다.
- 여유면적조건 : 여유면적이 650㎡ 이상이어야 한다.

나. 2단계 : 예비 선정된 기업 중 임원 평균 근속기간이 가장 긴 기업을 최종 선정한다.

35 1단계 조건을 충족하여 예비 선정되는 기업을 모두 고르면?

① A, B ② B, C
③ C, D ④ D, E
⑤ E, A

36 정부가 추진하는 신규 사업에 최종 선정되는 기업은?

① A ② B
③ C ④ D
⑤ E

37 다음 알고리즘에서 결과가 23으로 인쇄되었을 때 a의 값은?

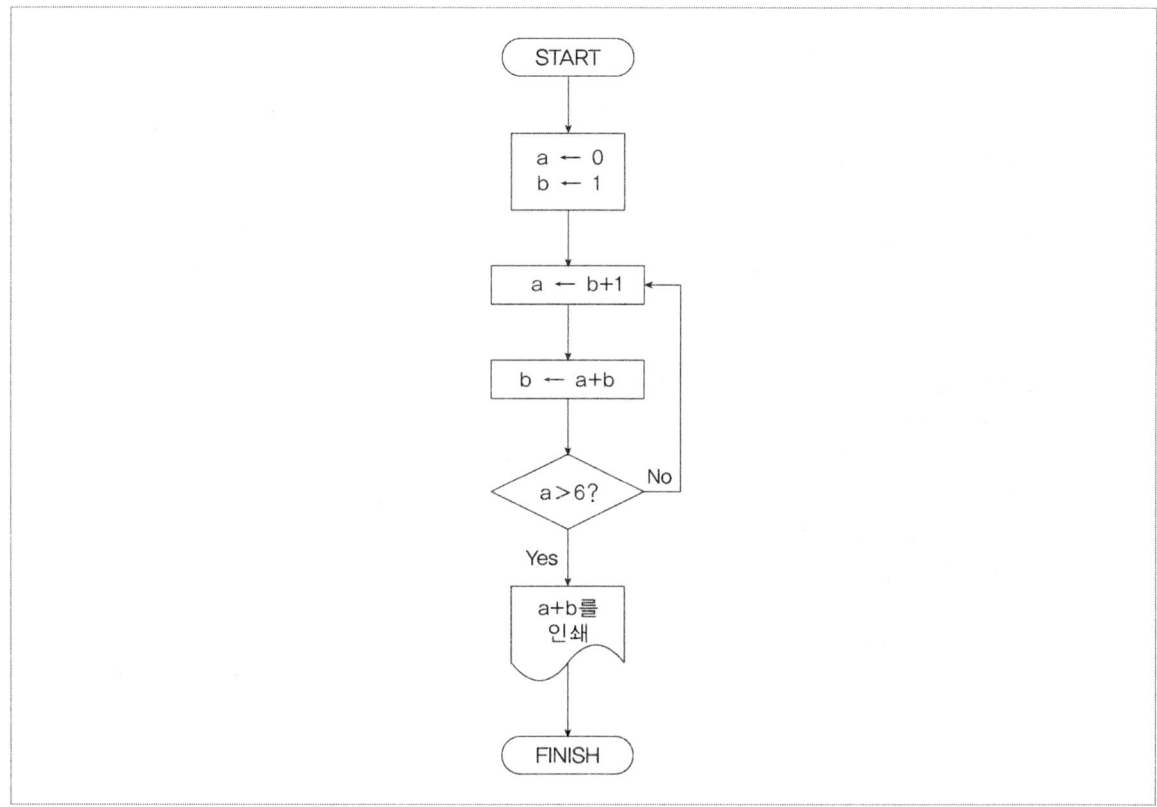

① 2   ② 3
③ 4   ④ 7
⑤ 8

38 다음은 주차장법상 노외주차장 구조·설비 기준에 관한 내용의 일부이다. 이에 대한 설명 중 옳은 것은?

제6조(노외주차장의 구조·설비기준)

노외주차장의 구조·설비기준은 다음과 같다.

1. 노외주차장의 출구와 입구에서 자동차의 회전을 쉽게 하기 위하여 필요한 경우에는 차로와 도로가 접하는 부분을 곡선형으로 하여야 한다.

2. 노외주차장의 출구 부근의 구조는 해당 출구로부터 2미터(이륜자동차전용 출구의 경우에는 1.3미터)를 후퇴한 노외주차장의 차로의 중심선상 1.4미터의 높이에서 도로의 중심선에 직각으로 향한 왼쪽·오른쪽 각각 60도의 범위에서 해당 도로를 통행하는 자를 확인할 수 있도록 하여야 한다.

3. 노외주차장에는 자동차의 안전하고 원활한 통행을 확보하기 위하여 다음에서 정하는 바에 따라 차로를 설치하여야 한다.
   • 주차구획선의 긴 변과 짧은 변 중 한 변 이상이 차로에 접하여야 한다.
   • 차로의 너비는 주차형식 및 출입구(지하식 또는 건축물식 주차장의 출입구를 포함하며 4에서 또한 같다.)의 개수에 따라 다음 구분에 따른 기준 이상으로 하여야 한다.
     – 이륜자동차전용 노외주차장

주차형식	차로의 너비	
	출입구가 2개 이상인 경우	출입구가 1개인 경우
평행주차	2.25미터	3.5미터
직각주차	4.0미터	4.0미터
45도 대향(對向)주차	2.3미터	3.5미터

     – 이륜자동차전용 노외주차장 외의 노외주차장

주차형식	차로의 너비	
	출입구가 2개 이상인 경우	출입구가 1개인 경우
평행주차	3.3미터	5.0미터
직각주차	6.0미터	6.0미터
60도 대향주차	4.5미터	5.5미터
45도 대향주차	3.5미터	5.0미터
교차주차	3.5미터	5.0미터

4. 노외주차장의 출입구 너비는 3.5미터 이상으로 하여야 하며, 주차대수 규모가 50대 이상인 경우에는 출구와 입구를 분리하거나 너비 5.5미터 이상의 출입구를 설치하여 소통이 원활하도록 하여야 한다.

5. 지하식 또는 건축물식 노외주차장의 차로는 3의 기준에 따르는 외에 다음에서 정하는 바에 따른다.

- 높이는 주차바닥면으로부터 2.3미터 이상으로 하여야 한다.
- 곡선 부분은 자동차가 6미터(같은 경사로를 이용하는 주차장의 총주차대수가 50대 이하인 경우에는 5미터, 이륜자동차전용 노외주차장의 경우에는 3미터) 이상의 내변반경으로 회전할 수 있도록 하여야 한다.
- 경사로의 차로 너비는 직선형인 경우에는 3.3미터 이상(2차로의 경우에는 6미터 이상)으로 하고, 곡선형인 경우에는 3.6미터 이상(2차로의 경우에는 6.5미터 이상)으로 하며, 경사로의 양쪽 벽면으로부터 30센티미터 이상의 지점에 높이 10센티미터 이상 15센티미터 미만의 연석(沿石)을 설치하여야 한다. 이 경우 연석 부분은 차로의 너비에 포함되는 것으로 본다.
- 경사로의 종단경사도는 직선 부분에서는 17퍼센트를 초과하여서는 아니 되며, 곡선 부분에서는 14퍼센트를 초과하여서는 아니 된다.
- 경사로의 노면은 거친 면으로 하여야 한다.
- 주차대수 규모가 50대 이상인 경우의 경사로는 너비 6미터 이상인 2차로를 확보하거나 진입차로와 진출차로를 분리하여야 한다.

① 노외주차장을 설비할 때는 반드시 차로와 도로가 접하는 부분을 직선형으로 하여야 한다.
② 출입구가 2개이며 직각주차 형식의 이륜자동차전용 노외주차장에는 너비가 4.0미터 이상인 차로를 설치해야 한다.
③ 출입구가 1개이며 45도 대향주차 형식의 이륜자동차전용 주차장이 아닌 노외주차장에는 너비가 3.5미터 이상인 차로를 설치해야 한다.
④ 지하식 노외주차장의 차로의 높이는 주차바닥면으로부터 3미터 이상이어야 한다.
⑤ 60대의 차량이 주차할 수 있는 노외주차장의 경우 출입구의 너비는 3.5미터 이상이어야 한다.

▌39 ~ 40 ▌ 다음 글을 읽고 물음에 답하시오.

서양음악의 기보는 오선지 위에 음표를 기재하는 방식으로 이루어진다. 오선지 상에서 각 음의 이름은 아래의 〈그림〉과 같으며, 동일한 음 간의 간격을 1도, 바로 인접한 음과의 간격을 2도라 하고 8도 떨어진 음을 '옥타브 위의 음'이라고 한다.

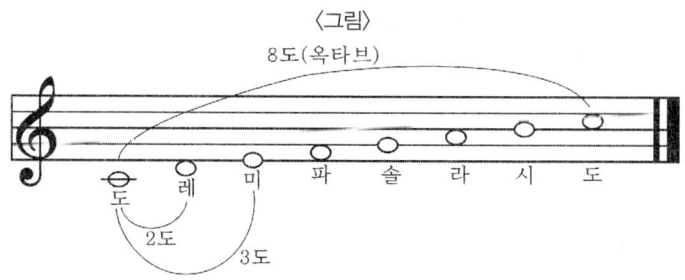

중세시대 성가들은 8개의 교회선법을 기초로 만들어졌다. 그 8개의 선법은 4개의 '정격선법'과 이와 짝을 이루는 4개의 '변격선법'으로 이루어져 있다. 4개의 정격선법에는 도리아, 프리지아, 리디아, 믹소리디아가 있고, 이들 선법은 서로 다른 하나의 '종지음'을 갖고 있다. '종지음'이라는 명칭의 유래는 어느 한 선법을 기초로 만들어진 성가는 반드시 그 선법의 종지음으로 끝난다는 특징에서 기인한다. 도리아 – 프리지아 – 리디아 – 믹소리디아 선법은 도리아 선법의 종지음인 '레'음에서 2도씩 순차적으로 높아지는 음을 종지음으로 갖는다. 각 정격선법은 그 종지음으로부터 옥타브 위까지의 8개 음으로 이루어지며, 이 8개의 음을 '음역'이라 한다. 정격선법과 짝을 이루는 변격선법의 이름은 정격선법 이름에 '히포'라는 접두어를 붙여 부른다. 예를 들면 도리아 선법의 변격선법은 히포도리아 선법이 된다. 각 변격선법은 상응하는 정격선법과 같은 종지음을 갖지만 그 음역은 종지음으로부터 아래로는 4도, 위로는 5도까지 펼쳐져 있다. 교회선법에는 종지음 외에 특별히 강조되는 음이 하나 더 있는데 이 음을 '중심음'이라고 한다. 원칙적으로는 정격선법의 중심음은 종지음으로부터 5도 위의 음이다. 다만 프리지아 선법에서처럼 종지음으로부터 5도 위의 음이 '시'음이 될 때에는 그 위의 '도'음이 중심음이 된다. 변격선법에서는 짝을 이루는 정격선법의 중심음으로부터 3도 아래의 음이 그 변격선법의 중심음이 되는데, 역시 이때도 3도 아래의 음이 '시'음일 경우는 바로 위의 '도'음이 중심음이 된다.

39 도리아 선법을 악보로 나타낸 것으로 옳은 것은?

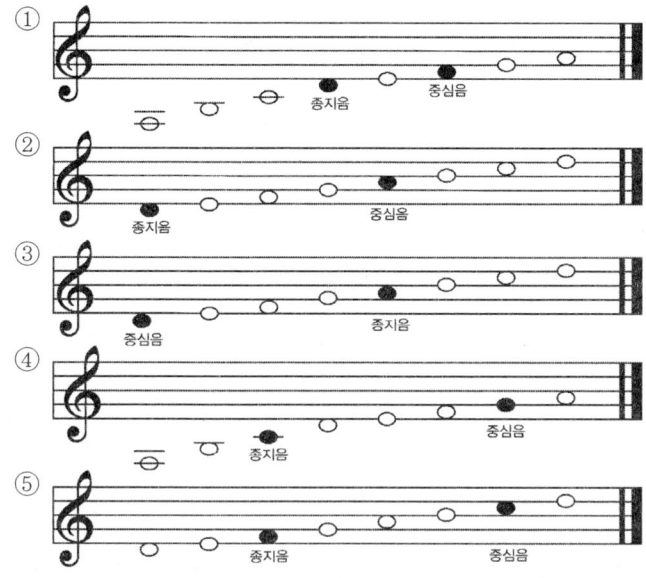

40 히포프리지아 선법을 악보로 나타낸 것으로 옳은 것은?

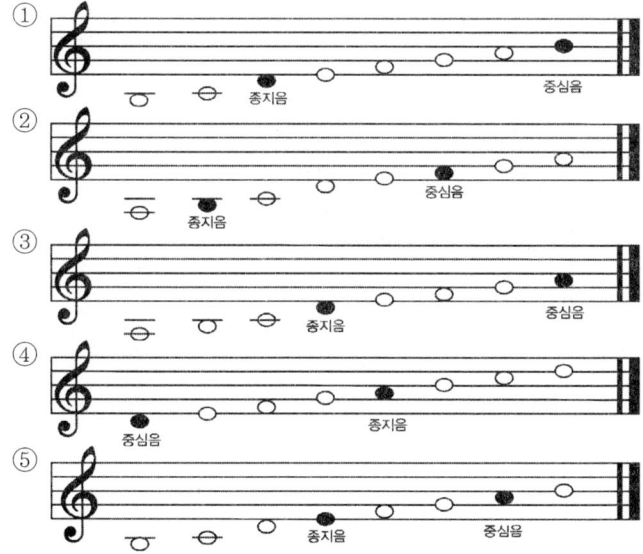

41

가. 레버 3개의 위치에 따라 다음과 같이 오류값을 선택한다. 오류값을 선택할 때에는 음영처리가 된 오류값만 선택한다.
- 레버 3개 중 1개만 위로 올라가 있다. → 오류값 중 가장 큰 수와 가장 작은 수의 차이
- 레버 3개 중 2개만 위로 올라가 있다. → 오류값 중 가장 큰 수와 가장 작의 수의 합
- 레버 3개가 모두 위로 올라가 있다 → 오류값들의 평균값(소수 첫째 자리에서 반올림)

나. 오류값에 따라 다음과 같이 상황을 판단한다.

오류값 허용 범위	상황	상황별 행동
오류값＜5	안전	아무 버튼도 누르지 않는다.
5≤오류값＜10	경고	파란 버튼을 누른다. 단, 올라간 레버가 2개 이상이면 빨간 버튼도 함께 누른다.
10≤오류값＜15	위험	빨간 버튼을 모두 누른다.
15≤오류값	차단	전원을 차단한다.

다. 계기판 수치가 5 이하면 무조건 안전, 15 이상이면 무조건 경고
라. 음영 처리된 오류값이 2개 이하이면 한 단계 격하, 음영 처리된 오류값이 5개 이상이면 한 단계 격상
마. 안전단계에서 격하되어도 안전 상태를 유지, 위험단계에서 격상되어도 위험단계를 유지

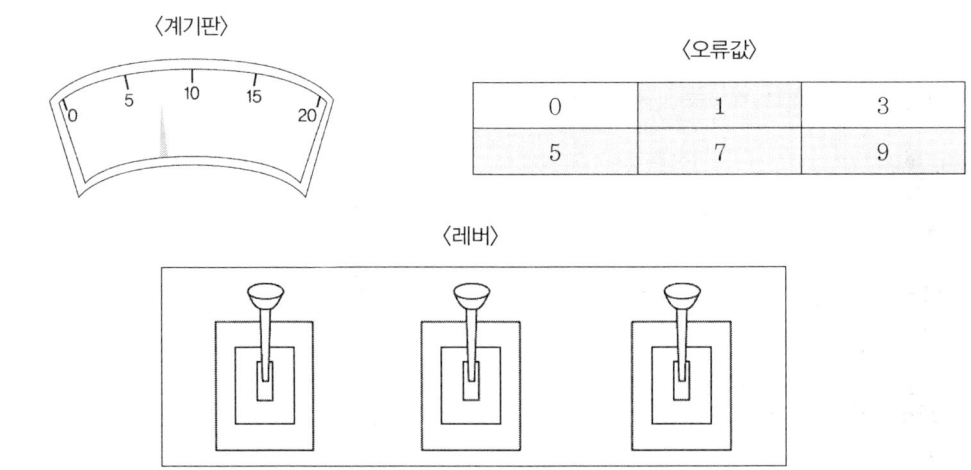

〈계기판〉

〈오류값〉

0	1	3
5	7	9

〈레버〉

① 아무 버튼도 누르지 않는다.
② 파란 버튼과 빨간 버튼을 모두 누른다.
③ 파란 버튼을 누른다.
④ 빨간 버튼을 누른다.
⑤ 전원을 차단한다.

42

가. 오류값 중 제일 아래 행에 있는 값들이 음영 처리된 경우, 다음과 같이 행동한다. 단, 다음 3개 중 &와 함께 음영 처리가 되면 &에 관련된 행동을 먼저 취한다.

오류값	행동
&	음영 처리 반전
0	오류값 3, 6은 무조건 음영 처리된 것으로 판단
#	오류값 2, 5는 무조건 음영 처리되지 않은 것으로 판단

나. 레버 3개의 위치에 따라 다음과 같이 오류값을 선택한다. 오류값을 선택할 때에는 음영처리가 된 오류값만 선택한다.
- 레버 3개 중 1개만 아래로 내려가 있다. → 오류값의 총합
- 레버 3개 중 2개만 아래로 내려가 있다. → 오류값 중 가장 큰 수
- 레버 3개가 모두 아래로 내려가 있다. → 오류값 중 가장 작은 수

다. 오류값에 따라 다음과 같이 상황을 판단한다.

오류값 허용 범위	상황	상황별 행동
오류값<5	안전	아무 버튼도 누르지 않는다.
5≤오류값<10	경고	노란 버튼을 누른다. 단, 내려간 레버가 2개 이상이면 초록 버튼을 누른다.
10≤오류값<15	위험	노란 버튼과 초록 버튼을 모두 누른다.
15≤오류값	차단	전원을 차단한다.

라. 음영 처리된 오류값이 2개 이하이면 무조건 안전, 5개 이상이면 무조건 경고
마. 계기판의 바늘 2개가 겹치면 한 단계 격상, 겹치지 않으면 아무 변화 없음
바. 계기판이 두 바늘이 가리키는 수치가 하나라도 15 이상이면 한 단계 격상
사. 위험단계에서 격상되어도 위험상태를 유지

〈계기판〉

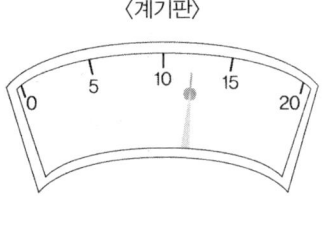
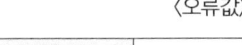

〈오류값〉

1	2	3
4	5	6
&	0	#

〈레버〉

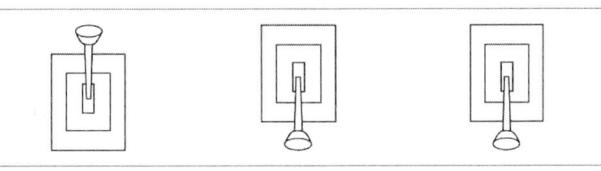

① 초록 버튼을 누른다.　　② 노란 버튼과 초록 버튼을 누른다.
③ 노란 버튼을 누른다.　　④ 아무 버튼도 누르지 않는다.
⑤ 전원을 차단한다.

❙ 43 ~ 44 ❙ 다음은 어느 디지털 캠코더의 사용설명서이다. 이를 읽고 물음에 답하시오.

가. 고장신고 전 확인사항

　　캠코더에 문제가 있다고 판단될 시 다음 사항들을 먼저 확인해 보시고 그래도 문제해결이 되지 않을 경우 가까운 A/S센터를 방문해 주세요.

나. 배터리 관련

화면표시	원인	조치 및 확인사항
배터리 용량이 부족합니다.	배터리기 거의 소모뇌었습니다.	충전된 배터리로 교제하거나 전원공급기를 연결하세요.
정품 배터리가 아닙니다.	배터리의 정품여부를 확인할 수 없습니다.	배터리가 정품인지 확인 후 새 배터리로 교체하세요.

다. 동영상 편집

화면표시	원인	조치 및 확인사항
다른 해상도는 선택할 수 없습니다.	서로 다른 해상도의 동영상은 합쳐지지 않습니다.	서로 다른 해상도의 동영상은 합치기 기능을 사용할 수 없습니다.
메모리 카드 공간이 충분하지 않습니다.	편집 시 사용할 메모리 카드의 공간이 부족합니다.	불필요한 파일을 삭제한 후 편집기능을 실행하세요.
합치기를 위해 2개의 파일만 선택해 주세요.	합치기 기능은 2개의 파일만 가능합니다.	먼저 2개의 파일을 합친 후 나머지 파일을 합쳐주세요. 단, 총 용량이 1.8GB 이상일 경우 합치기는 불가능합니다.
파일의 크기가 1.8GB가 넘습니다.	총 용량이 1.8GB 이상인 파일은 합치기가 불가능합니다.	파일 나누기 기능을 실행하여 불필요한 부분을 제거한 후 합치기를 실행하세요.

라. 촬영관련

화면표시	원인	조치 및 확인사항
쓰기를 실패하였습니다.	저장매체에 문제가 있습니다.	• 데이터 복구를 위해 기기를 껐다가 다시 켜세요. • 중요한 파일은 컴퓨터에 복사한 후 저장매체를 포맷하세요.
스마트오토 기능을 해제해 주세요.	스마트오토 기능이 실행 중일 때는 일부 기능을 수동으로 설정할 수 없습니다.	스마트오토 모드를 해제하세요.

43 캠코더를 사용하다가 갑자기 화면에 '메모리 카드 공간이 충분하지 않습니다.'라는 문구가 떴다. 이를 해결하는 방법으로 가장 적절한 것은?

① 스마트오토 모드가 설정된 것을 해제한다.
② 저장된 파일 중에서 필요 없는 것을 삭제하고 다시 편집기능을 실행한다.
③ 배터리로 전원공급기에 연결하여 충전하거나 충전이 된 배터리로 교체한다.
④ 파일의 불필요한 부분을 제거하고 파일을 하나로 합친다.
⑤ 기기를 껐다가 다시 켜서 데이터를 복구한다.

44 캠코더 화면에 '쓰기를 실패하였습니다.'라는 문구가 뜨면 어떻게 대처해야 하는가?

① 파일 나누기 기능을 실행하여 불필요한 부분을 제거한 후 합치기를 실행한다.
② 서로 다른 해상도의 동영상은 합치기 기능을 사용할 수 없다.
③ 배터리가 정품인지 확인 후 새 배터리로 교체한다.
④ 데이터 복구를 위해 기기를 껐다가 다시 켠다.
⑤ 스마트오토 모드를 해제한다.

Answer. 43.② 44.④

45 다음은 2023년과 2024년에 甲 ~ 丁 국가 전체 인구를 대상으로 통신 가입자 현황을 조사한 자료이다. 〈보기〉에서 이에 대한 설명으로 옳은 것을 모두 고르면?

〈국가별 2023년과 2024년 통신 가입자 현황〉

(단위 : 만 명)

연도 구분 국가	2015년				2024년			
	유선 통신 가입자	무선 통신 가입자	유·무선 통신 동시 가입자	미 가입자	유선 통신 가입자	무선 통신 가입자	유·무선 통신 동시 가입자	미 가입자
甲	( )	4,100	700	200	1,600	5,700	400	100
乙	1,900	3,000	300	400	1,400	( )	100	200
丙	3,200	7,700	( )	700	3,000	5,500	1,100	400
丁	1,100	1,300	500	100	1,100	2,500	800	( )

※ 유·무선 통신 동시 가입자는 유선 통신 가입자와 무선 통신 가입자에도 포함됨

보기

㉠ 甲국의 2023년 인구 100명당 유선 통신 가입자가 40명이라면, 유선 통신 가입자는 2,200만 명이다.
㉡ 乙국의 2023년 대비 2024년 무선 통신 가입자 수의 비율이 1.5라면, 2024년 무선 통신 가입자는 5,000만 명이다.
㉢ 丁국의 2023년 대비 2024년 인구 비율이 1.5라면, 2024년 미가입자는 200만 명이다.
㉣ 2023년 유선 통신만 가입한 인구는 乙국이 丁국의 3배가 안 된다.

---

① ㉠, ㉡   ② ㉠, ㉢
③ ㉡, ㉢   ④ ㉡, ㉣
⑤ ㉢, ㉣

46 원가가 500원인 지우개가 있다. 처음에 x%의 이윤을 남겨 정가로 정하여 10개를 판매했다. 하지만 잘 팔리지 않아 정가의 x%를 할인하여 50개를 판매하였다. 이때 이윤이 0원이었다면, x의 값은?

① 5%   ② 10%
③ 15%   ④ 20%
⑤ 25%

47 다음 글에 나타난 '역사적 사실'에 대한 내용으로 옳지 않은 것은?

> 역사적 사실은 단순히 과거의 사건 그 자체로만 존재하는 것이 아니다. 시대와 연구자의 관점에 따라 다양한 의미로 해석되며, 그로 인해 같은 사건이라도 바라보는 시각에 따라 전혀 다른 평가가 내려지는 경우가 있다. 산업혁명은 18세기 후반 영국에서 시작되어 전 세계로 확산된 경제·사회적 변혁이다. 증기기관의 발명과 기계화의 보급은 생산성을 획기적으로 높였으며, 철도와 통신망의 발달은 세계를 빠르게 연결시켰다. 이러한 변화는 분명한 역사적 사실로서 인류의 생활 방식을 근본적으로 바꾸어 놓았다. 그러나 산업혁명의 의미에 대해서는 학자들 사이에서도 다양한 해석이 존재한다.
>
> 일부는 산업혁명을 인류 발전의 분수령으로 보며, 자본주의 경제의 토대를 마련하고 생활수준을 향상시킨 긍정적 사건으로 평가한다. 반면 산업혁명이 아동 노동의 확산, 노동 환경의 악화, 빈부격차, 환경 파괴와 같은 부정적 결과를 초래했다는 시각도 있다.
>
> 이처럼 역사적 사실은 하나의 객관적 사건으로 존재하지만, 그것이 지닌 의미와 가치는 단일하게 규정되지 않는다. 시대적 배경, 연구자의 문제의식, 그리고 후대의 사회적 가치관에 따라 동일한 사실조차 상반된 해석을 낳는다. 따라서 역사적 사실을 이해한다는 것은 단순히 과거에 무슨 일이 있었는지를 아는 데 그치지 않고, 그 사실이 어떻게 기억되고 어떤 의미를 지니는지 탐구하는 과정이라 할 수 있다.

① 역사적 사실은 과거사건 그대로의 모습으로 존재하며 객관적인 해석으로 이해된다.

② 역사적 사실에는 증거와 검증이 필요하지 않으며, 전해 내려오는 이야기 자체로 인정된다.

③ 역사적 사실은 객관적 사실 위에 서 있으면서도, 어떤 문제의식을 갖고 바라보느냐에 따라 상반된 평가와 해석이 가능하다.

⑤ 역사적 사실은 후대에 왜곡되거나 정치적 의도에 의해 이용될 가능성이 있으며 이러한 왜곡은 사실에 대한 이해를 방해한다.

④ 역사적 사실의 해석은 시대적 배경에 기인하므로 다양한 사건으로 존재하나 연구자의 관점에 따라 단일한 결론으로 수렴할 수 있다.

48 다음 글의 중심 내용으로 가장 적절한 것은?

> 인간은 사회적 존재로서 타인과 관계를 맺으며 살아간다. 단순한 만남을 넘어 상호작용을 통해 서로의 생각과 감정을 주고받는 과정이며, 원만한 인간관계는 개인에게 심리적 안정과 소속감을 제공하고 사회적 협력을 가능하게 한다. 그러나 인간관계는 언제나 긍정적인 결과만을 가져오지는 않는다. 오해와 갈등이 발생하면 관계가 긴장되거나 단절되기도 한다. 인간관계 고민은 성장 과정에서부터 성인이 된 이후까지 부딪히게 된다. 사회 경험이 쌓이더라도 관계의 문제는 완전히 사라지지 않기 때문에 많은 사람들이 인간관계에 대한 조언을 구하거나 관련 서적을 찾는데, 이는 인간관계가 개인의 삶에서 얼마나 중요한 위치를 차지하는지를 보여준다. 학자들은 인간관계를 이해하는 데 있어 두 가지 측면을 강조한다. 하나는 인간관계가 개인의 신뢰와 노력에 의해 형성·유지된다는 점이다. 예컨대 적극적인 의사소통과 배려는 갈등을 예방하고 관계의 질을 높인다. 다른 하나는 인간관계가 사회적·문화적 맥락 속에서 규정된다는 점이다. 즉, 같은 행동이라도 사회적 규범이나 문화적 기대에 따라 다르게 받아들여질 수 있다. 이처럼 인간관계는 개인적 요인과 사회적 요인이 복합적으로 작용하는 가운데 형성된다. 따라서 인간관계를 이해한다는 것은 단순히 개인 간의 호불호를 넘어서, 그 관계가 어떤 맥락 속에서 형성·발전·변화하는지를 살펴보는 과정이라 할 수 있다.

① 인간관계의 고충   ② 인간관계의 이해
③ 의사소통의 필요성   ④ 사회적 규범의 영향
⑤ 인간관계의 부정적 결과

49 다음 대화의 내용이 참일 때, 거짓인 진술은?

> 팀장 : 위기관리체계 점검 회의를 위해 외부 전문가를 위촉해야 하는데, 위촉 후보자는 A, B, C, D, E, F 여섯 사람입니다.
> 대리 : 그건 저도 알고 있습니다. 그런데 A와 B 중 적어도 한 명은 위촉해야 합니다. 지진 재해와 관련된 전문가들은 이들뿐이거든요.
> 팀장 : 동의합니다. 그런데 A는 C와 같이 참여하기를 바라고 있습니다. 그러니까 C를 위촉할 경우에만 A를 위촉해야 합니다.
> 주임 : 별문제 없어 보입니다. C는 반드시 위촉해야 하거든요. 회의 진행을 맡을 사람이 필요한데, C가 적격입니다. 그런데 C를 위촉하기 위해서는 D, E, F 세 사람 중 적어도 한 명은 위촉해야 합니다. C가 회의를 진행할 때 도움이 될 사람이 필요하거든요.
> 대리 : E를 위촉할 경우에는 F도 반드시 위촉해야 합니다. E는 F가 참여하지 않으면 참여하지 않겠다고 했거든요.
> 주임 : 주의할 점이 있습니다. B와 D를 함께 위촉할 수는 없습니다. B와 D는 같은 학술 단체 소속이거든요.

① 갑 : 총 3명만 위촉하는 방법은 모두 3가지이다.
② 을 : A는 위촉되지 않을 수 있다.
③ 병 : B를 위촉하기 위해서는 F도 위촉해야 한다.
④ 정 : D와 E 중 적어도 한 사람은 위촉해야 한다.
⑤ 무 : D를 포함하여 최소 인원을 위촉하려면 총 3명을 위촉해야 한다.

50 다음은 '甲~戊' 공무원의 국외 출장 현황과 출장 국가별 여비 지급 기준액을 나타낸 자료이다. 〈표〉와 〈조건〉을 근거로 출장 여비를 지급받을 때, 출장 여비를 가장 많이 지급받는 출장자는 누구인가?

〈표1〉 甲~戊 공무원 국외 출장 현황

출장자	출장국가	출장기간	숙박비 지급 유형	1박 실지출 비용($/박)	출장 시 개인 마일리지 사용 여부
甲	A	3박4일	실비지급	145	미사용
乙	A	3박4일	정액지급	130	사용
丙	B	3박5일	실비지급	110	사용
丁	C	4박6일	정액지급	75	미사용
戊	D	5박6일	실비지급	75	사용

※ 각 출장자의 출장 기간 중 매 박 실지출 비용은 변동 없음

〈표2〉 출장 국가별 1인당 여비 지급 기준액

출장국가 \ 구분	1일 숙박비 상한액($/박)	1일 식비($/일)
A	170	72
B	140	60
C	100	45
D	85	35

─────── 조건 ───────

가. 출장 여비($) = 숙박비 + 식비

나. 숙박비는 숙박 실지출 비용을 지급하는 실비지급 유형과 출장국가 숙박비 상한액의 80%를 지급하는 정액지급 유형으로 구분
   • 실비지급 숙박비($) = (1박 실지출 비용) × ('박' 수)
   • 정액지급 숙박비($) = (출장국가 1일 숙박비 상한액) × ('박' 수) × 0.8

다. 식비는 출장 시 개인 마일리지 사용여부에 따라 출장 중 식비의 20% 추가지급
   • 개인 마일리지 미사용 시 지급 식비($) = (출장국가 1일 식비) × ('일' 수)
   • 개인 마일리지 사용 시 지급 식비($) = (출장국가 1일 식비) × ('일' 수) × 1.2

① 甲
② 乙
③ 丙
④ 丁
⑤ 戊

제2회 실전모의고사

풀이시간 _____	정답문항수 _____

1 다음은 A기업의 설명회를 개최할 수 있는 대관 장소로 가장 적절한 곳은?

> A기업에서는 대학생들을 대상으로 A기업을 소개하는 설명회를 개최한다. 김 대리는 장소를 대관하고 대학생들에게 돌릴 홍보책자를 주문하려고 한다.
> • 대관 장소는 대학생들과 담당자 甲을 포함한 세 명을 더하여 총 10%의 여유인원을 수용할 수 있어야 한다.
> • 홍보책자는 설명회에 참관하는 대학생 모두에게 나눠줄 공통 책자와 계열에 따른 책자 3종(인문. 사회, 공학계열)이다.
> • 공통책자는 설명회에 참여하는 대학생 인원 수 5%의 여유분을 포함하며 계열에 따른 책자는 15권씩 더 제작한다.
>
> | 구분 | 인원 |
> |---|---|
> | 인문계열 | 193명 |
> | 사회계열 | 174명 |
> | 공학계열 | 230명 |

① 평화홀 − 580명
② 무지개홀 − 600명
③ 바람홀 − 620명
④ 민들레홀 − 640명
⑤ 은하수홀 − 660명

| 2 ~ 3 | 다음 상황을 보고 이어지는 물음에 답하시오.

K기업은 직원들의 업무역량 강화를 위해 NCS 기반 교육을 실시하기로 하였다. 교육 분야를 결정하기 위한 내부 회의를 통해 다음과 같은 4개의 영역이 상정되었고, 이에 대하여 3명의 경영진이 각각 자신의 선호도를 결정하였다.

선호도 \ 경영진	영업본부장	관리본부장	기술본부장
1순위	의사소통영역	조직이해영역	의사소통영역
2순위	자원관리영역	의사소통영역	자원관리영역
3순위	문제해결영역	문제해결영역	조직이해영역
4순위	조직이해영역	자원관리영역	문제해결영역

※ 4개의 영역 중 사내 전 직원의 투표에 의해 2개의 영역이 선정되며, 선정된 안건에 대한 경영진의 선호도 다수결에 따라 한 개의 최종 교육 영역이 채택된다.

2 다음 중 직원들의 투표 결과에 의한 2개 영역 중 하나로 조직이해영역이 선정되었을 경우에 일어날 수 있는 일로 옳은 것은?

① 나머지 하나로 어떤 안건이 선정되어도 조직이해영역은 최종 채택되지 않는다.
② 나머지 하나로 자원관리영역이 선정되면 조직이해영역이 선정된다.
③ 나머지 하나로 의사소통영역이 선정되면 선정된 안건의 심사위원 선호 결과가 같아지게 된다.
④ 나머지 안건과 관계없이 조직이해영역은 반드시 최종 채택된다.
⑤ 조직이해영역이 최종 채택이 되는 경우는 한 가지 밖에 없다.

3 만일 1 ~ 4순위별로 각각 4점, 3점, 2점, 1점의 가중치를 부여한다면, 자원관리영역이 투표 결과에 의한 2개 영역 중 하나로 선정되었을 경우에 대한 설명으로 옳은 것은 어느 것인가? (단, 동일 점수가 나오면 해당 영역만으로 재투표를 실시하여 순위를 가린다.)

① 의사소통영역이 나머지 하나의 영역일 경우, 재투표를 실시할 수 있다.
② 어떤 다른 영역과 함께 선정되어도 자원관리영역은 채택될 수 없다.
③ 조직이해영역이 나머지 하나의 영역일 경우, 재투표를 실시할 수 있다.
④ 문제해결영역이 나머지 하나의 영역일 경우, 문제해결영역이 채택된다.
⑤ 자원관리영역이 채택될 수 있는 경우는 한 가지 밖에 없다.

Answer. 1.⑤ 2.⑤ 3.③

4 다음 워크시트는 '사원별 보험 판매 실적'을 분석한 것이다. (가), (나)에 들어갈 함수식이 참조하는 셀 영역은?

	B	C	D	E	F	G
1						
2		사원별 보험 판매 실적				
3		9월	10월	11월	합계	판매순위
4	K 사원	50	40	45	(가)	(나)
5	L 사원	30	35	40	105	3
6	P 사원	40	50	50	140	2
7	S 사원	60	55	70	185	1
8	계	180	180	205	565	

	(가)	(나)		(가)	(나)
①	C4:E4	C$4:E$4	②	C4:E4	C$4:F$7
③	C4:E4	F$4:F$7	④	C4:C7	F$4:F$7
⑤	C4:C7	C$4:E$4			

5 다음은 임원 면접에서 나누어준 참고 자료이다. 면접관의 예상 질문으로 적절하지 않은 것은?

무선으로 전력을 주고받으면, 전원을 직접 연결하는 유선보다 효율은 떨어지지만 전자 제품을 자유롭게 이동하며 사용할 수 있는 장점이 있다. 이처럼 무선으로 전력을 주고받을 수 있도록 전자기를 활용하여 전기를 공급하거나 이용하는 기술이 무선 전력 전송 방식인데 대표적으로 '자기 유도 방식'과 '자기 공명 방식' 두 가지를 들 수 있다. 자기 유도 방식은 변압기의 원리와 유사하다. 변압기는 네모 모양의 철심 좌우에 코일을 감아, 1차 코일에 '+, −'극성이 바뀌는 교류 전류를 보내면 마치 자석을 운동시켜서 자기장을 형성하는 것처럼 1차 코일에서도 자기장을 형성한다. 이 자기장에 의해 2차 코일에 전류가 만들어지는데 이 전류를 유도전류라 한다. 변압기는 자기장의 에너지를 잘 전달할 수 있는 철심이 있으나, 자기 유도 방식은 철심이 없이 무선 전력 전송을 하는 것이다. 이러한 자기 유도 방식은 전력 전송 효율이 90% 이상으로 매우 높다는 장점이 있다. 하지만 1차 코일에 해당하는 송신부와 2차 코일에 해당하는 수신부가 수 센티미터 이상 떨어지거나 송신부와 수신부의 중심이 일치하지 않게 되면 전력 전송 효율이 급격히 저하된다는 문제점이 있다. 휴대전화 같은 경우, 충전 패드에 휴대전화를 올려놓는 방식으로 거리 문제를 해결하고 충전 패드 전체에 코일을 배치하여 송수신부 간 전송 효율을 높임으로써 무선 충전이 가능하도록 하였다. 다만 휴대전화는 직류 전류를 사용하기 때문에 1차 코일로부터 2차 코일에 유도된 교류 전류를 직류 전류로 변환해 주는 정류기가 충전 단계 전에 필요하다. 두 번째 전송 방식은 자기 공명 방식이다. 다양한 소리굽쇠 중에 하나를 두드리면 동일한 고유 진동수를 가지는 소리굽쇠가 같이 진동하는 물리적 현상이 공명이다. 자기장에 공명이 일어나도록 1차 코일과 공진기를 설계하여 공진 주파수를 만든다. 이후 2차 코일과 공진기를 설계하여 공진 주파수가 전달되도록 하는 것이 자기 공명 방식의 원리이다. 이러한 특성으로 인해 자기 공명 방식은 자기 유도 방식과 달리 수 미터 가량 근거리 전력 전송이 가능하다는 장점이 있다. 이 방식이 상용화된다면, 송신부와 공명되는 여러 전자 제품을 전원을 연결하지 않아도 사용할 수 있거나 충전할 수 있다. 그러나 실험 단계의 코일 크기로는 일반 가전제품에 적용할 수 없으므로 코일을 소형화해야 할 필요가 있다. 따라서 이를 해결하기 위한 연구가 필요하다.

① 자기 공명 방식의 장점은 무엇인가?
② 자기 유도 방식의 문제점은 무엇인가?
③ 변압기에서 철심은 어떤 역할을 하는가?
④ 자기 공명 방식의 효율을 높이는 방법은 무엇인가?
⑤ 변압기 원리와 자기 유도 방식의 차이는 무엇인가?

┃6～8┃ 다음은 어느 회사 로봇청소기의 〈고장신고 전 확인사항〉이다. 이를 보고 물음에 답하시오.

확인사항	조치방법
주행이 이상합니다.	• 센서를 부드러운 천으로 깨끗이 닦아주세요. • 초극세사 걸레를 장착한 경우라면 장착 상태를 확인해 주세요. • 주전원 스위치를 끈 후, 다시 켜주세요.
흡입력이 약해졌습니다.	• 흡입구에 이물질이 있는지 확인하세요. • 먼지통을 비워주세요. • 먼지통 필터를 청소해 주세요.
소음이 심해졌습니다.	• 먼지통이 제대로 장착되었는지 확인하세요. • 먼지통 필터가 제대로 장착되었는지 확인하세요. • 회전솔에 이물질이 끼어있는지 확인하세요. • Wheel에 테이프, 껌 등 이물이 묻었는지 확인하세요.
리모컨으로 작동시킬 수 없습니다.	• 배터리를 교환해 주세요. • 본체와의 거리가 3m 이하인지 확인하세요. • 본체 밑면의 주전원 스위치가 켜져 있는지 확인하세요.
회전솔이 회전하지 않습니다.	• 회전솔을 청소해 주세요. • 회전솔이 제대로 장착이 되었는지 확인하세요.
충전이 되지 않습니다.	• 충전대 주변의 장애물을 치워주세요. • 충전대에 전원이 연결되어 있는지 확인하세요. • 충전 단자를 마른 걸레로 닦아 주세요. • 본체를 충전대에 붙인 상태에서 충전대 뒷면에 있는 리셋버튼을 3초간 눌러주세요.
자동으로 충전대 탐색을 시작합니다. 자동으로 전원이 꺼집니다.	로봇청소기가 충전 중이지 않은 상태로 아무 동작 없이 10분이 경과되면 자동으로 충전대 탐색을 시작합니다. 충전대 탐색에 성공하면 충전을 시작하고 충전대를 찾지 못하면 처음 위치로 복귀하여 10분 후에 자동으로 전원이 꺼집니다.

6 로봇청소기 서비스센터에서 근무하고 있는 L 씨는 고객으로부터 소음이 심해졌다는 문의전화를 받았다. 이에 대한 조치방법으로 L 씨가 잘못 답변한 것은?

① 먼지통 필터가 제대로 장착되었는지 확인하세요.
② 회전솔에 이물질이 끼어있는지 확인하세요.
③ Wheel에 테이프, 껌 등 이물이 묻었는지 확인하세요.
④ 흡입구에 이물질이 있는지 확인하세요.
⑤ 먼지통이 제대로 장착되었는지 확인하세요.

7 로봇청소기가 충전 중이지 않은 상태로 아무 동작 없이 10분이 경과되면 자동으로 충전대 탐색을 시작하는데 충전대를 찾지 못하면 어떻게 되는가?

① 아무 동작 없이 그 자리에 멈춰 선다.
② 처음 위치로 복귀하여 10분 후에 자동으로 전원이 꺼진다.
③ 계속 청소를 한다.
④ 계속 충전대를 찾아 돌아다닌다.
⑤ 그 자리에서 바로 전원이 꺼진다.

8 로봇청소기가 갑자기 주행이 이상해졌다. 고객이 시도해보아야 하는 조치방법으로 옳은 것은?

① 충전 단자를 마른 걸레로 닦는다.
② 회전솔을 청소한다.
③ 센서를 부드러운 천으로 깨끗이 닦는다.
④ 먼지통을 비운다.
⑤ 본체 밑면의 주전원 스위치를 켠다.

Answer. 6.④ 7.② 8.③

9 다음의 알고리즘에서 인쇄되는 A는?

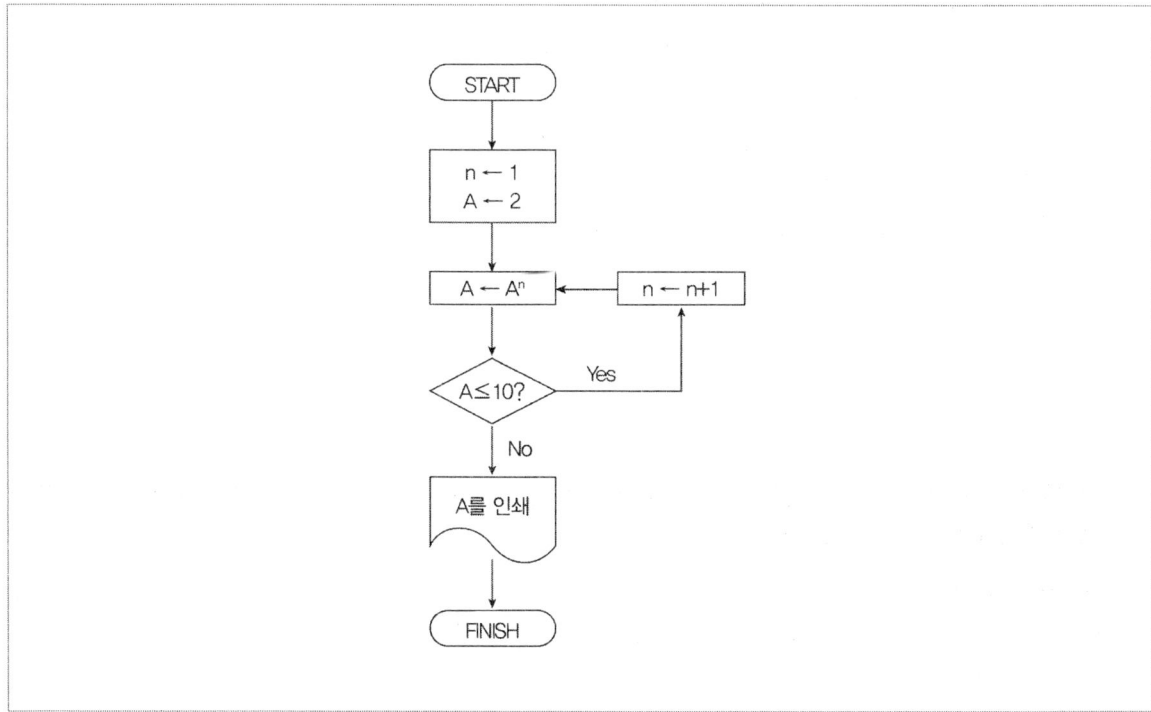

① 2^1 ② 2^2

③ 2^3 ④ 2^4

⑤ 2^5

┃10 ~ 11┃ 다음은 ISBN 코드와 13자리 번호체계를 설명하는 자료이다. 다음을 보고 물음에 답하시오.

국가번호   서명식별번호

ISBN 978 − 3 − 16 − 148410 − 0

접두부   발행자번호   체크기호

〈체크기호 계산법〉

• 1단계 : ISBN 처음 12자리 숫자에 가중치 1과 3을 번갈아 가며 곱한다.
• 2단계 : 각 가중치를 곱한 값들의 합을 계산한다.
• 3단계 : 가중치의 합을 10으로 나눈다.
• 4단계 : 3단계의 나머지 값을 10에서 뺀 값이 체크기호가 된다. 단 나머지가 0인 경우의 체크기호는 0이다.

10 빈칸 'B'에 들어갈 수 없는 숫자는?

ISBN 257 − 31 − 20028 − B − 3

① 10　　　　　　　　　　　　　② 23
③ 52　　　　　　　　　　　　　④ 68
⑤ 94

11 빈칸 'A'에 들어갈 마지막 '체크기호'의 숫자는?

ISBN 938 − 15 − 93347 − 12 − A

① 5　　　　　　　　　　　　　② 6
③ 7　　　　　　　　　　　　　④ 8
⑤ 9

12 A 씨는 30 % 할인 행사 중인 백화점에 갔다. 매장에 도착하니 당일 구매물품의 정가 총액에 따라 아래의 〈혜택〉 중 하나를 택할 수 있다고 한다. 정가 10만 원짜리 상의와 15만 원짜리 하의를 구입하고자 한다. 옷을 하나 이상 구입하여 일정 혜택을 받고 교통비를 포함해 총비용을 계산할 때, 〈보기〉의 설명 중 옳은 것을 모두 고르면? (단, 1회 왕복교통비는 5천 원이고, 소요시간 등 기타사항은 금액으로 환산하지 않는다.)

--- 혜택 ---

• 추가할인 : 정가 총액이 20만 원 이상이면, 할인된 가격의 5%를 추가로 할인
• 할인쿠폰 : 정가 총액이 10만 원 이상이면, 세일기간이 아닌 기간에 사용할 수 있는 40% 할인권 제공

--- 보기 ---

㉠ 오늘 상·하의를 모두 구입하는 것이 가장 싸게 구입하는 방법이다.
㉡ 상·하의를 가장 싸게 구입하면 16만 원 미만의 비용이 소요된다.
㉢ 상·하의를 가장 싸게 구입하는 경우와 가장 비싸게 구입하는 경우의 비용 차이는 1회 왕복 교통비 이상이다.
㉣ 오늘 하의를 구입하고, 세일기간이 아닌 기간에 상의를 구입하면 17만 5천 원이 든다.

① ㉠, ㉡   ② ㉠, ㉢
③ ㉡, ㉢   ④ ㉢, ㉣
⑤ ㉡, ㉢, ㉣

13 다음을 읽고 알 수 있는 것은?

　인간의 몸은 70%의 물로 이루어져 있으며 모든 신체 기관의 기능을 유지하는 데 매우 중요한 부분을 차지한다. 체내 수분은 생태에 일어나는 생화학적 반응의 용매로서 작용할 뿐만 아니라 영양소의 운반·배출·분비, 삼투압 조절 및 체온 조절 등에 관여한다. 적절한 양의 수분 섭취는 혈량을 유지하는 데 필수적이며 체내 영양 공급 및 노폐물 배설에도 주요한 역할을 한다. 신체의 향상성 유지, 면역력 증진 등에도 도움이 된다. 체외로 배출되는 수분은 성인 기준으로 하루 1,400ml, 대변으로 100ml, 땀과 호흡 등으로 1,000ml를 배출한다. 수분 섭취량은 염분 섭취나 체중, 활동량, 신체 칼로리 소모량, 기온 등에 따라 달라지며 매체에서 권장하는 양도 다르지만, 일반적으로 하루에 1.5 ~ 2L까지 섭취할 것을 권장한다.

① 수분 부족으로 나타나는 증상
② 수분 섭취 시 주의사항
③ 하루 권장 체외 수분 배출량
④ 체내 수분의 역할
⑤ 수분이 피부미용에 미치는 영향

14 홍보팀 K 대리는 지역 개발원 관광 행사의 업무담당자이다. 다음 글을 근거로 판단할 때, 지불해야 할 관광비용은?

〈지역 개발원 관광 행사〉

가. K는 해외 방문객을 인솔하여 경복궁에서 시작하여 서울시립미술관, 서울타워 전망대, 국립중앙박물관까지 관광을 진행하려 한다. '경복궁 → 서울시립미술관'은 도보로, '서울시립미술관 → 서울타워 전망대' 및 '서울타워 전망대 → 국립중앙박물관'은 각각 지하철로 이동해야 한다.

나. 입장료 및 지하철 요금

경복궁	서울시립미술관	서울타워전망대	국립중앙박물관	지하철
1,000원	5,000원	10,000원	1,000원	1,000원

※ 지하철 요금은 거리에 관계없이 탑승할 때마다 일정하게 지불하며, 도보 이동 시에는 별도 비용 없음

다. 관광비용은 입장료, 지하철 요금, 상품가격의 합산액이다.

라. K는 관광비용을 최소화하고자 하며, 선택할 수 있는 상품은 다음 세 가지 중 하나이다.

상품	가격	혜택				
		경복궁	서울시립미술관	서울타워전망대	국립중앙박물관	지하철
스마트 교통카드	1,000원	–	–	50% 할인	–	당일무료
시티투어A	3,000원	30% 할인	30% 할인	30% 할인	30% 할인	당일무료
시티투어B	5,000원	무료	–	무료	무료	–

① 11,000원

② 12,000원

③ 13,000원

④ 14,900원

⑤ 19,000원

사진이 등장하면서 회화는 대상을 사실적으로 재현(再現)하는 역할을 사진에 넘겨주게 되었고, 그에 따라 화가들은 회화의 의미에 대해 고민하게 되었다. 19세기 말 등장한 인상주의와 후기 인상주의는 전통적인 회화에서 중시되었던 사실주의적 회화 기법을 거부하고 회화의 새로운 경향을 추구하였다. 인상주의 화가들은 색이 빛에 의해 시시각각 변화하기 때문에 대상의 고유한 색은 존재하지 않는다고 생각하였다. 인상주의 화가 모네는 대상을 사실적으로 재현하는 회화적 전통에서 벗어나기 위해 빛에 따라 달라지는 사물의 색채와 그에 따른 순간적 인상을 표현하고자 하였다. 모네는 대상의 세부적인 모습보다는 전체적인 느낌과 분위기, 빛의 효과에 주목했다. 그 결과 빛에 의한 대상의 순간적 인상을 포착하여 대상을 빠른 속도로 그려 내었다. 그에 따라 그림에 거친 붓 자국과 물감을 덩어리로 찍어 바른 듯한 흔석이 남아 있는 경우가 많았다. 이로 인해 대상의 윤곽이 뚜렷하지 않아 색채 효과가 형태 묘사를 압도하는 듯한 느낌을 준다. 이와 같은 기법은 그가 사실적 묘사에 더 이상 치중하지 않았음을 보여 주는 것이었다. 그러나 모네 역시 대상을 '눈에 보이는 대로' 표현하려 했다는 점에서 이전 회화에서 추구했던 사실적 표현에서 완전히 벗어나지는 못했다는 평가를 받았다.

후기 인상주의 화가들은 재현 위주의 사실적 회화에서 근본적으로 벗어나는 새로운 방식을 추구하였다. 후기 인상주의 화가 세잔은 "회화에는 눈과 두뇌가 필요하다. 이 둘은 서로 도와야 하는데, 모네가 가진 것은 눈뿐이다."라고 말하면서 사물의 눈에 보이지 않는 형태까지 찾아 표현하고자 하였다. 이러한 시도는 회화란 지각되는 세계를 재현하는 것이 아니라 대상의 본질을 구현해야 한다는 생각에서 비롯되었다. 세잔은 하나의 눈이 아니라 두 개의 눈으로 보는 세계가 진실이라고 믿었고, 두 눈으로 보는 세계를 평면에 그리려고 했다. 그는 대상을 전통적 원근법에 억지로 맞추지 않고 이중 시점을 적용하여 대상을 다른 각도에서 바라보려 하였고, 이를 한 폭의 그림 안에 표현하였다. 또한 질서 있는 화면 구성을 위해 대상의 선택과 배치가 자유로운 정물화를 선호하였다. 세잔은 사물의 본질을 표현하기 위해서는 '보이는 것'을 그리는 것이 아니라 '아는 것'을 그려야 한다고 주장하였다. 그 결과 자연을 관찰하고 분석하여 사물은 본질적으로 구, 원통, 원뿔의 단순한 형태로 이루어졌다는 결론에 도달하였다. 이를 회화에서 구현하기 위해 그는 이중 시점에서 더 나아가 형태를 단순화하여 대상의 본질을 표현하려 하였고, 윤곽선을 강조하여 대상의 존재감을 부각하려 하였다. 회화의 정체성에 대한 고민에서 비롯된 ⊙그의 이러한 화풍은 입체파 화가들에게 직접적인 영향을 미치게 되었다.

15 내용과 일치하는 진술이 아닌 것은?

① 모네의 작품은 색채 효과가 형태 묘사를 압도하는 듯한 느낌을 주었다.
② 전통 회화는 대상을 사실적으로 묘사하는 것을 중시했다.
③ 모네는 대상의 교유한 색 표현을 위해 전통적인 원근법을 거부하였다.
④ 사진은 화가들이 회화의 의미를 거려하는 계기가 되었다.
⑤ 세잔은 모네의 화풍에 대상의 본질을 더하여 그림을 표현하였다.

16 〈보기〉를 바탕으로, 세잔의 화풍을 ⊙과 같이 평가한 이유로 가장 적절한 것은?

> ───────────────── 보기 ─────────────────
>
> 입체파 화가들은 사물의 본질을 표현하고자 대상을 입체적 공간으로 나누어 단순화한 후, 여러 각도에서 바라보는 관점으로 사물을 해체하였다가 화폭 위에 재구성하는 방식을 취하였다. 이러한 기법을 통해 관찰자의 위치와 각도에 따라 각기 다르게 보이는 대상의 다양한 모습을 한 화폭에 담아내려 하였다.

① 대상의 본질을 드러내기 위해 다양한 각도에서 바라보아야 한다는 관점을 제공하였기 때문에
② 시시각각 달라지는 자연을 관찰하고 분석하여 대상의 인상을 그려 내는 화풍을 정립하였기 때문에
③ 사물을 최대한 정확하게 묘사하기 위해 전통적 원근법을 독창적인 방법으로 변용시켰기 때문에
④ 대상을 복잡한 형태로 추상화하여 대상의 전체적인 느낌을 부각하는 방법을 시도하였기 때문에
⑤ 대상을 시각에 의존하여 대상의 모습 보이는 대로 표현하는 단순화 방법을 시도하였기 때문에

17 다음은 甲이 N은행 금융상품에 대해 상담 받은 내용이다. 이에 대한 옳은 설명을 모두 고른 것은?

> 甲 : 안녕하세요. 1,000만 원 예금하려고 하는데요. 정기 예금 상품 추천해 주세요.
> 직원 : 원금에만 연 5%의 금리가 적용되는 A상품과 원금뿐만 아니라 이자에 대해서도 연 4.5%의 금리가 적용되는 B상품이 있습니다. 예금 계약기간은 고객님께서 연 단위로 정하실 수 있습니다.

> ⊙ 甲은 요구불예금에 가입하고자 한다.
> ⓒ 甲은 간접금융시장에 참여하고자 한다.
> ⓒ A상품은 복리, B상품은 단리가 적용된다.
> ⓔ 예금 계약기간에 따라서 甲의 정기예금 상품에 대한 합리적인 선택은 달라질 수 있다.

① ⊙, ⓒ   ② ⊙, ⓒ
③ ⓒ, ⓒ   ④ ⓒ, ⓔ
⑤ ⓒ, ⓔ

──

📝 Answer. 15.③ 16.① 17.④

18 H마트에서는 좋은 품질의 상품을 합리적인 가격에 제공하기 위해 PB브랜드 제품을 만들었다. 시제품 세 개를 만들어 전 직원을 대상으로 블라인드 테스트를 진행한 후 기획팀에서 회의를 하기로 했다. 독창성, 대중성, 개인선호도 세 가지 영역에서 총 15점 만점으로 진행한 결과가 다음과 같을 때, 기획팀 직원들의 발언으로 옳지 않은 것은?

	독창성	대중성	개인선호도	총점
시제품 A	5	2	3	10
시제품 B	4	4	4	12
시제품 C	2	5	5	12

① 甲 : 우리 회사의 핵심가치 중 하나가 창의성이지 않습니까? 저는 독창성 점수가 높은 A를 출시해야 한다고 생각합니다.

② 乙 : 독창성이 높아질수록 총점이 낮아지고 있습니다. 저는 甲의 의견에 반대합니다.

③ 丙 : 무엇보다 현 시점에서 회사의 재정상황을 타개하기 위해서는 대중성을 고려해야 합니다. 높은 이윤이 날 것같은 C를 출시해야 하지 않겠습니까?

④ 丁 : 저도 대중성과 개인선호도가 높은 C를 출시해야 한다고 생각합니다.

⑤ 戊 : 그럼 독창성과 대중성, 개인선호도 점수가 비슷한 B를 출시하는 것이 어떨까요?

19 A기업에 다니는 박 주임은 회의에서 발표할 '해외 시장 진출 지원 및 육성 방안'에 대해 다음과 같이 개요를 작성하였다. 박 주임의 상사 김차장이 다음의 개요에 대한 피드백으로 틀린 것은?

Ⅰ. 서론

    1. 해외 시장에 진출한 우리 회사 제품 수의 증가 ······ ㉠

    2. 해외 시장 진출을 위한 장기적인 전략의 필요성

Ⅱ. 본론

    1. 해외 시장 진출의 의의

      • 다른 나라와의 경제적 연대 증진 ······ ㉡

      • 해외 시장 속 우리 회사의 위상 제고

    2. 해외 시장 진출의 장애 요소

      • 해외 시장 진출 관련 재정 지원 부족

      • 우리 회사에 대한 현지인의 인지도 부족 ······ ㉢

      • 해외 시장 진출 전문 인력 부족

    3. 해외 시장 진출 지원 및 육성 방안

      • 재정의 투명한 관리 ······ ㉣

      • 인지도를 높이기 위한 현지 홍보 활동

      • 해외 시장 진출 전문 인력 충원 ······ ㉤

Ⅲ. 결론

    해외 시장 진출의 전망

---

① ㉠에서 해외 시장에 진출한 우리 회사 제품 수를 통계 수치로 제시하면 더 좋겠군.

② ㉡에서 다른 나라에 진출한 타 기업 수 현황을 근거 자료로 제시하면 더 좋겠군.

③ ㉢에서 우리 회사에 대한 현지인의 인지도를 타 기업과 비교해 상대적으로 낮음을 보여주면 효과적이겠군.

④ ㉣에서 Ⅱ-2를 고려해서 '해외 시장 진출 관련 재정 확보 및 지원'으로 수정하는 것이 좋겠군.

⑤ ㉤에는 이번에 공개채용을 통해 충원하는 전문 인력에 대한 자료를 넣으면 되겠군.

20 화재손해 발생 시 지급 보험금 산정방법과 피보험물건의 보험금액 및 보험가액에 대한 자료이다. 다음 조건에 따를 때, 지급 보험금이 가장 많은 피보험 물건은?

〈표1〉 지급 보험금 산정방법

피보험물건의 유형	조건	지급 보험금
일반물건, 창고물건, 주택	보험금액 ≥ 보험가액의 80%	손해액 전액
	보험금액 < 보험 가액의 80%	손해액 × $\dfrac{보험금액}{보험가액의 80\%}$
공장물건, 동산	보험금액 ≥ 보험가액	손해액 전액
	보험금액 < 보험가액	손해액 × $\dfrac{보험금액}{보험가액}$

※ 1) 보험금액은 보험사고가 발생한 때에 보험회사가 피보험자에게 지급해야 하는 금액의 최고한도를 말한다.
2) 보험가액은 보험사고가 발생한 때에 피보험자에게 발생 가능한 손해액의 최고한도를 말한다.

〈표2〉 피보험물건의 보험금액 및 보험가액

피보험물건	피보험물건 유형	보험금액	보험가액	손해액
甲	동산	7천만 원	1억 원	6천만 원
乙	일반물건	8천만 원	1억 원	8천만 원
丙	창고물건	6천만 원	7천만 원	9천만 원
丁	공장물건	9천만 원	1억 원	6천만 원
戊	주택	6천만 원	8천만 원	8천만 원

① 甲
② 乙
③ 丙
④ 丁
⑤ 戊

21 다음 제시된 글의 내용과 일치하는 것을 모두 고른 것은?

> 유물(遺物)을 등록하기 위해서는 명칭을 붙인다. 이때 유물의 전반적인 내용을 알 수 있도록 하는 것이 바람직하다. 따라서 명칭에는 그 유물의 재료나 물질, 제작기법, 문양, 형태가 나타난다. 예를 들어 도자기에 청자상감운학문매병(靑瓷象嵌雲鶴文梅瓶)이라는 명칭이 붙여졌다면, '청자'는 재료를, '상감'은 제작기법은, '운학문'은 문양을, '매병'은 그 형태를 각각 나타낸 것이다. 이러한 방식으로 다른 유물에 대해서도 명칭을 붙이게 된다.
>
> 유물의 수량은 점(點)으로 계산한다. 작은 화살촉도 한 점이고 커다란 철불(鐵佛)도 한 점으로 처리한다. 유물의 파편이 여럿인 경우에는 일괄(一括)이라 이름 붙여 한 점으로 계산하면 된다. 귀걸이와 같이 쌍(雙)으로 된 것은 한 쌍으로 하고, 하나인 경우에는 한 짝으로 하여 한 점으로 계산한다. 귀걸이 한 쌍은, 먼저 그 유물번호를 적고 그 뒤에 각각 (2-1), (2-2)로 적는다. 뚜껑이 있는 도자기나 토기도 한 점으로 계산하되, 번호를 매길 때는 귀걸이의 예와 같이 하면 된다.
>
> 유물을 등록할 때는 그 상태를 잘 기록해 둔다. 보존상태가 완전한 경우도 많지만, 일부가 손상된 유물도 많다. 예를 들어 유물의 어느 부분이 부서지거나 깨졌지만 그 파편이 남아 있는 상태를 파손(破損)이라고 하고, 파편이 없는 경우를 결손(缺損)이라고 표기한다. 그리고 파손된 것을 붙이거나 해서 손질했을 때 이를 수리(修理)라 하고, 결손된 부분을 모조해 원상태로 재현했을 때는 복원(復原)이라는 용어를 사용한다.

> ㉠ 도자기 뚜껑의 일부가 손상되어 파편이 떨어진 유물의 경우, 뚜껑은 파편과 일괄하여 한 점이지만 도자기 몸체와는 별개이므로 전체가 두 점으로 계산된다.
> ㉡ 조선시대 방패의 한 귀퉁이가 부서져나가 그 파편을 찾을 수 없다면, 수리가 아닌 복원의 대상이 된다.
> ㉢ 위 자료에 근거해 볼 때, 청자화훼당초문접시(靑瓷花卉唐草文Ⅲ)는 그 명칭에 비추어 청자상감운학문매병과 동일한 재료 및 문양을 사용하였으나, 그 제작기법과 형태에 있어서 서로 다른 것으로 추정된다.
> ㉣ 박물관이 소장하고 있는 한 쌍의 귀걸이 중 한 짝이 소실되는 경우에도 그 박물관 전체 유물의 수량이 줄어들지는 않을 것이다.
> ㉤ 일부가 결손된 철불의 파편이 어느 지방에서 발견되어 그 철불을 소장하던 박물관에서 함께 소장하게 된 경우, 그 박물관이 소장하는 전체 유물의 수량은 늘어난다.

① ㉠
② ㉡, ㉢
③ ㉡, ㉣
④ ㉠, ㉢, ㉤
⑤ ㉡, ㉣, ㉤

22 다음 글의 내용과 날씨를 근거로 판단할 경우 甲이 여행을 다녀온 시기로 가능한 것은?

내용

- 甲은 선박으로 '포항 → 울릉도 → 독도 → 울릉도 → 포항' 순으로 3박4일의 여행을 다녀왔다.
- '포항 → 울릉도' 선박은 매일 오전 10시, '울릉도 → 포항' 선박은 매일 오후 3시에 출발하며, 편도 운항에 3시간이 소요된다.
- 울릉도에서 출발해 독도를 돌아보는 선박은 매주 화요일과 목요일 오전 8시에 출발하여 당일 오전 11시에 돌아온다.
- 최대 파고가 3m 이상인 날은 모든 노선의 선박이 운항되지 않는다.
- 甲은 매주 금요일에 술을 마시는데, 술을 마신 다음날은 멀미가 심해 선박을 탈 수 없다.
- 이번 여행 중 甲은 울릉도에서 호박엿 만들기 체험을 했는데, 호박엿 만들기 체험은 매주 월·금요일 오후 6시에만 할 수 있다.

날씨

(㉠ : 최대 파고)

日	月	火	水	木	金	土
16 ㉠ 1.0m	17 ㉠ 1.4m	18 ㉠ 3.2m	19 ㉠ 2.7m	20 ㉠ 2.8m	21 ㉠ 3.7m	22 ㉠ 2.0m
23 ㉠ 0.7m	24 ㉠ 3.3m	25 ㉠ 2.8m	26 ㉠ 2.7m	27 ㉠ 0.5m	28 ㉠ 3.7m	29 ㉠ 3.3m

① 19일(水) ~ 22일(土)

② 20일(木) ~ 23일(日)

③ 23일(日) ~ 26일(水)

④ 25일(火) ~ 28일(金)

⑤ 26일(水) ~ 29일(土)

23 다음은 이륜차 배달종사자가 숙지해야 할 계절적, 환경적 요인에 의한 배달제한 권고사항이다. 이를 근거로 〈보기〉의 A, B 상황에 맞는 배달제한 권고사항을 순서대로 적절히 나열한 것은?

구분	상황	배달지역 제한 (최대 2km)
비 오는 날	비가 내려 노면이 젖은 경우	-
	폭우 등으로 인해 가시거리 100m 이내의 경우	1.5km 이내
	시간당 15mm 이상, 1일 강수량 110mm 이상, 호우주의보 발령 시	1km 이내
	시간당 20mm 이상, 1일 강수량 180mm 이상, 호우경보 발령 시	배달 금지
눈 오는 날	눈이 2cm 미만 쌓인 경우	-
	눈이 2cm 이상 쌓인 경우	1.5km 이내
	눈이 내려 노면이 미끄러워 체인(사슬형, 직물형) 장착한 경우	1.5km 이내
	대설주의보 발령 시	1km 이내
	대설경보 발령 시	배달 금지
기타	안개, 연무, 박무 등으로 인해 가시거리 100m 이내의 경우	1.5km 이내
	야간운전 시	-

※ 호우주의보 – 6시간 70mm, 12시간 110mm 이상 강수
호우경보 – 6시간 110mm, 12시간 180mm 이상 강수
대설주의보 – 24시간 적설량이 5cm 이상
대설경보 – 24시간 적설량이 20cm 이상

보기

A : 출근길에 내린 비로 가시거리가 100m도 채 안 되었고, 새벽 4시경부터 내리기 시작한 비의 아침 9시쯤 강수량이 75mm였다.

B : 가게 주변 도로는 상인들이 수시로 눈을 치워 거의 쌓이지 않은 상태이며, 이륜차 바퀴에 체인을 장착해 두었다. 어제 이맘때부터 내린 눈은 23cm의 적설량을 보이고 있다.

---

① 1.5km 거리로 배달 제한, 1km 거리로 배달 제한
② 1.5km 거리로 배달 제한, 배달 금지
③ 1km 거리로 배달 제한, 1.5km 거리로 배달 제한
④ 1km 거리로 배달 제한, 배달 금지
⑤ 배달 금지, 1km 거리로 배달 제한

| 24 ~ 25 | 다음은 택배 이용에 대한 안내문이다. 물음에 답하시오.

가. 택배(방문접수)

고객이 원하는 장소로 직원이 방문하여 접수하는 서비스

구분/중량 (크기)	2kg까지 (60cm까지)	5kg까지 (80cm까지)	10kg까지 (120cm까지)	20kg까지 (140cm까지)	30kg까지 (160cm까지)
익일배달	5,000원	6,000원	7,500원	9,500원	12,000원
제주(익일배달)	6,500원	8,500원	10,000원	12,000원	14,500원
제주(D+2일)	5,000원	6,000원	7,500원	9,500원	12,000원

나. 소포 우편(창구접수)

고객이 창구에 직접 방문하여 접수하는 서비스

구분/중량 (크기)		1kg까지 (50cm까지)	3kg까지 (80cm까지)	5kg까지 (100cm까지)	7kg까지 (100cm까지)
등기 소포(익일배달)	익일배달	3,500원	4,000원	4,500원	5,000원
	제주(익일배달)	5,000원	6,500원	7,000원	7,500원
	제주(D+2일)	3,500원	4,000원	4,500원	5,000원
일반소포(D+3일)	D+3일배달	2,200원	2,700원	3,200원	3,700원

구분/중량 (크기)		10kg까지 (100cm까지)	15kg까지 (120cm까지)	20kg까지 (120cm까지)	30kg까지 (160cm까지)
등기 소포(익일배달)	익일배달	6,000원	7,000원	8,000원	11,000원
	제주(익일배달)	8,500원	8,500원	10,500원	13,500원
	제주(D+2일)	6,000원	7,000원	8,000원	11,000원
일반소포(D+3일)	D+3일배달	4,700원	5,700원	6,700원	9,700원

다. 이용 시 유의사항

- 중량은 최대 30kg 이하이며, 크기(가로, 세로, 높이의 합)는 최대 160㎝ 이하입니다. 다만, 한 변의 최대 길이는 100㎝ 이내에 한하여 취급합니다.
- 당일특급 우편물의 경우 중량은 20kg 이하이며, 크기는 140cm 이내에 한하여 취급합니다.
- 일반소포는 등기 소포와 달리 기록취급이 되지 않으므로 분실 시 손해배상이 되지 않습니다.
- 중량/크기 중 큰 값을 기준으로 다음 단계의 요금을 적용합니다.
- 도서지역 등 특정지역의 배달 소요기간은 위 내용과 다를 수 있습니다.
- 제주지역(익일배달)은 항공기 운송 여건에 따라 지역마다 마감시간이 상이합니다.

24 다음 중 당일특급 우편물 이용이 가능한 가장 큰 물건은? (단, 중량은 10kg으로 모두 동일하다)

①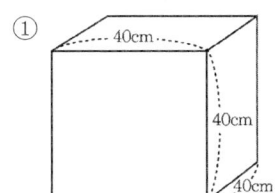

②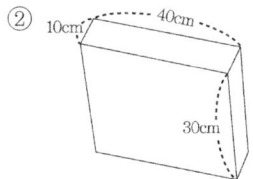

③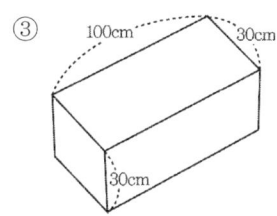

④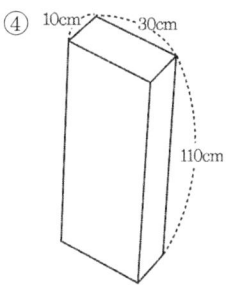

⑤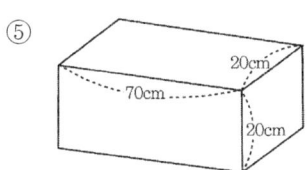

25 다음은 접수된 택배서비스 내역의 일부이다. 다음 중 이용 요금을 가장 많이 지불한 사람은?

① 택배를 이용하여 크기 80cm, 무게 5kg인 물건을 제주(익일배달)로 보낸 甲
② 등기 소포를 이용하여 크기 110cm, 무게 7kg인 물건을 부산으로 보낸 乙
③ 택배를 이용하여 크기 60cm, 무게 10kg인 물건을 대구로 보낸 丙
④ 일반소포를 이용하여 크기 50cm, 무게 7kg인 물건을 대전으로 보낸 丁
⑤ 등기 소포를 이용하여 크기 120cm, 무게 20kg인 물건을 제주(D+2일)로 보낸 戊

Answer. 24.① 25.①

26 다음 중 아래 워크시트의 [A1] 셀에 사용자 지정 표시 형식 '#,###,'을 적용했을 때 표시되는 값은?

	A	B
1	2451648.81	
2		

① 2,451
② 2,452
③ 2
④ 2.4
⑤ 2.5

27 다음 프로그램 구조 중 모듈 G에서 팬인과 팬아웃 수의 합은?

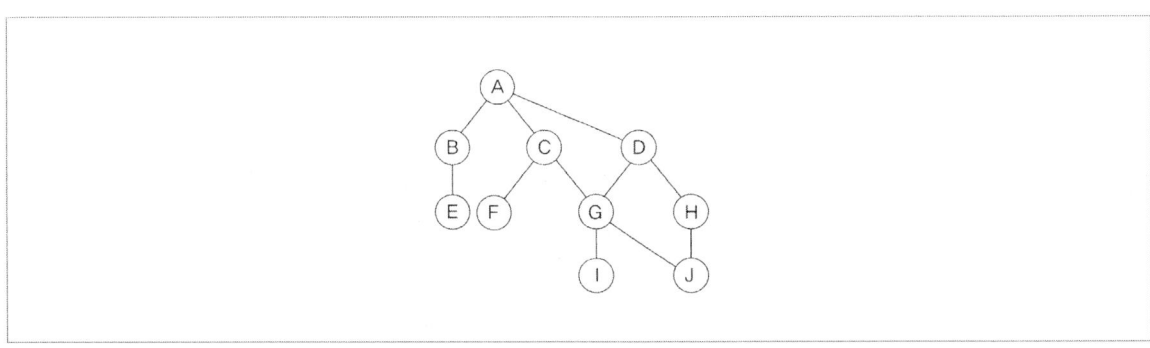

① 2
② 3
③ 4
④ 5
⑤ 6

28 A기업의 워크숍에 1년차와 2년차 직원 총 50명이 참가하였다. 이 대회에 참가한 직원은 A와 B 중 하나의 프로그램을 반드시 골라야 하고, 각 직원들이 고른 주제별 인원수는 다음 표와 같다. 이 워크숍에서 참가한 직원 50명 중에서 임의로 선택한 1명이 1년차 직원일 때, 이 직원이 주제 B를 고른 직원일 확률을 p_1이라 하고, 이 대회에 참가한 직원 50명 중에서 임의로 선택한 1명이 주제 B를 고른 직원 일 때, 이 직원이 1년차 직원일 확률을 p_2라 한다면 $\dfrac{p_2}{p_1}$의 값은?

(단위 : 명)

프로그램	1년차	2년차	합계
A프로그램	8	12	20
B프로그램	16	14	30
합계	24	26	50

① $\dfrac{1}{2}$

② $\dfrac{3}{5}$

③ $\dfrac{4}{5}$

④ $\dfrac{3}{2}$

⑤ 2

29 다음 워크시트에서 [C1] 셀의 채우기 핸들을 [D1] 셀로 드래그 했을 때 ㈎, ㈏에 출력되는 값이 바르게 연결된 것은?

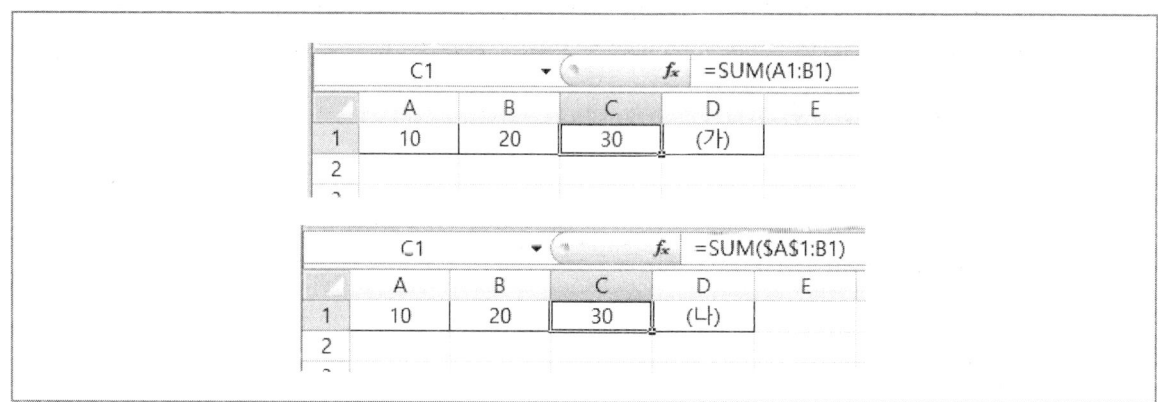

```
        ㈎    ㈏
① 30    50
② 50    50
③ 50    60
④ 60    30
⑤ 60    60
```

┃30 ~ 31┃ 다음 글을 읽고 이어지는 질문에 답하시오.

선조들은 자연의 질서를 따르며 생활 속에서 지혜를 축적하고 전승하였다. 자연과 조화를 이루며 축적한 그들의 지혜는 단순히 생활의 편의를 위한 기술에 머무르지 않고, 삶을 바라보는 태도와 공동체의 질서를 지탱하는 원리로 이어졌다. 비록 시대와 환경은 달라졌지만, 그 속에 담긴 사유 방식은 오늘날에도 여전히 유효하다. 선조들은 자연을 존중하며 살아가는 법을 터득하였는데, 예를 들어 농경 사회에서는 봄·여름·가을·겨울의 순환을 관찰하여 씨를 뿌리고 거두는 시기를 정했다. 이러한 경험은 농사 기술을 넘어, 인간이 자연의 질서 속에서 조화를 이루어야 한다는 깨달음으로 발전하였다. 이처럼 '하늘의 때를 살핀다'는 의식은 인간의 한계를 인정하고 겸손한 태도로 이어졌다. 그리고 선조들은 공동체의 화합을 삶의 근본으로 여겼다. '먼 친척보다 가까운 이웃이 낫다'는 속담은, 어려움에 처했을 때 곁에 있는 이웃의 도움만큼 소중한 것이 없음을 일깨워 준다. 실제로 마을 단위의 공동체에서는 품앗이나 두레와 같은 상부상조의 관습이 생활화되어 있었다. 이는 집단의 협력으로 위기를 극복하고, 사회 전체의 안정을 꾀하는 실질적인 지혜였다. 이 뿐만 아니라, 선조들은 사소한 일에서도 삶의 가치를 찾는 안목을 지녔다. '티끌 모아 태산'이라는 말은 작은 것의 가치를 중시하던 선조들의 지혜를 드러내며, 이는 작은 노력이 쌓여 큰 성과로 이어진다는 사실을 보여준다. 오늘날 경제적 합리성을 중시하는 사회에서도 이러한 생각은 여전히 설득력을 가진다. 단기적인 이익보다는 장기적인 안목을 기르는 태도는 개인의 삶뿐만 아니라 국가의 정책에도 중요한 기준이 된다. 결국 선조들의 지혜는 특정한 시대에만 머무는 것이 아니라, 인간 사회가 지속되는 한 변함없이 되새겨야 할 삶의 지침이다. 자연에 대한 겸손, 이웃과의 협력, 작은 것에서 가치를 발견하는 안목은 오늘을 사는 우리에게도 깊은 울림을 준다. 그러므로 우리는 선조들이 남긴 지혜를 단순한 옛말로 치부하지 않고, 현재의 삶에 맞게 새롭게 해석하여 실천해야 할 것이다.

30 다음 글의 전개 방식으로 가장 적절한 것은?

① 구체적 사례를 제시한 뒤, 이를 종합하여 일반적 결론을 도출하였다.
② 다양한 속담을 나열하며 선조들의 지혜와 현 사회의 차이를 밝히고 있다.
③ 선조들의 삶과 현대인의 삶을 대비하여 전통적 가치의 우월함을 강조하고 있다.
④ 원인과 결과의 관계를 통해 선조들의 지혜가 발생한 사회적 배경을 분석하고 있다.
⑤ 반론을 통해 선조들의 지혜가 시대적으로 한계가 있음을 증명하고 있다.

31 '하늘의 때를 살핀다'는 표현의 함의하는 의미로 가장 적절한 것은?

① 인간은 자연 현상을 극복할 수 있다는 자신감
② 자연의 변화보다 기술에 의존하는 태도
③ 자연 앞에서 겸손한 자세로 삶을 영위하려는 태도
④ 자연보다 인간의 지혜를 우위에 두려는 태도
⑤ 계절과 관계없이 농사 생산량을 높이고자 하는 의지

📝 **Answer.** 29.③ 30.① 31.③

32 다음은 甲사 물류센터에서 출고되는 수량을 나타낸 것이다. 날짜별 200건 이상의 출고 수량만 구하려고 할 때 [G2] 셀에 입력할 수 있는 함수식으로 옳은 것은?

	A	B	C	D	E	F	G	
1	번호	출고 날짜	출고 센터	출고 수량		날짜	출고 수량(200건 이상)	
2	1	20xx-03-26	A물류센터	200		20xx-03-26		
3	2	20xx-03-26	B물류센터	130		20xx-06-31		
4	3	20xx-03-26	C물류센터	450		20xx-04-10		
5	4	20xx-03-31	D물류센터	210		20xx-04-22		
6	5	20xx-03-31	E물류센터	150				
7	6	20xx-03-31	F물류센터	120				
8	7	20xx-04-10	G물류센터	240				
9	8	20xx-04-10	H물류센터	330				
10	9	20xx-04-10	I물류센터	400				
11	10	20xx-04-10	J물류센터	300				
12	11	20xx-04-10	K물류센터	400				
13	12	20xx-04-22	L물류센터	3140				
14	13	20xx-04-22	M물류센터	190				
15	14	20xx-04-22	N물류센터	500				
16	15	20xx-04-22	O물류센터	550				
17	16	20xx-04-22	P물류센터	450				
18	17	20xx-04-22	Q물류센터	400				
19	18	20xx-04-22	R물류센터	310				
20								
21								

① =COUNTIF(B2:B19,F2,D2:D19,">=200")

② =COUNTIF(B2:B19,F2,D2:D19,"<200")

③ =AVERAGE(B2:B19,F2,D2:D19,">=200")

④ =COUNTIFS(B2:B19,F2,D2:D19,"<200")

⑤ =COUNTIFS(B2:B19,F2,D2:D19,">=200")

33 다음 중 C언어에서 문자형을 나타내는 데이터 형식으로 옳은 것은?

① char

② byte

③ long

④ float

⑤ double

34 다음은 전시회의 입장료와 할인 사항에 관한 내용이다. 〈보기〉의 사항 중 5인 입장권을 사용하는 것이 유리한 경우를 모두 고르면?

〈전시회 입장료〉

구분	평일 (월 ~ 금)	주말(토 · 일 및 법정공휴일)
성인	25,800원	28,800원
청소년(만 13세 이상 및 19세 미만)	17,800원	18,800원
어린이(만 13세 미만)	13,800원	13,800원

가. 평일에 성인 3명 이상 방문 시 전체 요금의 10% 할인(평일은 법정공휴일을 제외한 월요일에서 금요일까지를 의미한다.)

나. 성인, 청소년, 어린이를 구분하지 않는 5인 입장권을 125,000원에 구매 가능(요일 구분 없이 사용 가능하며, 5인 입장권 사용 시 다른 할인 혜택은 적용되지 않음)

다. 주말에 한하여 통신사 할인 카드 사용 시 전체 요금의 15% 할인(단, 통신사 할인 카드는 乙과 丙만 가지고 있음)

보기

㉠ 甲이 3월 1일(법정공휴일)에 자신을 포함한 성인 4명 및 청소년 3명과 전시회 관람
㉡ 乙이 법정공휴일이 아닌 화요일에 자신을 포함한 성인 6인과 청소년 2인과 전시회 관람
㉢ 丙이 토요일에 자신을 포함한 성인 5명과 청소년 2명과 전시회 관람
㉣ 丁이 법정공휴일이 아닌 목요일에 자신을 포함한 성인 5명 및 어린이 1명과 전시회 관람

① ㉠
② ㉡
③ ㉢
④ ㉡, ㉢
⑤ ㉢, ㉣

---

35 다음은 체육관 대관에 관한 자료이다. 다음의 자료를 참고한 설명 중 옳은 것은?

〈체육관 대관 안내〉
- 대관 예약은 2개월 전부터 가능합니다.
- 대관료는 대관일 최소 5일 전에 결제해야 대관 이용이 가능합니다.
- 초과 시간당 대관료 계산은 일일 4시간 기준 대관료의 시간당 20% 가산 징수합니다.
  ※ 시 주최의 행사가 있을 시에는 시행사 우선으로 대관 예약이 취소될 수 있음을 알려드립니다.

〈체육관 대관료〉

(단위 : 원)

대관료		관내		관외	
		평일	휴일	평일	휴일
체육 경기	4시간 기준	60,000	90,000	120,000	180,000
	초과 1시간당	12,000	18,000	24,000	36,000
체육 경기 외	4시간 기준	250,000	350,000	500,000	700,000
	초과 1시간당	50,000	70,000	100,000	140,000

〈부대시설 사용료〉

음향	냉·난방
10,000/시간	30,000/시간

〈일일 입장료〉

구분	평일	휴일	비고
어른	1,500원	2,000원	2시간 초과 시 재구매
노인, 장애인, 유공자 등	700원	1,000원	관내 어린이·청소년 무료

〈프로그램 안내〉

프로그램	요일	시간	수강료
여성배구	월, 수, 금	09 : 30 ~ 13 : 00	30,000원
줌바댄스	화, 목	20 : 00 ~ 21 : 00	30,000원

① 甲 : 휴일에 시 탁구 동호회에서 탁구 대회를 위해 체육관을 5시간 대관했다면 총 대관료는 84,000원이군.

② 乙 : 2개월 전에 미리 예약만 하면 체육관을 반드시 대관할 수 있겠네.

③ 丙 : 체육관을 대관하고 음향시설까지 2시간 사용했다면 대관료와 함께 부대시설 사용료 6만 원을 지불해야 하는군.

④ 丁 : 관내 거주자인 어른 1명과 고등학생 1명의 휴일 일일 입장료는 2,000원이군.

⑤ 戊 : 프로그램 2개를 모두 수강하는 사람은 수강료로 5만 원을 지불하면 되겠네.

36 甲은 휴가를 맞아 그동안 카드사용실적에 따라 적립해 온 마일리지를 이용해 국내여행(편도)을 가려고 한다. 甲의 카드사용실적과 마일리지 관련 내역이 다음과 같을 때의 상황에 대한 올바른 설명은?

〈카드 적립 혜택〉

• 연간 결제금액이 300만 원 이하 : 10,000원당 30마일리지
• 연간 결제금액이 600만 원 이하 : 10,000원당 40마일리지
• 연간 결제금액이 800만 원 이하 : 10,000원당 50마일리지
• 연간 결제금액이 1,000만 원 이하 : 10,000원당 70마일리지

※ 마일리지 사용 시점으로부터 3년 전까지의 카드 실적을 기준으로 함

〈甲의 카드사용내역〉

• 재작년 결제금액 : 월 평균 45만 원
• 작년 결제금액 : 월 평균 65만 원

〈마일리지 이용 가능 구간〉

목적지	일반석	프레스티지석	일등석
울산	70,000	90,000	95,000
광주	80,000	100,000	120,000
부산	85,000	110,000	125,000
제주	90,000	115,000	130,000

① 올해 카드 결제금액이 월 평균 80만 원이라면, 일등석을 이용하여 제주로 갈 수 있다.
② 올해 카드 결제금액이 월 평균 60만 원이라면, 일등석을 이용하여 광주로 갈 수 없다.
③ 올해에 카드 결제금액이 전무해도 일반석을 이용하여 울산으로 갈 수 있다.
④ 올해 카드 결제금액이 월 평균 70만 원이라면 프레스티지석을 이용하여 제주로 갈 수 없다.
⑤ 올해 카드 결제금액이 월 평균 30만 원이라면, 프레스티지석을 이용하여 울산으로 갈 수 있다.

▌37~38▌ 다음 문서 세단기 사용설명서를 보고 이어지는 물음에 답하시오.

〈사용 방법〉

1. 전원 코드를 콘센트에 연결해 주세요.
2. 기기의 프런트 도어를 연 후 전원 스위치를 켜 주세요.
3. 프런트 도어를 닫은 후 'OLED 표시부'에 '세단대기'가 표시되면 세단할 문서를 문서투입구에 넣어주세요. (CD 및 카드는 CD 투입구에 넣어주세요)
4. 절전모드 실행 중에는 전원버튼을 눌러 켠 후 문서를 넣어주세요.
5. 'OLED 표시부'에 부하량이 표시되면서 완료되면 '세단완료'가 표시됩니다.

〈사용 시 주의사항〉

1. 투입부에 종이 이외는 투입하지 마세요.
2. 부품에 물기가 묻지 않도록 주의하세요.
3. 넥타이 및 옷소매 등이 투입부에 말려들어가지 않도록 주의하세요.
4. 가스나 기타 인화물질 근처에서는 사용하지 마세요.
5. '파지비움' 표시의 경우 파지함을 비워주세요.
6. 세단량이 많을 경우 고장의 원인이 되므로 적정량을 투입하세요.
7. 세단량이 많을 때의 '모터과열' 표시의 경우 모터 보호를 위해 정상적으로 멈추는 것이니 30분정도 중지 후 다시 사용하세요.

〈고장신고 전 OLED 표시부 확인사항〉

증상	조치
1. 전원버튼을 눌러도 제품이 동작하지 않을 때 2. 전원스위치를 ON시켜도 동작하지 않을 때	• 전원코드가 꽂혀있는지 확인합니다. • 프런트 도어를 열고 전원스위치가 ON되어 있는지 확인합니다.
3. 자동 역회전 후 '세단포기'가 표시되면서 제품이 정지했을 때	투입구에서 문서를 꺼낸 후 적정량만 투입합니다.
4. '모터과열'이 표시되면서 제품이 정지했을 때	과도한 투입 및 장시간 연속동작 시 모터가 과열되어 제품이 멈춘 상태이니 전원을 끄고 30분 후 사용합니다.
5. '파지비움'이 표시되면서 제품이 정지했을 때	• '프런트 도어'가 표시되면 프런트 도어를 열고 파지함을 비워줍니다. • 파지함을 비워도 '파지비움' 표시가 없어지지 않으면(파지 감지스위치에 이물질이 쌓여있을 수 있습니다.) 파지 감지판을 흔들어 이물질을 제거합니다.
6. 문서를 투입하지 않았는데 자동으로 제품이 동작될 경우	투입구 안쪽으로 문서가 걸려있는 경우이므로 종이 2 ~ 3장을 여러 번 접어 안쪽에 걸려있는 문서를 밀어 넣습니다.
7. 전원을 켰을 때 '세단대기'가 표시되지 않고 세팅화면이 표시될 때	전원버튼을 길게 눌러 세팅모드에서 빠져 나옵니다.

37 다음 OLED 표시부 표시 내용 중 성격이 나머지와 다른 것은?

① 세단포기
② 파지비움
③ 모터과열
④ 프런트 도어
⑤ 세단대기

38 다음 중 문서 세단기가 정상 작동하지 않는 원인이 아닌 것은?

① 파지를 비우지 않아 파지함이 꽉 찼을 경우
② 투입구 안쪽에 문서가 걸려있을 경우
③ 절전모드에서 전원버튼을 눌렀을 경우
④ 문서투입구에 CD가 투입될 경우
⑤ 파지 감지스위치에 이물질이 쌓여있을 경우

39 다음의 글과 〈상황〉을 근거로 판단하여 주택보수비용을 지원하는 경우 사업신청자인 A가 지원받을 수 있는 주택보수비용의 최대 액수는?

가. 주택을 소유하고 해당 주택에 거주하는 가구를 대상으로 주택 노후도 평가를 실시하여 그 결과(경 · 중 · 대보수)에 따라 이래와 같이 주택보수비용을 지원

구분 보수항목	경보수 도배 혹은 장판	중보수 수도시설 혹은 난방시설	대보수 지붕 혹은 기둥
주택당 보수비용 지원한도액	350만 원	650만 원	950만 원

나. 소득인정액에 따라 보수비용 지원한도액의 80% ~ 100%를 차등지원

구분 보수항목	중위소득 25% 미만 100%	중위소득 25% 이상 35% 미만 90%	중위소득 35% 이상 43% 미만 80%

보기

A는 현재 거주하고 있는 甲주택의 소유자이며, 소득인정액이 중위소득 40%에 해당한다. 甲주택의 노후도 평가결과, 지붕의 수선이 필요한 주택보수비용 지원대상이 선정되었다.

① 520만 원
② 650만 원
③ 760만 원
④ 855만 원
⑤ 950만 원

40 다음은 2023 ~ 2024년 甲국의 건강보험 주요지표와 관련된 표이다. 이에 대한 설명으로 옳은 것을 모두 고르면? (단, 소수 둘째 자리에서 반올림한다.)

甲국의 건강보험 주요 지표

(단위 : 천만 원)

구분	2023년	2024년
총수입	81,708	97,008
총지출	78,951	86,176
수지율	(가)	94.7
급여비	76,713	83,466
보험료	79,045	87,256
보험료대급여비비율	(나)	(다)

※ 1) 수지율 = (총지출/총수입)×100
   2) 보험료대급여비비율＝(급여비/보험료)×100

ⓒ 2024년 총지출은 전년 대비 18% 이상 증가했다.
ⓒ 2024년 급여비의 전년 대비 증감률은 7% 미만이다.
ⓒ 2023년 수지율 (가)는 96.6%다.
ⓒ 2023년 보험료대급여비비율 (나)는 90%를 넘는다.
ⓒ (나)와 (다)의 합은 180 미만이다.

① ㉠, ㉡
② ㉡, ㉢
③ ㉣, ㉤
④ ㉠, ㉢, ㉣
⑤ ㉡, ㉣, ㉤

41 그림과 같이 P도시에서 Q도시로 가는 길은 3가지이고, Q도시에서 R도시로 가는 길은 2가지이다. P도시를 출발하여 Q도시를 거쳐 R도시로 가는 방법은 모두 몇 가지인가?

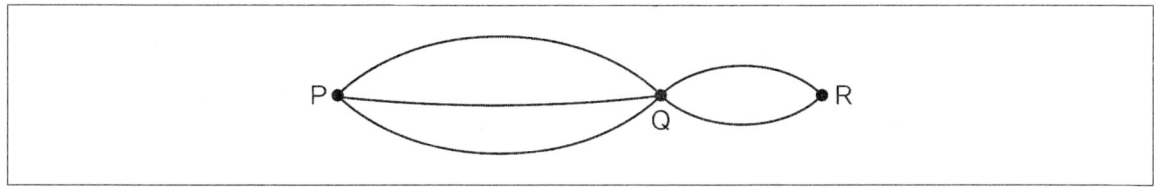

① 3가지
② 4가지
③ 5가지
④ 6가지
⑤ 7가지

42 甲은 헤어에센스를 구매할 때 향과 윤기를 가장 중시한다. 甲이 E회사의 에센스를 구매했다면, 어떤 헤어에센스를 선택했을 때보다 나쁜 결정을 내린 것인가?

제품명	가격	브랜드가치	향	윤기	마무리감
A	★★☆☆	★★★★★	★★☆☆☆	★★★☆☆	★★★☆☆
B	★★☆☆	★★☆☆☆	★★☆☆☆	★★☆☆☆	★★★☆☆
C	★★★★☆	★☆☆☆☆	★★★☆☆	★★★☆☆	★★★★☆
D	★★★★★	★★★★☆	★★★★☆	★★★★☆	★★☆☆☆
E	★☆☆☆☆	★★★★★	★★★★☆	★★★☆☆	★★★★☆

★★★★★ : 매우 좋음, ★★★★☆ : 좋음, ★★★☆☆ : 보통, ★★☆☆☆ : 나쁨, ★☆☆☆☆ : 매우 나쁨

① A
② B
③ C
④ D
⑤ C, D

Answer. 40.④ 41.④ 42.④

43 다음의 과태료 부과기준을 참고하여 〈보기〉에서 부과되는 과태료의 총합(㉠ + ㉡ + ㉢ + ㉣)은 얼마인가?

〈과태료 부과기준〉	
위반행위 및 행위자	과태료 금액
가. 신호 또는 지시를 따르지 않은 차 또는 노면전차의 고용주 등	• 승합자동차 등 : 8만 원 • 승용자동차 등 : 7만 원 • 이륜자동차 등 : 5만 원
나. 다음의 어느 하나에 해당하는 차의 고용주 등 • 중앙선을 침범한 차 • 고속도로에서 갓길로 통행한 차 • 고속도로에서 전용차로로 통행한 차	• 승합자동차 등 : 10만 원 • 승용자동차 등 : 9만 원
다. 다음의 어느 하나에 해당하는 차의 고용주 등 • 차로를 따라 통행하지 않은 차 • 지방경찰청장이 지정한 통행방법에 따라 통행하지 않은 차	• 승합자동차 등 : 4만 원 • 승용자동차 등 : 4만 원 • 이륜자동차 등 : 3만 원
라. 일반도로에서 전용차로로 통행한 차의 고용주 등	• 승합자동차 등 : 6만 원 • 승용자동차 등 : 5만 원 • 이륜자동차 등 : 4만 원
마. 제한속도를 준수하지 않은 차 또는 노면전차의 고용주 등 • 60km/h 초과	• 승합자동차 등 : 14만 원 • 승용자동차 등 : 13만 원 • 이륜자동차 등 : 9만 원
• 40km/h 초과 60km/h 이하	• 승합자동차 등 : 11만 원 • 승용자동차 등 : 10만 원 • 이륜자동차 등 : 7만 원
• 20km/h 초과 40km/h 이하	• 승합자동차 등 : 8만 원 • 승용자동차 등 : 7만 원 • 이륜자동차 등 : 5만 원
• 20km/h 이하	• 승합자동차 등 : 4만 원 • 승용자동차 등 : 4만 원 • 이륜자동차 등 : 3만 원

바. 규정을 위반하여 정차 또는 주차를 한 차의 고용주 등	• 승합자동차 등 : 5만 원(6만 원) • 승용자동차 등 : 4만 원(5만 원)
사. 운전 중 실은 화물이 떨어지지 않도록 덮개를 씌우거나 묶는 등 확실하게 고정될 수 있도록 필요한 조치를 하지 않은 차의 고용주 등	• 승합자동차 등 : 6만 원 • 승용자동차 등 : 5만 원 • 이륜자동차 등 : 4만 원
아. 동승자에게 좌석안전띠를 매도록 하지 않은 운전자 　• 동승자가 13세 미만인 경우 　• 동승자가 13세 이상인 경우	 6만 원 3만 원
자. 어린이통학버스를 신고하지 않고 운행한 운영자	30만 원

※ 비고
• 위 표에서 "승합자동차 등"이란 승합자동차, 4톤 초과 화물자동차, 특수자동차, 건설기계 및 노면전차를 말한다.
• 위 표에서 "승용자동차 등"이란 승용자동차 및 4톤 이하 화물자동차를 말한다.
• 위 표에서 "이륜자동차 등"이란 이륜자동차 및 원동기장치자전거를 말한다.
• 위 표 '바'의 과태료 금액에서 괄호 안의 것은 같은 장소에서 2시간 이상 정차 또는 주차 위반을 하는 경우에 적용한다.

보기

ⓐ 고속도로에서 갓길로 통행한 승합자동차 차주에게 부과되는 과태료
ⓑ 12세인 동승자에게 좌석안전띠를 매도록 하지 않은 운전자에게 부과되는 과태료
ⓒ 제한속도를 30km/h 초과한 3톤 화물자동차 차주에게 부과되는 과태료
ⓓ 규정을 위반하여 3시간 주차한 5톤 화물자동차 차주에게 부과되는 과태료

① 20만 원　　　　　　　　　　② 23만 원
③ 25만 원　　　　　　　　　　④ 27만 원
⑤ 29만 원

┃44 ~ 45┃ 다음은 영업팀, 경영팀, 개발팀의 6월 일정표 및 메모이다. 6월 1일이 화요일일 때, 다음을 보고 물음에 답하시오.

〈6월 일정표〉					
	영업팀		경영팀		개발팀
16일 → 회사 전체 회의					
7	개발팀과 A제품 판매 회의	10	영업팀과 A제품 판매를 위한 회의	1	A제품 개발 마감
10	경영팀과 A제품 판매를 위한 회의	25	다음 달 채용전형 준비 시작	4	A제품 시연
14	국내에서 A제품 판매시작			7	영업팀과 A제품 판매를 위한 회의
〈필독사항〉					
	영업팀		경영팀		개발팀
• 경영팀과 판매회의를 끝낸 후에 국내에서 판매를 시작하겠습니다. • 국내에서 제품 판매 이후에 해외에서 제품판매를 계획 중입니다.		• 출장을 다녀오신 분들은 출장 직후 경영팀에게 보고해주세요. • 채용전형 준비를 시작하고 일주일 동안은 바쁘니 보고사항은 그 전에 해주세요.		영업팀은 국내외의 제품 사용자들의 후기를 듣고 정리하여 개발팀에 보고해주세요.	

44 영업팀 甲 대리는 A제품 판매를 위해 해외로 3박4일 동안 출장을 다녀왔다. 출장 시작일 또는 도착일 중 어느 날도 주말이 아니었으며, 출장보고를 작성하는 데 하루가 소요되었다면, 甲 대리는 언제 출발하였는가?

① 17일   ② 18일
③ 20일   ④ 21일
⑤ 22일

45 甲은 출장 이후 개발팀에게 전할 보고서를 2일간 작성했다고 한다. 보고서 작성을 끝낸 다음 날 개발팀에게 보고서를 넘겨주었을 때, 개발팀이 보고서를 받은 요일은?

① 월요일   ② 화요일
③ 수요일   ④ 목요일
⑤ 금요일

46 빵, 케이크, 마카롱, 쿠키를 판매하고 있는 베이커리에서 A ~ F 6명이 제품을 섭취하고 알레르기가 발생했다는 민원이 제기되었다. 아래의 사례를 참고할 때, 다음 중 반드시 거짓인 경우는?

• 알레르기 유발 원인이 된 제품은 빵, 케이크, 마카롱, 쿠키 중 하나이다.
• 6명이 섭취한 제품과 알레르기 유무는 아래와 같다.

구분	섭취 제품	알레르기 발생 유무
A	빵과 케이크를 먹고 마카롱과 쿠키를 먹지 않음	유
B	빵과 마카롱을 먹고 케이크와 쿠키를 먹지 않음	무
C	빵과 쿠키를 먹고 케이크와 마카롱을 먹지 않음	유
D	케이크와 마카롱을 먹고 빵과 쿠키를 먹지 않음	유
E	케이크와 쿠키를 먹고 빵과 마카롱을 먹지 않음	무
F	마카롱과 쿠키를 먹고 빵과 케이크를 먹지 않음	무

① A, B, D의 사례만을 고려하면, 케이크가 알레르기의 원인이다.
② A, C, E의 사례만을 고려하면, 빵이 알레르기의 원인이다.
③ B, D, F의 사례만을 고려하면, 케이크가 알레르기의 원인이다.
④ C, E, F의 사례만을 고려하면, 빵이 알레르기의 원인이다.
⑤ C, D, F의 사례만을 고려하면, 마카롱이 알레르기의 원인이다.

┃47 ~ 48┃ 다음은 A기업의 11월 근무 일정표 초안이다. A기업은 1 ~ 4조로 구성되어 있으며 3교대로 돌아간다. 주어진 정보를 보고 물음에 답하시오.

시간대	일	월	화	수	목	금	토
	1	2	3	4	5	6	7
오전	1조	1조	1조	1조	1조	2조	2조
오후	2조	2조	2조	3조	3조	3조	3조
야간	3조	4조	4조	4조	4조	4조	1조
	8	9	10	11	12	13	14
오전	2조	2조	2조	3조	3조	3조	3조
오후	3조	4조	4조	4조	4조	4조	1조
야간	1조	1조	1조	1조	2조	2조	2조
	15	16	17	18	19	20	21
오전	3조	4조	4조	4조	4조	4조	1조
오후	1조	1조	1조	1조	2조	2조	2조
야간	2조	2조	3조	3조	3조	3조	3조
	22	23	24	25	26	27	28
오전	1조	1조	1조	1조	2조	2조	2조
오후	2조	2조	3조	3조	3조	3조	3조
야간	4조	4조	4조	4조	4조	1조	1조
	29	30					
오전	2조	2조					
오후	4조	4조					
야간	1조	1조					

- 1조 : 나경원(조장), 임채민, 조은혜, 이가희, 김가은
- 2조 : 김태희(조장), 이샘물, 이가야, 정민지, 김민경
- 3조 : 우채원(조장), 황보경, 최희경, 김희원, 노혜은
- 4조 : 전혜민(조장), 고명원, 박수진, 김경민, 탁정은

※ 1) 한 조의 일원이 개인 사유로 근무가 어려울 경우 당일 오프인 조의 일원(조장 제외) 중 1인이 대체 근무를 한다.
  2) 대체근무의 경우 오전근무 직후 오후근무 또는 오후근무 직후 야간근무는 가능하나 야간근무 직후 오전근무는 불가능하다.
  3) 대체근무가 어려운 경우 휴무자가 포함된 조의 조장이 휴무자의 업무를 대행한다.

47 다음은 직원들의 휴무 일정이다. 배정된 대체근무자로 적절하지 못한 사람은?

휴무일자	휴무 예정자	대체 근무 예정자
11월 3일	임채민	① 노혜은
11월 12일	황보경	② 이가희
11월 17일	우채원	③ 이샘물
11월 24일	탁정은	④ 정민지
11월 30일	고명원	⑤ 최희경

48 다음은 직원들의 휴무 일정이다. 배정된 대체근무자로 적절하지 못한 사람은?

휴무일자	휴무 예정자	대체 근무 예정자
11월 7일	노혜은	① 탁정은
11월 10일	이샘물	② 최희경
11월 15일	최희경	③ 고명원
11월 20일	김희원	④ 임채민
11월 29일	탁정은	⑤ 김희원

Answer. 47.② 48.④

▌49 ~ 50 ▌ D회사에서는 1년에 1명을 선발하여 해외연수를 보내주는 제도가 있다. 김 부장, 최 과장, 오 과장, 홍 대리, 박 사원 5명이 지원한 가운데 〈선발 기준〉과 〈지원자 현황〉은 다음과 같다. 다음을 보고 물음에 답하시오.

〈선발 기준〉

구분	점수	비고
외국어 성적	50점	
근무 경력	20점	15년 이상이 만점 대비 100%, 10년 이상 15년 미만이 70%, 10년 미만이 50%이다. 단, 근무 경력이 최소 5년 이상인 자만 선발 자격이 있다.
근무 성적	10점	
포상	20점	3회 이상이 만점 대비 100%, 1 ~ 2회가 50%, 0회가 0%이다.
계	100점	

〈지원자 현황〉

구분	김 부장	최 과장	오 과장	홍 대리	박 사원
근무 경력	30년	20년	10년	3년	2년
포상	2회	4회	0회	5회	1회

※ 1) 외국어 성적은 김 부장과 최 과장이 만점 대비 50%이고, 오 과장이 80%, 홍 대리와 박 사원이 100%이다.
   2) 근무 성적은 최 과장과 박 사원이 만점이고, 김 부장, 오 과장, 홍 대리는 만점 대비 90%이다.

49 위의 선발 기준과 지원자 현황에 따를 때 가장 높은 점수를 받은 사람이 선발된다면 선발되는 사람은?

① 김 부장
② 최 과장
③ 오 과장
④ 홍 대리
⑤ 박 사원

50 회사 규정이 변경되어 선발 기준이 다음과 같이 변경되었다면, 새로운 선발 기준을 적용하면 선발되는 사람은? (단, 가장 높은 점수를 받은 사람이 선발된다.)

구분	점수	비고
외국어 성적	40점	
근무 경력	40점	30년 이상이 만점 대비 100%, 20년 이상 30년 미만이 70%, 20년 미만이 50%이다. 단, 근무 경력이 최소 5년 이상인 자만 선발 자격이 있다.
근무 성적	10점	
포상	10점	3회 이상이 만점 대비 100%, 1 ~ 2회가 50%, 0회가 0%이다.
계	100점	

① 김 부장
② 최 과장
③ 오 과장
④ 홍 대리
⑤ 박 사원

인·적성평가(Lv.2) 개요

인적성평가의 목적

인적성평가는 지원자의 사고력, 문제 해결 방식, 성격 특성 등을 종합적으로 파악하여, 직무 수행에 적합한 인재인지 확인하기 위한 도구이다. 조직 문화와 직무 특성에 부합하는 인재를 선별하고, 입사 후 업무 적응 가능성과 성장 잠재력을 예측하는 데 목적이 있다. 또한 경력만으로는 알기 어려운 개인의 업무 스타일과 태도를 객관적으로 검증함으로써 채용의 공정성과 신뢰도를 높이는 역할을 한다.

인적성평가 유의점

인적성평가는 제한된 시간 내 많은 문항을 해결해야 하므로, 정확성뿐만 아니라 시간 관리가 매우 중요하다. 특히 일관성 있는 답변을 유지하는 것이 중요하다. 인성 영역에서는 과도하게 이상적인 답변보다는 실제 자신의 성향에 가까운 선택이 신뢰도 측면에서 유리하다.

▌예시▌ 다음 질문에 대해서 평소 자신이 생각하고 있는 것이나 행동하고 있는 것에 대해 박스에 주어진 응답요령에 따라 답하시오.

응답요령

- 응답 Ⅰ : 제시된 문항들을 읽은 다음 각각의 문항에 대해 자신이 동의하는 정도를 '①(전혀 그렇지 않다) ~ ⑤(매우 그렇다)'로 표시하면 된다.
- 응답 Ⅱ : 제시된 문항들을 비교하여 상대적으로 자신의 성격과 가장 가까운 문항 하나와 가장 거리가 먼 문항 하나를 선택하여야 한다(응답 Ⅱ의 응답은 가깝다 1개, 멀다 1개, 무응답 2개이어야 한다).

문항 예시	응답 Ⅰ					응답 Ⅱ	
	①	②	③	④	⑤	Most	Least
A. 스스로 리더 역할에는 어울리지 않는다고 생각한다.							
B. 착실한 노력으로 성공한 이야기를 좋아한다.							
C. 어떠한 일에도 의욕적으로 임하는 편이다.							
D. 학급에서는 존재가 두드러졌다.							

면접의 개요

❶ 면접 이미지 메이킹

(1) 성공적인 이미지 메이킹 포인트

① **인사** : 인사를 할 때에는 밝고 자신 있는 목소리로 하며, 자신의 이름과 수험번호 등을 간략하게 소개한다. 면접관에게 호감을 살 수 있는 가장 쉬운 방법이면서 지원자의 인성 전반에 대한 평가로 이어진다.

② **표정** : 지원자의 인상을 결정하는 중요한 요소이다. 면접 중에는 밝은 표정으로 미소를 지어 호감을 형성할 수 있도록 한다. 시선은 면접관과 고르게 맞추되 생기 있는 눈빛을 띄도록 한다.

③ **목소리** : 답변을 할 때에는 부드러우면서도 활기차고 생동감 있는 목소리로 하는 것이 면접관에게 호감을 줄 수 있다. 적절한 답변을 하였음에도 불구하고 빠른 속도, 자신감 없는 작은 목소리는 답변의 신뢰성을 떨어뜨릴 수 있으므로 주의하도록 한다.

③ **자세** : 발소리가 나지 않도록 주의한다. 앉을 때는 의자 깊숙이 앉고 등받이와 등 사이에 주먹 1개 정도의 간격을 두며 기대듯 앉지 않도록 주의한다. 앉고 일어날 때도 자세가 흐트러지지 않도록 한다.

(2) 면접 예절

① 행동 관련 예절

　㉠ **지각은 절대 금물** : 면접장소가 결정되면 사전에 미리 방문해 보는 것도 좋다. 면접 당일에는 면접 시간 20 ~ 30분 전에 도착하여 면접장을 둘러보고 환경에 익숙해지는 것도 성공적인 면접을 위한 요령이 될 수 있다.

　㉡ **입실 후 태도** : 호명되면 또렷하게 대답하고 들어간다. 문을 여닫을 때에는 소리가 나지 않게 조용히 하며 공손한 자세로 인사한 후 면접관의 지시에 따라 자리에 앉는다. 이 경우 착석하라는 말이 없는데 먼저 의자에 앉으면 무례한 사람으로 보일 수 있으므로 주의한다.

　㉢ **불필요한 행동은 탈락의 지름길** : 자신도 모르게 다리를 떨거나 손가락을 만지는 등의 행동을 하는 지원자가 있는데, 이는 면접관의 주의를 끌 뿐만 아니라 불안하고 산만한 사람이라는 느낌을 주게 된다.

② 답변 관련 예절

　㉠ **면접관이나 다른 지원자와 가치 논쟁을 하지 않는다** : 면접관 또는 다른 지원자와 의견이 다를 수 있다. 정답이 정해져 있지 않은 경우에는 가치관이나 성장배경에 따라 문제를 받아들이는 태도에서 답변까지 차이가 있을 수 있으므로 굳이 면접관이나 다른 지원자의 가치관을 지적하고 고치려 드는 것은 좋지 않다.

　㉡ **경력직인 경우 전 직장에 대해 험담하지 않는다** : 지원자가 전 직장에서 무슨 업무를 담당했고 어떤 성과를 올렸는지는 면접관이 관심을 둘 사항일 수 있지만, 전 직장에 대해 험담을 늘어놓는다든가, 동료와 상사에 대한 악담을 하게 된다면 오히려 지원자에 대한 부정적인 이미지만 심어줄 수 있다.

② 면접 질문 및 답변 포인트

(1) 성격 및 가치관에 관한 질문

Q 당신의 PR포인트를 말해 주십시오.

TIP PR포인트를 말할 때에는 지나치게 겸손한 태도는 좋지 않으며 적극적으로 자기를 주장하는 것이 좋다. 앞으로 입사 후 하게 될 업무와 관련된 자기의 특성을 구체적인 일화를 더하여 이야기하도록 한다.

MEMO

Q 당신의 장·단점을 말해 보십시오.

TIP 지원자의 구체적인 장·단점을 알고자 하기 보다는 지원자가 자기 자신에 대해 얼마나 알고 있으며 어느 정도의 객관적인 분석을 하고 있나, 그리고 개선의 노력 등을 시도하는지를 파악하고자 하는 것이다. 따라서 장점을 말할 때는 업무와 관련된 장점을 뒷받침할 수 있는 근거와 함께 제시하며, 단점을 이야기할 때에는 극복을 위한 노력을 반드시 포함해야 한다.

MEMO

Q 가장 존경하는 사람은 누구입니까?

TIP 존경하는 사람을 말하기 위해서는 우선 그 인물에 대해 알아야 한다. 잘 모르는 인물에 대해 존경한다고 말하는 것은 면접관에게 바로 지적당할 수 있으므로, 추상적이라도 좋으니 평소에 존경스럽다고 생각했던 사람에 대해 그 사람의 어떤 점이 좋고 존경스러운지 대답하도록 한다. 또한 자신에게 어떤 영향을 미쳤는지도 언급하면 좋다.

MEMO

(2) **지원동기 및 직업의식에 관한 질문**

Q 왜 우리 회사를 지원했습니까?

TIP 이 질문은 어느 회사나 가장 먼저 물어보고 싶은 것으로 지원자들은 기업의 이념, 대표의 경영능력, 재무구조, 복리후생 등 외적인 부분을 설명하는 경우가 많다. 이러한 답변도 적절하지만 지원 회사의 주력 상품에 관한 소비자의 인지도, 경쟁사 제품과의 시장점유율을 비교하면서 입사동기를 설명한다면 상당히 주목 받을 수 있을 것이다.

MEMO

Q 만약 이번 채용에 불합격하면 어떻게 하겠습니까?

TIP 불합격할 것을 가정하고 회사에 응시하는 지원자는 거의 없을 것이다. 이는 지원자를 궁지로 몰아넣고 어떻게 대응하는지를 살펴보며 입사 의지를 알아보려고 하는 것이다. 이 질문은 너무 깊이 들어가지 말고 침착하게 답변하는 것이 좋다.

MEMO

Q 당신이 생각하는 바람직한 사원상은 무엇입니까?

TIP 직장인으로서 또는 조직의 일원으로서의 자세를 묻는 질문으로 지원하는 회사에서 어떤 인재상을 요구하는가를 알아두는 것이 좋으며, 평소에 자신의 생각을 미리 정리해 두어 당황하지 않도록 한다.

MEMO

Q **직무상의 적성과 보수의 많음 중 어느 것을 택하겠습니까?**

TIP 이런 질문에서 회사 측에서 원하는 답변은 당연히 직무상의 적성에 비중을 둔다는 것이다. 그러나 적성만을 너무 강조하다 보면 오히려 솔직하지 못하다는 인상을 줄 수 있으므로 어느 한 쪽을 너무 강조하거나 경시하는 태도는 바람직하지 못하다.

MEMO

Q **상사와 의견이 다를 때 어떻게 하겠습니까?**

TIP 과거와 다르게 최근에는 상사의 명령에 무조건 따르겠다는 수동적인 자세는 바람직하지 않다. 회사에서는 때에 따라 자신이 판단하고 행동할 수 있는 직원을 원하기 때문이다. 그러나 지나치게 자신의 의견만을 고집한다면 이는 팀원 간의 불화를 야기할 수 있으며 팀 체제에 악영향을 미칠 수 있으므로 선호하지 않는다는 것에 유념하여 답해야 한다.

MEMO

(3) **여가 활용에 관한 질문**

Q **취미가 무엇입니까?**

TIP 기초적인 질문이지만 특별한 취미가 없는 지원자의 경우 대답이 애매할 수밖에 없다. 그래서 가장 많이 대답하게 되는 것이 독서, 영화감상, 혹은 음악감상 등과 같은 흔한 취미를 말하게 되는데 이런 취미는 면접관의 주의를 끌기 어려우며 설사 정말 위와 같은 취미를 가지고 있다하더라도 제대로 답변하기는 힘든 것이 사실이다. 가능하면 독특한 취미를 말하는 것이 좋으며 이제 막 시작한 것이라도 열의를 가지고 있음을 설명할 수 있으면 그것을 취미로 답변하는 것도 좋다.

MEMO

Q **본인만의 스트레스 관리 방법이 있습니까?**

TIP 대인관계에서 받는 스트레스를 통제하고 해소할 수 있는지 의지와 발전 가능성을 알아보기 위한 질문이다. 평상시 스트레스 관리법으로 현실가능한 수준의 대답을 하는 것이 좋다.

MEMO

⑷ 지원자를 당황하게 하는 질문

Q 성적이 좋지 않은데 이 정도의 성적으로 우리 회사에 입사할 수 있다고 생각합니까?

> **TIP** 비록 자신의 성적이 좋지 않더라도 이미 서류심사에 통과하여 면접에 참여하였다면 기업에서는 지원자의 성적보다 성적 이외의 요소. 즉 성격·열정 등을 높이 평가했다는 것이라고 할 수 있다. 그러나 이런 질문을 받게 되면 지원자는 당황할 수 있으나 주눅 들지 말고 침착하게 대처하는 면모를 보인다면 더 좋은 인상을 남길 수 있다.
>
> MEMO

Q 우리 회사 회장님 함자를 알고 있습니까?

> **TIP** 회장이나 사장의 이름을 조사하는 것은 면접일을 통고받았을 때 이미 사전 조사되었어야 하는 사항이다. 단답형으로 이름만 말하기보다는 그 기업에 입사를 희망하는 지원자의 입장에서 답변하는 것이 좋다.
>
> MEMO

Q 당신은 이 회사에 적합하지 않은 것 같군요.

> **TIP** 이 질문은 지원자의 입장에서 상당히 곤혹스러울 수밖에 없다. 질문을 듣는 순간 그렇다면 면접은 왜 참가시킨 것인가 하는 생각이 들 수도 있다. 하지만 당황하거나 흥분하지 말고 침착하게 자신의 어떤 면이 회사에 적당하지 않는지 겸손하게 물어보고 지적 당한 부분에 대해서 고치겠다는 의지를 보인다면 오히려 자신의 능력을 어필할 수 있는 기회로 사용할 수도 있다.
>
> MEMO

Q 다시 공부할 계획이 있습니까?

TIP 이 질문은 지원자가 합격하여 직장을 다니다가 공부를 더 하기 위해 회사를 그만 두거나 학습에 더 관심을 두어 일에 대한 능률이 저하될 것을 우려하여 묻는 것이다. 이때에는 당연히 학습보다는 일을 강조해야 하며, 업무 수행에 필요한 학습이라면 업무에 지장이 없는 범위에서 야간학교를 다니거나 회사에서 제공하는 연수 프로그램 등을 활용하겠다고 답변하는 것이 적당하다.

MEMO

Q 지원한 분야가 전공한 분야와 다른데 여기 일을 할 수 있겠습니까?

TIP 수험생의 입장에서 본다면 지원한 분야와 전공이 다르지만 서류전형과 필기전형에 합격하여 면접을 보게 된 경우라고 할 수 있다. 이는 결국 해당 회사의 채용 방침상 전공에 크게 영향을 받지 않는다는 것이므로 무엇보다 자신이 전공하지는 않았지만 어떤 업무도 적극적으로 임할 수 있다는 자신감과 능동적인 자세를 보여주도록 노력하는 것이 좋다.

MEMO

① 다빈도 면접 기출문제

2025, 2024, 2023, 2022, 2020, 2018, 2016, 2013, 2012, 2011
Q 30초(1분) 농안 자기소개를 해보시오.

2025, 2021, 2019, 2018, 2017, 2015, 2014
Q 본인의 장점과 단점에 대하여 이야기해 보시오.

2022, 2021, 2014, 2013
Q 본인의 취미활동이 무엇인지 말해보시오.

2023, 2017, 2015, 2011
Q 자신의 10년 후 모습에 대해 이야기해 보시오.

2025, 2024, 2020, 2019, 2015
Q. 가장 힘들었던 경험이나 좌절했던 경험에 대해 말해보시오.

2025, 2024, 2023, 2022, 2019, 2018, 2013, 2012
Q 어려운 일을 극복한 경험에 대해 말해보시오.

2024, 2022, 2017, 2016
Q 다른 의견을 가진 사람을 설득하는 자신만의 방법이 있다면 말해보시오.

2025, 2022, 2018, 2017, 2016
Q 동료와 갈등 발생 시 해결하는 자신만의 방법에 대해 말해보시오.

2025, 2024, 2020, 2019, 2018, 2015, 2011
Q 농협은행에 지원한 이유에 대해 이야기해 보시오.

2025, 2024, 2023, 2014, 2013, 2010
Q 농협에서 맡고 싶은 업무는 무엇인가? 입사 후 일하기를 원하는 부서와 왜 그 부서에서 일하고 싶은
지 말해보시오.

2025, 2021, 2014, 2011

Q 농협에 취업을 하기위해서 했던 활동은 무엇이 있으며, 농협에 취업하기 위해 어디까지 해보았는가?

2013, 2012, 2010

Q 농협과 다른 은행의 차이점은 무엇인가?

2025, 2023, 2021, 2014

Q. 앞에 고객이 있다고 생각하고 농협은행 상품이나 제도에 대해 안내해보시오.

② 역대 농협 면접 기출문제(2025~2010년)

(1) 2025년 지역농협

Q. 농협 사업 중 가장 인상 깊었던 사업은 무엇인가?

Q. 취업 준비하면서 이루었던 성과 또는 어려웠던 일이 있었는가?

Q. 농협이 발전해야 하는 분야에 대해 말해보시오.

Q. 최저임금과 업종별 차등제에 대한 의견을 말해보시오.

Q. HMR 정의와 농협이 활용할 수 있는 방안을 말해보시오.

Q. 지역농협에서 발전시키고 싶은 사업이 있다면 말해보시오.

Q. 농협이 지역 공헌을 위해 어떤 역할을 수행하는지 말해보시오.

(2) 2025년 농협은행

Q. 다양한 연령의 고객을 응대해본 경험이 있는가?

Q. 입행 후 수익 창출 방안을 말해보시오.

Q. 농협은행에 입사하면 무엇을 세일즈 하고 싶은지 말해보시오(스마트팜대출/TDF펀드/ELd/나무카드/아문디신탁/emp/주택담보대출/고향사랑카드).

Q. 민원을 제기했던 경험이 있는가?

Q. 고객에게 대출 상품을 권할 때 가장 중요한 세 가지를 말해보시오.

Q. 고객 입장에서 리스크를 관리하는 방법은 무엇이 있는지 말해보시오.

Q. 농협은행 입장에서 리스크를 관리하는 방법을 말해보시오.

Q. 함께 성장한다면 어디까지 성장할 것인가?

Q. 업무를 모르는 상황에서 의견을 내야한다면 어떻게 할 것인가?

Q. 농협은행에서 수익모델은 어떻게 확보할 것인가?

Q. 협업과정에서 지원자로 인해 실패했던 적이 있는가?

Q. 농협 인재상 중 어떤 인재상과 가장 부합하는지 말해보시오.

(3) 2024년 농협은행

Q. 지원자는 입행한 지 6개월 된 신입사원이다. 다른 팀과 협력 프로젝트를 진행 중인데 현재 본인이 맡은 부분은 타 팀이랑 같이 하지 않고 우리 팀 혼자서 진행하는 부분이라 본인 팀 선임에게만 보고했다. 협력하는 타 팀 선임이 자기한테도 똑같이 보고하라고 할 때 어떻게 할 것인가?

Q. 지원자는 입행한 지 6개월 된 신입사원이다. 기존 선임은 모든 업무 프로세스를 알려주는 선임이었으나 새로 온 선임은 업무는 직접 경험해야 알 수 있는 것이라며 업무 절차를 비롯하여 전혀 알려주는 것이 없다. 이런 상황에서 지원자가 어려움을 마주했을 때 어떻게 대처할 것인가?

Q. 지원자가 협업하기 힘든 유형의 사람과 이를 극복하기 위한 대안은 무엇인가?

Q. 최근에 농협은행과 관련된 것을 제외한 경제 뉴스는 무엇인가?

Q. 경제 공부는 어떻게 하고 있는가?

Q. 직무와 관련해서 교내 · 교외 활동은 무엇인가?

(4) 2023년 농협은행

Q. 고객이 대출금리를 알아보려고 왔는데, 이미 주택담보대출은 타은행에 보유하고 있어서 신용대출 금리를 안내했다. 이후 고객이 다시 찾아와 왜 주택담보대출이 아닌 금리가 높은 신용대출 금리를 알려줬냐고 항의하는 상황에서 어떻게 할 것인가?

Q. 금융권 경험이 있는가?

Q. 추천하고 싶은 ETF 상품은 무엇인가?

Q. 최근에 본 금융 · 경제관련 뉴스는 무엇인가?

Q. 농협 인재상 중 하나를 골라 자기의 경험과 연결하여 말해보시오.

Q. 조직에서 원만한 대인관계를 유지하는 나만의 팁이 있다면?

(5) 2022년 농협은행

Q 1인가구의 높은 부채비율의 원인은 무엇인가? 이러한 사회적 현실에 따라 대출 및 펀드상품을 기획에 중요하게 생각해야할 것을 말해보시오.

Q 그린스완이 무엇인지 설명해보시오.

Q 농협에서 판매중인 상품 또는 서비스 중에서 기억에 남는 것과 그 이유를 말해보시오.

Q IRP에 대해서 설명하고, 상품을 구매하지 않으려는 고객에게 어떻게 이 상품을 판매할 것인가?

Q 리셀 문화의 문제점과 해결방안에 대해서 말해보시오.

Q 전체적인 프로세스나 기존에 유지되던 틀을 바꿔본 경험이 있는가? 있다면 무엇인지 자세히 설명해보시오.

Q 고객을 응대해본 경험이 있는가? 있다면 어떻게 했었는가?

Q 재택근무로 인해서 팀원들 사이에 신뢰도가 저하되는 것에 대한 해결방안을 말해보시오.

Q ESG경영을 위한 상품을 기획해보시오.

Q 자산관리란 무엇인가? 또한, 본인이 자산관리를 위해 하고 있는 것은 무엇인가?

Q 본인이 기업여신을 담당하고 있다면 어떠한 기업에게 여신을 승인해줄 것인가?

(6) 2021년 농협은행

Q 농협은행과 온라인뱅킹과의 차이점을 말해보시오.

Q 기준금리가 하락할 때 은행에서 할 수 있는 일은 무엇인가?

Q 리더십을 발휘한 경험이 있는가?

Q 평소 닮고 싶다고 생각한 사람이 있는가?

Q 개인 금융에 비해 기업 금융에 필요한 역량은 무엇이라고 생각하는가?

Q 농협은행에서 진행하고 있는 사업 중 눈여겨보고 있는 사업은 무엇인가?

Q 동료가 실수했을 때 기분 나쁘지 않게 지적하는 노하우를 말해보시오.

Q 자신의 가장 큰 도전은 무엇인지, 그리고 어떤 과정을 거쳤는지 말해보시오.

Q 팬데믹이 농협은행에 미친 영향은 무엇인지 말해보시오.

Q 메타버스가 화제인데, 가상공간에 농협은행 지점을 만들면 주 고객층은 누구겠는가? 또한 판매하게
   될 금융상품은 무엇이겠는가?

Q 숏케팅을 활용한 2030 고객유치방안을 말해보시오.

(7) 2020년 농협사료

Q 가장 좋아하는 과목과 싫어하는 과목은 무엇인가?

Q 농협사료에 지원한 이유와 가고 싶은 지역은 어디인가?

(8) 2020년 농협은행

Q 기준금리와 가계부채의 상관관계에 대해서 말해보시오.

Q 행원으로써 중요한 세 가지 역량은 무엇이라고 생각하는가?

Q 본인이 생각하는 농협은행의 이미지는 무엇인가?

Q 원칙과 융통성 중 중요하다고 생각하는 것은 무엇인가?

Q 실적에 대해 어떻게 생각하는가? 실적으로 인해서 받게 될 스트레스는 어떻게 해소할 것인가?

Q 돌발상황이 발생했을 때 어떻게 대처할 것인가?

(9) 2020년 지역농협

Q 협동조합의 의의와 농협의 발전에 대해 말해보시오.

Q 최근 사회적 이슈를 농협 입장이 되어서 말해보시오.

Q 무점포 비대면 거래에 대해 지역농협의 대처를 말해보시오.

Q 사회적 이슈를 수용할 시, 객관성을 지키는 방법에 대해 말해보시오.

Q 인생의 가치관과 가치관대로 행동한 경험을 말해보시오.

Q 편견을 가지고 대했는데 아니었던 경험을 말해보시오.

Q 고령화 인구 대상 기능식품의 활성화가 갖는 의미를 말해보시오.

(10) 2019년 농협경제지주

Q 회사를 선택하는 본인만의 기준을 말해보시오.

Q 농협경제지주에서 펼치고 싶은 정책이 있다면 말해보시오.

Q 원하는 정책을 펼치기 위해서 자금이 필요할 시 그 자금은 어떻게 충당할 생각인지 말해보시오.

(11) 2019년 농협은행

Q 농협은행 발전 방법에 대하여 디지털 방면으로 접근하여 말해보시오.

Q 농협은행 상품 중 개선하고 싶은 상품이 있다면 개선 방안을 말해보시오.

Q 4차 산업기술에 대하여 설명하시오.

Q 지점 활성 방안에 대해 말해보시오.

Q 프로슈머의 개념을 이용하여 농협은행의 상품을 제안해 보시오.

Q 고령화 사회에서 노인 일자리 확충을 위해 국가, 개인, 기업이 해야 할 일을 2가지씩 정하시오.

(12) 2019년 지역농협

Q 스타트업과 기업이 함께 성장할 수 있는 방법에 대해 말해보시오.

Q 처음 만난 사람들과 어떻게 어색한 분위기를 해소할 것인지 말해보시오.

Q 자신이 생각하는 농협의 경쟁사가 있다면 그 이유와 이겨낼 방안을 말해보시오.

Q 지역농협에 입사해서 가장 하고 싶은 일은 무엇인가?

Q 지역농협에서 자신이 어떻게 성장하고 싶은지 말해보시오.

Q 휴경지 활용 기획안에 대해 말해보시오.

Q 특약용 작물 활용 방안에 대해 말해보시오.

(13) 2018년 농협경제지주

Q 농가소득을 효과적으로 증대시킬 수 있는 방안을 제시해 보시오.

Q 회사 업무에 바로 적용 가능한 본인의 역량을 어필해 보시오.

Q 인생에 있어서 중요한 가치로 삼고 있는 것이 있다면 말해보시오.

Q 크라우드 펀딩을 활용한 농업경쟁력 제고 방안을 제시하시오.

Q 4차 산업혁명이 가져올 변화와 농협의 대응 방안을 제시하시오.

(14) 2018년 농협케미컬

Q 농협케미컬이 어떤 회사인지 알고 있는 대로 설명해 보시오.

Q 상사가 비합리적인 업무를 부여하면 어떻게 할 것인가?

Q 고객이 우리 회사의 제품에 대해 나쁘게 평가하면 어떻게 대처할 것인가?

(15) 2018년 농협네트웍스

Q 낙뢰방지 대처방법에 대해 설명해 보시오.

Q 교류와 직류의 저압, 고압, 초고압의 기준을 말해보시오.

Q 교류전력과 직류전력의 차이를 설명해 보시오.

Q 신재생에너지사업에 대해 전망해 보시오.

Q 본인을 뽑아야 하는 이유에 대해 말해보시오.

(16) 2017년 농협은행

Q 회사에서 자신의 실력을 알아주지 않는다면 어떻게 할 것인가?

Q 농협 본사의 지리적 이점에 대해 설명해 보시오.

Q 농업 가치의 「헌법」 반영에 대해 알고 있는가? 어떻게 생각하는가?

Q 거리에서 나눠주는 전단지를 그냥 버리는 행동이 잘못되었다고 생각하는가?

(17) 2017년 축산농협

Q 아르바이트 등 직무 경험을 통해 깨달은 자신의 강점이 있다면 말해보시오.

Q 절대농지가 무엇인지 말해보시오.

Q 블록체인과 비트코인에 대해 설명해 보시오.

Q 소고기이력추적제에 대해 설명해 보시오.

Q 농협과 주식회사의 차이점에 대해 말해보시오.

(18) 2017년 지역농협

Q 맡은 일을 책임지고 마무리하기 위해 했던 노력에 대해 말해보시오.

Q 다른 사람을 위해 희생한 경험에 대해 말해보시오.

Q 학창시절 경험한 대외활동이 실무에 어떤 영향을 미칠 수 있을지 말해보시오.

Q 자신이 생각하는 농협의 정의를 설명해 보시오.

Q 당좌계좌에 내해 설명해 보시오.

Q 공공비축제에 대해 설명해 보시오.

Q 인터넷뱅킹 출범에 따라 농협이 나아가야 할 방향에 대해 말해보시오.

Q 농촌의 국제결혼이민자에 대해 농협이 지원할 수 있는 방법을 말해보시오.

Q 농업의 공익적 가치를 「헌법」에 반영하고자 1천만 명 국민서명운동에 대해 말해보시오.

Q 농협을 5글자로 표현해보시오.

(19) 2016년 농협경제지주

Q 6차 산업과 농협에 대해 이야기해 보시오.

Q ODA와 농협의 역할에 대해 이야기해 보시오.

Q 농협의 옴니채널 구축사례 및 구축방안에 대해 이야기해 보시오.

Q 1인당 쌀 소비량에 대해 말해보시오.

(20) 2016년 지역농협

Q 업무 중 술 취한 고객이 난동을 부린다면 어떻게 할 것인가?

Q 핀테크로 인해 변화된 환경과 그에 대한 농협의 대응에 대해 말해보시오.

Q 6차 산업에 대해 아는 대로 말해보시오.

(21) 2015년 농협은행

Q 최근에 접한 가장 인상 깊은 뉴스 기사에 대해 이야기해 보시오.

Q 자신이 권유한 투자 상품에 가입하여 손실을 보고 은행에 찾아와 항의하는 고객에게 어떻게 대응할 것인지 이야기해 보시오.

Q 20대 후반 기혼인 직장인 여성에게 적합한 금융상품을 제안하고 그 이유를 설명해 보시오.

Q 은행에 입사하여 평일 근무 외에 주말에 봉사활동을 하는 경우 참여 여부에 대해 이야기해 보시오.

(22) 2014년 농협유통

Q 쌀 시장 개방에 대해 어떻게 생각하는가?

Q 우리쌀의 소비량을 늘리기 위해 어떻게 해야 되는가?

(23) 2014년 농협은행

Q 일을 혼자 하는 게 편한가?

Q 향후 기준금리 전망을 말해보시오.

Q 대기업과 중소기업의 상생방법을 이야기해 보시오.

Q 한국경제의 세계적 위치에 대하여 이야기해 보시오.

Q 재산세에 대해 아는 대로 이야기해 보시오.

Q 변액보험이란 무엇인가?

Q 임대형 주택가격에 대해 아는 대로 말해보시오.

Q 농협은행의 발전방향에 대해서 이야기해 보시오.

Q 단체생활을 한 경험이 있는지 거기서 본인은 리더였는가?

Q 까다로운 클라이언트를 만났을 때 어떻게 계약을 성사시킬 것인지 말해보시오.

Q 적립식 펀드에 대하여 아는 대로 말해보시오.

(24) 2014년 농협중앙회

Q 친구가 많은 편인가, 아니면 한 친구를 깊게 사귀는 편인가?

Q 최근 감명 깊게 읽은 책이나 영화를 소개해보시오.

Q 존경하는 인물이 있다면 누구이고 이유는 무엇인가?

Q 농업은 어떤 산업이라고 생각하는지 본인의 생각을 이야기해 보시오.

Q 지방으로 발령을 받게 되면 어떻게 할 것인가?

Q 새 농촌 새 농협 운동에 대해서 말해보시오.

Q 해외에 나가 본 경험이 있는가? 한국과 비교했을 때 안 좋은 점을 말해보시오.

Q 농협이 나아가야 할 방향에 대해서 이야기해 보시오.

(25) 2013년 농협은행

Q 경제신문에 나오는 '금리, 환율, 종합주가지수'의 용어에 대한 설명을 해보시오.

Q 학력과 학벌주의에 대해서 어떻게 생각하는가?

Q 은행의 주 수입원은 무엇인가?

Q 레버리지 효과란 무엇인가?

Q 타 은행 인턴경험이 있는지 말해보고 있다면 왜 농협을 지원했는지 이유를 말해보시오.

Q 직장생활 중 적성에 맞지 않는다고 느끼면 다른 일을 찾을 것인가?

Q 저신용자에게 대출을 늘리는 것이 좋은가, 줄이는 것이 좋은가?

Q 주량이 어느 정도 되고, 술자리에서 제일 꼴불견인 사람의 유형에 대해 말해보시오.

Q 상사가 집에 안가고 게임과 개인적인 용무를 보고 있다. 어떻게 할 것인가?

Q 상사가 부정한 일로 자신의 이득을 취하고 있다. 이 사실을 알게 되면 어떻게 할 것인가?

(26) 2012년 농협은행

Q 입행 후 로또 1등에 당첨된다면 어떤 곳에 사용할 것인가?

Q 전환사채가 무슨 뜻인지 말해보시오.

Q 지원자가 가진 역량으로 이룬 지원자의 생애에서 가장 기억에 남는 추억이 있다면 말해보시오.

Q DTI란 무엇인지 설명해 보시오.

(27) 2011년 농협은행

Q 역모기지론에 대해 이야기해 보시오.

Q 사업 분리 후 농협의 발전 방향에 대해 말해보시오.

Q 한국 경제가 세계에서 어떤 위치에 있다고 생각하는지 말해보시오.

Q 재산세, 변액보험, 임대형 주택가격 등에 대해 말해보시오.

(28) 2010년 농협은행

Q 노동조합과 협동조합의 차이점은 무엇인가?

Q 이마트와 하나로 마트의 차이점은 무엇인가?

Q 재무제표를 분석할 때 성장성을 보기 위해서는 어떤 지표를 사용해야 하는가?

Q 기술적 분석과 기본적 분석에 대해 설명하시오.

Q 예대율과 예대마진에 대해 설명하시오.

Q 농협 CI의 의미는 무엇인가?

Q 공제를 어떻게 소비자들에게 팔 것인가?

Q 쿠퍼현상이 무엇인가?

Q 면접을 보러 가는데 신호등이 빨간불이다. 시간이 매우 촉박한 상황인데, 무단횡단을 할 것인가?

Q 농협에 근무하기 위해 어떤 마음가짐이 필요하다고 생각하는가?

Q 농협의 신용 업무에 대한 이미지를 말해보시오.

PART

07

논술

Chapter 01 금융권 경제논술 해제

1 경제논술과 일반논술의 차이점

과제 리포트와 일반적인 취업논술까지 논술은 생각보다 우리 주변 가까운 곳에 항상 자리하고 있다. 일반적으로 논술은 다양한 사회적 주세들에 대해 자신의 의견을 표현하고 그 주장을 뒷받침하는 증거, 자료 들을 제시함으로써 자신의 주장에 설득력을 실어주는 것이 그 핵심이다. 논술의 특성상 정답이 있는 문제들을 정해진 풀이 과정에 맞게 풀어내는 지를 보는 것이 아니라는 점에서 맞고, 틀림의 극단성이 주는 부담감은 덜 수 있으나 주장을 펴는 데 익숙지 않거나 주장의 근거가 빈약한 경우 공허한 외침이나 궤변으로 전락하기 쉬운 어려움을 지니고 있다. '경제논술'이라는 이름에서 보이듯 주제가 경제·경영 쪽에 초점이 맞추어져있다. 자신의 주장을 펼쳐야 할 주제 자체가 경제·경영·시사 적인 문제라는 것이다. 경제·경영이라는 것이 우리가 접하는 사회의 일부라는 점에서 그것들이 던지는 문제들은 신문에서 접하듯 익숙하게 다가올 수 있으나 다양한 경제적 사건에 대해 경영·경제학적 배경 이론들을 사용하여 주장을 뒷받침하고 글의 흐름을 끌어내야하기 때문에 이러한 주제로 논술·구술을 해야 하는 대비생 입장에서는 여간 부담스럽지 않을 수 없다. 경제·경영 쪽 공부를 하고 다수의 문제들을 접한 수험생, 취업준비생 들도 각론적 지식들을 연결하여 자신의 논지에 맞게 배치하는 작업에서 상당한 어려움을 느낀다. '경제논술' 역시 논술이므로 일반적인 논술과 크게 다를 바 없으나 몇 가지 점에서 꼭 짚고 넘어가야할 차이점이 있다.

일반논술과 달리 경제논술이 가지는 첫 번째 차이점은 경제논술은 도덕적, 가치관적 찬반 논란과 다소 거리가 있으므로, 최대한 감정적인 논리전개를 배제해야 한다는 것이다. 존재여부조차 논란의 여지가 있는 막연한 책임감이나 도덕적 의제의무 등을 주장하거나 주장의 근거로 삼아서도 안 된다. 10장~20장 분량의 에세이를 작성하거나 일기장을 쓰는 것이 아닌 만큼 주어진 주제의 핵심을 파악하고 자신의 방향성을 정하여 적절한 인용을 통해 논술답안을 작성하여야 한다.

두 번째 차이점은 경제논술은 그 문제에 대한 자신의 주장을 뒷받침할 때 반드시 이론과 법칙들을 논리적으로 연결하여 사용하여야 한다는 점이다. 어떠한 사건이 주는 느낌으로만 그 효과를 분석하는 것은 무모하다. 논술에서 정해진 답은 없으므로 자신의 주장이 옳은가에 신경을 쏟는 것은 바람직하지 않다. 오히려 작은 연결고리들로 큰 논리적 흐름을 구성하기 위해 노력하는 과정같이, 자신의 주장을 옳게 만들기 위해 증명하는 데 신경을 쏟아야 한다.

논술에 정해진 구도나 표현 기법이 있는 것은 아니므로 경제적 법칙의 인용 시 본인의 문체와 논지와의 연결성을 고려하여 원하는 곳에 배치할 수 있다. 몇 개의 개념들을 인용해야 하는지도 글 쓰는 이의 선택이다. 그러나 일반적으로 논술에서 정해진 분량(예를 들어 2000자 내외)이 있는 경우 선호되는 구도와 그 구도에서 효과적인 전개방법이 존재한다. 경제논술에 초점을 맞추어 좋은 경제논술 쓰는 법을 살펴보자.

2 경제논술 잘 쓰는 법

경제논술을 잘 쓰는 첫걸음은 주어진 주제를 정확히 파악하는 것이다. 경제논술의 주제 자체는 생각보다 친숙하다. 그러나 그 주제의 친숙함과는 다르게 그 막후에 숨겨진 논리전개를 찾는 것은 어렵다. 이러한 논리전개 방향을 잘 잡기 위해서는 주제를 접하고 그 주제를 큰 범주별로 구별해야 한다. 주어진 제시문이 있다면 제시문을 읽고 그 제시문과 주제의 핵심이 포괄적이고 시사적인 접근인지 아니면 경제학적인 접근인지 경영학적인 접근인지 아니면 그것들을 모두 물어보고 있는지를 먼저 파악하는 것이 중요하다.

문제 파악과 분류를 마쳤으면 그 다음단계로 유기적인 논리전개를 해야 하는데, 이때에는 그동안 학습해온 내용을 바탕으로 서너 단계의 인과관계를 구상한다. 논리 연결이 과도하게 많아질수록 그 연결사이의 견련성이 약화될 수 있고 현실 설명력이 떨어질 수 있다. 또한 단순하게 이단 논법을 사용하여 ~이므로 ~이다. 라는 논지로만 논술을 구성하는 것은 논증이 빈약하고 무성의해 보일 수 있으므로 피해야 한다. 파급효과들의 구성을 마쳤다면 각 논리연결 단계마다 그 연결을 뒷받침할 법칙이나 사례들을 찾아야 한다. 이 경우 주어진 사회적 현상에 대한 기존의 이론적 해석이나 이론적으로 해석된 전례들을 인용하는 방법이 사용되는데 경제논술에 주로 사용되는 인용의 예를 보면 다음과 같다.

외부효과(네트워크 효과), 코즈의 정리, 무임승차문제, 가치재, 공유지의 비극, 정부실패, 공리주의, 경제적지대, 신호이론, 정보비대칭, 내생적 성장모형, 성장회계분석, 총요소생산성, 구축효과, 통화승수, 효율적시장가설, 대부자금설, 필립스곡선, 화폐수량설, 피셔효과, 메츨러의 역설, 교역조건, 수입할당제, 구상무역, 사중손실, 신보호무역주의, 구매력평가설, 이자율평가설, 트리핀의 딜레마, 캐리트레이드, 한계소비성향, 래퍼곡선, 토빈의 q, 톱니효과, 전시효과, 총수요곡선의 자산효과, 이자율효과, 제품 간 대체효과, 소득효과, 메뉴비용, 스태그플레이션, 경기지수, 립스틱효과, 재할인율 정책, 지급준비율 정책, 공개시장조작, 공급충격, 재정정책의 시차 등의 경제학적 관점들을 도입하여 자신의 주장을 뒷받침 할 수 있다.

마지막으로 중요한 것은 법칙들을 인용할 때 단순히 정의의 나열이나 끼워 맞추기 식의 배열은 전혀 도움이 되지 않으므로 주의하여야 한다. 적은 수의 인용을 하더라도 논지에 알맞은 분석의 틀로서 적용하는 것이 제일 중요하다. 인용 법칙의 현실적 한계와 기타 변수들의 영향도 언급해 주는 것이 좋다. 수치 인용 시에도 논술에서 소수점 둘째 자리까지의 정확도를 요구한다던지 하는 일은 없으므로 펼치고자 하는 주장에 일부로서 수치를 사용하는 것이 좋다. 물론 터무니없는 숫자를 사용하는 것은 안 되겠지만 합리적인 수준에서 숫자는 보조적으로만 사용하면 된다. 결국 평소에 경제 경영에 관한 이론지식과 시사상식들을 많이 알고 이에 대한 단순암기를 넘어서서 이해도를 높여놓는 것이 경제논술 잘 쓰는 법의 핵심이라 볼 수 있다.

논술 개요 예시

※ 교재를 참고하여 개요를 작성해보세요.

기출논제 ❶

농협의 상생마케팅에 관하여 서술하고, 상생마케팅 지속 방안을 제시하시오.

※ 접근 방법 : 농협의 상생 마케팅 성공 예시와 이러한 노력을 지속 및 확대하기 위한 전략 탐색

I. 서론

A. 농협(농협중앙회)의 배경

→ 한국 농업 부문에서 농협의 역할

B. 상생 마케팅의 정의

→ 상생 마케팅의 의미와 현대 비즈니스 전략에서의 중요성

II. 농협의 상생마케팅 접근방식

A. 농민 지원

→ 농민에게 재정 지원, 교육, 유통망을 제공하는 농협의 역할

→ 지역 제품을 강조하고 농촌 경제를 향상시키는 마케팅 캠페인

B. 소비자를 위한 가치 창출

→ 소비자에게 경쟁력 있는 가격으로 신선한 고품질 농산물을 제공하는 데 중점을 둔 계획

→ 투명한 관행, 품질 관리, 공정한 가격 책정을 통해 소비자 신뢰를 구축한 사례

C. 다양한 이해관계자와의 협력

→ 농협과 지방자치단체, 소매업체, 기타 농업단체와의 파트너십

→ 이러한 협력이 농부부터 소비자까지 모든 관련 당사자에게 제공되는 혜택

III. 농협 상생마케팅의 효과

A. 농민을 위한 긍정적인 결과

→ 지역 농민을 위한 재정적 안정과 성장 기회

→ 시장 접근성이 향상, 안정적인 농산물 가격

B. 소비자 혜택

→ 안전하고 고품질의 제품 이용

→ 지역 농업 지원을 통해 지속 가능한 소비 순환 구축

C. 사회적, 경제적 기여

→ 지역 경제 강화

→ 농업의 지속 가능성과 식량 안보 촉진

IV. 농협의 상생마케팅이 직면한 과제

A. 글로벌 경쟁

→ 글로벌 농업 기업과의 치열한 경쟁

→ 지역 농민 지원과 글로벌 경쟁력 요구 사이의 균형

B. 소비자 선호도 변화

→ 유기농 식품, 식물성 식단, 지속 가능한 관행과 같은 새로운 트렌드

C. 기술

→ 마케팅, 유통, 고객 참여 분야의 디지털 혁신 필요

V. 상생마케팅 지속 및 강화 전략

A. 디지털 혁신 수용

→ 더 나은 마케팅 및 고객 서비스를 위해 전자상거래, 디지털 플랫폼, 데이터 분석 활용

→ SNS, 온라인 플랫폼을 통해 소비자와의 직접적인 연결

B. 지속 가능하고 친환경적인 마케팅

→ 유기농, 친환경, 윤리적으로 생산된 제품 홍보

→ 지속 가능성 이니셔티브를 주요 마케팅 포인트로 활용하여 환경에 관심이 있는 소비자 유치

C. 농민 중심 프로그램 강화

→ 현대 농업 기술과 지속 가능한 관행에 초점을 맞춘 농민 훈련 프로그램 강화

→ 소규모 농민에 대한 재정 및 기술 지원 확대

D. 파트너십 및 협력 확대

→ 기술 회사 및 국제 무역 기관을 포함한 지역 및 글로벌 이해관계자와 새로운 파트너십 개발

→ 공유된 가치와 목표를 강조하는 공동 마케팅 캠페인 구축

VI. 결론

→ 농협의 성공적인 상생마케팅 전략 실행 요약

→ 상생이라는 핵심 철학을 유지하면서 미래의 도전에 적응하는 것이 중요

→ 혁신적이고 지속 가능한 상생 마케팅 전략을 통해 지속적인 성장과 성공 가능성

논제 ❷

영유아, 청소년, 대학생, 사회 초년생에 따른 농협의 전략은 무엇인지 서술하시오.

※ 접근 방법 : 영유아, 청소년, 대학생, 청년 사회 진출을 위한 농협의 연령별 전략과 이러한 접근 방식이 충성심과 신뢰를 키우는 방법 탐색

I. 서론

A. 한국의 농업 및 금융 부문에서 농협의 역할

B. 연령별 마케팅 및 지원에 중점

→ 소비자와의 평생 관계 구축을 위해 다양한 생애 단계에 맞는 전략 맞춤화

II. 영유아와 가족을 위한 농협의 전략

A. 유아 저축 프로그램

→ 신생아를 위한 전문 저축 계좌로 조기 재정 책임과 가족 재정 계획 장려

→ 더 높은 이자율이나 정부 지원 등의 인센티브

B. 부모 지원 서비스

→ 농협이 제공하는 농산물을 중심으로 영양과 건강에 관한 교육자료 제공

→ 의료 서비스 제공자와 협력하여 유아를 위한 웰니스 패키지 또는 판촉 제품 제공

C. 유기농 및 안전한 식품 마케팅

→ 건강을 생각하는 부모들을 대상으로 한 농협의 유기농, 친환경 제품을 강조

→ 젊은 가족의 관심을 끌기 위한 이유식 및 영양 관련 농산물 프로모션

III. 농협의 청소년 전략

A. 금융 교육 프로그램

→ 청소년에게 기본적인 재무 관리 기술을 가르치기 위해 학교에서 금융 교육 워크숍 개최

→ 저축계좌, 청소년 맞춤형 모바일뱅킹 앱 등 농협의 청소년 중심 은행 상품 홍보

B. 장학금 및 인턴십 프로그램

→ 농업, 금융 또는 농촌 개발에 관심이 있는 고등학생에게 장학금 및 인턴십 기회 제공

→ 후원 프로젝트 및 견학을 통해 교육을 농업 및 농촌 지역 사회 개발 분야의 직업 전망과 연결

C. 농업 인식 증진

→ 지역 농업과 지속 가능한 농업 관행을 장려하는 캠페인에 청소년 참여

→ 청소년과 농업 부문을 연결하는 것을 목표로 학교 농장 견학, 워크숍, 농업 축제 등의 행사 기획

Ⅳ. 대학생을 위한 농협의 전략

A. 학생뱅킹 상품

→ 학자금 대출, 등록금 적금, 저금리 신용카드 등 맞춤형 금융상품 제공

→ 농협에 계좌를 개설하는 학생들에게 할인을 포함한 혜택 제공

B. 경력 개발 프로그램

→ 재무, 마케팅, 농업 부문을 포함한 농협의 다양한 부서에서 인턴십 및 취업 기회 제공

→ 취업준비생을 위한 취업 박람회, 멘토링 프로그램 등 기획

C. 학생창업 지원

→ 농업 또는 관련 분야의 학생 기업가를 위한 중소기업 대출 및 자문 서비스 제공

→ 농업 분야에서 스타트업을 개발하고 혁신과 기업가 정신을 장려하는 학생들을 위한 금융 상품

Ⅴ. 농협의 사회초년생 전략

A. 초기 경력 전문가를 위한 재정 지원

→ 사회생활을 시작하는 개인을 대상으로 주택대출, 적금, 퇴직계좌 등 맞춤형 금융상품을 제공

B. 경력 개발 및 취업 기회

→ 농협의 금융, 농업, 행정 부문에서 졸업예정자를 대상으로 한 채용 프로그램

→ 학교에서 직업 생활로의 전환을 돕기 위해 직업 훈련 프로그램과 직업 지원 서비스 제공

C. 지속가능하고 윤리적인 소비 촉진

→ 지역 구매, 소규모 농민 지원 등 책임 있는 소비를 강조하는 마케팅 캠페인

→ 환경을 생각하는 브랜드와 파트너십을 맺고 지속 가능성과 윤리적 구매에 대한 제품 홍보

Ⅵ. 결론

A. 농협의 연령별 전략 요약

B. 장기 충성도 및 소비자 관계 구축

→ 이러한 맞춤형 전략이 어떻게 다양한 생애 단계에 걸쳐 충성도를 촉진하는지 강조

C. 미래 적응에 대한 최종 생각

→ 농협이 지속적으로 고객 기반을 확대함에 따라 변화하는 사회적 추세와 소비자 선호도에 대한 지속적인 적응의 필요성에 대해 논의

기출논제 ❸

금리인상이 농가에 미칠 영향과 농협의 역할에 대해 서술하시오.

※ 접근 방법: 금리 인상이 농가에 미치는 영향과 농협이 이러한 영향을 완화하기 위해 취할 수 있는 조치

I. 서론

A. 금리 인상 개요
→ 금리 인상이 무엇인지, 그리고 그것이 경제에 미치는 일반적인 영향
B. 농업 부문에 대한 중요성
→ 운영을 위해 주로 대출에 의존하는 농장이 금리 상승에 특히 취약한 이유

II. 금리 인상이 농장에 미치는 영향

A. 대출 비용 증가
→ 높은 이자율로 인해 농민을 위한 기존 대출 비용의 증가와 농장 운영에 미치는 영향
B. 현금 흐름 및 수익성 압박
→ 이자 지불 증가로 인해 현금 흐름이 더욱 부족해지고 농장에 재투자할 수 있는 능력이 감소
→ 운영 비용이 증가함에 따라 수익성이 감소 및 낮은 마진
C. 농장 성장에 대한 투자 지연
→ 기술 업그레이드 또는 지속 가능한 농업 관행에 대한 새로운 투자를 방해
→ 장기적인 농장 생산성 및 경쟁력에 미치는 영향
D. 농장 폐쇄 위험
→ 소규모 및 부채가 많은 농장의 경우 대출금 상환액이 높아지면 재정적으로 불안정
→ 농촌 농업 공동체의 파산 위험 증가

III. 농협의 역할과 농민 지원 현황

A. 농민을 위한 금융서비스
→ 농민에게 대출, 보험, 보조금 등 금융 서비스를 제공하는 농협의 전통적인 역할
→ 저금리 대출 및 정부 지원 신용을 포함하여 농부들이 저렴한 자금 조달을 확보할 수 있도록 지원하는 프로그램
B. 비재정적 지원
→ 농민에게 교육, 기술 지원, 시장 접근 등의 자원을 제공하는 농협의 역할
→ 경제적 어려움에도 불구하고 농장 생산성을 강화하기 위해 정부 및 기타 이해관계자와 협력

IV. 금리인상에 대한 농협의 대응

A. 보조금 또는 저금리 대출 제공
→ 농협은 농가의 재정적 부담을 완화하기 위해 정부 보조금이나 금리 인하와 함께 새로운 대출 프로그램 도입

→ 정부와 협력하여 경제 상황에 영향을 받는 농장을 대상으로 농작물 보험 및 재해 구호와 같은 지원 프로그램 확대

B. 대출 구조 조정 및 연기 프로그램

→ 이자율 상승으로 인해 현금 흐름 문제에 직면한 농민을 위해 대출 구조 조정 또는 지불 유예 프로그램 제공

→ 농장이 계속 운영될 수 있도록 유연한 상환 옵션 제공

C. 금융 지식 및 계획 자원에 대한 접근성 확대

→ 경제적 압박을 받는 시기에 부채를 보다 효과적으로 관리할 수 있도록 돕는 금융 교육 프로그램 개발

→ 맞춤형 금융 상담 및 계획 서비스 제공

D. 농협의 육성

→ 농부들이 협동조합에 참여하여 자원을 공유하고 비용을 절감하며 집단 금융 옵션에 접근하도록 장려

→ 재정적 보호를 제공하고 교섭력을 향상시키기 위해 협동조합 육성

V. 농협의 관심이 높은 환경에서 농민을 지원하기 위한 장기 전략

A. 지속가능한 농업에 중점

→ 유기농업이나 영속 재배와 같이 자본 집약적인 투입물에 대한 의존도를 줄이는 농업 기술 장려

→ 농부들이 보다 비용 효율적이고 지속 가능한 농업 방식으로 전환할 수 있도록 기술 지원 및 교육 제공

B. 농민의 소득원 다각화

→ 농부들이 부가가치 제품, 농업 관광 또는 재생 에너지로 다양화하여 농장 소득을 보충할 수 있도록 지원

→ 농업의 세대 연속성을 보장하기 위해 젊은 농업인과 신규 농업인을 위한 지원 프로그램 확대

C. 위험 완화 도구 개발

→ 작물 보험, 재해 위험 관리, 금리 변동 헤지 등 농협이 제공하는 금융 도구의 범위 확대

→ 금융 기관과의 협력을 통해 차입 비용 상승 방지에 도움이 되는 상품 개발

D. 디지털 혁신 및 자동화

→ 생산성을 높이고 육체 노동에 대한 의존도를 줄이기 위해 정밀 농업 등의 디지털 농업 기술채택 장려

→ 기술 회사와 협력하여 더욱 저렴하고 쉽게 이용할 수 있도록 장려

VI. 결론

A. 이자율 인상의 영향 요약

→ 금리 인상이 특히 차입 비용 증가와 현금 흐름 압박 측면에서 농장에 미치는 영향

B. 농협의 역할과 책임

→ 농장이 경제적 어려움을 헤쳐 나갈 수 있도록 재정적, 비재정적 지원을 제공하는 농협의 역할

C. 미래 전망

→ 관심이 높은 환경에서 농장의 탄력성을 보장하기 위해 지속 가능한 농업, 다양한 소득원 등 장기 전략의 중요성을 강조

농협 논술 기출논제

※ 개요를 작성하며 논술을 준비해보세요.

1 2025년도 논술 기출문제

〈농협은행 논술 택1〉

• 관세 정책 변화에 따른 농산물 수급 불안정 문제와 농협의 역할에 대해 서술하시오.
• AGI 시대 도래가 금융 산업에 미치는 영향과 농협 금융의 과제를 서술하시오.
• 양자컴퓨팅 기술 발전이 금융 경쟁 구조에 미치는 영향을 서술하시오.

2 2024년도 논술 기출문제

〈농협중앙회/농협계열사 약술형 택1〉

1. 청년농이 농촌에 정착할 수 있는 방안을 5줄 이내로 작성하시오.
2. 관계인구 활성화와 관광 이상의 정주 핵심 방안을 5줄 이내로 작성하시오.

〈농협중앙회/농협계열사 논술 택1〉

1. 금리변경요인, 금리가 정해지는 방법, 금리 변동이 경제에 미치는 영향을 서술하시오.
2. 생성형 AI의 이점과 우려점을 서술하시오.

3 2023년도 논술 기출문제

〈농협은행 약술형〉

지방소멸대응기금이 농업과 농촌에 미치는 영향에 대해서 설명하시오.

〈농협은행 논술 택1〉

• 기준금리의 정의를 설명하고 한국과 미국이 기준금리를 올린 이유와 향후 전망에 대하여 서술하시오.
• 이커머스 산업이 활발해짐에 따라 발생할 수 있는 보안 문제를 아는대로 쓰고 대응방안을 서술하시오.

〈농협계열사 논술〉

K-Food가 세계 시장에서 선풍적인 인기를 끌고 있는 가운데, 수출을 위한 전략과 홍보방안을 서술하시오.

4 2022년도 논술 기출문제

〈농협계열사 약술형〉

지방소멸대응기금이 농업과 농촌에 미치는 영향에 대해서 설명하시오.

〈농협계열사 논술 택1〉

• 3고 현상(고금리, 고환율, 고물가)에 직면한 현재 화폐금융정책으로 환율경로와 실물경제에 미치는 영향과 빅 스텝을 지속함에도 원/달러 환율이 고환율인 이유를 서술하시오.
• 합성데이터의 정의와 장·단점에 대해서 설명하시오.

5 2021년도 논술 기출문제

〈농협계열사 약술형〉

경자유전의 원칙에 대해서 설명하시오.

6 2020년도 논술 기출문제

〈농협계열사 공통 논제〉

6차 산업에 대비하여 농협이 나아갈 방향에 대해 논하시오.

〈농협계열사 논술 택1〉

• 블록체인에 대한 향후 전망에 대해 논하시오.
• 로컬푸드 직매장 활성화 방안에 대해 논하시오.

7 2019년도 논술 기출문제

〈농협계열사 공통 논제 중 택1〉
• 농협의 공익적 역할 방안에 대하여 논하시오.
• R의 공포와 대응 방안에 대하여 논하시오.
• 블록체인의 영향과 활용방안에 대하여 논하시오.

8 2019년도 논술 기출문제

〈농협중앙회 논술 택1〉
• 농협이 빅데이터를 활용해야 하는 이유를 밝히고, 어떻게 수집하고 활용할 것이며 궁극적으로 농가소득 5천만 원 달성에 어떻게 도움을 줄 수 있을지 서술하시오.
• 양적완화와 같은 통화정책의 예를 들고 어떤 파급효과를 불러오는지에 대해 서술하시오.

9 2018년도 논술 기출문제

〈농협경제지주 논술〉
하나로유통은 1인 가구의 증가로 인해 편의점사업을 직영점 형식으로 추진 중이다. 또한 국산농산물을 재료로 하는 가정 간편식도 선보일 예정이다. 농협경제지주는 편의점사업을 하지 않고 기존의 편의점과 협업하여 농산물유통사업, 농산물 배송사업 등을 추진 중이다. 이들 각각의 계열사가 하고 있는 사업의 장단점과 발전방향에 대해 서술하시오.

〈농협중앙회 논술 택1〉
• 농가소득과 농민의 소득보전에 대해 서술하시오.
• 금융지주로서 농협의 역할에 대해 서술하시오.
• Digital twin에 대해 설명하고 농협의 활용방향에 대해 서술하시오.

〈농협하나로유통 논술 택1〉
• 반농반X라고 하는 본업을 가지고 귀농하는 새로운 풍토에 대해 설명하고 이와 관련된 문제점에 대해 서술하시오.
• 농협 하나로미니(편의점형 매장)의 발전방향에 대해 서술하시오.

〈농협은행 논술 택1〉
•「금융지주회사법」 도입에 따른 장점과 한계에 대해 서술하시오.
• 디지털 금융화에 따른 농협의 대응방안에 대해 서술하시오.

10 2017년도 논술 기출문제

〈농협은행 공통 논술〉

공유경제의 의미와 이것이 기존 산업에 미치는 영향 및 농협의 활용방안에 대해 서술하시오.

〈농협은행 논술 택1〉

- 고령화 시대 은행이 나아갈 방향에 대해 서술하시오.
- 미국금리인상이 우리나라에 미칠 영향과 농협의 대처방안에 대해 서술하시오.

〈농협경제지주 논술 택1〉

- 김영란법에 대해 설명하고 농축산물에 미치는 영향, 법 개정에 대한 의견을 서술하시오.
- 소, 돼지, 닭을 포함한 5개의 품목에 대한 생산액 변화를 논하시오.

11 2016년 논술 기출문제

〈농협은행 공통 논술〉

농촌 및 농업인이 처한 위기와 현실에 대해 설명하고, '국민의 농협'이 되기 위한 행동방안에 대해 서술하시오.

〈농협은행 논술 택1 일반〉

- 1인 가구가 증가하고 있는 현실에서 1인 가구 고객을 유치하기 위한 농협은행의 대처 방안에 대해 서술하시오.
- 인터넷 전문은행의 의의와 이에 대응하는 농협은행의 행동방안에 대해 서술하시오.

〈농협은행 논술 택1 IT〉

- 블록체인의 개념과 보안적·경제적 측면에 대해 서술하시오.
- 핀테크의 개념과 기존 전자금융과의 차이를 설명하고, 농협은행의 핀테크에 대해 서술하시오.
- 지능형 지속공격과 디도스에 대해 서술하시오.
- 빅데이터와 클라우드에 서술하시오.

〈농협계열사 논술 택1〉

- 소셜커머스에 대해 서술하시오.
- 농협의 유통분야에서의 Push factor와 Pull factor에 대해 서술하시오.

12   2015년 논술 기출문제

〈농협은행 / 농협계열사 공통 논술〉

아담스미스의 「국부론」에 따르면 개인은 이기적이며 사리를 추구하는데 이것이 사회 전체에 이익을 가져온다. 하지만 현실에서는 개인의 합리성과 사회적 합리성이 불일치하는 현상이 발생하고 있다. 농업과 농협에서 이러한 사례를 제시하고 정부와 은행의 역할에 대해서 서술하시오.

〈농협은행 논술 택1〉

• 기술금융의 이이와 특징, 문제점을 논하고 이에 대한 은행의 해결방안을 서술하시오.
• 중소기업 금융의 의의와 문제점, 이에 대한 은행의 역할을 서술하시오.

13   2015년 논술 기출문제

〈농협은행 약술형〉

랜섬웨어, 트로이목마, 스파이웨어에 대한 정의를 서술하고 이러한 악성코드를 방지하기 위한 방안을 작성하시오.

14 2014년 논술 기출문제

〈농협은행 / 농협계열사 공통 논술〉

생산자, 소비자, 농협의 상생 마케팅 전략에 대해 설명하고, 상생 마케팅이 발전해 나가기 위해서 필요한 것이 무엇인지에 대하여 서술하시오.

〈농협은행 논술 택1〉

- 은행의 부외거래 강화를 위한 비이자수익활동에 대하여 서술하시오.
- 슈퍼달러 – 엔저현상의 의미와 원인에 대하여 설명하고 이 현상이 우리나라에 미치는 영향에 대하여 서술하시오.

〈농협은행 논술 택1〉

- 데이터 보안 기술과 개인 정보 보호 정책에 대하여 설명하고 개인 정보 보호 방안에 대하여 서술하시오.
- 최근 시중 은행에서 스마트폰을 이용한 모바일통장이 출시되었다. 이 모바일통장을 농협에 도입하였을 경우 나타날 수 있는 영향 및 장점에 대하여 서술하시오.

〈농협계열사 논술 택1〉

- 데이터 보안 기술과 개인 정보 보호 정책에 대하여 설명하고 개인 정보 보호 방안에 대하여 서술하시오.
- 보험의 본질에 대하여 설명하고 NH농협손해보험이 나아가야 할 방향에 대해서 본인의 의견을 서술하시오.

Chapter 04 논술 예상논제

[논제]

금융기관에서 SNS 서비스를 도입함으로써 얻을 수 있는 효과와 이를 활용한 마케팅이 수익으로 연결되기 위한 방안을 서술하시오.

[논제]

금융거래에 대한 세금이 더욱 확대될 경우 금융시장과 금융기관에 미칠 영향을 서술하시오.

[논제]
글로벌 기업들의 재무관리에 있어 중요시되는 자금조달의 다각화 및 재무적 유연성에 대해 서술하시오.

[논제]
민간 소비부진의 원인과 이러한 현상이 중소기업 및 은행에 미치는 영향을 서술하시오.

[논제]
쌀의 수급 안정을 위해 농협에서 쌀산업을 발전시키는 방안을 서술하시오.

[논제]
기업의 이익과 기업의 사회적 책임의 균형을 잡기 위해 농협이 어떤 노력을 해야 하는지 서술하시오.

[논제]
지역경제를 활성화하고 청년농업인 유입을 활성화하기 위해 농협이 할 수 있는 방안에 대해서 서술하시오.

[논제]
온라인 예금상품 중개서비스에 대해서 설명하고, 소비자가 농협의 금융상품을 선택할 수 있도록 할 수 있는 방안에 대해서 설명하시오.

[논제]
초거대 AI시대를 맞이하여 데이터 기반의 지속적인 혁신과 경쟁을 위해서 금융데이터를 활용하여 상생의 빅데이터 생태계를 구축하게 위한 방안에 대해서 서술하시오.

[논제]
핀테크 기업의 금융업에 진입이 촉진되면서 미치게 되는 영향과 농협이 이에 맞서 실질적인 경쟁과 혁신을 촉진할 수 있는 방안에 대해서 서술하시오.

[논제]
금리 조정, 양적완화 등의 중앙은행 정책이 인플레이션, 실업, 글로벌 금융안정에 미치는 영향을 서술하시오.

PART

08

정답 및 해설

2025년 11월 2일 기출복원문제

1	2	3	4	5	6	7	8	9	10
④	②	④	③	③	④	③	④	⑤	⑤
11	12	13	14	15	16	17	18	19	20
③	④	②	③	③	③	③	④	④	④
21	22	23	24	25	26	27	28	29	30
②	④	②	④	⑤	④	④	③	⑤	④
31	32	33	34	35	36	37	38	39	40
③	③	③	④	②	⑤	①	②	②	⑤
41	42	43	44	45	46	47	48	49	50
⑤	④	④	②	③	②	③	③	⑤	④
51	52	53	54	55	56	57	58	59	60
②	①	③	②	②	③	③	③	③	④

1   ④

오답   ① WO전략 ② ST전략 ③ WT전략 ⑤ WO전략

2   ②

오답   ① SO전략 ③ ST전략 ④ WT전략 ⑤ ST전략

3   ④

해설   이 사례의 핵심 문제는 모든 민원을 상부 지시에만 의존하는 업무 방식에 있다. 따라서 현장에서 처리 가능한 업무에 대해서는 직원에게 일정 수준의 권한을 위임하는 것이 가장 적절한 대응이다.

4   ③

오답   ① IT개발팀은 시스템 개선 업무를 담당하므로 고객 사과는 서비스팀 역할이다.
② 회의록에서는 증가 기간이 '21일부터'라고 명시되어 있지 않다.
④ 서비스팀은 부분 환불만 언급하였으며 100% 환불은 회의에서 알 수 없다.
⑤ 실시간 시스템 개선은 IT개발팀의 업무이며 물류팀 역할이 아니다.

5 ③

해설 출발지인 부산(동경 135도)과 도착지인 뉴욕(서경 75도)은 서로 다른 경도에 위치하므로 시차 계산 요령의 3번 기준을 적용한다. 따라서 $(135 + 75) \div 15 = 14$시간이 되며, 부산이 뉴욕보다 14시간 빠른 것으로 계산된다. 최 과장이 도착지에 현지 시각 9월 10일 오전 10시까지 도착해야 하고 비행시간이 13시간이므로, 도착지 시간 기준 늦어도 9월 9일 오후 9시에는 출발해야 한다. 이를 부산 기준 시각으로 환산하면 14시간을 더해 9월 10일 오전 11시가 된다. 따라서 최 과장이 탑승할 수 있는 가장 늦은 항공편은 KR202이다.

6 ④

해설 증감률 구하는 공식은 $\dfrac{\text{올해 매출} - \text{전년도 매출}}{\text{전년도 매출}} \times 100$이다.

따라서 $\dfrac{486 - 400}{400} \times 100 = 21.5(\%)$

7 ③

해설 2024년 포도의 상담 실적은 700건이고, 2023년 가장 높은 상담 실적 역시 포도로 560건이므로
$\dfrac{700}{560} = 1.25(\text{배})$이다.

8 ④

해설 ④ 지문에서 탄소발자국 표시제를 통해 소비자가 직접 수치를 비교하여 환경 영향을 판단할 수 있도록 돕는 제도라고 설명하였다.

오답 ① 지문에서 탄소배출량, 환경오염 가능성, 재활용 여부 등을 판단 기준으로 삼는다고 명시되어 있다.
② 지문에서 천·종이·유리처럼 재활용률이 높은 소재에 대한 선호가 증가하고 있다고 설명한다.
③ 기업은 이러한 흐름을 감지하여 다양한 전략을 통해 변화에 대응하고 있다며 지문에 명시되어 있다.
⑤ 소비자의 가치 변화가 기업의 생산·투자 방식과 시장 재편에 영향을 준다고 지문 후반에서 서술하고 있다.

9 ⑤

해설 ⑤ 戊 : 29 ~ 30일(2) = 총 2일

오답 ① 甲 : 1 ~ 2일(2) + 20 ~ 21일(2) = 총 4일
② 乙 : 5 ~ 7일(3) + 9일(1) = 총 4일
③ 丙 : 13 ~ 14일(2) + 27 ~ 28일(2) = 총 4일
④ 丁 : 15일(1) + 22 ~ 23일(2) = 총 3일

10 ⑤

해설 다음 달 넷째 주에 乙의 신규 거래처 조사, 甲의 월간 실적 검토, 丁의 클레임 대응 업무가 예정되어 있다. 따라서 출장자로 가장 적합한 두 명의 직원은 丙과 戊가 된다.

11 ③

해설 문제처리능력이란 현황을 분석하고, 문제의 원인을 도출한 뒤 해결책을 실행·평가하여 보완하는 일련의 문제 해결 절차를 말한다. 일반적인 문제 해결 과정은 문제 파악, 원인 분석, 해결안 수립, 실행 및 평가, 보완·확정 5단계를 기준으로 한다.

12 ④

해설 ④ T사 : $\dfrac{10,000}{15} \times 900 = 600,000$원

오답 ① H사 : $\dfrac{10,000}{12} \times 900 = 750,000$원

② F사 : $\dfrac{10,000}{10} \times 1,520 = 1,520,000$원

③ S사 : $\dfrac{10,000}{16} \times 1,280 = 800,000$원

⑤ U사 : $\dfrac{10,000}{10} \times 1,520 = 1,520,000$원

13 ②

해설 ㈎ '고객 응대' 과정을 이수한 인원은 400명 중 55%이므로 400 × 0.55 = 220(명), '마케팅 기본'을 이수한 인원은 300명 중 60%이므로 300 × 0.60 = 180(명)이므로 '고객 응대' 과정을 이수한 인원이 더 많다.

㈐ '금융 기초'의 이수 인원은 200명 중 70%이므로 200 × 0.7 = 140(명), '마케팅 기본'의 이수 인원은 300명 중 60%이므로 300 × 0.6 = 180(명), '고객 응대'의 이수 인원은 400명 중 55%이므로 400 × 0.55 = 220(명), '리스크 관리'의 이수 인원은 250명 중 50%이므로 250×0.5=125(명)이다. 따라서 직무 과정 중 가장 많은 이수 인원은 '고객 응대'이다.

㈏ 우수평가 비율은 이수한 수강자를 기준으로 계산한다 하였으므로, 먼저 '금융 기초'에서 이수한 인원을 구하면 200명 중 70%이므로 200 × 0.7 = 140(명)이 된다. 이 중에서 우수평가 비율은 40%이므로 140 × 0.4 = 56(명)이다.

㈑ '금융 기초'은 이수율이 50%로 55% 미만이다.

14 ③

해설 ○○역(20분), 버스(45분), 도보(10분)이므로 총 1시간 15분 걸린다. 14시 10분에 출발하게 되면 15분 25분에 도착하게 되므로 입장시간 내에 입장할 수 있다.

오답 ① 지하철 7호선 승강역(15분), 지하철(35분), 도보(5분)이므로 총 55분 걸린다. 따라서 13시 30분에 출발하게 되면 14시 25분에 도착하게 되므로 입장시간보다 일찍 도착한다.

② 지하철 7호선 승강역(15분), 지하철(35분), 도보(5분)이므로 총 55분 걸린다. 14시 40분에 출발하게 되면 15시 35분에 도착하게 되므로 입장시간보다 늦게 도착한다.

④ ○○역(20분), 버스(45분), 도보(10분)이므로 총 1시간 15분 걸린다. 13시 30분에 출발하게 되면 14시 45분에 도착하게 되므로 입장시간보다 일찍 도착한다.

⑤ 택시는 30분 걸리므로 15시 10분에 출발하게 되면 15시 40분에 도착하게 된다. 따라서 입장시간보다 늦게 도착한다.

15 ③

해설 팀장이 지시사항을 보아 수용인원은 210명으로 A, B, C, E 고사장이 가능하다. 여기에서 총 3시간 사용한다 하였으므로 E 고사장은 조건에서 제외된다. 다음으로 주말하고 월·금요일을 제외한 화·수·목요일 중 대여가 가능한 고사장이여야 하므로 A 고사장 역시 제외된다. 마지막으로 예산이 450,000원의 예산에 넘지 않아야 하므로 B 고사장을 제외된다. 따라서 박 사원이 선택할 고사장은 C 고사장이 된다.

16 ③

해설 일자별 출장비 지급액을 살펴보면 다음과 같다. 월요일과 목요일 일정에는 거래처 차량으로 이동하므로 운임비가 지급되지 않으며, 화요일과 수요일에는 대중교통을 이용하므로 17,000원의 운임비가 추가 지급된다. 또한 월요일과 수요일 일정에는 현장 점검 업무이므로 1,000원이 차감된다.

출장 일자	지역	업무 유형	이동계획	출장비
월요일	'甲'시	현장 점검	거래처 차량	32,000 + 23,000 + 31,000 − 1,000 = 85,000원
화요일	'乙'시	업무 미팅	대중교통	37,000 + 25,000 + 38,000 + 17,000 = 117,000원
수요일	'丙'시	현장 점검	대중교통	40,000 + 27,000 + 34,000 − 1,000 + 17,000 = 117,000원
목요일	'甲'시	업무 미팅	거래처 차량	32,000 + 23,000 + 31,000 = 86,000원

따라서 출장비 총액은 85,000 + 117,000 + 117,000 + 86,000 = 405,000원이 된다.

17 ③

해설 SUM 함수는 단순히 범위 전체의 값을 더해 주는 함수이기 때문에, 조건에 따라 합계를 구할 때는 적절하지 않다. COUNT나 COUNTA 함수는 각각 숫자나 값이 있는 셀의 개수를 세어 주지만, '조건에 맞는 값만 골라서 더하는 기능'은 수행할 수 없다. P01이라는 특정 품목에 해당하는 판매량만 계산하여 합계를 구해야 하므로, 단순 합계가 아닌 조건부 합계가 필요하다. 이러한 조건부 덧셈을 수행하는 함수가 SUMIF 함수이다. SUMIF 함수는 특정 조건을 만족하는 셀만 선택하여 합계를 구해 주는 함수로, SUMIF(조건범위, 조건, 합계범위)의 형식을 사용한다.

18 ④

해설 ④ D 인쇄소 : 안내문 1부당 인쇄 단가 비용은 $(2 \times 270) + (8 \times 60) = 1,020$원이므로, 100부의 총 인쇄 단가비용은 102,000원이다. 여기에 택배비 4,600원이 추가되므로 총 제작 비용은 106,600원이다.

오답 ① A 인쇄소 : 안내문 1부당 인쇄 단가 비용은 $(2 \times 250) + (8 \times 70) = 1,060$원이므로, 100부의 총 인쇄 단가비용은 106,000원이다. 여기에 택배비 4,100원이 추가되므로 총 제작 비용은 110,100원이다.

② B 인쇄소 : 안내문 1부당 인쇄 단가 비용은 $(2 \times 220) + (8 \times 80) = 1,080$원이므로, 100부의 총 인쇄 단가비용은 108,000원이다. 여기에 택배비 3,800원이 추가되므로 총 제작 비용은 111,800원이다.

③ C 인쇄소 : 안내문 1부당 인쇄 단가 비용은 $(2 \times 200) + (8 \times 90) = 1,120$원이므로, 100부의 총 인쇄 단가비용은 112,000원이다. 여기에 택배비 4,300원이 추가되므로 총 제작 비용은 116,300원이다.

⑤ E 인쇄소 : 안내문 1부당 인쇄 단가 비용은 $(2 \times 260) + (8 \times 65) = 1,040$원이므로, 100부의 총 인쇄 단가비용은 104,000원이다. 여기에 택배비 4,400원이 추가되므로 총 제작 비용은 108,400원이다.

19 ④

기준에 따라 각 상담원의 점수를 계산해 보면 다음과 같다.

구분	정량평가		정성평가			합계
	상담 처리 건수	민원 해결률	고객만족도	태도 평가	업무 이해도	
상담원 A	1	2	2	4	3	12
상담원 B	4	4	2	2	1	13
상담원 C	2	2	3	4	5	16
상담원 D	2	4	4	4	4	18
상담원 E	4	3	1	3	4	15

따라서 최우수 상담원으로 선정될 사람은 상담원 D가 된다.

20 ④

기준에 따라 정량 평가와 정성평가로만 상담원의 점수를 계산해 보면 다음과 같다.

구분	정량평가			정성평가			
	상담 처리 건수	민원 해결률	합계	고객만족도	태도 평가	업무 이해도	합계
상담원 A	1	2	3	2	4	3	9
상담원 B	4	4	8	2	2	1	5
상담원 C	2	2	4	3	4	5	12
상담원 D	2	4	6	4	4	4	12
상담원 E	4	3	7	1	3	4	8

① 정량 평가로만 점수를 매긴다면 상담원 B가 가장 높다.
② 정량 평가로만 점수를 매긴다면 상담원 A가 가장 낮다.
③ 정성 평가로만 점수를 매긴다면 상담원 C와 상담원 D가 동점으로 가장 높다.
⑤ 정성 평가로만 점수를 매긴다면 상담원 C와 상담원 D가 점수가 같다.

21 ②

다음 주 회의실 예약 현황을 보아 회의실을 2시간 동안 예약할 수 있는 시간대는 월요일 16 ~ 18시, 화요일 15 ~ 17시, 목요일 16 ~ 18시, 금요일 14 ~ 16시인 것을 확인할 수 있다. 여기에서 다음주 팀원들 일정을 회의실 예약 현황에 대입시켜보면 다음 표와 같다.

구분	월요일	화요일	수요일	목요일	금요일
13:00 ~ 14:00	예약		丁사원		예약
14:00 ~ 15:00		예약	예약	예약	乙대리
15:00 ~ 16:00	예약			예약	
16:00 ~ 17:00	甲팀장		예약		예약
17:00 ~ 18:00		예약	예약	丙주임	

따라서 팀원들 모두가 참석 할 수 있는 회의실 예약일과 시간은 '화요일 15 ~ 17시'라는 것을 알 수 있다.

22 ④

해설   RIGHT(text, num_chars)는 문자열 오른쪽부터 지정한 문자 수만큼 추출하는 함수이다. 배송코드가 입력된 [B2] 셀에서 가장 오른쪽 글자가 1이면 일반 배송, 2이면 특급배송이라 하였으므로 [C2]셀에 입력해야 하는 수식은 =IF(RIGHT(B2,1)="1","일반 배송","특급 배송")이다.

23 ②

해설   작업을 할 때 a가 혼자 일하면 4시간, b가 혼자 일하면 a의 4배가 걸리므로 16시간, c가 혼자 일하면 b의 2배가 걸리므로 32시간이 걸린다. a, b, c가 시간당 일하는 양을 계산해보면 다음과 같다.

㉠ a가 시간당 일하는 양 : $\frac{1}{4}$

㉡ b가 시간당 일하는 양 : $\frac{1}{16}$

㉢ c가 시간당 일하는 양 : $\frac{1}{32}$

여기에서 전체 일의 양을 1로 놓고 소요되는 시간을 x라 할 때, c는 한시간 뒤에 합류한다고 하였으므로 a, b가 한 시간 동안 작업한 시간과 a, b, c가 $(x-1)$시간 동안 작업한 시간을 더해야 한다. 이를 식으로 정리하면 다음과 같다.

$$\frac{1}{4}+\frac{1}{16}+(\frac{1}{4}+\frac{1}{16}+\frac{1}{32})\times(x-1)=1$$

$$\frac{5}{16}+(\frac{11}{32})\times(x-1)=1$$

$$10+11\times(x-1)=32$$

$$\therefore x=3시간$$

24 ④

해설   포인트는 발급일 기준 6개월간 유효하며, 기간이 지나면 자동 소멸된다.

25 ⑤

해설   전후 문맥상 기존 장비 운용 방식과의 비교를 통해 빈칸에는 굴착기의 안정적 운용과 보급이 제약을 받게 되는 원인이 들어가야 하는 것을 파악할 수 있다. 글에서는 "필요한 시점에 장비를 적시에 확보할 수 있어야 한다"는 안정성과 편의성을 강조하고 있으므로, 단순한 주관적 불편함이 아니라 기존 방식에 비해 운영상 더 불편한 점이 존재할 경우 굴착기 도입·전환이 지연된다는 의미가 되어야 한다.

26 ④

해설 다음과 같이 확인할 수 있다.
S=2, n=5
S=2, n=3·5
S=4, n=3^2·5
S=6, n=3^3·5
S=8, n=3^4·5
S=10, n=3^5·5
S=12, n=3^6·5
S=14, n=3^7·5
∴ 출력되는 S의 값은 3^6·5이다.

27 ④

해설 A기업은 경쟁 심화와 가격 민감도가 높은 시장 환경에 놓여 있으므로, 전반적인 가격 인상 전략은 시장 경쟁력 약화로 이어질 가능성이 크다. 반면 자동화, 친환경 설비 투자, 인력 확보 전략은 내부·외부 환경과 모두 부합하므로 타당하다.

28 ③

해설 회계 실무는 월·화·목요일에 개설 가능하므로 월요일과 목요일에도 개설 표시가 있어야 한다.

29 ⑤

해설 ⑤ 8~9월에 데이터A는 월, 수, 금 심화 강좌가 개설되었었다. 따라서 10~11월엔 화, 목 전문반으로 진행되어야 한다.

오답 ① 데이터 분석 B는 월, 수, 목요일 개설 가능하므로 수정될 필요가 없다.
② 8~9월에 IT 활용은 심화였으므로 전문반이 올바른 강좌이다.
③ 직장인 대상 과정은 19시부터 개설할 수 있다고 하였으므로 올바른 시간대이다.
④ 8~9월에 보고서 작성은 실무였으므로 10~11월엔 심화 강좌가 적절하며, 월, 수가 가능한 요일이다.

30 ④

해설 ④ D 리조트
㉠ 평일 : 170,000 × 0.75 = 127,500
㉡ 주말 : 270,000 × 0.80 = 216,000
∴ 216,000 − 127,500 = 88,500

오답 ① A 리조트
㉠ 평일 : 280,000 × 0.55 = 154,000
㉡ 주말 : 480,000 × 0.70 = 336,000
∴ 336,000 − 154,000 = 182,000

② B 리조트
  ㉠ 평일 : $240,000 \times 0.60 = 144,000$
  ㉡ 주말 : $360,000 \times 0.75 = 270,000$
  ∴ $270,000 - 144,000 = 126,000$
③ C 리조트
  ㉠ 평일 : $210,000 \times 0.65 = 136,500$
  ㉡ 주말 : $330,000 \times 0.75 = 247,500$
  ∴ $247,500 - 136,500 = 111,000$
⑤ E 리조트
  ㉠ 평일 : $130,000 \times 0.85 = 110,500$원
  ㉡ 주말 : $230,000 \times 0.90 = 207,000$원
  ∴ $336,000 - 154,000 = 96,500$

※ 일반요금 × (1 - 할인율)

31 ③

해설   甲기업은 이미 에너지 절감, 친환경 원자재 도입, 산업재해 감소 등 ESG 각 영역에서 개선 흐름을 보이고 있다. 이러한 상황에서 단기 수익성을 이유로 친환경 원자재 도입을 축소하는 전략은 기존의 환경(E) 성과를 훼손하고 ESG 경영 방향과도 배치되므로 타당성이 가장 떨어진다.

32 ③

해설   '3. 업체상호사용' 항목에 따르면, 양사는 업무제휴의 목적에 부합하는 경우에 한하여 상대의 상호를 마케팅에 사용 가능하나 사전에 협의된 내용을 변경할 수는 없다라고 명시되어 있다.

33 ③

해설   ㉠ : 유통 채널이 제한되어 신규 고객 유입이 정체된 상황이므로, 온라인 · 모바일 채널 확대를 통해 접근성을 높이는 B가 적절하다.
     ㉡ : 재구매율 하락이 문제이므로, 고객 데이터 기반의 맞춤형 마케팅을 강화하는 A가 대응방안으로 타당하다.

34 ④

해설   SUMIFS 함수는 동시에 여러 조건을 만족하는 값의 합을 구하는 식으로, 'SUMIFS(합계범위, 조건범위1, 조건1, 조건범위2, 조건2, …)와 같이 표시한다. 이 문제에서는 농장이 'A'이고 품목이 '사과'인 경우의 가격의 합계를 구해야 하므로 합계를 구할 범위는 가격이 입력된 C2:C8이 되어야 하며, 조건범위는 농장이 입력된 A2:A8에서 "A"를, 품목이 입력된 B2:B8에서 "사과"를 각각 조건으로 설정해야 한다.

35 ②

해설   발신인이 불명확하거나 내용이 의심스러운 이메일은 열어보지 말고 즉시 삭제해야 하며, 첨부파일을 실행하는 행위 자체가 보안 수칙에 위배된다.

36 ⑤

기술혁신은 결과를 사전에 예측하기 어렵고 상용화까지 시간이 오래 걸리는 장기·불확실한 활동이며, 전문지식이 필요한 지식집약적 특성을 가진다. 또한 부서 협업이나 외부기관과의 연계를 통해 추진되는 경우가 많고, 과정에서 논쟁과 갈등이 생길 수 있다. 따라서 단기간 내 가시적 성과 창출을 목표로 한다는 내용은 기술혁신의 일반적 특징과 맞지 않다.

37 ①

해설 i=5, j=14인 my(5, 14)실행
I가 3 이상이므로 else문 실행
i=5-1=4   j=14-4=10
printf문을 통해 4와 10 출력

오답 ② return문 실행
my(4, 10) 함수가 실행
i=4, j=10으로 i가 3 이상이므로 else문 실행
i=4-1=3   j=10-3=7
printf문을 통해 3과 7 출력
③ my(3, 7) 함수가 실행
i가 3 이상이므로 else문 실행
i=3-1=2   j=7-2=5
printf문을 통해 2와 5 출력
④ my(2, 5) 함수가 실행
i<3의 조건을 만족하므로 if문이 실행
i와 j가 모두 1이 들어가고 함수 실행
결과 … 출력되는 값은 2, 3, 4, 5, 7, 10이므로 출력되지 않는 값은 1이다.

38 ②

해설 ㉠ A : $105 \times 12 - 0.2 \times 12 \times 100 = 1020$
㉡ B : $120 \times 10 - 0.25 \times 10 \times 100 = 950$
㉢ C : $90 \times 12 - 0.05 \times 12 \times 100 = 1020$
㉣ D : $80 \times 15 - 0.15 \times 15 \times 100 = 975$
㉤ E : $85 \times 12 - 0.1 \times 12 \times 100 = 900$
㉥ F : $90 \times 15 - 0.2 \times 15 \times 100 = 1050$
따라서 F의 효용이 가장 높고, A와 C가 1020으로 같다. 고등학교 2곳을 동시에 대관할 경우 15만 원의 효용이 추가로 발생하므로 B과 C을 대관한다.

39 ②

ⓐ 주어진 광고비용 예산은 월 300만 원이며, 이를 초과할 경우 광고수단은 선택하지 않는다. 따라서 월 광고비용이 300만 원 이상인 TV와 지하철은 배제된다.

ⓑ 1회 광고 소요 시간이 15초 이상인 광고수단이어야 하므로, 1회 광고 소요 시간이 10초인 온라인 배너는 배제된다.

ⓒ 조건에 따라 광고수단은 한 달 단위로 선택되며 조건에 따른 광고 효과 공식을 대입하면 아래와 같이 광고 효과를 산출할 수 있다.

광고수단	광고횟수(회/월)	회당 광고노출자 수(만 명)	1회 광고 소요 시간	월 광고비용(만 원)	광고효과
~~TV~~	~~15~~	~~13~~	~~30초~~	~~380~~	$\frac{15\times13}{380}=0.51$
버스	9	11	20초	280	$\frac{9\times11}{280}=0.35$
~~지하철~~	~~13~~	~~12~~	~~15초~~	~~310~~	$\frac{13\times12}{310}=0.50$
~~온라인 배너~~	~~7~~	~~9~~	~~10초~~	~~260~~	$\frac{7\times9}{260}=0.24$
라디오	5	7	30초	210	$\frac{5\times7}{210}=0.17$

따라서 예산 초과로 배제된 TV와 지하철 및 광고 소요시간 미달로 배제된 온라인 배너를 제외하고, 월별 공고효과가 가장 큰 광고수단은 버스이다.

④ C++로 개발된 오픈소스 머신러닝 및 컴퓨터 비전 라이브러리이다.

⑤ Python 기반의 오픈소스 이미지 처리 라이브러리로, 다양한 이미지 처리 및 분석 작업을 간단하게 수행할 수 있도록 설계되었다.

40 ⑤

공동 숙박 등으로 숙박비를 실제로 지출하지 않은 인원에 대해서는 1일 숙박당 30,000원을 지급할 수 있다. 따라서 처음 지급받은 6만 원 중 3만 원을 제외한 나머지 3만 원만 회사에 반납해야 하므로, 숙박비 전액을 반납한다는 설명은 규정에 어긋난다.

41 ⑤

해설 제품별 기본 정보의 점수를 산정하면 다음과 같다.

구분	A제품	B제품	C제품	D제품	E제품
채광 상태	5	1	3	5	1
소음 차단	3	5	1	1	5
시공 평가	1	3	3	3	5
관리 리스크	3	1	1	1	1
총점	12	10	8	10	12

우수항목이 2개일 경우 가산점을 1점 부여한다고 하였으므로 E제품만 가산점 1점을 받는다. 따라서 가산점 포함 최종점수가 가장 높은 제품은 13점의 E제품이다.

42 ④

해설 ④ 감성적 표현이 반드시 소비자를 기만하는 요소로 작용하는 것은 아니며, 오히려 감성적 표현은 실제 사용 과정에서 형성되는 주관적 경험을 언어적으로 압축하여 전달하는 기능을 수행할 수 있다고 명시되어 있다. 또한 감성적 표현의 사용이 전면적으로 금지되었다는 내용 역시 제시되어 있지 않다.

오답 ① 지문 첫 문단에서 화장품 언어가 소비자의 인식 형성과 구매 결정에 중요한 영향을 미친다고 설명하고 있다.
② 화장품 광고 언어를 정보성 표현과 감성적 표현으로 구분하고 각각의 특징을 설명하고 있다.
③ 감성적 표현이 소비자의 주관적 사용 경험을 언어적으로 전달하는 기능을 수행할 수 있다고 명시되어 있다.
⑤ 화장품 사용 경험이 적은 소비자는 광고 언어를 비판적으로 해석하는 데 어려움이 있어 오인 가능성이 크다고 설명하고 있다.

43 ④

해설 배의 속력을 x, 강물의 속력을 y라 하면 거슬러 올라가는 데 걸리는 시간은 $\frac{20}{x-y}=5$이 되고, 내려오는 데 걸리는 시간은 $\frac{20}{x+y}=2.5$가 된다. 따라서 두 방정식을 연립하면 $x=3y$가 되므로 식에 적용하면 $x=6, y=2$가 된다.

따라서 종이배가 3km를 떠내려가는 데 시간 $= \frac{거리}{속력} = \frac{3km}{2km/h} = 1.5h = 1시간 30분 = 90분$이 걸린다.

44 ②

해설 시험을 응시한 여자사원의 수를 x라고 할 때, 여자사원의 총점 + 남자사원의 총점은 전체 사원의 총점이므로 $74x + 68(120-x) = 70 \times 120$
식을 간단히 하면 $6x = 240$, $x = 40$
∴ 여자사원은 40명이다.

45 ③

해설   지문은 영국·싱가포르·미국·한국 등 여러 국가가 핀테크 확산을 위해 실시하는 정책, 인프라 구축, 보안 강화, 홍보 활동 등 다양한 노력을 사례 중심으로 제시하고 있다. 따라서 전체 내용을 포괄하는 핵심 주제로 여러 나라가 핀테크 확산을 위해 추진 중인 다양한 노력과 사례가 적절하다.

46 ②

해설   싱가포르는 여러 결제 앱을 하나의 QR코드 체계로 통합하여, 소비자들이 앱 종류와 관계없이 자유롭게 결제할 수 있도록 서술하였으므로 B의 설명은 옳지 않다. 또한 본문에서는 우리나라가 영국·싱가포르보다 홍보·교육 활동이 부족하다고 서술하였으므로 D의 설명은 옳지 않다.

47 ③

해설   갑과 정의 진술이 상반되므로 갑이 사내 비품을 가져간 경우와 가져가지 않은 경우로 나누어 확인해 볼 수 있다.
- ㉠ **갑이 사내 비품을 가져간 경우** : 갑과 을의 진술은 거짓이고 병과 정의 진술이 참이 되므로 갑이 사내 비품을가져간 경우 2명이 진실을 말하게 되므로 이는 옳지 않다.
- ㉡ **갑이 사내 비품을 가져가지 않은 경우** : 갑이 참인 진술이 되므로 나머지 3명의 진술은 거짓이 되어야 한다. 이를 표로 정리하면 아래와 같다.

구분	갑	을	병	정
사내 비품을 가져간 사람	X	X	O	X
참/거짓 여부	참	거짓	거짓	거짓

갑이 사내 비품을 가져갈 경우 위 조건에 모두 충족하게 뒤며, 위 조건으로 보아 사내 비품을 가져간 사람은 병이 된다.

48 ③

해설
- ㉠ **A의 경우** : 상해등급이 1급에 해당하므로 장기 치료급여 대상자에 포함된다. 이때 장기 치료급여는 1일당 48,000원을 기준액으로 정하고 있으며, A는 총 32일 동안 입원하였으므로 기준액은 48,000원 × 32일 = 1,536,000원이 된다.
- ㉡ **B의 경우** : 상해등급이 2급으로 단기 치료급여 대상자이다. 단기 치료급여의 1일 기준액은 30,000원이며, B는 55일 동안 통원 치료를 받았으므로 기준액 30,000원 × 55일 = 1,650,000원이 된다.
- ㉢ **C의 경우** : 동일 사고로 신체 두 부위를 중증으로 다쳐 장기 치료급여 대상자에 해당한다. 총 20일 입원 치료를 받았으며, 장기 치료급여 1일 기준액은 48,000원이므로 48,000원 × 20일 = 960,000원이 된다.
- ∴ 세 사람의 지급액을 비교하면 A는 1,500,000원, B는 1,650,000원, C는 960,000원이므로, 지급액이 가장 많은 사람은 B이며 금액은 1,650,000원이다.

49 ⑤

해설   지문에서는 20·30대뿐 아니라 40대, 50·60대 고객층에서도 구매가 증가한다고 설명하고 있다.

50 ④

> 해설　지문에서는 사진과 구성의 차이가 소비자 불만 요인이라고 명시된 만큼, 이를 유지하는 전략은 마케팅 방향으로 옳지 않다.

51 ②

> 해설　COUNTBLANK 함수는 비어 있는 셀의 개수를 세어 준다. COUNT 함수는 숫자가 입력된 셀의 개수를 세어 주는 반면 COUNTA 함수는 숫자는 물론 문자가 입력된 셀의 개수를 세어 준다. 즉, 비어있지 않은 셀의 개수를 세어주기 때문에 이 문제에서는 COUNTA 함수를 사용하여야 한다.

52 ①

> 해설　생성 연월은 2307이며, 보안 등급과 발급 부서 코드는 5K, 세부 기능 코드는 장비 인증으로 150, 일련번호는 00125가 되어야 한다.

53 ③

> 해설　서버 접근 코드는 세부 기능 코드에서 030이므로 사내 보관 중인 비밀번호에서 세부 기능 코드에 위치한 번호에서 030을 찾으면 오 사원과 양 사원이 서버 접근 코드를 가진 담당자임을 확인할 수 있다.

54 ②

> 해설

> ② 전자문서의 효력 발생 시점은 '확인 하는 즉시'가 아니라 지정된 전자 시스템에 입력된 때이므로 수정해야 하므로 규정을 정확히 반영하였다.

> 오답
> ① 날짜 표기 지적은 맞지만 시간 표기 지적은 규정과 다르다.
> ③ 전문용어 사용을 지양해야 한다는 규정을 위반하였다.
> ④ 공고문의 효력은 명시가 없으면 게시일로부터 3일 후 효력이 발생한다.
> ⑤ 24시각제로 작성해야 한다는 규정을 잘못 이해하였다.

55 ②

> 해설
> ① 스테이블코인은 기본적으로 실물 가치에 연동된 상품으로, 그 본질은 준비자산의 안정성에서 비롯된다고 본다.

> 오답
> ③ 지배구조 문제를 강조하는 것은 지배구조 관점이지, 준비자산 중심 관점이 아니다.
> ④ 지배구조 관점은 스테이블코인이 공정하게 운영된다고 보지 않고, 오히려 특정 주체에게 권력이 집중되는 불평등 구조를 비판한다.
> ⑤ 세 관점 모두 스테이블코인의 규제는 단순한 상품 문제가 아니라 복합적인 사회·경제적 환경 속에서 형성된다는 점을 강조한다.

56 ③

해설 사원별로 성과상여금을 계산해보면 다음과 같다.

사원	평점 합	순위	산정금액
A 사원	20	5	200만 원×100%=200만 원
B 사원	25	3	200만 원×130%=260만 원
C 사원	22	4	500만 원×80%=400만 원
D 사원	18	6	500만 원×80%=400만 원
E 사원	28	1	400만 원×150%=600만 원
F 사원	27	2	400만 원×150%=600만 원

가장 많이 받은 금액은 600만 원이고 가장 적게 받은 금액은 200만 원이므로 이 둘의 차는 400만 원이다.

57 ③

해설 ㉠ 2022 ~ 2024년 미국의 수출액 비율은 각각 18.5%, 19.2%, 20.1%로 매년 증가하고 있다.
㉡ 총 수출액은 미국 68,000 중국 83,300 인도 17,700 이탈리아 8,400 기타 61,800으로 중국이 가장 높다.
㉢ 2022년 대비 2024년 이탈리아의 수출액 비율은 4.3 − 3.8 = 0.5% 증가하였으며, 인도는 8.4 − 7.3 = 1.1% 증가하였다.
㉣ 2024년 인도의 '기계류' 수출액은 6,200으로 '자동차' 수출액 1,900의 3배 이상이지만, 미국의 '기계류' 수출액은 21,500로 '자동차' 수출액 8,900의 3배 이하이다.

58 ③

해설 ㉠ 부속계좌가 있는 상품도 본계좌와 일괄하여 한 계좌로 취급한다.
㉡ 손실 부분을 회복할 수 없으면 '결손', 결손은 '재구성' 대상이 맞다.
㉢ 상품명이 붙어 있다면 다른 금융상품에도 동일하게 적용된다.
㉣ 한 세트 상품은 구성요소가 하나만 존재해도 한 계좌로 계산한다.

59 ③

해설 ③ 작동 중 이상음 · 이상진동 발생 시 전원을 끄거나 토너 카트리지를 제거하라는 설명과 일치한다.

오답 ① 보관 조건에서 온도는 10 ~ 35℃로, 0℃ 이하는 잘못되었다.
② 복사기는 분해 · 개조 금지라고 명시되어 있다.
④ 작동 전 복사기 배터리 팩을 임의 충전하면 오작동 가능성이 있다.
⑤ 작동 중 연속 출력 시간과 용지 적재 한도를 초과하지 말라고 하였다.

60 ④

해설 ④ 전원을 끈 후 상태 표시등이 녹색인지 확인해야 하며, 적색이어도 경보음은 울리지 않는다고 되어 있
        으므로 옳지 않다.

오답 ① 최소 두 개 이상의 녹색 표시등 확인은 지침과 일치한다.
      ② "삐" 소리가 나고 모든 LED가 켜지는지 확인하는 올바른 절차이다.
      ③ 출력 품질을 '초안모드'로 설정한 후 "초안모드로 전환되었습니다."라는 음성의 나오는지 확인한다.
      ⑤ 전기 테스트 버튼(전기 충격 버튼 대응)을 누른 뒤, "삐" 소리가 나는지 확인한다.

2024년 11월 10일 기출복원문제

1	2	3	4	5	6	7	8	9	10
①	④	③	①	②	①	②	⑤	②	①
11	12	13	14	15	16	17	18	19	20
①	⑤	④	③	⑤	①	⑤	③	③	②
21	22	23	24	25	26	27	28	29	30
③	③	④	①	⑤	②	②	④	③	①
31	32	33	34	35	36	37	38	39	40
④	②	②	⑤	④	⑤	④	①	④	①

1 ①

해설 첫 번째 문단에서 미생물은 장, 피부, 구강, 비뇨생식기 등 다양한 부위에 존재한다는 것을 알 수 있다.

오답 ② 두 번째 문단에서 마이크로바이옴은 단순한 미생물의 집합체가 아니라, 숙주와 상호작용하며 중요한 생리적 기능을 수행하는 생태계임을 알 수 있다.

③ 두 번째 문단에서 마이크로 바이옴은 병원성 미생물의 성장을 억제한다는 것을 알 수 있다.

④ 두 번째 문단에서 마이크로바이옴은 비타민 K와 비타민 b군과 같은 필수 영양소를 합성하는 데 도움을 준다는 것을 알 수 있으나 비타민 생성에 대한 정보는 없다.

⑤ 세 번째 문단에서 대변 미생물 이식(Fecal Microbiota Transplantation, FMT)은 특정 질환 치료를 위한 효과적인 방법으로 주목받고 있다는 것을 통해 효과가 있음을 알 수 있다.

2 ④

해설 세 번째 문단에서는 초저가 상품의 인기가 높아지는 만큼 초고가 상품인 명품 시장도 성장하면서 규모가 확대되고 있다고 말하고 있다.

3 ③

해설 만달라 프로젝트는 설계에 의한 규제준수(compliance-by-design)가 가능한 시스템을 개발하였다.

오답 ① 프로젝트는 BIS 혁신허브 싱가포르센터, 한국은행, 호주 중앙은행, 말레이시아 중앙은행, 싱가포르 통화청이 공동으로 진행하였다.

② 만달라 프로젝트는 규제준수 확인 절차를 자동화하고 국가별 정책에 대한 투명성을 높이며 규제 및 감독기관에게 실시간 보고 및 모니터링을 제공함으로써, 국가 간 거래의 속도와 효율성을 높이는 것을 목표로 한다.

④ 만달라는 규제준수 절차를 간소화하고, 중앙은행의 실시간 규제준수 모니터링을 가능하게 하였다.

⑤ 디지털자산시스템의 경우 규제준수 확인 절차를 스마트계약에 내재화할 수 있는 방식을 활용했다.

4 ①

해설 ㉠ 갑의 전적은 2승 0패 → 갑은 4강전과 결승에서 모두 이겼으므로 1위이다.
㉡ 병은 갑과 정에게 모두 졌다 → 병은 4강전에서 정에게 패했고, 3~4위전에서 을에게 패했다. 따라서 병은 4위이다.
㉢ 을은 병을 이겼다 → 을은 3~4위전에서 병을 이겨 3위를 차지했다.
㉣ 마케팅부는 3위를 기록했다 → 을이 마케팅부 소속이다.
㉤ 기획부와 개발부는 대결하지 않았다 → 갑은 기획부, 정은 개발부로 설정할 수 있다. 따라서 4강전에서 기획부와 개발부는 다른 부서와 대결했다.
∴ 갑(기획부)이 1위, 정(개발부)이 2위, 을(마케팅부)이 3위, 병(생산부)이 4위에 해당한다.

5 ②

해설 개인의 환경, 문화적 배경 및 심리적 요인에 따라 발생할 수 있는 정신질환이다.

오답 ③ 개인의 행동 및 사회적 관계에 부정적인 결과를 초래하고 주변 사람들에게 부정적인 영향을 미치며, 사회적 고립과 기능 저하를 초래할 수 있다.
④⑤ 지문에서 알 수 없는 내용이다.

6 ①

오답 ② (가)문단에서 확인할 수 있다.
③ (나)문단에서 확인할 수 있다.
④ (다)문단에서 확인할 수 있다.
⑤ (라)문단에서 확인할 수 있다.

7 ②

해설 선물형의 가입나이는 만 19세 이상 64세 이하가 되어야 한다.

오답 ① 일반형은 보험계약자와 피보험자가 동일한 경우에만 계약이 가능하다.
③ 60세 여자는 7,800원 일반형에 해당한다. 7,800원의 33.3%이므로 약 2,597원으로 예상할 수 있다.
④ 독감 진단을 받고 독감 항바이러스제를 처방받아야 지급받는다.
⑤ 제도성 특약에 따라 선물형의 경우는 보험을 선물받은 날부터 3일 이내에 피보험자 등록을 해야 한다.

8 ⑤

해설 기본보험료와 추가납입보험료의 연간 합계액(연금계좌를 취급하는 금융회사에 가입한 연금계좌의 합계액)은 1,800만원 이내로 납입할 수 있다.

오답 ① 전기납은 10년 이상인 경우에만 적용이 가능하다.
② 연금개시나이는 만 55세 ~ 80세이다.
③ 계약자가 종신연금형을 선택할 경우 연금개시나이와 보증지급기간의 합은 110을 초과할 수 없다.
④ 7년납 0년 동안 거치하는 경우 보험료는 6 ~ 150만 원 한도로 납입해야 한다.

9 **②**

구분＼보유량	500권 이하	501 ~ 1,000권	1,001 ~ 2,000권	2,001 ~ 3,000권	3,001 ~ 5,000권	5,001권 이상	합
甲지역	60	158	395	354	257	104	1,328
乙지역	67	49	52	39	34	21	262
丙지역	0	2	22	18	33	36	111
丁지역	1	5	17	19	13	9	64
전체	128	214	486	430	337	170	1,765

1,001 ~ 2,000권을 보유한 도서관이 가장 많다.

오답 ① 5,001권 이상 장서를 보유한 도서관이 많은 지역별을 순서대로 정리하면 甲지역, 丙지역, 乙지역, 丁지역이다.

③ 표에 따라 20만 권 이상을 보유하고 있다.

④ 표에 따라 64곳으로 丁지역이 교내 도서관 수가 가장 적음을 알 수 있다.

⑤ 표에 따라 乙지역이 500권 이하 장서를 보유한 교내 도서관이 가장 많다.

10 **①**

해설 제00조(보험계약의 성립) 제3항에 따라 보험자가 보험계약자로부터 보험계약의 청약과 함께 보험료 상당액의 전부 또는 일부를 받은 경우에 그 청약을 승낙하기 전에 보험계약에서 정한 보험사고가 생긴 때에는 그 청약을 거절할 사유가 없는 한 보험자는 보험계약상의 책임을 진다.

오답 ② 제00조(보험약관의 교부·설명 의무)에 따라 3개월 이내에 취소할 수 있다.

③ 제00조(타인을 위한 보험)에 따라 불특정 타인을 위하여 보험계약을 체결할 수 있다.

④ 제00조(보험사고의 객관적 확정의 효과)에 따라 알지 못한 경우에는 무효로 하지 않는다.

⑤ 제00조(사고발생전의 임의해지)에 따라 타인의 동의를 얻지 아니하거나 보험증권을 소지하지 아니하면 그 계약을 해지하지 못한다.

11 **①**

해설 단위 무게당 가치를 '가격÷무게'로 비율을 계산하면 A=0.6, B=0.333, C=0.2, D=0.5에 해당한다. 금고 안에는 최대 800g까지의 용량을 담을 수 있다. 단위 무게당 가치가 높은 보석부터 차례대로 넣어야 최대 금액이 된다. 무게당 가치는 A, D, B, C가 된다.

㉠ 보석 A는 800g÷25g=30개가 된다. 최대 넣을 수 있는 것은 20개로 총 무게는 20(개)×25g=500g이다. A보석을 넣고 나면 300g 자리가 남는다.

㉡ 보석 D는 300g÷10g=30개로 최대 25개를 넣을 수 있다. 총 무게는 10g×25개=250g이 된다. D보석을 넣고 나면 50g 자리가 남는다.

㉢ 보석 B는 50g÷30g=약 1.67로 최대 1개 넣을 수 있다. B보석을 넣고 나면 20g 자리가 남는다.

㉣ C보석은 40g으로 채워 넣을 수 없다.

∴ B보석을 금고에 넣을 수 있는 최대 개수는 1개에 해당한다.

12 ⑤

A 씨는 하루에 두 번 고양이를 돌볼 수 있지만, 연속되는 시간대는 불가능하다. 가능한 돌봄 패턴은 아침-저녁(점심은 쉬기), 점심-저녁(아침은 쉬기), 아침-점심(저녁은 쉬기)이다. 하루에 최대 2번 돌보는 것이 가능하다. A 씨가 일주일 동안 고양이를 돌볼 수 있는 최대 횟수는 14회이다.

13 ④

㉠ 내향형 전체 인원 $= x$
외향형 전체 인원 $= 1.5\,x$
· 전체 $= x + 1.5\,x = 2.5\,x = 100$
$\Rightarrow x = 40$
∴ 내향형 전체 $= 40$명, 외향형 전체 $= 60$명
㉡ 내향형 합격자 $= b$
외향형 합격자 $= a$
$a = 2b$ (조건 1)
㉢ 불합격자 수
내향형 불합격자 $= 40 - b$
외향형 불합격자 $= 60 - a = 60 - 2\,b$
㉣ 조건 2에 따라,
$40 - b = 60 - 2\,b$
$\Rightarrow 40 - b = 60 - 2\,b$
$\Rightarrow b = 20$
$\Rightarrow a = 2\,b = 40$
따라서 40명이다.

14 ③

평가기준점수에 따른 점수 계산은 다음 표와 같다.

후보자	근무경력	A프로젝트 성과	프로젝트 참여횟수	직무수행실적	동료평가	총 점수
김민수	15점	30점	5점	8점	5점	63점
최영주	20점	40점	10점	5점	8점	83점
정나연	15점	50점	8점	10점	10점	93점
조현우	15점	10점	3점	5점	8점	41점
이길성	10점	20점	3점	8점	8점	49점

총 점수가 가장 높은 사람은 정나연에 해당한다.

15 ⑤

해설 ㉠ A 총점 : $(60 \times 0.2)+(70 \times 0.3)+(70 \times 0.5)=68$

㉡ B 총점 : $(90 \times 0.2)+(60 \times 0.3)+(80 \times 0.5)=76$

㉢ C 총점 : $(85 \times 0.2)+(60 \times 0.3)+(70 \times 0.5)=70$

㉣ D 총점 : $(80 \times 0.2)+(90 \times 0.3)+(90 \times 0.5)=88$

㉤ E 총점 : $(70 \times 0.2)+(90 \times 0.3)+(80 \times 0.5)=81$

총점이 가장 높은 기업은 D지만 정부지원사업에 참여했기 때문에 지원대상에서 제외가 되어 E기업이 지원을 받을 수 있다.

16 ①

해설 비행시간은 11시간이므로, 영국 기준 도착 시간은 00:00+11:00=11:00(영국 기준 오전 11시)이다. 서울은 영국보다 9시간 빠르다. 11:00+9:00=20:00이다. 서울 시간으로 오후 8시다.

17 ⑤

해설 ㉢에 C의 금액의 모든 자리 숫자가 8이라는 조건으로 인해, C의 금액은 888,888,888원이다.

㉡에 C=B×4이므로, B=888,888,888÷4=222,222,222이다.

㉠에 B=A×2이므로, A=222,222,222÷2=111,111,111이다.

A의 모든 자리 숫자의 합 = 9

B의 모든 자리 숫자 합 = 18

C의 모든 자리 숫자 합 = 72

9+18+72=99에 해당한다.

18 ③

해설 ㉠ 甲 : 1번째 또는 5번째 순서이다.

㉡ 乙 : 2번째, 3번째, 4번째는 불가능하다. 1번째 또는 5번째이다.

㉢ 丙 : 乙, 丁 뒤에 있으므로 3번째 또는 4번째가 가능하다.

㉣ 丁 : 甲보다 앞에 있어야 하므로 2번째가 가능하다.

㉤ 戊 : 순위에 중복이 없음을 알 수 있다.

甲과 乙 모두 1번째나 5번째 가능하지만, 丁 2번째, 丙 3번째, 戊 4번째여야 논리가 맞다. 乙 1번째, 甲은 5번째에 해당한다. 丁은 甲보다 앞에 있어야 하므로 丁 2번째, 丙 3번째이다. 戊는 4번째에 해당한다.

乙, 丁, 丙, 戊, 甲 순서에 해당한다.

19 ③

해설 최고 점수를 구하는 문제에 맞는 함수는 '= MAX(A1:A10)'이다.

20 ②

해설 조건 범위와 합계 범위를 동일하게 지정했으며, 점수가 80 이상인 경우를 올바르게 계산하는 함수이다.

21 ③

해설 「농업협동조합법」 제21조(출자) 제4항에 따라 조합원의 출자액은 질권(質權)의 목적이 될 수 없다.

22 ③

오답 ① 선물은 권리가 아니라 의무를 부여한다. 선물 계약을 체결한 양측은 기초 자산을 약정한 가격에 거래할 의무가 있다. 권리는 옵션에서 주어진다.
② 선물 거래에서는 프리미엄이 발생하지 않는다. 프리미엄은 옵션에서 매수자가 매도자에게 지불하는 금액이다.
④ 옵션은 매수자에게 권리를 부여하며 의무는 없다.
⑤ 증거금과 마진 조정은 선물 거래에 해당한다.

23 ④

해설 CMS는 자금 관리 서비스에 해당한다. 자금의 수납과 지급, 이체 등을 관리하는 데 사용된다. 개인의 저축 상품과는 성격이 다르며, 자금 운용의 효율성을 위한 서비스이며, 저축 상품이 아니라 자금을 관리하는 운용 서비스이다.

오답 ①②③⑤ 적금, 주택청약적금, 예금, ISA는 모두 저축성 금융 상품에 해당한다. 적금과 예금은 은행에 일정 금액을 예치하여 이자를 받고 주택청약적금은 주택청약 자격을 위한 상품이다. ISA는 예금과 적금, 펀드 등을 혼합해 절세 효과가 있는 종합 자산관리 상품이다.

24 ①

해설 교섭, 계약 체결, 법적 절차 등의 비용이 과도하게 큰 경우에는 교섭 자체가 성립하지 않거나 자원이 비효율적으로 할당된다.

오답 ②③④⑤ 재산권이 명확히 정의되어 있는 경우, 거래 비용이 없거나 매우 낮은 경우, 교섭이 자유롭게 이루어진 경우에 코즈의 정리가 성립된다.

25 ⑤

해설 공리주의는 결과를 계산하는 데 초점을 둔다. 사람을 숫자로 취급하면서 감정과 존엄성을 무시할 수 있다.

오답 ① 다수의 행복을 최우선으로 고려하면서 소수의 고통과 권리 침해가 정당화한다.
② 결과에 치중하면서 과정이나 행동 자체의 도덕성을 무시하면서 비인간적으로 나타날 수 있다.
③ 단기적인 행복을 극대화하기 위한 선택을 하면서 부정적인 결과를 초래한다.
④ 다수의 행복을 극대화하기 위해서 개인의 사생활과 자율성이 침해되기도 한다.

26 ②

해설 「보험업감독업무시행세칙 별표15」에 따라 보험기간 중의 특정시점에 살아 있을 경우에는 중도보험금을 지급한다. 보험기간이 끝날 때까지 살아 있을 경우에 만기보험금을 지급한다.

27 ②

해설 「연금저축계좌설정약관」 제3조 제4항에 따라 가입자가 새로운 계좌 설정 시 다른 연금계좌의 전액을 이체 받은 경우에는 다른 연금계좌의 가입기간을 적용할 수 있다.

28 ④

① 금융통화위원회의 역할이다.
②⑤ 한국은행의 역할이다.
③ 금융기관의 역할이다.

29 ③

해설 필수재는 소득이 증가해도 수요가 크게 증가하지 않는 재화로 생존이나 생활 유지를 위해 필수적인 재화에 해당한다. 쌀, 물, 전기, 의류 등이 이에 해당한다.

30 ①

해설 직접파생상품은 기초자산(주식, 채권, 환율, 원자재 등)의 가치 변동에 따라 직접적으로 가격과 가치가 결정되는 금융 상품이다.

오답 ②③④⑤ 기본 자산(기초자산)의 가치 변동에 따라 간접적으로 가격이 결정되는 금융 상품으로 간접파생상품에 해당한다.

31 ①

해설 2024년 자영업자 고용보험에 따라 피보험자가 선택한 기준보수의 2.25%(실업급여 2%, 고용안정 · 직업능력개발 0.25%)에 해당한다.

오답 ② 부동산 임대업자는 가입 제한 업종에 해당한다.
③ 고용보험 가입 신청일 전 2년 이내 자영업자로서 실업급여를 받은 사실이 없어야 한다.
⑤ 신청일로부터 최대 5년까지 지원한다.

32 ②

해설 「자본시장과 금융투자업에 관한 법률」 제185조에 따라 집합투자업자는 투자자에 대한 손해배상책임을 부담하는 경우 귀책사유가 있는 경우에는 연대하여 손해배상책임을 진다.
※ 「금융소비자 보호에 관한 법률」 제3조에 의해서 신용카드 · 시설대여 · 연불판매 · 할부금융 및 이와 유사한 대부, 연계대출, 소액후불결제는 대출성 금융상품에 해당한다.

33 ②

오답 ① 1B → 8bit
③ 1MB → 1,024KB
④ 1TB → 1,024GB
⑤ 1PB → 1,048,576GB

34 ⑤

해설 국제통화기금, 국제부흥개발은행, 국제개발협회, 국제금융공사, 아시아개발은행, 아프리카개발기금, 아프리카개발은행, 상품공동기금, 국제투자보증기구, 유럽부흥개발은행, 국제결제은행, 미주개발은행, 미주투자공사, 다자투자기금, 아시아 인프라 투자은행, 아세안 및 한 · 중 · 일 거시경제조사기구, 중미경제통합은행이 있다.

35 ④

> 해설   계약 전에 정보 비대칭으로 인해 품질이 낮은 쪽(문제가 많은 쪽)만 거래에 참여하려는 현상이 역선택에 해당한다.

> 오답   ①②③⑤ 계약 체결 이후 한쪽 당사자가 자신에게 유리하도록 행동을 변경하거나 책임감 없이 행동하는 현상이 도덕적 해이에 해당한다. 보호받는 상황에서 위험한 행동을 하는 것이다.

36 ⑤

> 해설   한국산업은행, 중소기업은행, 농협은행, 수협은행, 상호저축은행 등은 예금보험의 적용을 받는다.

37 ④

> 해설   기술을 활용한 금융 서비스와 관련이 없는 서비스를 의미한다.

38 ①

> 해설   그래프는 완전보완재에 해당하는 그래프이다. 완전보완재에 해당하는 상품은 항상 일정한 비율로 함께 사용해야 효용이 발생하는 것이다. 왼쪽 신발, 오른쪽 신발과 같이 하나가 없으면 다른 하나만으로는 의미가 없거나 효용이 매우 제한적인 상품들이다.

39 ④

> 오답   ① CD는 만기 이전에는 인출이 불가능하지만 MMDA는 자유롭게 입출금이 가능하다.
> ② CD는 명확한 만기일(1개월, 3개월, 6개월, 1년 등)이 있지만, MMDA는 만기가 명확하게 없다.
> ③ 대부분의 경우 일정한도까지 예금자보호제도에 의해서 보호된다.
> ⑤ CD는 고정금리가 일반적이지만, MMDA는 변동금리이다.

40 ①

> 오답   ② 컴퓨터 비전 및 이미지/비디오 처리에 최적화된 라이브러리에 해당한다.
> ③ Python을 위한 오픈소스 머신 러닝 라이브러ㄴ리에 해당한다.
> ④ C++로 개발된 오픈소스 머신러닝 및 컴퓨터 비전 라이브러리이다.
> ⑤ Python 기반의 오픈소스 이미지 처리 라이브러리로, 다양한 이미지 처리 및 분석 작업을 간단하게 수행할 수 있도록 설계되었다.

1	2	3	4	5	6	7	8	9	10
②	①	④	③	④	③	⑤	③	①	④
11	12	13	14	15	16	17	18	19	20
①	③	④	③	⑤	②	⑤	⑤	③	①
21	22	23	24	25	26	27	28	29	30
④	②	③	②	②	①	②	④	⑤	③

1 ②

해설   수범 … 몸소 본보기가 되도록 함
② **모범** : 본받아 배울만한 대상을 이르는 말이다.

오답   ① **사견** : 자기 개인의 생각이나 의견을 이르는 말이다.
③ **소범** : 저지른 죄를 이르는 말이다.
④ **부문** : 일정한 기준에 따라 분류하거나 나누어 놓은 낱낱의 범위나 부분을 이르는 말이다.
⑤ **낙향** : 시골로 거처를 옮기거나 이사함을 이르는 말이다.

2 ①

해설   여우잠 … 겉잠의 북한어로, 깊이 들지 않는 잠을 이르는 말이다.
① **괭이잠** : 깊이 들지 못하고 예민하여 자주 깨는 잠을 이르는 말이다.

오답   ② **등걸잠** : 옷은 입은 채 아무것도 덮지 않고 아무 데나 스러져 자는 잠을 이르는 말이다.
③ **새우잠** : 새우처럼 등을 구부리고 잠을 이르는 말로, 주로 모로 누워 불편하게 자는 잠을 의미한다.
④ **나비잠** : 갓난아이가 두 팔을 머리 위로 벌리고 자는 잠을 이르는 말이다.
⑤ **갈치잠** : 비좁은 방에서 여럿이 모로 끼어 자는 잠을 이르는 말이다.

3 ④

해설   융성(隆盛) … 기운차게 일어나거나 대단히 번성함을 이르는 말이다.
④ **조사(徂謝)** : 쇠퇴하여 감을 이르는 말이다.

오답   ① **융창(隆昌)** : 융성과 같은 뜻으로, 기운차게 일어나거나 대단히 번성함을 이르는 말이다.
② **치성(熾盛)** : 불길같이 성하게 일어남을 이르는 말이다.
③ **창성(昌盛)** : 기세가 크게 일어나 잘 뻗어 나감을 이르는 말이다.
⑤ **번연(蕃衍)** : 한참 성하게 일어나 퍼짐을 이르는 말이다.

4　③

① **자깝스럽다** : 어린아이가 마치 어른처럼 행동하거나 젊은 사람이 지나치게 늙은이 흉내를 내어 깜찍한
데가 있다.
② **소담스럽다** : 생김새가 탐스러운 데가 있다.
④ **새실스럽다** : 성질이 차분하지 못하고 점잖지 아니하여 말이나 행동이 실없고 부산한 데가 있다.
⑤ **실쌈스럽다** : 말이나 행동이 부지런하고 착실한 데가 있다.

5　④

제시된 문장의 '고치다'는 잘못되거나 틀린 것을 바로 집는 의미로 쓰였다.

① **쇄신하다** : 이름이나 제도 따위를 바꾸는 것을 의미한다.
② **다스리다** : 병 따위를 낫게 하는 것을 의미한다.
③ **수선하다** : 고장이 나거나 못 쓰게 된 물건을 손질하여 제대로 되게 하는 것을 의미한다.
⑤ **갈음하다** : 다른 것으로 바꾸어 대신하는 것을 의미한다.

6　③

제시된 문장에서 '에서'는 앞말이 근거의 뜻을 갖는 부사어임을 나타내는 격조사로 쓰였다.

① 앞말이 행동이 이루어지고 있는 처소의 부사어임을 나타내는 격조사이다.
② 앞말이 출발점의 뜻을 갖는 부사어임을 나타내는 격조사이다.
④ (단체를 나타내는 명사 뒤에 붙어) 앞말이 주어임을 나타내는 격조사이다.
⑤ 앞말이 어떤 일의 출처임을 나타내는 격조사이다.

7　⑤

절이 망하려니까 새우젓 장수가 들어온다 … 스님들이 먹지도 않는 새우젓을 팔러 온다는 의미로, 일이 안되려
니까 뜻밖의 괴상한 일이 생긴다는 말이다. 비슷한 속담으로 '객주가 망하려니 짚단만 들어온다.'가 있다.

① 경점 치고 문지른다.
② 열매될 꽃은 첫 삼월부터 안다.
③ 봄에 깐 병아리 가을에 와서 세어본다.
④ 섶을 지고 불로 들어가려 한다.

8　③

계란유골(鷄卵有骨) … '달걀에도 뼈가 있다'는 뜻으로 운수가 나쁜 사람은 모처럼 좋은 기회를 만나도 일
이 뒤틀리고 잘 풀리지 않음을 이르는 말이다.
③ 아무리 위급한 때라도 체면을 유지하려고 노력하는 것을 이르는 말이다.

①②④ 일이 공교롭게 뒤틀어짐을 비유적으로 이르는 말이다.
⑤ 유능한 사람이 재능을 드러내지 못하고 묻혀 있음을 비유적으로 이르는 말이다.

9 ①

해설 사회적 기업이 영리 추구 활동을 전혀 배제하는 것은 아니며, 창출된 수익이나 이윤을 운용하는 방식이 일반 기업과 다른 것이다.

오답 ② 재정 지원을 받는다는 언급은 지문에 나타나지 않는다.
③ 사회적 기업 활동의 가장 큰 목적은 취약계층에게 일자리와 사회서비스를 제공하는 데 있다.
④ 지역사회 주민의 삶의 질 향상을 위한 기업은 지역사회 공헌형 사회적 기업이다.
⑤ 사회적 기업의 조직형태는 비영리법인·단체, 조합, 상법 상 회사 등 다양하게 인정된다.

10 ④

해설 제시문에 '자신이 취업하고자 하는 기업이 은행이라면 경제와 금융과 관련된 기사를 살펴보는 것을 중점에 두고 익히되, 범위를 넓혀 다양한 분야도 함께 익히는 것이 좋습니다.'라고 말한 것으로 농업과 관련한 기업에 면접을 준비하는 경우 농업과 관련된 이슈와 함께 다양한 분야에 대한 준비가 필요한 것을 알 수 있다.

11 ①

해설 제시된 글은 당뇨병 정의를 비롯하여 만성 합병증으로 진행되지 않도록 위험인자 조절을 위한 식사요법, 운동요법, 약물요법 가운데 당뇨병 교육 프로그램의 일환인 식사요법을 수행한 환자들의 긍정적인 효과에 대해 설명하고 있다.

12 ③

해설 해당 적금은 현역복무사병, 전환복무사병(교정시설 경비교도, 전투경찰대원, 의무경찰대원, 의무소방원), 공익근무요원 등 일반 사병에 한정되므로 장교인 丙은 가입할 수 없다.

13 ④

해설 〈보기〉의 대화를 확인해보면 고객은 일반 예·적금 이율 2%보다는 높고 원금손실 위험이 있어도 되지만, 일정 수준 이상의 손실위험은 감수하기 어렵다고 했기 때문에 위험등급이 보통 위험에 해당한다. 펀드상품 중에서 보통위험에 해당하는 것은 D펀드가 유일하다.

14 ③

해설 다음 글은 노지 스마트 농업에 대한 글이다. ⓒ은 작물에 비료를 사용하는 이유를 말하고 있으므로 노지 스마트 농업과 직접적인 관련이 없는 부분이다. ㉠은 노지 스마트 농업에 대해 서술하기 전 배경지식 서술에 해당한다. ⓑ은 노지 스마트 농업의 4단계 중 관찰단계에 대한 설명이다. ㉣은 현재 국내 노지 스마트 농업 시범사업에 대한 내용이며 ⓜ은 국내 미래 노지 스마트 농업의 긍정적인 전망을 제시하고 있다.

15 ⑤

해설 ㉠ⓛⓒ㉣은 루소의 사상에 대한 내용이다. ⓜ은 루소의 사상의 가치를 화자가 직접 평가하고 있다는 점에서 화자의 생각이 가장 잘 드러나는 부분이다.

16 ②

해설 루소는 인지(認知)가 깨어나면서 인간의 욕망이 필요로 하는 것 이상으로 확대되었다고 보고 있다.

17 ⑤

해설 회사가 채권자에 대하여 상계할 수 있는 1억 원에 대하여는 변제를 거부할 수 있다.

오답 ① 회사의 재산이 1억 원이므로 부족액인 2억 원에 대하여 변제할 책임이 있다.
② 연대하여 변제할 책임을 부담하는 것은 각 사원이므로 A, B이다.
③ 구상권은 어느 연대채무자가 변제 기타 자기의 재산의 출연으로 공동면책이 된 때에 행사하는 것으로, B가 1억 원을 변제하였더라도 1억 원의 채무가 남아있으므로 A에 대하여 5천만 원을 청구할 수 없다.
④ B는 2억 원에 대한 변제를 거부할 수 없다.

18 ⑤

해설 ㉠ 확정급여방식의 경우 나중에 얼마의 연금을 받을 지 미리 정해놓고 보험료를 납부하는 것으로 기금 운용 과정에서 발생하는 투자의 실패를 연금 관리자가 부담하게 된다. 따라서 투자 수익이 부실한 경우에도 가입자가 보험료를 추가로 납부해야 하는 문제는 발생하지 않는다.

19 ③

해설

구분	적립방식	부과방식
연금 지급 재원	가입자가 적립한 기금	현재 근로자의 보험료
연금 지급 가능 시기	일정한 기금이 형성된 이후	제도 시작 즉시
세대 간 부담의 공평성	세대 간 공평성 확보	세대 간 공평성 미흡
소득 재분배 효과	소득 재분배가 어려움	소득 재분배가 가능
인구 변동 영향	받지 않음	받음

받을 연금과 내는 보험료의 비율이 누구나 일정하여 보험료 부담이 공평한 것은 적립방식이다. 부과방식은 현재 일하고 있는 사람들에게서 거둔 보험료를 은퇴자에게 사전에 정해진 금액만큼 연금을 지급하는 것으로, 노인 인구가 늘어날 경우 젊은 세대의 부담이 증가할 수 있다고 언급하고 있다.

20 ①

해설 Type카드는 여행Type와 놀이Type 중 하나를 선택해서 혜택을 제공받을 수 있다.

오답 ② 공통서비스로 가능한 혜택이다.
③ 다.연회비 항목에서 확인이 가능하다.
④ 온라인 쇼핑몰 제휴가맹점에서 건당 이용금액 2만 원 이상 사용 시 10%의 청구할인이 가능하므로 3만 원짜리 쌀을 구매할 경우 3,000원 할인받을 수 있다.
⑤ 제1유형 놀이공원의 본인 자유이용권 50% 현장 할인이므로 25,000원을 할인받고, B동물원은 본인 무료입장이므로 30,000원을 할인받는다.

21 ④

해설 결원을 보충할 경우 예비합격자 중에서 최종합격자로 선발할 수 있다.

오답 ① 모든 응시자는 기관 간, 전형 간, 직렬 간 중복지원이 불가하며 1인 1분야만 지원할 수 있다.
② 채용관련 인사 청탁 등 채용비리 또는 기타 부정합격 확인 시 채용이 취소될 수 있다.
③ 지원자가 채용예정인원 수와 같거나 미달하더라도 적격자가 없는 경우 선발하지 않을 수 있다.
⑤ 자기소개서를 포함한 입사지원서에 출신학교 등 개인을 식별할 수 있는 내용은 일체 기재하지 않도록 되어 있다.

22 ②

해설 '임금피크제 설계 – 직무 · 직책 조정'에 따라 기존 직무 · 직책의 유지 또는 새로운 직무 · 직책 발굴을 통한 조정 등 결정할 수 있으므로 새로운 직무 · 직책을 수행할 수 있다.

오답 ① 임금피크제 도입 후 지속적인 모니터링으로 임금체계 및 인사제도 개편을 추진해야 한다.
③ 임금피크제 도입 절차에 따라 '진단 및 분석' 단계가 선행되고 이후 '임금피크제 설계 단계'에서 이루어져야 한다.
④ 임금피크제 세부사항에 대해 근로자 대상의 설문조사, 설명회는 '진단 및 분석 – 4. 근로자 의견조사' 단계에서 진행되어야 한다.
⑤ '중장기 인건비 변화 예측' 추가 시 '진단 및 분석 – 2. 임금제도 현황 분석' 분야가 적절하다.

23 ③

해설 제시문은 기분관리 이론을 주제로 하고 있다. 이는 사람들이 현재의 기분을 최적 상태로 유지하려 한다는 입장을 바탕으로 하고 있다. 흥분 수준이 낮을 때는 이를 높일 수 있는 수단을 선택하고 흥분 수준이 최적 상태보다 높을 때 이를 낮출 수 있는 수단을 선택한다고 본다. 여기서, 빈칸은 기분조정 이론이 음악 선택의 상황에 적용될 때 나타나는 결론을 찾는 것이다. 단서는 연구자 A의 실험을 통해 기분조정 이론의 내용을 파악할 수 있다. 집단 1은 최적 상태에서 다소 즐거운 음악을 선택했다. 반면 집단 2는 최적 상태보다 기분이 가라앉은 상태에서 과도하게 흥겨운 음악을 선택했다. 30분이 지난 뒤 다시 음악을 선택하는 상황에서 놀이하기를 앞둔 집단 1의 선택에는 변화가 없었다.
반면에 과제하기를 앞둔 집단 2는 차분한 음악을 선택하는 쪽으로 변화가 나타났다. 실험 결과로부터 참가자가 기분이 가라앉았을 때는 흥분을 끌어올리기 위해 흥겨운 음악을 선택한다는 것을 도출할 수 있다. 또한, 과제를 해야 할 상황을 앞두고 과도하게 흥겨운 상태가 되자 이를 가라앉히기 위해 차분한 음악을 선택한다는 것을 알 수 있다.

24 ②

해설 사업 대상자 중 전자상거래사업자, 개인사업자 등에는 '지원자격 및 요건'에서 친환경농식품을 산지에서 직구매할 것을 조건으로 하고 있지 않다.

오답 ① 친환경농산물직거래지원금을 지원받고자 하는 업체는 신청제한 된다는 점에서 알 수 있다.
③ 나.사업 의무량에서 제시되고 있다.
④ 변동금리는 운영과 시설로 구분되지 않는다.
⑤ 전자상거래 사업자의 지원자격 및 요건에 해당한다.

25 ②

공고문 첫 문단에 '신청 이후라도 참여 조건을 충족하지 못한 경우에는 혜택 제공 대상에서 제외될 수 있다'고 명시되어 있다.

① 공고문에서는 기준 미준수 시 참여 실적이 인정되지 않을 수 있다고 되어 있으므로 부적절하다.

③ '정해진 방식으로만 제출 가능'하다고 명시되어 있어 공고문 내용과 일치하지 않는다.

④ 혜택은 참여 실적에 따라 제공되며, 실적이 없는 경우를 인정한다는 내용은 없다.

⑤ 공고문에서는 참여 실적에 따라 차등 적용된다고 하였으므로 옳지 않다.

26 ①

제시문은 고령운전자에 대한 운전면허 자진 반납을 유도해야 한다는 내용이 주를 이루고 있으며, 이것은 결국 고령운전자 본인을 포함하여 고령운전자로 인한 교통사고를 최소화하여야 한다는 주장이다. 이를 위해 조례안을 제정해야 한다는 주제를 담고 있다고 할 수 있으므로 정답은 ①이다.

27 ②

각 지역에서 마련한 할인 혜택이나 교통비 지원 등의 인센티브 제도는 결국 고령운전자의 교통사고로 인한 사회적 비용을 줄여 절약된 비용을 통해 이루어지는 제도일 것이므로, 인센티브 제도는 절약되는 비용과 새롭게 지출되는 비용의 크기를 따져 마련되었을 것으로 판단하는 것은 합리적이다.

① 고령운전자에 대한 면허반납의 유인책이 될 수 있으나, 그에 대한 결과를 예단하는 것은 합리적인 추론이라고 할 수 없다.

③ 일반화의 오류를 범하고 있는 주장이 된다.

④ 교통사고 또한 줄어들 것이므로 반드시 예산 지출이 증가할 것으로 추론할 수는 없다.

⑤ A시의 고령운전자 기준이 70세로 타 지역과 다르게 책정되어 있으나, 이것은 안전 운전능력을 판단할 수 있는 기준이 아닌, 지역적 특성, 고령운전자의 수, 예산 범위 등을 고려한 행정적 기준으로 보는 것이 타당하다.

28 ④

마지막 줄을 통해 우리나라 65세 이상 치매 인구가 2050년에 300만 명을 넘어설 것이라고 예상함을 알 수 있다.

① 첫 번째 문단을 통해 우리나라에서는 보건복지부가 치매관리의 중요성을 알리고 공감을 형성하기 위해 2008년부터 치매 인식개선과 극복 프로그램 캠페인을 열고 있다는 사실을 알 수 있다.

② 두 번째 문단을 통해 2016년에는 OECD가 발표한 10대 치매관리 핵심 정책목표를 기준으로 제3차 치매관리종합계획을 발표했다는 사실을 알 수 있다.

③ 두 번째 문단을 통해 2017년에 전국 256개 보건소에 치매안심센터를 단계적으로 설치하여 통합 치매관리서비스를 시작하였다는 것을 알 수 있으며 〈그림〉을 통해 상담, 조기검진, 쉼터 등을 운영한다는 사실을 알 수 있다.

⑤ 마지막 문단에서 WHO 자료에 의해 2021년 전 세계 치매 인구는 약 5,000만 명, 향후 2050년에는 1억 5,200만 명에 육박할 것으로 추정된다는 사실을 알 수 있다.

29 ⑤

해설 뇌과학자 J 씨는 유리질화 냉동보존된 인간을 다시 살려냈을 때 커넥톰이 보존되어 있어야 냉동보존이 유의미하다고 주장하며 냉동보존을 위해 甲재단에서 시신을 수령할 무렵에는 이미 시신의 두뇌가 손상되어 있기 때문에 냉동보존에 대해 회의적이라고 주장한다.

오답 ①④ 제시문에서 언급되지 않은 내용이다.
② 유리질화 냉동보존술에 대한 내용이다.
③ 정자나 난자, 배아, 혈액 등은 저속냉동술을 사용하여 온도를 1분에 1도 정도로 천천히 낮추는 방식으로 이 기술에서 느린 냉각은 삼투압을 이용해 세포 바깥의 물을 얼음 상태로 만들고 세포 내부의 물은 냉동되지 않도록 하는 방식이다.

30 ③

해설 불쾌한 골짜기 현상은 로봇의 외관 즉, 얼굴 형상에 의해 느끼는 것이므로 옷차림은 불쾌한 골짜기 현상에 영향을 미치지 않는다.

오답 ① 인간과 유사한 외관의 마네킹 로봇을 보고 불쾌함, 거부감, 섬뜩함 등을 느끼는 심리적 현상을 불쾌한 골짜기 현상이라고 한다.
② 지능형 로봇을 접했을 때 어느 정도 호감을 느끼는데, 이는 인간이 아닌 대상으로부터 인간과 유사한 점을 찾으려고 하기 때문이다.
④ 인간은 인간과 전혀 다른 모습을 한 산업용 로봇에게 호감도나 거부감 등을 느끼지 못한다.
⑤ 외관의 유사성이 어느 지점에 도달했을 때 호감도가 낭떠러지처럼 급격하게 떨어졌다가 인간과 구별하지 못할 정도로 닮았을 때 호감도는 다시 상승한다.

04 수리능력

1	2	3	4	5	6	7	8	9	10
①	④	②	①	⑤	①	②	③	①	⑤
11	12	13	14	15	16	17	18	19	20
③	④	②	⑤	①	⑤	①	①	⑤	②
21	22	23	24	25	26	27	28	29	30
④	②	⑤	②	②	①	①	⑤	⑤	①

1 ①

해설 전체 인구수는 전년보다 동일하거나 감소하지 않고 매년 꾸준히 증가한 것을 알 수 있다.

오답 ② 70세 미만 인구 수는 매년 꾸준히 증가하였다.
③ 2021년과 2022년에는 전년보다 감소하였다.
④ 2021년 이후부터는 5% 미만 수준을 계속 유지하고 있다.
⑤ 70세 이상에서 가장 많이 인구수가 늘어난 연도는 2018년(+351명)이다.

2 ④

해설 시민 만족도가 가장 높게 신축을 하기 위해서 우선 예산을 최대한 사용하면 두 가지 경우를 계획할 수 있다.
ⓐ 가장 만족도가 높은 기관을 신축할 경우 B구의 구민 실내수영장을 2개, A구에 도서관 1개를 지을 수 있다. 이 경우의 만족도는 50 + (50 − 50 × 0.2) + 35 = 125이다.
ⓑ 건축비가 낮은 기관을 각 구에 2개씩 지을 경우, A구에는 구민 실내수영장 2개, B구에는 도서관을 2개 지을 수 있는데 만족도를 계산하면 30 + (30 − 30 × 0.2) + 40 + (40 − 40 × 0.2) = 126이다.
ⓐ과 ⓑ 중에서 ⓑ의 경우가 만족도가 높다. 건축예산 60억원을 전액 사용하면 신축할 수 있다.

오답 ① B구에는 도서관이 2개 신축된다.
② ⓑ의 경우 지역별 만족도의 하락을 감안하고 최대의 결과를 도출한 것이다.
③ 뛰시에 신축되는 건물의 수는 4개일 것이다.
⑤ A구에 구민 실내수영장 2개, B구에 도서관 2개를 건축하는 것이 시민 만족도가 가장 높으므로 최종적으로 각 구에 같은 수의 시설을 세우게 될 것이다.

3 ②

해설 괄호를 채우면 다음과 같다.

응시생 ＼ 구분	정답 문항수	오답 문항수	풀지 않은 문항수	점수(점)
A	19	1	0	93
B	18	2	0	86
C	17	1	2	83
D	(17)	2	1	(81)
E	(17)	3	0	(79)
F	16	1	3	78
G	16	(2)	(2)	76
H	(15)	(0)	(5)	75
I	15	(2)	(3)	71
J	(14)	(3)	(3)	64

㉠ 80점 이상인 응시생은 A, B, C, D 네 명이다.

㉡ 풀지 않은 문항수의 합은 19개이다.

㉢ 응시생 I의 오답 문항수는 2개이며 풀지 않은 문항수는 3개이다.

㉣ 응시생 J의 총 점수는 64점이므로 정답 문항의 점수는 64 이상이 되어야 한다. 따라서 $5 \times 13 = 65$ 이지만 틀린 문항이 하나 있을 경우 -2점으로 63, 즉 64이 도출되지 않는다. 따라서 정답문항의 개수는 14개가 되며, 오답 문항수는 3개, 풀지 않은 문항수는 3개가 된다.

4 ①

해설 $10\frac{2}{18}$ 시간을 $3\frac{1}{6}$ 시간으로 나누면, $10\frac{2}{18} \div 3\frac{1}{6} = \frac{182}{18} \times \frac{6}{19} = 3.19298$

∴ 3개

5 ⑤

해설 X 설비 오류 발생 건수 $= 80,000 \times 4\% = 3,200$건

Y 설비 오류 발생 건수 $= 50,000 \times 6\% = 3,000$건

전체 오류 발생 건수 $= 6,200$건

오늘 처리된 물량 중 오류가 발생한 건을 임의로 하나 선택했을 때 그 오류가 Y 설비에서 발생했을 확률은, $\frac{3,000}{6,200} ≒ 0.4839$로 48.4%이다.

6 ①

해설 주택담보대출의 경우이므로 3개월의 연체기간을 월별로 나누어 계산해 보면 다음 표와 같이 정리할 수 있다.

연체기간	계산 방법	연체이자
연체발생 ~ 30일분	지체된 약정이자(50만 원) × 연8%(5% + 3%) × 30/365	3,288원
연체 31일 ~ 60일분	지체된 약정이자(100만 원) × 연8%(5% + 3%) × 30/365	6,575원
연체 61일 ~ 90일분	원금(1억2천만 원) × 연8%(5% + 3%) × 30/365	789,041원
합계		798,904원

따라서 798,904원이 정답이다.

7 ②

해설 $\dfrac{245,411 - 216,179}{216,179} \times 100 \fallingdotseq 13.5$

8 ③

해설 연간 복권당첨금 수령액이 3억 원 미만이므로, 기타소득세 20%와 지방소득세 2% 납부해야 한다. 세금은 154만 원을 제외한 당첨금은 546만 원이 된다.

9 ①

해설 $\dfrac{598,360,000,000}{8,493,000} \fallingdotseq 70,453(원)$

10 ⑤

해설 중소기업의 전년 대비 서비스업 수입액 증감률이 가장 큰 시기는 2024년의 13.2%이다. 2021년은 9.9%이다.

오답 ① 연도별로 매년 178억 불, 182억 불, 183억 불, 189억 불, 202억 불로 매년 100억 불 이상의 흑자를 보이고 있다.
② 2022년이 12.2%로 가장 낮은 비중을 보이고 있다.
③ 두 해 모두 11.3%의 가장 낮은 구성비율을 보이고 있다.
④ 수출액은 322 → 325 → 344억 불, 수입액은 568 → 597 → 669억 불로 2022년 이후 모두 매년 증가하였다.

11 ③

해설 '과학'의 실시기관 수는 어린이집의 경우 6.0 × 42,527 ÷ 100 = 약 2,552이고, 유치원의 경우 27.9 × 8,443 ÷ 100 = 약 2,356개로 어린이집이 유치원보다 더 많다.

오답 ① 특별활동프로그램 실시율이 40% 이상인 특별활동프로그램은 어린이집과 유치원 모두 음악, 체육, 영어로 같다.
② 실시기관 수 대비 파견강사 수의 비율은 음악이 1,059 ÷ 5,294 × 100 = 20%이고, 영어가 1,492 ÷ 5,968 × 100 = 25%로 영어가 더 높다.
④ 파견강사 수가 가장 많은 프로그램은 어린이집과 유치원 모두 '영어'이다.
⑤ 어린이집 특별활동프로그램 중 실시기관 수가 1,000개도 안 되는 프로그램은 컴퓨터, 한자, 서예로 총 3가지이다.

12 ④

해설 B에너지의 가격만 상승했을 때 시가총액은 38,500억 원으로 1위가 된다.

오답 ① A 전자의 시가총액은 전체 주식시장의 42%를 차지하므로 시장의 시가총액은 38,000억/0.42 = 105,960억 = 10조 5,960억으로 15조 원을 넘지 못한다.
② 상위 5개 주식만 제시되어 있으므로 전체 주식시장의 통화량 순위는 알 수 없다.
③ 감소율은 E자동차가 가장 크지만 B에너지의 가격이 훨씬 높으므로 전날 대비 가격이 가장 크게 하락한 주식은 B에너지다.
⑤ D화학의 가격만 상승했을 때 시가총액은 11,000억 원으로 그대로 4위이다.

13 ②

해설 1호차는 오전 9시 10분, 2호차는 9시 25분, 3호차는 9시 40분에 출발하므로 김 대리는 9시 25분에 출발하는 2호차로 이동한다. 회사에서부터 워크숍 장소까지는 약 1시간 15분이 소요되므로 도착하는 시간은 10시 55분이다.

14 ⑤

해설 워크숍 참석 사원은 80명이다. 이때 남자직원은 전체 사원 중 40%라고 했으므로, 32명이며 여자직원은 48명이다. 남자직원이 사용할 방의 개수는 11개, 여자직원이 사용할 방의 개수는 16개로 총 27개이다. 그런데 사원 외에 임원이 추가로 왔으므로 강 이사와 최 실장이 사용할 방(1) + 우 전무가 사용할 방(1) 까지 모두 29개 방을 사용하게 된다.

15 ①

㉠ 1월 주가지수 $= \dfrac{60+50}{60+50} \times 100 = 100$ ㉡ 2월 주가지수 $= \dfrac{60+40}{60+50} \times 100 \fallingdotseq 90.9$

㉢ 3월 주가지수 $= \dfrac{63+57}{60+50} \times 100 \fallingdotseq 109.1$ ㉣ 4월 주가지수 $= \dfrac{59+45}{60+50} \times 100 \fallingdotseq 94.5$

㉤ 5월 주가지수 $= \dfrac{62+39}{60+50} \times 100 \fallingdotseq 91.8$ ㉥ 6월 주가지수 $= \dfrac{54+48}{60+50} \times 100 = 92.7$

∴ 주가지수의 최솟값은 90.9(2월)이다.

16 ⑤

각 인원의 총 보수액을 계산하면 다음과 같다.
갑 : $500,000 + (15,000 \times 3) + (20,000 \times 3) - (15,000 \times 3) = 560,000$원
을 : $600,000 + (15,000 \times 1) + (20,000 \times 3) - (15,000 \times 3) = 630,000$원
병 : $600,000 + (15,000 \times 2) + (20,000 \times 2) - (15,000 \times 3) = 625,000$원
정 : $650,000 + (15,000 \times 5) + (20,000 \times 1) - (15,000 \times 4) = 685,000$원
∴ $685,000(원) - 560,000(원) = 125,000(원)$

17 ①

급식비 지원 증감률은 $\dfrac{647,314-665,984}{665,984} \times 100 = -2.8(\%)$으로, -2.8%에 해당한다.

18 ①

서울특별시의 순이동이 $-103,647$로 변화폭이 가장 크다.

19 ⑤

$\dfrac{2024년 농산물 - 2025년 농산물}{2024년 농산물} \times 100 = \dfrac{232.6 - 223.5}{223.5} \times 100$
약 -3.9%

20 ②

2025년에 인원은 늘어났으나 비율이 감소한 단계는 시제품 제작단계와 시장진입단계이다.

21 ④

해설 A ~ D의 효과성과 효율성을 구하면 다음과 같다.

구분	효과성		효율성	
	산출량÷목표량	효과성 순위	산출량÷투입량	효율성 순위
A	$\dfrac{500}{\bigcirc}$	3	$\dfrac{500}{200+50}=2$	2
B	$\dfrac{1,500}{1,000}=1.5$	2	$\dfrac{1,500}{\bigcirc+200}$	1
C	$\dfrac{3,000}{1,500}=2$	1	$\dfrac{3,000}{1,200+\bigcirc}$	3
D	$\dfrac{\textcircled{ㄹ}}{1,000}$	4	$\dfrac{\textcircled{ㄹ}}{300+500}$	4

A와 D의 효과성 순위가 B보다 낮으므로 $\dfrac{500}{\bigcirc}$, $\dfrac{\textcircled{ㄹ}}{1,000}$의 값은 1.5보다 작고 $\dfrac{500}{\bigcirc}>\dfrac{\textcircled{ㄹ}}{1,000}$가 성립한다. 효율성 순위가 1순위인 B는 2순위인 A의 값보다 커야 하므로 $\dfrac{1,500}{\bigcirc+200}>2$이다. C와 D의 효율성 순위가 A보다 낮으므로 $\dfrac{3,000}{1,200+\bigcirc}$, $\dfrac{\textcircled{ㄹ}}{300+500}$의 값은 2보다 작고 $\dfrac{3,000}{1,200+\bigcirc}>\dfrac{\textcircled{ㄹ}}{300+500}$가 성립한다.
따라서 이 조건을 모두 만족하는 값을 찾으면 ㉠ 500, ㉡ 300, ㉢ 800, ㉣ 800이다.

22 ②

해설 ㉢ A국가가 1인당 장서 수가 가장 낮고 도서관 수도 가장 적다.
㉣ B국가가 인구 수와 장서 수가 가장 크다.

오답 ㉠ 1인당 장서 수는 B국가가 가장 많지만 도서관 수가 가장 많은 국가는 F국가이다.
㉡ 인구 수가 가장 많은 국가는 B국가이지만 1관당 인구 수가 가장 많은 국가는 D국가이다.
㉤ 도서관 수가 많다고 하여 인구 수가 많은 것은 아니다.

23 ⑤

해설 ⑤ 미디어 및 홍보 분야는 7,200명의 15%로 1,080명이고, 그중 온라인 홍보는 60%이므로 648명이다.

오답 ① 안내 및 운영 분야는 전체의 40%이고, 그중 현장 운영은 50%이므로 40 × 50 = 20%이다.
② A시는 해당 축제보다 규모가 작아 전체 인력의 60% 수준으로 자원봉사자를 운영한다.
따라서 A시가 선발할 총 자원봉사자 수는 12,000 × 60 = 7,200명이다.
③ 행사 지원 분야는 7,200명의 20%로 1,440명이고, 그중 무대 보조는 60%이므로 864명이다.
④ 의료 및 위생 분야는 7,200명의 10%로 720명이고, 그중 응급 대응은 60%이므로 432명이다.

24 ②

해설 ㉠ 곡물류 구성비 : $\dfrac{62,454}{64,456}\times100=96.89(\%)$ ㉡ 채소류 구성비 : $\dfrac{60,564}{62,484}\times100=96.92(\%)$

㉢ 과일류 구성비 : $\dfrac{83,213}{97,456}\times100=85.38(\%)$ ㉣ 생선류 구성비 : $\dfrac{15,446}{21,464}\times100=71.96(\%)$

㉤ 육류 구성비 : $\dfrac{25,950}{26,440}\times100=98.14(\%)$

∴ 구성비가 두 번째로 높은 것은 채소류이다.

25 ②

해설

식자재(kg)	금액
두부(20kg)	50,000
상추(4kg)	80,000
연근(8kg)	32,000
브로콜리(3kg)	19,200
부추(2kg)	50,000
표고버섯(3kg)	30,000

총 40kg 구매하였으므로 10% 할인대상이 된다. 단, 브로콜리는 특가 상품으로 이벤트 할인이 적용되지 않으므로, $(50,000+80,000+32,000+50,000+30,000) \times 0.9 + 19,200 = 237,000$(원)

∴ 237,000(원)이다.

26 ①

해설

㉠ 1월 무료 관람객 비중은 $\frac{418}{723} \times 100 ≒ 57.8(\%)$, 2월 무료 관람객 : $\frac{236}{499} \times 100 ≒ 47.3(\%)$, 3월 무료 관람객 : $\frac{329}{529} ≒ 62.2(\%)$이므로, 3월이 가장 크다.

오답

㉡ 3월 대비 4월 관람객 증가율은 $\frac{871-529}{529} \times 100 ≒ 64.7(\%)$이다.

㉢ 5월 대비 6월 유료 관람객 감소율은 $\frac{211-246}{246} \times ≒ -14.2(\%)$이다.

㉣ 4월 $\frac{234}{871} \times 100 ≒ 26.8(\%)$, 5월 $\frac{227}{548} \times 100 ≒ 41.4(\%)$, 6월 $\frac{93}{489} \times 100 ≒ 19.0(\%)$이다. 2분기에 외국인 관람객 비중이 가장 큰 해는 5월이다.

27 ①

해설

㉠ E→C→A : 1시간,

A→B→D : 2.5시간

∴ 소요시간은 총 3.5시간

㉡ B→D→E→C→A→B : 4시간

28 ⑤

해설

㉠ A부서의 업무효율 : A부서의 총 투입시간은 88시간(개인별 업무시간 82, 회의 소요시간 6)이므로 업무효율은 1.136이다.

㉡ B부서의 업무효율 : B부서의 총 투입시간은 102시간(개인별 업무시간 90, 회의 소요시간 12)이므로 업무효율은 0.98이다.

㉢ C부서의 업무효율 : C부서의 총 투입시간은 104시간(개인별 업무시간 88, 회의 소요시간 16)이므로 업무효율은 0.96이다.

㉣ D부서의 업무효율 : D부서의 총 투입시간은 87시간(개인별 업무시간 81, 회의 소요시간 6)이므로 업무효율은 1.15이다.

29 ⑤

해설   김 대리는 "중국으로부터의 식품 수입건수는 수입건수 상위 10개 수입 상대국으로부터의 식품 수입건수 합의 45% 이하"라고 평가했다. 중국으로부터의 식품 수입건수는 104,784건이다. 기타 국가를 제외한 수입건수 상위 10개 수입 상대국으로부터의 식품 수입건수 합은 약 25만 6천 건이다. 중국은 약 40.8%를 차지하므로 김 대리는 제시된 자료를 옳게 평가했다.

오답
① 정 주임은 식품의 총 수입액은 17조 원 이상이라고 했는데, 이는 금액과 점유율을 활용하여 알 수 있다. 일본의 수입액 금액은 0.17조 원인데 점유율은 1.06%이다. 다시 말해 금액이 17조 원일 경우 점유율은 106%가 되는 것이다. 따라서 100% 값은 17조 원이 되지 않는다는 것을 의미한다.

② 현 대리는 "수입액 상위 10개 수입 대상국의 식품 수입액 합이 전체 식품 수입액에서 차지하는 비중은 70% 이상이다."라고 했다. 상위 10개 수입 상대국의 점유율 합계는 66.49%로 70%에 미치지 못한다.

③ 식품 수입액 상위 10개 수입 상대국과 식품 수입건수 상위 10개 수입 상대국에 모두 속하는 국가 수는 중국, 미국, 태국, 베트남, 필리핀, 영국, 일본의 7개이다. 이 주임은 6개라고 평가했으므로 옳지 않은 평가이다.

④ 식품 수입건수당 식품 수입액은 중국이 약 3,235만 원이고 미국은 약 5,610만 원으로 미국이 더 크므로 한 차장의 평가는 옳지 않다.

30 ①

오답
ⓒ 기업의 매출액이 클수록 자기자본비율이 동일한 비율로 커지는 관계에 있다고 가정하면 순이익은 자기자본비율 × 순이익률에 비례한다. 따라서 2025년도 순이익이 가장 많은 기업은 B이다.

ⓐ 2025년도 순이익률이 가장 높은 기업은 B이다. 2015년도 영업이익률이 가장 높은 기업은 F이다.

문제해결능력

1	2	3	4	5	6	7	8	9	10
③	②	①	④	②	③	②	②	②	③
11	12	13	14	15	16	17	18	19	20
⑤	②	④	③	③	④	③	②	④	②
21	22	23	24	25	26	27	28	29	30
③	④	⑤	②	③	③	②	③	④	④

1 ③

해설 중국 출장은 3명만 갈 수 있다. 우선 중국 출장에 갈 수 있는 사람은 김 과장, 신 과장, 류 과장, 임 과장, 최 과장이다. 〈조건〉에서 한 사람이 두 국가까지만 갈 수 있다고 하였으므로 두 국가를 초과하는 신 과장, 임 과장을 제외하면 김 과장, 류 과장, 최 과장이 중국 출장에 가야 한다. 모든 사람이 한 국가 이상 출장을 가야 한다고 했으므로 김 과장은 꼭 중국을 가야 하며, 장 과장은 꼭 일본을 가야 한다. 또한 영국으로 4명이 출장을 가야 되고, 출장 가능 직원도 4명이므로 이 과장, 신 과장, 류 과장, 임 과장이 영국을 가야한다. 4국가 출장에 필요한 직원은 12명인데 김 과장과 장 과장이 1국가 밖에 못가므로 나머지 5명이 2국가를 출장간다는 것에 주의한다.

	출장가는 직원
미국(1명)	이 과장
영국(4명)	류 과장, 이 과장, 신 과장, 임 과장
중국(3명)	김 과장, 최 과장, 류 과장
일본(4명)	장 과장, 최 과장, 신 과장, 임 과장

2 ②

해설 ㉠ 甲이 회식에 참석하는 경우
'甲이 회식에 가면 丙도 함께 가야 한다'에 따라 丙도 반드시 간다.
"甲이 회식에 가면 乙은 가지 않는다"에 따라 乙은 가지 않는다.
"丙나 乙이 회식에 가면 丁도 가야 한다"에서 丙이 가므로 丁도 반드시 간다.
이때 戊가 가면 "戊가 회식에 가면 丙은 가지 않는다"에 걸려 丙과 충돌한다.
따라서 戊는 가지 않는다.
결국 이 경우 회식 참석자는 甲, 丙, 丁으로 3명이 딱 맞는다.
㉡ 甲이 회식에 가지 않는 경우이다.
3명을 채우려면 다른 사람들 조합이 필요하다. 丁이 회식에 가지 않는다고 가정해보면,
"丙나 乙이 회식에 가면 丁도 가야 한다" 때문에 丙과 乙은 가지 않는다.

그러면 남는 사람은 戊뿐이라 최대 1명만 참석 가능해진다. 즉, 3명이 참석하려면 丁은 반드시 가야 한다. 丁이 가면 '丁이 회식에 가면 甲이나 戊는 가야 한다'인데, 甲이 안 가는 경우이므로 戊는 반드시 가야 한다. 戊가 가면 "戊가 회식에 가면 丙은 가지 않는다"이므로 丙은 가지 않는다. 3명을 채우려면 남는 사람 중 乙이 가야 해서, 이 경우 참석자는 乙, 丁, 戊가 된다. 그러므로, 회식 참석 인원이 3명인 경우는 甲·丙·丁 또는 乙·丁·戊 두 경우뿐이며, 공통적으로 丁은 반드시 참석한다. 따라서 '丁은 회식에 가지 않는다'는 조건은 3명 참석과 양립할 수 없으므로, 추가되어야 할 조건이 아니다.

3   ①

해설   조건에 따르면 영업과 사무 분야의 일은 甲이 하는 것이 아니고, 관리는 乙이 하는 것이 아니므로 '甲 – 관리, 乙 – 사무, 丙 – 영업, 丁 – 전산'의 일을 하게 된다.

4   ④

해설   조건을 그림으로 도식화하면 다음과 같이 나타낼 수 있다.

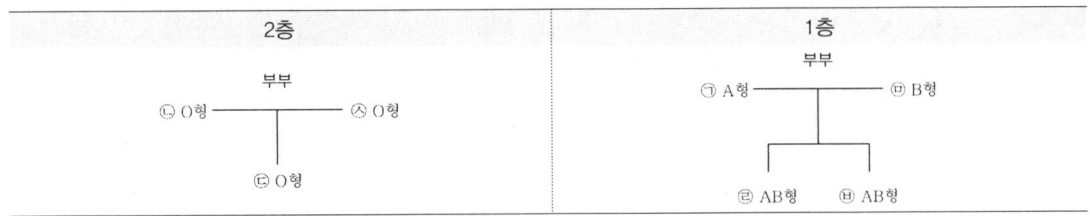

5   ②

해설   2층에 사는 ⓛ, ⊙, ⓒ를 제외한 ⊙, ⓔ, ⓜ, ⓗ가 1층에 산다.

6   ③

해설   다른 기능은 고려하지 않는다고 했으므로 제시된 세 개 항목에만 가중치를 부여하여 점수화한다. 각 제품의 점수를 환산하여 총점을 구하면 다음과 같다.

구분	A	B	C	D
크기	153.2 × 76.1 × 7.6	154.4 × 76 × 7.8	154.4 × 75.8 × 6.9	139.2 × 68.5 × 8.9
무게	171g	181g	165g	150g
RAM	4GB	3GB	4GB	3GB
저장 공간	64GB	64GB	32GB	32GB
카메라	16Mp	16Mp	8Mp	16Mp
배터리	3,000mAh	3,000mAh	3,000mAh	3,000mAh
가격	653,000원	616,000원	599,000원	549,000원
가중치 부여	(20 × 1.3) + (18 × 1.2) + (20 × 1.1) = 69.6	(20 × 1.3) + (16 × 1.2) + (20 × 1.1) = 67.2	(18 × 1.3) + (18 × 1.2) + (8 × 1.1) = 53.8	(18 × 1.3) + (20 × 1.2) + (20 × 1.1) = 69.4

따라서 가장 가중치 점수가 높은 것은 A제품이며, 가장 낮은 것은 C제품이므로 정답은 A제품과 C제품이 된다.

7   ②

丙은 25점 만점 중 20점이므로 한 개만 틀렸기 때문에 丙의 답안지를 기준으로 정답을 가려낼 수 있다.
• 1번 문항이 틀렸다고 가정할 때

구분	1번	2번	3번	4번	5번	총점(25점)
甲	O	X	X	X	O	10점
乙	X	O	X	O	O	15점
丙	X	X	O	O	O	20점
丁	X	X	O	O	O	25점

甲 = 10점, 乙 = 15점, 丙 = 20, 丁 = 25점이므로 조건이 성립될 수 없다.
• 2번 문항이 틀렸다고 가정할 때

구분	1번	2번	3번	4번	5번	총점(25점)
甲	O	X	X	X	O	10점
乙	X	O	X	O	O	15점
丙	O	O	O	O	O	20점
丁	X	X	O	O	O	15점

甲 = 10점, 乙 = 15점, 丙 = 20점, 丁 = 15점이므로 조건이 성립될 수 없다.
• 3번 문항이 틀렸다고 가정할 때

구분	1번	2번	3번	4번	5번	총점(25점)
甲	O	X	X	X	O	20점
乙	X	O	X	O	O	15점
丙	O	X	X	O	O	20점
丁	X	X	O	O	O	15점

甲 = 20점, 乙 = 15점, 丙 = 20점, 丁 = 15점이므로 조건이 성립될 수 없다.
• 4번 문항이 틀렸다고 가정할 때

구분	1번	2번	3번	4번	5번	총점(25점)
甲	O	X	X	X	O	20점
乙	X	O	X	O	O	5점
丙	O	X	O	X	O	20점
丁	X	X	O	O	O	15점

甲 = 20점, 乙 = 5점, 丙 = 20점, 丁 = 15점이므로 조건이 성립될 수 없다.
• 5번 문항이 틀렸다고 가정할 때

구분	1번	2번	3번	4번	5번	총점(25점)
甲	O	X	X	X	O	10점
乙	X	O	X	O	O	5점
丙	O	X	O	O	X	20점
丁	X	X	O	O	O	15점

甲 = 10점, 乙 = 5점, 丙 = 20점, 丁 = 15점이므로 조건이 성립된다.
∴ 乙의 총점은 5점이다.

8 ②

해설   조건 3에 따라 A업체는 선정된다. 조건 2에 따라 A업체가 선정되면 C업체는 선정되지 않는다. 조건 4에 따라 E업체가 선정된다. 조건 6의 D업체와 H업체는 선정 여부가 확실하지 않다. 따라서 선정이 확실한 업체는 A업체와 E업체 두 개다.

9 ②

해설   A와 D의 면접 점수(x로 치환)가 동일하므로 $14 + 18 + 19 + 16 + 2x = 17.5 \times 6 = 105$가 된다. 따라서 A와 D의 면접 점수는 19점이 된다. 이를 통해 문제의 표를 정리하면 다음과 같다.

응시자 \ 분야	어학	컴퓨터	실무	NCS	면접	평균
A	16	14	13	15	19	15.4
B	12	14	10	10	14	12.0
C	10	12	9	10	18	11.8
D	14	14	20	17	19	16.8
E	18	20	19	17	19	18.6
F	10	13	16	15	16	14
계	80	87	87	84	105	88.6
평균	13.3	14.5	14.5	14	17.5	14.8

따라서 2명의 최종 채용자는 D와 E가 된다. 그러므로 ②와 같은 조건의 경우에는 A와 D의 평균 점수가 각각 16.8점과 15.4점이 되어 최종 채용자가 A와 E로 바뀌게 된다.

오답   ① E의 평균 점수가 17.6점이 되어 여전히 1위의 성적이므로 채용자는 변경되지 않는다.
③ F의 평균 점수가 16점이 되므로 채용자는 변경되지 않는다.
④ B의 평균 점수가 16점이 되므로 채용자는 변경되지 않는다.
⑤ C의 평균 점수가 14점이 되므로 채용자는 변경되지 않는다.

10 ③

해설   문법반은 월, 화, 목요일에 강좌 개설이 가능하므로 월요일에도 가능 표시가 되어야 한다.

11 ⑤

해설   3 ~ 4월에 문법반은 월, 수, 금 밤 8시에 중급반 강좌가 개설되었었다. 따라서 5 ~ 6월에는 월, 화, 목 밤 9시로 시간을 옮겨 고급반으로 진행되어야 한다.

오답   ① 회화반B는 화, 목, 금요일 개설 가능하므로 수정될 필요가 없다.
② 3 ~ 4월에 독해반이 고급이었으므로 입문반이 올바른 강좌이다.
③ 3 ~ 4월에 한자반은 초급이었으므로 5 ~ 6월에는 중급 강좌가 적절하며 월, 수, 금이 가능한 요일이다.
④ 비즈니스반은 월, 목이 가능하며, 회화반A는 매일 가능하므로 적절하다.

12 ②

해설 주어진 점수표를 통해 甲 ~ 丙이 4회와 5회에서 받은 점수는 甲은 7, 乙은 6, 丙은 5가 된다. 한 회의 점수가 모두 동점이고 다른 회에서 한 사람이 자유투를 한 번에 성공하여 1점을 받았다. 만약 甲이나 乙이 1점을 받는다면 점수가 동점인 회의 점수가 6점이나 5점이 되므로 丙의 점수표가 완성될 수 없다. 따라서 자유투에서 1점을 획득한 사람은 丙이다.

구분	1회	2회	3회	4회	5회	합계
甲	2	4	3	3	4	16
乙	5	4	2	2	4	17
丙	5	2	6	1	4	18
회차별 합계	12	10	11	6	12	51

오답 ① 1회에서 3회 점수 합산을 하면 甲 9점, 乙 10점, 丙 13점으로 丙이 1위이다.
③ 자유투에서 1점을 획득한 사람은 丙인 것을 알 수 있다.
④ 4회와 5회 합산점수는 甲 7점, 乙 6점, 丙 5점으로 丙이 최하위이다.
⑤ 회차별 합산 점수가 제일 낮은 회차는 4회가 된다.

13 ④

해설 평가대상기관의 내진성능평지수와 내진성능평가점수를 정리하면 다음과 같다.

	A	B	C	D
내진성능 평가지수	82(3점)	90(5점)	80(1점)	83(3점)
내진보강 공사지수	91(3점)	95(3점)	90(1점)	96(5점)
합산 점수	6점	8점	2점	8점

합산 점수가 높은 1위, 2위는 B와 D로 두 기관 다 8점으로 동점이다. 이럴 경우 내진보강 대상건수가 많은 기관을 높은 순위로 한다고 했으므로 1위는 D, 2위는 B이다.

14 ③

해설 헌혈을 하기 위한 공가는 공가 목적에 직접 필요한 시간만큼 휴가일수를 받을 수 있다.

오답 ① 5세 이하 자녀가 있는 경우 24개월 범위에서 1일 최대 2시간 휴가가 가능하다.
② 가족돌봄휴가를 통해 사용할 수 있다.
④ 자녀 군 입영 휴가를 통해 입영 당일 1일 휴가를 받을 수 있다.
⑤ 사생활 편의를 위해 사용하는 휴가인 연가는 재직기간에 따라서 휴가일수가 다르다.

15 ③

해설 ㉠ A와 C는 취미가 운동이기 때문에 반드시 수출 업무를 좋아하는 B와 함께 TF팀이 구성되어야 함을 알 수 있다. 그러므로 ② A, D와 ⑤ A, C, D는 정답에서 제외된다.
㉡ A, B는 짝수 연차이므로 홀수 인원으로 TF팀이 구성될 수 없다. 그러므로 ④ A, B, C는 정답에서 제외된다.
㉢ A, B는 남직원이므로 둘만으로 TF팀이 구성될 수 없다. 그러므로 ① A, B는 정답에서 제외된다. 따라서 정답은 ③ B, C이다.

16 ④

평가 항목	가중치	면접자별 접수				
		A	B	C	D	E
소통·공감	30%	12	24	21	27	24
헌신·열정	20%	12	14	12	14	16
창의·혁신	20%	18	10	14	16	14
윤리·책임	30%	24	27	27	30	27
총점		66	75	74	87	81
결과		탈락	탈락	탈락	1순위	2순위

따라서 D가 최종적으로 채용된다.

17 ③

해설 보령댐은 2월부터 시간이 지날수록 조류량이 많아져 2 ~ 4월은 "주의", 5 ~ 8월은 "경보" 단계였다.

18 ②

오답 ① 대청댐 – 경보
③ 합천댐 – 주의
④⑤ 남강댐, 주암댐 – 평상

19 ④

오답 ②③⑤ 신탁부가 경영기획부에 대한 조사보다 나중에 시작될 수 없다는 조건과 모순된다.
① 영업부에 대한 조사가 홍보부 또는 리스크관리부 중 적어도 어느 한 부서에 대한 조사보다는 먼저 시작되어야 한다는 조건에 모순된다.

20 ②

해설 甲 : 5㎢는 500ha이므로 사과를 수확하여 무농약 농산물 인증신청을 하려면 농약을 사용하지 않고, 화학비료는 50,000kg(=50t)의 2분의 1 이하로 사용하여 재배해야 한다.
丙 : 5ha(100m × 500m)에서 감을 수확하여 저농약 농산물 인증신청을 하려면 화학비료는 600kg의 2분의 1 이하로 사용하고, 농약은 살포시기를 지켜(수확 14일 전까지) 살포 최대횟수인 4회의 2분의 1 이하로 사용하여 재배해야 한다.

오답 乙 : 복숭아의 농약 살포시기는 수확 14일 전까지이다. 저농약농산물 인증신청을 위한 살포시기를 지키지 못 하였으므로 인증을 받을 수 없다.

21 ③

팀장별 순위에 대한 가중치는 모두 동일하다고 했으므로 1 ~ 4순위까지를 각각 4, 3, 2, 1점씩 부여하여 점수를 산정해 보면 다음과 같다.

갑 : 2 + 4 + 1 + 2 = 9   을 : 4 + 3 + 4 + 1 = 12

병 : 1 + 1 + 3 + 4 = 9   정 : 3 + 2 + 2 + 3 = 10

따라서 〈보기〉의 설명을 살펴보면 다음과 같다.

ⓐ '을' 또는 '정' 중 한 명이 입사를 포기하면 '갑'과 '병'이 동점자이나 김 팀장이 부여한 순위가 높은 '갑'이 채용되게 된다.

ⓑ 김 팀장이 '을'과 '정'의 순위를 비꿨다면, 네 명의 순위에 따른 점수는 다음과 같아지므로 바뀌기 전과 동일하게 '을'과 '정'이 채용된다.

갑 : 2 + 4 + 1 + 2 = 9   을 : 3 + 3 + 4 + 1 = 11

병 : 1 + 1 + 3 + 4 = 9   정 : 4 + 2 + 2 + 3 = 11

ⓒ 네 명의 순위에 따른 점수는 다음과 같아지므로 '정'은 채용되지 못한다.

갑 : 2 + 1 + 1 + 2 = 6   을 : 4 + 3 + 4 + 1 = 12

병 : 1 + 4 + 3 + 4 = 12   정 : 3 + 2 + 2 + 3 = 10

22 ④

하나의 전략만으로 2번의 대결에서 모두 패배할 확률이 가장 낮고 승리하는 전략은 A(40, 50), B(30, 70), C(10, 60)이므로 각 전략의 패배율을 곱한 수가 가장 작은 C전략을 사용해야 한다.

① 총 3번의 대결을 하면서 승리할 확률이 가장 높은 전략부터 사용할 시 C → B → A전략 순으로 사용하게 되므로 세 가지 전략을 모두 사용한다.

② 甲이 오직 하나의 전략을 사용하여 승리할 확률을 구하면 각 전략의 1회 ~ 3회의 승률을 모두 곱한 값이 가장 큰 것을 구하면 된다. 따라서 A전략을 사용해야 한다.

③ 4번의 대결을 하면서 승리할 확률이 높은 전략부터 사용하면 4번째 대결에서 A전략을 사용해야 한다.

⑤ 甲이 6번의 대결을 하면서 승률이 가장 높은 전략을 순서대로 사용한다면 C → B → A → A → C → A 순으로 사용하므로 B전략은 1회 사용된다.

23 ⑤

해설   객실의 층과 라인의 배열을 그림으로 표현하면 다음과 같다.

301호	302호	303호	304호
201호	202호	203호	204호
101호	102호	103호	104호

두 번째 조건에서 4호 라인에는 3개의 객실에 투숙하였다고 했으므로 104호, 204호, 304호에는 출장자가 있게 된다. 또한 3호 라인에는 1개의 객실에만 출장자가 투숙하였다고 했는데, 만일 203호나 303호에 투숙하였을 경우, 2층과 3층의 나머지 객실이 정해질 수 없다. 그러나 103호에 투숙하였을 경우, 1층의 2개 객실이 정해지게 되며 2층과 3층은 3호 라인을 제외한 1호와 2호 라인 모두에 출장자가 투숙하여야 한다. 따라서 보기 ⑤의 사실이 확인된다면 8명의 출장자가 투숙한 8개의 객실과 투숙하지 않는 4개의 객실 모두를 다음과 같이 알아낼 수 있다.

301호	302호	303호	304호
201호	202호	203호	204호
101호	102호	103호	104호

24 ②

해설   ⊙ **설립방식** : {(고객만족도 효과의 현재가치) − (비용의 현재가치)}의 값이 큰 방식 선택
- ㈎ **방식** : 5억 원 − 3억 원 = 2억 원 → 선택
- ㈏ **방식** : 4.5억 원 − (2억 원 + 1억 원 + 0.5억 원) = 1억 원

⊙ **설립위치** : {(유동인구) × (20 ～ 30대 비율) / (교통혼잡성)} 값이 큰 곳 선정(20 ～ 30대 비율이 50% 이하인 지역은 선정대상에서 제외)
- **甲** : 80 × 75 / 3 = 2,000
- **乙** : 20 ～ 30대 비율이 50%이므로 선정대상에서 제외
- **丙** : 75 × 60 / 2 = 2,250 → 선택

25 ③

해설   f 본사에 가서 서류를 받아야 함으로 f 본사와 e 연구소를 먼저 방문한다. 그리고 다음으로 가장 효율적으로 이동하기 위해서는 이동하는 거리상 가까운 곳을 우선적으로 알아봐야 하는데 위의 지하철 노선 상으로도 알 수 있듯이 ④ a-c-d-b는 가장 먼 거리로 이동하기 때문에 비효율적인 방법이다. 따라서 e에서 b로 이동하여 b에서 c로 이동한 다음 c에서 d로 이동하고 마지막으로 d에서 a로 이동하는 것이 가장 효율적인 방법이라 할 수 있다.

26 ③

해설 주어진 평가 방법에 의해 각 팀별 총점을 산출해 보면 다음과 같다.

평가 항목(가중치)	A팀	B팀	C팀	D팀
팀 성적(0.3)	65	80	75	85
연간 경기 횟수(0.2)	90	95	85	90
사회공헌활동(0.3)	95	75	85	80
지역 인지도(0.2)	95	85	95	85
총점	84.5 + 108 + 123.5 + 114 = 430점	104 + 114 + 97.5 + 102 = 417.5점	97.5 + 102 + 110.5 + 114 = 424점	110.5 + 108 + 104 + 102 = 424.5점

따라서 총점은 A – D – C – B 순이다.
㉠ 내년에는 A팀과 D팀이 매주 일요일 시립 야구장을 사용하게 된다.
㉢ 전국 대회 출전 자격은 상위 3개 팀에게 제공되므로 A, C, D팀이 해당한다.
㉡㉣ 다음 표에서와 같이 총점이 달라지므로 ㉣만 올바른 설명이 된다.

〈팀 성적과 연간 경기 횟수 가중치 상호 변경〉

평가 항목(가중치)	A팀	B팀	C팀	D팀
팀 성적(0.3)	65	80	75	85
연간 경기 횟수(0.2)	90	95	85	90
사회공헌활동(0.3)	95	75	85	80
지역 인지도(0.2)	95	85	95	85
총점	78 + 117 + 123.5 + 114 = 432.5점	96 + 123.5 + 97.5 + 102 = 419점	90 + 110.5 + 110.5 + 114 = 425점	102 + 117 + 104 + 102 = 425점

지원금이 삭감되는 4위는 B팀으로 바뀌지 않는다.

〈지역 인지도 점수가 모두 동일할 경우〉

평가 항목(가중치)	A팀	B팀	C팀	D팀
팀 성적(0.3)	65	80	75	85
연간 경기 횟수(0.2)	90	95	85	90
사회공헌활동(0.3)	95	75	85	80
지역 인지도(0.2)	95	85	95	85
총점	84.5 + 108 + 123.5 = 316점	104 + 114 + 97.5 = 315.5점	97.5 + 102 + 110.5 = 310점	110.5 + 108 + 104 = 322.5점

네 개 팀의 총점은 D – A – B – C 순으로 4개 팀의 순위가 모두 바뀌게 된다.

27 ②

한 명만이 진실을 말하고 있는 경우의 명제추리 문제는 주어진 조건을 하나씩 대입하여 모순이 없는 것을 찾는 방법으로 풀어볼 수 있다.

㉠ **甲이 참을 말하는 경우** : 甲은 지역가입자이다. 이 경우 을은 거짓이므로 乙도 지역가입자가 된다. 따라서 모순이 된다.

㉡ **乙이 참을 말하는 경우** : 乙은 지역가입자가 아니므로 사업장 가입자 또는 임의가입자가 된다. 丙은 거짓이므로 병은 임의가입자가 된다. 그러면 乙은 사업장 가입자가 된다. 남는 것은 甲과 지역가입자인데 乙의 말이 참이라면 甲의 말은 거짓이므로 甲은 지역가입자가 아니어야 하여 또한 모순이 된다.

㉢ **丙이 참을 말하는 경우** : 乙은 지역가입자가 된다. 甲은 지역가입자가 아니므로 사업장 가입자 또는 임의가입자가 되고, 丙은 사업장 가입자 또는 지역가입자가 된다. 이 경우, 乙이 지역가입자이므로 丙은 나머지 하나인 사업장 가입자가 되고, 이에 따라 甲은 나머지 하나인 임의가입자가 되면 아무런 모순 없이 세 명의 가입자 지위가 정해지게 된다.

따라서 甲은 임의가입자, 乙은 지역가입자, 丙은 사업장 가입자가 된다.

28 ③

먼저, 제시된 조건을 정리하면 다음과 같다.

a. 모두 일렬로 주차되어 있으며 지정주차다.

c. 7년차, 5년차, 3년차, 2년차, 1년차로 연차가 높을수록 지정번호는 낮다.

1	2	3	4	5
7년차	5년차	3년차	2년차	1년차

b. 차량의 색은 빨간색, 주황색, 노란색, 초록색, 파란색이다.

d. 지정번호가 가장 낮은 자리에 주차한 차량의 색은 주황색이다.

e. 노란색 차량과 빨간색 차량의 사이에는 초록색 차량이 주차되어 있다.

h. 2년차 차량 색상은 빨간색이다.

1	2	3	4	5
7년차	5년차	3년차	2년차	1년차
주황색	노란색	초록색	빨간색	

f. 乙의 차량 색상은 초록색이다.

g. 1이 아닌 맨 뒷자리에 주차한 사람은 丙이다.

i. 戊의 차량은 甲의 옆자리에 주차되어 있다.

1	2	3	4	5
7년차	5년차	3년차	2년차	1년차
주황색	노란색	초록색	빨간색	
甲 or 戊	甲 or 戊	乙		丙

戊의 차량과 甲의 차량이 옆자리여야 하므로 7년차와 5년차이다. 이를 조합하여 다시 표로 정리하면 다음과 같다.

1	2	3	4	5
7년차	5년차	3년차	2년차	1년차
주황색	노란색	초록색	빨간색	파란색
甲 or 戊	甲 or 戊	乙	丁	丙

③ 2년차 차량의 색은 빨간색이다. (O)

① 甲은 7년차 또는 5년차이므로 항상 참은 아니다.

② 戊의 차량은 주황색 차량 또는 노란색 차량이므로 항상 참은 아니다.

④ 乙은 3년차로, 乙보다 연차가 높은 사람은 7년차, 5년차 두 명이다.

⑤ 丙의 주차장 번호는 5이고 정의 주차장 번호는 4이므로 뺀 값은 1이다.

29 ④

해설 제23조 제3호에서는 레일에 특별한 경우 외에는 열을 가할 수 없다고 규정하고 있으며, 제27조 제3항에서는 곡선에 부설된 레일 중 마모가 심하게 발생하는 개소에 열처리레일 설치가 가능하다고 규정하고 있으므로 이를 종합하면 곡선이 아닌 직선에 부설된 어떠한 레일의 경우에도 열처리가 허용되지 않는다고 판단할 수 있다.

오답 ① 모든 경우 본부장의 승인을 받는 것이 아니며, '차륜도유기를 설치한 차량이 운행하는 구간에 레일도유기를 설치하지 아니할 경우와 레일도유기를 설치(이설) 또는 철거하고자 할 경우'에만 본부장의 승인을 받는 것으로 규정하고 있다.

② 현접법과 지접법은 레일 이음부의 침목 배치 방법이며, 레일의 이음방법에는 상대식과 상호식이 있다.

③ 제26조 제2항의 내용은, 터널 내 레일의 간격정정작업은 봄이나 가을에 시행해야 한다는 원칙 규정의 적용을 받지 않아 계절에 구애받지 않는다는 것이지, 여름과 겨울에 시행해야 한다는 의미는 아니다.

⑤ 레일은 직선과 곡선궤도와 관계없이 '반드시 직각되게 수직으로 절단'해야 한다고 규정하고 있다.

30 ④

해설 재사용이 가능한 중고품으로 60kg을 초과하는 경우이며, 직선 레일에 사용하는 것이므로 곡선용에서만 가능한 열처리가 되어 있지 않는 레일이 된다. 따라서 보통레일에 해당하는 노란색으로 단면을 도색해야 한다. 나머지 단면도색은 모두 주어진 도표에 부합하는 색깔을 사용한 경우이다.

1	2	3	4	5	6	7	8	9	10
④	②	③	④	③	⑤	①	①	②	②
11	12	13	14	15	16	17	18	19	20
②	④	③	①	①	⑤	①	④	⑤	④
21	22	23	24	25	26	27	28	29	30
②	③	①	①	④	②	④	②	④	⑤

1 ④

해설 필드(Field)에 관한 설명이다. 파일(File)은 서로 연관된 레코드들의 집합으로 프로그램 구성의 기본 단위이다.

2 ②

해설 절단 검색은 지정한 검색어를 포함한 문자열을 가진 자료를 모두 검색하는 것을 말한다. 단어의 어미변화 다양성을 간단하게 축약한다. 일반적으로 *나 %를 많이 사용하며, 특정한 문자열로 시작하는 정보를 찾는지, 특정한 문자열로 끝나는 정보를 찾는지에 따라 후방절단, 전방절단으로 분류한다.

3 ③

해설 연산자 수가 많아도 두 개 이상의 값을 산출할 수 없다.

오답 ① 연산의 과정을 연산식이라고 한다.
② 연산자별로 산출되는 값의 타입은 다르다.
④ 연산식의 값은 보통 변수에 저장한다.
⑤ 다른 연산식의 피연산자 위치에 올 수 있다.

4 ④

해설 HTML에서 이미지를 삽입하기 위해서는 〈img〉 태그를 사용하여야 한다.

5 ③

해설 고급 언어로 프로그래밍하는 과정은 '원시 프로그램 → 번역(Compile) → 목적프로그램 → 링킹(Linking) → 로드 모듈 → 로딩(Loading) → 프로그램 실행'이다.

6 ⑤

해설 기억 용량 단위의 크기는 'KB → MB → GB → TB → PB → EB' 순이다.

7 ①

해설 ② ipconfig : 사용자의 컴퓨터 IP 주소를 확인하는 명령이다.
③ nslookup : URL 주소로 IP 주소를 확인하거나 DNS 동작 여부를 확인하는 명령이다.
④ nbtstat : IP 주소가 중복되어 충돌하는 경우, 충돌 지점을 알아내는 명령이다.
⑤ net view : 특정 컴퓨터 시스템에 공유되어 있는 현황을 보여주는 명령이다.

8 ①

해설 IF함수는 논리검사를 수행하여 TRIE 혹은 FALSE에 해당하는 값을 반환한다. 제시된 함수는 다중 IF 함수로, 조건이 세 개인 경우 =IF(조건식,참,IF(조건식,참,거짓))의 형식으로 작성하다

9 ②

해설 'COUNT' 함수는 인수 목록에서 숫자가 들어 있는 셀의 개수를 구할 때 사용되는 함수이며, 인수 목록에서 공백이 아닌 셀과 값의 개수를 구할 때 사용되는 함수는 'COUNTA' 함수이다.

10 ②

해설 #VALUE!는 논리 값 또는 숫자가 필요한 수식에 텍스트를 입력했거나 배열 수식을 입력한 후 올바른 단축키를 누르지 않았을 때 발생한다.

오답 ① #DIV/0! : 숫자를 0으로 나누었을 때 발생한다.
③ #NAME? : 함수명을 잘못 입력하거나 잘못된 인수를 사용할 때 발생한다.
④ #NUM! : 함수의 인수나 수식이 잘못된 형식으로 입력되었을 때 발생한다.
⑤ ##### : 셀의 값보다 열의 너비가 좁거나 엑셀에서 처리할 수 있는 숫자 범위를 넘었을 때 발생한다.

11 ②

해설 DCOUNT는 조건을 만족하는 개수를 구하는 함수로, [A2:F7]영역에서 '2016'(2016년도 종사자 수)가 25보다 작고 '2020'(2020년도 종사자 수)가 19보다 큰 레코드의 수는 1이 된다. 조건 영역은 [A9:B10]이 되며, 조건이 같은 행에 입력되어 있으므로 AND 조건이 된다.

12 ④

해설 구하고자 하는 값은 "생산부 사원"의 승진시험 점수의 평균이다. 주어진 조건에 따른 평균값을 구하는 함수는 AVERAGEIF와 AVERAGEIFS인데 조건이 1개인 경우에는 AVERAGEIF, 조건이 2개 이상인 경우에는 AVERAGEIFS를 사용한다.

13 ③

해설 FREQUENCY(배열1, 배열2)은 배열2의 범위에 대한 배열1 요소들의 빈도수를 계산하고, PERCENTILE (범위, 인수)은 범위에서 인수 번째 백분위수 값을 의미한다.
제시된 워크시트의 함수 형태는 REQUENCY(Data_array, Bins_array)를 사용해야 한다. Data_array에는 빈도수를 계산하려는 값이 있는 셀 주소 또는 배열이 들어가고, Bins_array에는 Data_array 를 분류하는 데 필요한 구간 값들이 있는 셀 주소 또는 배열이 들어가야 한다.
따라서 {=FREQUENCY(B3:B9, E3:E6)}가 된다.

14 ①

해설 엑셀 통합 문서 내에서 다음 워크시트로 이동하려면 〈Ctrl〉+〈Page Down〉을 눌러야 하며, 이전 워크시트로 이동하려면 〈Ctrl〉+〈Page Up〉을 눌러야 한다.

15 ①

해설 LOOKUP은 LOOKUP(찾는 값, 범위 1, 범위 2)로 작성하여 구한다. VLOOKUP은 범위에서 찾을 값에 해당하는 열을 찾은 후 열 번호에 해당하는 셀의 값을 구하며, HLOOKUP은 범위에서 찾을 값에 해당하는 행을 찾은 후 행 번호에 해당하는 셀의 값을 구한다.

16 ⑤

해설 지정 범위에서 인수의 순위를 구하는 경우 'RANK' 함수를 사용한다. 이 경우, 수식은 '=RANK(인수, 범위, 결정 방법)'이 된다. 결정 방법은 0 또는 생략하면 내림차순, 0 이외의 값은 오름차순으로 표시하게 된다.

17 ①

해설 ㉠ 1회전

5	3	8	1	2

1	3	8	5	2

㉡ 2회전

1	3	8	5	2

1	2	8	5	3

18 ④

해설 ㉠ 1회전

55	11	66	77	22

11	55	66	77	22

㉡ 2회전

11	55	66	77	22

11	22	66	77	55

ⓒ 3회전

11	22	66	77	55

11	22	55	77	66

19 ⑤

해설　코드 부여 안내에 따라 적절한 코드는 다음과 같다.
제조연월 230323, 중국 국가 코드 3, 공장라인 코드 B, QI제품 코드 05, 상세코드(용량 2TB) 003, 1102번째 품목 01102이다. 따라서 230323 3 B 05-003-01102가 된다.

20 ④

해설　상품코드 2110101A0200200321를 나눠보면 211010-1-A-02-002-00321가 된다. 제조연월은 21년 10월 10일이고, 제조 국가는 한국 제1공장에 해당하며, AS2 제품이고, 용량은 1TB이다.

21 ②

해설　코드번호를 나눠보면 230423-4A-03-002-13424가 된다. 잘못 작성된 코드번호는 23년 4월 23일, 베트남 제1공장, oz제품, 1TB, 13424번째 품목이다. 제품은 한국 제4공장에서 제조되었으므로 생산라인 코드를 1D로 수정해야 한다.

22 ③

해설　COUNTBLANK 함수는 비어 있는 셀의 개수를 세어 준다. COUNT 함수는 숫자가 입력된 셀의 개수를 세어 주는 반면 COUNTA 함수는 숫자는 물론 문자가 입력된 셀의 개수를 세어 준다. 즉, 비어있지 않은 셀의 개수를 세어주기 때문에 이 문제에서는 COUNTA 함수를 사용하여야 한다.

23 ①

오답　② 괄호에 주어진 매개값을 모니터로 출력하고 개행한다.
③ 괄호에 주어진 매개값을 모니터로 출력하나, 개행하지 않는다.
④ 키보드에 입력된 코드를 출력한다.
⑤ 키보드에서 입력된 내용을 읽기 위해 사용해야 한다.

24 ①

해설　"Best Fit"은 가장 낭비가 적은 부분에 할당하기 때문에 영역1에 할당된다.

25 ④

해설　윤동주 시인이 지은 시집을 검색하는 것이므로 많은 책들 중에서 윤동주과 시집이 동시에 들어있는 웹문서를 검색해야 한다. 따라서 AND 연산자를 사용하면 된다.

26 ②

해설 니블 : 4개의 바이트로 구성되어 2⁴ 개의 정보를 표현할 수 있다.

오답 ③ 필드 : 파일 구성의 최소 단위로, 데이터베이스에서 열을 나타냈다.
④ 레코드 : 하나 이상의 필드들이 모여서 구성된 자료 처리 단위이다.
⑤ 데이터베이스 : 파일들의 집합이다.
※ **자료의 단위** … 비트 → 니블 → 바이트 → 워드 → 필드 → 레코드 → 파일 → 데이터베이스

27 ④

해설 숫자의 자릿수가 일정하지 않으므로 전체 문자에서 '수량:' 세 자리를 뺀 개수를 추출해야 한다. LEN(C2)은 [C2] 셀에 입력된 문자열이 몇 개의 문자로 구성되어 있는지 계산한다. 즉, =RIGHT(C2,LEN(6−3))를 의미한다. =RIGHT 함수는 텍스트 문자열의 마지막 문자부터 지정한 개수의 문자를 반환하는 함수로, [C2] 셀에서 문자열의 오른쪽 끝 글자 수 3(수량:)을 뺀 값을 반환한다. 그러므로 =RIGHT(C2,LEN(C2)−3)가 적절하다.

28 ②

해설

등록 번호	성명	성별	나이	기간	→ 릴레이션 스키마

튜플은 릴레이션 스키마를 제외한다. 따라서 튜플의 수는 4이다.

29 ④

해설 =EDATE 함수는 특정 날짜로부터 몇 개월이 경과하였을 때의 날짜 또는 몇 개월 전의 날짜를 도출한다. EDATE(start_date, months) 함수에서 start_date는 시작 일, months는 경과 개월을 입력하는데 =EOMONTH도 마찬가지다. =EOMONTH 함수를 적용 시 =EOMONTH(A2,B2)가 되어야 한다.

30 ⑤

해설 IF 함수는 논리함수이다. IF 함수는 조건에 만족하는 값을 구할 때 사용된다. IF(logical_test,value_if_true,value_if_false) 식에서 logical_test는 TRUE나 FALSE로 평가될 수 있는 임의의 값 또는 식이다. value_if_true는 logical_test가 TRUE인 경우에 반환되는 값이다. value_if_false는 logical_test가 FALSE인 경우에 반환되는 값이다. 숫자가 1에서 5까지 이므로 여러 함수를 중첩하여 사용해야 하는데, 1일 때 "★", 2일 때 "♡", 3일 때 "♣", 4일 때 "♪", 5일 때 "☎"로 변환하기 위해서는 =IF(A2=1,"★",IF(A2=2,"♡",IF(A2=3,"♣",IF(A2=4,"♪",IF(A2=5,"☎"))))) 수식을 입력해야 한다.

1	2	3	4	5	6	7	8	9	10
①	⑤	④	④	④	④	④	②	③	③
11	12	13	14	15	16	17	18	19	20
②	⑤	①	④	①	②	⑤	①	②	⑤
21	22	23	24	25	26	27	28	29	30
④	③	③	③	③	④	④	⑤	③	④

1   ①

해설

필기시험 과목	국제계열	상경계열	이공계열	외국어계열	기타계열	소계
직업기초능력	14	25	35	11	15	100
직무상식	12	34	25	12	17	100
경영학/경제학	24	37	24	9	6	100
논술	21	31	25	15	8	100
합계	71	127	109	47	46	400

학과별로 필기시험 우수자 합계는 상경계열이 가장 많다.

오답   ② 경영학/경제학 우수자가 가장 낮은 학과는 기타계열이다.

③ 계열별 평균 인원은 20명이고 20명을 넘는 학과는 상경계열과 이공계열이 있다.

④ 제시된 자료만으로는 확인할 수 없다.

⑤ 필기시험 우수자가 가장 낮은 것은 기타계열이다.

2   ⑤

해설   자원을 적절하게 관리하기 위해서 거쳐야 하는 4단계의 자원관리 과정과 순서는 다음과 같다.

'(라) 어떤 자원이 얼마나 필요한지를 확인하기 → (다) 이용 가능한 자원을 수집(확보)하기 → (나) 자원 활용 계획 세우기 → (가) 계획에 따라 수행하기' 순이다.

3   ④

해설   물품출납 및 운용카드를 활용하면 보유하고 있는 물품의 상태 및 활용이 쉽고, 물품의 상태를 지속해서 점검함으로써 효과적으로 관리할 수 있으며, 보유하고 있는 물품의 종류 및 양을 확인하고 분실의 위험을 줄일 수 있다는 장점이 있다. 하지만 운용카드를 활용하면 수기로 작성하여야 하므로 번거롭고 일이 많아 진다는 단점이 있다. 반면 물품관리 프로그램을 이용할 경우 자료를 쉽고 빠르게 입력할 수 있다.

4 ④

해설　SWOT는 기업 경영 전략을 위한 분석 방법으로 업무관리와는 관련이 없다.

5 ④

해설　계속근로연수 3년인 직원이므로 16일의 연차휴가가 발생되며, 반일 연차 6회 사용은 3일 연차 사용이 되므로 13일의 잔여 휴가 일수가 발생하게 된다.

오답　① 계속근로연수가 1년 미만인 직원이 3일의 연차를 사용하였으므로 1년 후 받게 되는 15일 연차휴가에서 3일만큼을 공제하게 되어 12일의 연차휴가가 발생한다.
　　② 3년이 지난 후부터 매 2년마다 1일씩 추가되어 3년 후 16일, 5년 후 17일, 7년 후 18일의 연차휴가 일수가 발생한다. 8년 후에는 여전히 18일이 된다.
　　③ 서면 통보를 받은 잔여 휴가를 사용하지 않을 경우 연차수당이 지급되지 않으며, 1년이 지나면 소멸되므로 만일 서면 통보를 받지 못하였다면 소멸된 휴가에 대하여 연차수당을 받을 수 있는 것으로 판단할 수 있다.
　　⑤ 질병으로 인한 병가는 계속 출근한 것으로 인정되어 5년 차 17일 휴가가 소멸된다.

6 ④

해설　甲 씨의 월 급여액에서 비용을 모두 지출하고 남은 금액은 70만 원이다. 90%를 넘지 않아야 하므로 아파트 입주를 위한 최대 지출 가능 금액은 63만 원이다. 또한, 한도액 내에서 가장 넓어야 하므로 보증금과 월 임대료의 합이 611,000인 D지역의 큰 방이 가장 적절한 곳이 된다.

7 ④

해설　긴급한 일과 중요한 일이 상충될 경우, 팀장의 지시에 의해 중요한 일을 먼저 처리해야 한다. 따라서 시간관리 매트릭스상의 'Ⅰ → Ⅱ → Ⅲ → Ⅳ'의 순으로 업무를 처리하여야 한다.
　　보기 중 (B) − (F) − (G) − (L)이 가장 합리적인 시간 계획이라고 할 수 있다.

8 ②

해설　A프로젝트 : 200만 원 투자, 수익률 9%로 1년 후 18만 원의 수익이 발생한다.
　　B프로젝트 : 400만 원 투자(그중 200만 원은 연리 5%로 대출받음. 따라서 10만 원의 비용이 발생)
　　B프로젝트를 선택하려면, 적어도 28만 원보다 많은 수익이 발생하여야 한다. 400만 원 중 수익이 28만 원보다 많으려면, 수익률이 적어도 7%보다 높아야 한다($\frac{280,000}{4,000,000} \times 100$). 따라서 7.1%가 연간 예상 수익률의 최저 수준이 됨을 알 수 있다.

9 ③

해설 식량부족 문제를 해결하기 위해서는 더 많은 식량을 생산해내야 하지만, 토지를 무한정 늘릴 수 없을 뿐 아니라 이미 확보한 토지마저도 미래에는 줄어들 수 있음을 언급하고 있다. 이것은 식량이라는 자원을 초점으로 하는 것이 아닌 이미 포화 상태에 이르러 유한성을 드러낸 토지에서 어떻게 하면 더 많은 식량을 생산할 수 있는지를 고민하고 있다. 따라서 토지라는 자원은 유한하며 어떻게 효율적인 활용을 할 수 있는지를 주제로 담고 있다고 볼 수 있다.

10 ③

해설 ©을 평정하기 위해서는 다양한 관점으로 현상을 분석하고 새로운 시각으로 대안을 제시하며 이를 시행할 수 있는 계획을 우선순위로 정하여 추진하는 능력을 알 수 있는 질문이 적절하다.

11 ②

해설 달력에 휴가일을 표시하면 다음과 같다.

일	월	화	수	목	금	토
		1	2	3	4	5
6	7	8	9	10	11	12
13	14	15	16	17	18	19
20	21	22	23	24	25	26
27	28	29	30	31		

따라서 戊 씨가 31일에 휴가를 사용해도 24일 목요일은 전원이 근무하는 날이 될 수 있다.

12 ⑤

해설 A사는 높은 가격으로 인한 거래선 유치의 어려움으로 인해 결국 시장점유율이 하락할 것이며, B사는 지속적인 적자 누적으로 제품 생산을 계속할수록 적자폭도 커지게 되는 상황을 맞이하게 될 것이다. 따라서 개발 책정 비용과 실제 발생하는 비용을 동일하게 유지하는 것이 기업에게 가장 바람직한 모습이라고 할 수 있다.

13 ①

해설 기업이 예산 투입을 하는 과정에 있어 비용을 적게 들이는 것이 반드시 좋은 것은 아니다. 기업에서 제품을 개발한다고 할 때, 개발 책정 비용을 실제보다 높게 책정하면 경쟁력을 잃어버리게 되고, 반대로 낮게 책정하면 개발 자체가 이익을 주는 것이 아니라 오히려 적자가 나는 경우가 발생할 수 있다. 그로 인해 책정 비용과 실제 비용의 차이를 줄이고, 비슷한 상태가 가장 이상적인 상태라고 할 수 있다. 또한, 아무리 예산을 정확하게 수립하였다 하더라도 활동이나 사업을 진행하는 과정에서 계획에 따라 적절히 관리하지 않으면 아무런 효과가 없다. 즉 아무리 좋은 계획도 실천하지 않으면 되지 않듯이 예산 또한 적절한 관리가 필요하다. 이는 좁게는 개인의 생활비나 용돈관리에서부터 크게는 사업, 기업 등의 예산관리가 모두 마찬가지이며, 실행과정에서 적절히 예산을 통제해주는 것이 필수적이라고 할 수 있다.

14 ④

제외건수가 매일 5건씩 감소한다고 했으므로 11일째가 되는 날이 제외건수가 0이 되는 날이다.

일별 심사 비용 계산 시 11일째에는 $0.5+(11-1)×0.2=0.5+10×0.2=2.5$ 증가한다.

누적 비용을 계산하면,

$$S_{11}=\frac{11}{2}×(0.5+2.5)$$

$$S_{11}=16\frac{1}{2}$$

∴ 16.5억 원

15 ①

(70억－16.5억)/500건＝1,070만 원

16 ②

각 공급처로부터 두 물품 모두를 함께 구매할 경우(ⓒ)와 개별 구매할 경우(㉠)의 총 구매가격을 표로 정리해 보면 다음과 같다. 구매 수량은 각각 400개 이상이어야 한다.

공급처	물품	세트당 포함 수량(개)	세트 가격	㉠	ⓒ
A업체	경품 1	100	85만 원	340만 원	5,025,500원
	경품 2	60	27만 원	189만 원	(5% 할인)
B업체	경품 1	110	90만 원	360만 원	5,082,500원
	경품 2	80	35만 원	175만 원	(5% 할인)
C업체	경품 1	90	80만 원	400만 원	5,120,000원
	경품 2	130	60만 원	240만 원	(20% 할인)

17 ⑤

경품 1의 세트당 가격을 5만 원 인하하면 총 판매가격이 4,920,000원이 되어 가장 낮은 공급가가 된다.

① 경품 1의 세트당 포함 수량이 100개가 되면 세트 수량이 5개에서 4개로 줄어들어 판매가격이 80만 원 낮아지나, 할인 적용이 되지 않아 최종 판매가는 오히려 비싸진다.

② 경품 2의 세트당 가격을 2만 원 인하하면 총 판매가격이 5,056,000으로 A업체보다 비싸다.

18 ①

싱가포르와는 3개월 무비자 협정이 체결되어 있기 때문에 별도의 비자를 신청할 필요가 없다.

19 ②

4대 보험은 기업이 제공하고 있는 법정복리후생이다.

① 종업원 현황에서 110명은 중소기업에 해당한다.

③ 급여 및 복지 항목에 제시되어 있다.

④ 희망자에 한해 주2회 시간외근무를 한다.

⑤ 직종에 관련된 자격증을 소지한 자를 우대한다.

20 ⑤

주어진 산식을 이용해 각 기업의 금융비용부담률과 이자보상비율을 계산해 보면 다음과 같다.

〈A기업〉	〈B기업〉
영업이익 : 98 − 90 − 2 = 6천만 원	영업이익 : 105 − 93 − 3 = 9천만 원
금융비용부담률 : $1.5 \div 98 \times 100 =$ 약 1.53%	금융비용부담률 : $1 \div 105 \times 100 =$ 약 0.95%
이자보상비율 : $6 \div 1.5 \times 100 = 400\%$	이자보상비율 : $9 \div 1 \times 100 = 900\%$
〈C기업〉	〈D기업〉
영업이익 : 95 − 82 − 3 = 10천만 원	영업이익 : 112 − 100 − 5 = 7천만 원
금융비용부담률 : $2 \div 95 \times 100 =$ 약 2.11%	금융비용부담률 : $2 \div 112 \times 100 =$ 약 1.79%
이자보상비율 : $10 \div 2 \times 100 = 500\%$	이자보상비율 : $7 \div 2 \times 100 = 350\%$

따라서 금융비용부담률이 가장 낮은 기업과 이자보상비율이 가장 높은 기업은 모두 B기업임을 알 수 있으며, B기업이 가장 우수한 건전성을 나타낸다고 할 수 있다.

21 ④

보유 현금으로 자동차 할부금을 상환하면, 감소하는 자산만큼 부채도 감소하므로 순자산은 변동이 없다.

오답 ① 아파트는 요구불예금보다 유동성이 낮다.
② 주식은 요구불예금보다 안전성이 낮다.
③ 채권의 투자 수익에는 이자와 시세 차익이 있다.
⑤ 순자산은 변동하지 않는다.

22 ③

시간관리의 유형
㉠ 시간 창조형(24시간형 인간) : 긍정적이며 에너지가 넘치고 빈틈없는 시간계획을 통해 비전과 목표 및 행동을 실천하는 사람
㉡ 시간 절약형(16시간형 인간) : 8시간 회사 업무 이외에도 8시간을 효율적으로 활용하고 8시간을 자는 사람. 정신없이 바쁘게 살아가는 사람
㉢ 시간 소비형(8시간형 인간) : 8시간 일하고 16시간을 제대로 활용하지 못하며 빈둥대면서 살아가는 사람. 시간은 많은데도 불구하고 마음은 쫓겨 항상 바쁜 척하고 허둥대는 사람
㉣ 시간 파괴형(0시간형 인간) : 주어진 시간을 제대로 활용하기는커녕 시간관념이 없어 자신의 시간은 물론 남의 시간마저 죽이는 사람

23 ③

A제품의 생산량을 x개라 하면, B제품의 생산량은 $(50 − x)$개이므로,
$50x + 20(50 − x) \le 1,600$ ⋯ ㉠
$3x + 5(50 − x) \le 240$ ⋯⋯⋯ ㉡
㉠ ⋯ $x \le 20$,
㉡ ⋯ $x \ge 5$
따라서 ㉠과 ㉡을 합치면 $5 \le x \le 20$이므로 x의 최댓값인 20개의 A제품을 생산할 때 이익이 최대가 된다.

24 ③

해설　출발시각을 한국 시간으로 먼저 바꾼 다음 소요시간을 더해서 도착 시간을 확인해 보면 다음과 같다.

	출발시각(현지시간)	출발시각(한국시간)	소요시간	도착시간
H 상무	12월 12일 17:20	12월 13일 01:20	13시간	12월 13일 14:20
P 전무	12월 12일 08:30	12월 12일 22:30	14시간	12월 13일 12:30
E 전무	12월 12일 09:15	12월 13일 01:15	11시간	12월 13일 12:15
M 이사	12월 12일 22:30	12월 13일 04:30	9시간	12월 13일 13:30

따라서 도착 시간이 빠른 순서는 E 전무 - P 전무 - M 이사 - H 상무가 된다.

25 ③

해설　㉠ 융통성을 제외한 나머지 부분의 점수의 합은 동률을 이루는 상황이므로 B 사원보다 융통성 점수가 높아야 총점에서 C 사원이 B 사원 보다 높은 점수를 받을 수 있다. 따라서 10점을 맞아야 한다.

㉢ A 사원과 B 사원의 융통성 부분의 점수가 바뀐다면 A 사원은 1점이 증가하고 B 사원은 1점이 감소하기 때문에 A 사원과 B 사원은 동점인 상황이 된다.

오답　㉡ D 사원은 작업속도 부분에서 10점을 받더라도 총점이 38점이 나오기 때문에 상여금을 받을 수 있지만 진급하지는 못한다.

㉣ 표에서 괄호부분의 점수를 모두 10점을 준다 하더라도 A 사원(34점), B 사원(36점), C 사원(37점), D 사원(38점), E 사원(39점) 이므로 E 사원이 진급을 하지만 총점이 40점을 넘은 것은 아니다.

26 ④

해설　• 지하철 이용

15분 → 18분 → 22분으로 총 55분이 소요된다.

• 버스 이용

21분 → 28분 → 15분으로 총 64분이 소요된다.

甲은 오전 9시 30분에 회사 앞에서 출발하여 오전 10시 30분까지 L대학교 대강당에 도착해야 하므로 지하철을 이용해야 한다.

27 ④

해설　2월에 출장 가는 부서는 영업부 3명(제네바), 해외개발부 4명(파리)이다.

• 영업부 : (2,841,500 × 3) × 0.8 = 6,819,600원

• 해외개발부 : (1,789,200 × 4) × 0.8 = 5,725,440원

∴ 12,545,040원

28 ⑤

해설
- 11/8일 포천점 외근 비용 : 173,400원
- 11/12일 양주점 외근 비용 : 97,200원
- 11/20일 하남점 외근 비용 : 89,000원
- 11/29일 금남점 외근 비용 : 153,800원
- 12/6일 미추홀구점 외근 비용 : 107,800원
∴ 621,200원을 지원받을 수 있다.

29 ③

해설
22일에 E가 오후 반차이긴 하나, 마지막날에는 교육이 오전 10시에 종료되므로 가장 적절하다.

오답
① 월~금 2박3일간 진행되므로 토·일요일이 포함된 7일은 적절하지 않다.
② 13일 F가 오전 반차, C가 연차이므로 적절하지 않다.
④⑤ 토요일이므로 적절하지 않다.

30 ④

해설
회사 승인이 필요한 교재는 다음과 같다.

제1회 실전모의고사

1	2	3	4	5	6	7	8	9	10
④	⑤	②	②	⑤	②	①	④	④	③
11	12	13	14	15	16	17	18	19	20
⑤	④	①	③	②	③	②	②	③	①
21	22	23	24	25	26	27	28	29	30
②	②	②	③	④	③	②	④	③	①
31	32	33	34	35	36	37	38	39	40
②	④	⑤	④	④	④	⑤	②	②	⑤
41	42	43	44	45	46	47	48	49	50
②	①	②	④	④	④	③	②	④	②

1 ④

해설 난공불락의 甲자동차회사는 위협 요인에 들어가야 한다.

※ SWOT분석 … 기업의 내부환경과 외부환경을 분석하여 강점(Strength), 약점(Weakness), 기회(Opportunity), 위협(Threat) 요인을 규정하고 이를 토대로 경영전략을 수립하는 기법이다. 기회 요인은 경쟁, 고객, 거시적 환경 등과 같은 외부환경으로 인해 비롯된 기회를 말한다.

2 ⑤

해설 A ~ E에서 '집 → 수영장 → 회사 → 학원 → 집'의 경로에 대한 거리를 구하면 다음과 같다.

㉠ A : 4 + 5 + 9 + 6 = 24

㉡ B : 2 + 5 + 9 + 6 = 22

㉢ C : 6 + 5 + 9 + 2 = 22

㉣ D : 3 + 5 + 9 + 3 = 20

㉤ E : 1 + 5 + 9 + 3 = 18

'수영장 → 회사 → 학원'을 거치는 경로는 A ~ E 모두에서 동일하므로 '집 → 수영장', '학원 → 집'의 거리만 계산하여 빠르게 구할 수도 있다.

3 ②

해설 ROUND(number,num_digits)는 반올림하는 함수이며, ROUNDUP은 올림, ROUNDDOWN은 내림하는 함수이다. ROUND(number,num_digits)에서 number는 반올림하려는 숫자를 나타내며, num_digits는 반올림할 때 자릿수를 지정한다. 이 값이 0이면 소수점 첫째 자리에서 반올림하고 −1이면 일의자리 수에서 반올림한다.

4 ②

해설   알파벳 중 U, M 2개가 일치하기 때문에 시스템 상태는 경계 수준이며, input code는 alert이다.

5 ⑤

해설   10개의 알파벳이 모두 일치하기 때문에 시스템 상태는 복구 불능 수준이며, input code는 unrecoverable이다.

6 ②

해설   심사기준별 점수를 합산해보면 다음과 같다.

귀농가구	거주기간	가족수	영농규모	주택 노후도	사업 시급성	총점
A	10	4	4	10	10	38
B	4	8	10	6	10	38
C	6	6	8	10	10	40
D	4	10	6	6	4	30
E	8	4	10	8	7	37

C가 총점이 가장 높으므로 C가 지원대상이 되며, A와 B는 총점이 동일하므로 가구주의 연령이 높은 A가 지원대상이 된다.

7 ①

해설   은행에 내야 하는 금액

A → $(1,000 \times 0.01 \times 12) + 1,000 = 1,120$만 원

B → 1,200만 원

C → $90 \times 12 = 1,080$만 원

오답   ⓒ C상품이 가장 적다.

      ⓔ 수리비 50만 원이 소요된다면 A는 1,120+50=1,170만 원, B와 C는 수리비를 은행에서 부담하므로 그대로 1,200만 원, 1,080만 원이 된다. 따라서 가장 저렴한 C상품이 A·B보다 유리하다(C<A<B).

8 ④

해설   시간대별로 구역별 산양의 수는 다음 표와 같다.

시간대	A구역	B구역	C구역	D구역
09:08 ~ 09:10	17마리			
09:15 ~ 09:22	17마리			21마리
09:18 ~ 09:30	22마리	8마리		21마리
09:32 ~ 09:45	22마리	8마리	11마리	20마리
09:50 ~ 09:58	18마리	8마리	15마리	㉠ 20마리
10:00 ~ 10:04	㉡ 18마리	9마리	15마리	19마리
10:05 ~ 10:10	18마리	㉢ 9마리	12마리	22마리
10:11 ~ 10:15	18마리	11마리	㉣ 10마리	22마리

9 ④

해설   산양목장에서 키우는 산양의 총 마리 수는 10시 15분에 나온 산양의 숫자를 총 합하면 알 수 있다. A구역 18마리, B구역 11마리, C구역 10마리, D구역 22마리의 총 합계는 61마리이다.

10 ③

해설   ③ $95,000 \times 2 \times 4 \times 95\% = 722,000$원

오답   ① $137,000 \times 2 \times 4 \times 90\% = 986,400$원

② $68,000 \times 3 \times 4 \times 95\% = 775,200$원

④ $137,000 \times 4 + 68,000 \times 4 = 820,000$원

⑤ A부장＋팀원 9명＝10명이지만 소형차와 중형차를 1대씩 대여하면 9명만 탈 수 있으므로 올바르지 않은 방법이다.

11 ⑤

해설   ㈎는 환경분석 단계로 내부와 외부의 환경을 SWOT 분석을 통하여 파악해 본다.

㈏는 경영전략 도출 단계로 조직, 사업이나 부분 등의 전략을 수립한다.

㈐는 경영전략 실행 단계로 경영목적을 달성하는 단계이다.

12 ④

해설   ⓒ 마지막 문단에 따르면 리비아는 아랍연맹 회원국이다. 합의된 중동지역에는 아랍연맹 22개국과 비아랍국가인 이란, 튀르키예 등이 포함되므로 리비아는 이슬람지역에 속하면서 합의된 중동지역에도 속한다. 따라서 ㉠㉡㉣㉤가 내용과 부합한다.

13 ①

오답   ㉠ 첫 문단 마지막 부분에 따르면 딱딱한 조직을 가진 생물은 화석이 될 가능성이 크지만 어디까지나 이차적인 조건이라고 언급하고 있다. 또한 마지막 문단에서 퇴적물 속에 급속히 매몰되면 딱딱한 조직을 가지지 않은 해파리와 같은 생물도 화석으로 보존될 수 있다고 말하고 있으므로, 대부분의 생물이 딱딱한 조직을 가지고 있었다고 할 수는 없다.

㉢ 마지막 문단에서 해파리 화석의 예를 들어 딱딱한 조직이 없는 고생물도 급속히 매몰되면 화석으로 보존될 수 있다고 언급하고 있다.

㉣ 마지막 문단에 따르면 수중의 산소와 탄소에 의한 화학적인 분해를 막아 줄 가능성이 높아져서 화학의 수가 증가될 가능성이 있다.

㉤ 두 번째 문단에 따르면 화석이 되기 위해서는 고생물이 진화·발전하여 개체수가 충분히 많아야 한다. 그러나 진화의 중간단계에 해당하는 고생물은 모집단에서 변이가 누적되어 서서히 나타나는 것이 아니라 모집단에서 이탈, 새로운 환경에 도전하는 소수의 개체 중에서 비교적 이른 시간에 급속하게 출현한다. 따라서 자연히 화석으로 남을 기회가 상대적으로 적은 것이다.

14 ③

해설　㉠ 상석(上席)을 정함에 있어 나이는 많은데 직위가 낮으면 나이가 직위를 우선한다.
　　　→ 이 경우, 나이보다 직위가 높은 사람이 상석에 앉게 된다.

　　　㉣ 장갑, 부채와 같은 소형 휴대품은 테이블 위에 두어도 된다.
　　　→ 핸드백이나 기타 휴대품은 식탁 위에 올려놓는 것은 금물이다. 핸드백은 의자의 등받이와 자신의 등 사이에 놓는 것이 원칙이다. 장갑, 부채와 같은 소형 휴대품은 어떤 경우에도 테이블 위에 두어서는 안 되며, 귀중품이 들어 있지 않은 비교적 큰 핸드백 종류는 바닥에 내려놓아도 된다.

　　　㉺ 메뉴 판을 이해하기 어려울 때 웨이터에게 물어보는 것은 금기이며, 그날의 스페셜 요리를 주문하는 것이 좋다.
　　　→ 메뉴 판을 이해하기 어려울 때는 웨이터에게 물어보거나, 그날의 스페셜 요리를 주문하는 것이 좋다.

15 ②

해설　② 조건 1과 3에 따르면 2조는 업무 Q, Y를 맡는다. 여기서 병이 2조가로 가정하면, 조건 2에 따라 2조는 X, Y, Q를 맡게 되어 3개의 업무가 확정된다. 그러면 남은 갑과 을이 1조가 되는데 이는 조건 4와 모순이므로 병은 1조이다. 이때 1조는 X를 포함해 2개의 업무만 맡아야 하므로 두 개의 가정이 가능하다.

　　　㉠ 가정 1
　　　• 1조 : 병, 갑 → X, P
　　　• 2조 : 정, 을 → Q, Y, Z
　　　㉡ 가정 2
　　　• 1조 : 병, 을 → X, Z
　　　• 2조 : 정, 갑 → Q, Y, P
　　　∴ 갑은 어떠한 경우에도 업무 P를 맡게 된다.

16 ③

해설　㉠ 총 학생의 평균 독서량은 乙의 독서량의 3배이므로, $2 \times 3 = 6$(권)

　　　㉡ 甲의 독서량을 x라 하면, $\dfrac{x+2+6+4+8+10}{6} = 6$, ∴ $x = 6$(권)

　　　㉢ 甲의 독서량이 전체에서 차지하는 비율 : $\dfrac{6}{6+2+6+4+8+10} \times 100 = 16.7\%$

17 ②

해설　(가) : $\dfrac{15,463}{21,886} \times 100 = 70.65 \rightarrow 70.7$

　　　(나) : $\dfrac{11,660}{22,618} \times 100 = 51.56 \rightarrow 51.6$

　　　(다) : $\dfrac{15,372}{21,699} \times 100 = 70.84 \rightarrow 70.8$

　　　(라) : $\dfrac{11,450}{22,483} \times 100 = 50.92 \rightarrow 50.9$

18 ②

해설　2024년 취업자 : $15,372 + 11,450 = 26,822$

2024년 실업자 : $630 + 443 = 1,073$

2024년의 실업률 : $\dfrac{1,073}{26,822+1,073} \times 100 = 3.84 \rightarrow 3.8\%$

2025년 취업자 : $15,463 + 11,660 = 27,123$

2025년 실업자 : $627 + 437 = 1,064$

2025년의 실업률 : $\dfrac{1,064}{27,123+1,064} \times 100 = 3.77 \rightarrow 3.8\%$

19 ③

해설　주어진 조건에서 확정 조건은 다음과 같다.

B, F	A, ( )	C, D, E 중 2명
( )	甲	( )

그런데 세 번째 조건에서 乙은 C와 F에게 교육을 하지 않았다고 하였으므로 F가 있는 조와 이미 甲이 교육을 하는 조를 맡지 않은 것이 된다. 따라서 맨 오른쪽은 乙이 되어야 하고 B, F로 이뤄진 조는 丙이 교육할 수밖에 없다.

또한 이 경우, 乙이 C를 교육하지 않았다고 하였으므로 乙의 조는 D와 E가 남게 되며, C는 A와 한 조가 되어 결국 다음과 같이 정리될 수 있다.

B, F	A, C	D, E
丙	甲	乙

따라서 'C는 甲에게 교육을 받는다.'가 정답이 된다.

20 ①

해설　은행상품을 판매하는 것보다 SNS로 홍보를 하는 업무를 주로 진행하고 있다.

오답　② Y 팀장의 작업 지시건에 작성된 것으로 해야 하는 업무이다.

③ 외부작업 진행을 확인하면 다음주 금요일 1시로 예정되어 있다.

④ Y 팀장이 작업을 지시한 업무를 연장근무에서 할 예정이다.

⑤ 외부작업 진행을 확인하면 디자인업체와 미팅은 미정으로 적혀있다.

21 ②

해설　자녀학비보조수당은 수업료와 학교운영지원비를 포함하며 입학금은 제외된다고 명시되어 있다.

오답　① 위험근무수당은 위험한 직무에 상시 종사한 직원에게 지급된다.

③ 육아휴직수당은 휴직일로부터 최초 1년 이내에만 지급된다.

④ 초등학교·중학교 또는 고등학교에 취학하는 자녀가 있는 부부의 경우 한 쪽에만 지급한다고 명시되어 있다.

⑤ 육아휴직수당은 만 8세 이하의 자녀를 양육하기 위하여 필요한 경우 지급된다.

22 ②

남자사원의 경우 '나', '바', '아'에 의해 다음과 같은 두 가지 경우가 가능하다.

	월요일	화요일	수요일	목요일
경우 1	D	C	B	A
경우 2	D	B	A	C

[경우 1]

乙은 수요일에 보낼 수 없고, B와 甲은 같이 보낼 수 없으므로 乙과 甲은 수요일에 보낼 수 없다. 또한 甲은 丙과 丁 이후에 보내야 하고, 乙은 丙 이후에 보내야 하므로 조건에 따르면 다음과 같다.

	월유일	화요일	수요일	목요일
남	D	C	B	A
여	丙	乙	丁	甲

[경우 2]

		월요일	화요일	수요일	목요일
	남	D	B	A	C
경우 2-1	여	丁	丙	甲	乙
경우 2-2	여	丙	丁	甲	乙
경우 2-3	여	丙	乙	丁	甲

문제에서 C와 乙을 같이 보낼 수 없다고 했으므로, [경우 1], [경우 2-1], [경우 2-2]는 해당하지 않는다. 따라서 [경우 2-3]에 의해 목요일에 보내야 하는 남녀사원은 C와 甲이다.

23 ②

ISBN코드의 9자리 숫자는 893490490이다. 따라서 다음과 같은 단계를 거쳐 EAN코드의 체크기호를 산출할 수 있다.

㉠ 978 & 893490490 → 978893490490

㉡ $(9 \times 1) + (7 \times 3) + (8 \times 1) + (8 \times 3) + (9 \times 1) + (3 \times 3) + (4 \times 1) + (9 \times 3) + (0 \times 1) + (4 \times 3) + (9 \times 1) + (0 \times 3) = 132$

㉢ $132 \div 10 = 13 \cdots 2$

㉣ 나머지 2의 체크기호는 8

따라서 13자리의 EAN코드는 EAN 9788934904908이 된다.

24 ③

전체를 100이라고 둘 때,

$100 = $ A선호 $+$ B선호 $+$ C선호 $-$ (AB+BC+CA) $- 2 \times$ ABC $+$ 아무것도 선호하지 않음

$100 = 50 + 35 + 25 - x - 2 \times 5 + 15$

$100 = 110 - x - 10 + 15$

$100 = 115 - x$

$x = 15$

∴ 두 가지를 선호하는 사람은 15%이며, 세 가지를 선호하는 사람은 5%로 총 20%가 된다.

25 ④

해설 ㈜ '이 제도'라는 것을 보아 앞에 제도에 대한 설명이 있음을 알 수 있다. 따라서 제시된 글의 바로 뒤에 와야한다. → ㈜ ㈜에서 개념을 아는 것이 필요하다고 했으므로 뒤에는 설명이 시작됨을 알 수 있다. → ㈜ '또한'이라는 말을 통해 ㈜의 이야기에 연결된다는 것을 알 수 있다. → 예산선과 무차별 곡선에 대한 이야기가 나오고, 특별한 조건이 없다면 이 둘의 접점에서 최적의 소비선택이 이루어진다고 말하고 있다. → '그런데' 이후는 ㈜에서 제시된 특별한 조건에 해당한다.

26 ③

해설 'A'와 'B'가 번갈아 가면서 나타나므로 [A5] 셀에는 'A'가 입력되고 13.9에서 1씩 증가하면서 나타나므로 [B5] 셀에는 '17.9'가 입력된다.

27 ②

해설 전위 순회 방식 … 노드 방문 → 왼쪽 서브트리 방문 → 오른쪽 서브트리 방문

28 ④

해설 터미널 노드(단말 노드)는 자식이 없는 노드로 E, G, I, J, K, L, M 총 7개이다.

29 ③

해설 두 상품을 따로 경매한다면 A는 戊에게 50,000원에, B는 己에게 70,000원에 낙찰되므로 얻는 수입은 120,000원이다.

오답 ① 두 상품을 묶어서 경매한다면 최고가 입찰자는 己이다. 己가 낙찰 받는 금액은 120,000원으로 5% 할인을 해주어도 그 금액이 100,000원이 넘는다. 입찰자는 낙찰가의 총액이 100,000원을 초과할 경우 구매를 포기한다는 조건에 의해 己는 구매를 포기하게 되므로 낙찰자는 戊이 된다.
② 박 씨가 얻을 수 있는 예상 수입은 두 상품을 따로 경매할 경우 120,000원, 두 상품을 묶어서 경매할 경우 95,000원으로 동일하지 않다.
④ 두 상품을 따로 경매한다면 A의 낙찰자는 戊이다.
⑤ 입찰자는 낙찰가의 총액이 100,000원을 초과할 경우 구매를 포기한다.

30 ①

해설

〈시간관리 매트릭스〉

	긴급함	긴급하지 않음
중요함	ⓒ	ⓓⓗ
중요하지 않음	ⓔⓜ	ⓐ

31 ②

해설　제시된 항목 중 직접비는 직원 급여, 출장비, 설비비, 자재대금, 임대료로 총액 4,300만 원이며, 간접비는 수도/전기세, 광고료, 비품, 직원 통신비로 총액 675만 원이다. 간접비는 직접비의 15%를 넘으면 안 되므로 허용 비용은 645만 원이다.

② 출장비가 280만 원이 되면 직접비 총액이 4,380만 원이므로 직접비의 15%인 657만 원까지 가능하다. 따라서 간접비용은 675만 원이므로 여전히 15%를 넘게 된다.

오답　① 30만 원이 절약되므로 간접비는 직접비의 15% 이하가 된다.
　　　 → 허용 비용 645만 원, 간접비 675 − 30 = 645만 원
③ 간접비가 35만 원 절약되므로 팀장의 지시 사항에 어긋나지 않게 된다.
　　　 → 허용 비용 645만 원, 간접비 675 − 35 = 640만 원
④ 간접비 30만 원 절약되므로 팀장의 지시 사항에 어긋나지 않게 된다.
　　　 → 허용 비용 645만 원, 간접비 675 − 30 = 645만 원
⑤ 직접비가 220만 원 상승하므로 팀장의 지시 사항에 어긋나지 않게 된다.
　　　 → 부가세는 10%이므로 따라서 220만 원 상승, 허용 비용 678만 원, 간접비 675만 원

32 ④

해설　완성품 납품 개수는 30 + 20 + 30 + 20으로 총 100개이다. 완성품 1개당 부품 A는 10개가 필요하므로 총 1,000개가 필요하고, B는 300개, C는 500개가 필요하다. 이때 각 부품의 재고 수량에서 부품 A는 500개를 가지고 있으므로 필요한 1,000개에서 가지고 있는 500개를 빼면 500개의 부품을 주문해야 한다. 부품 B는 120개를 가지고 있으므로 필요한 300개에서 가지고 있는 120개를 빼면 180개를 주문해야 하며, 부품 C는 250개를 가지고 있으므로 필요한 500개에서 가지고 있는 250개를 빼면 250개를 주문해야 한다.

33 ⑤

오답　① WO전략　　② WO전략　　③ WT전략　　④ ST전략

34 ④

오답　①② WO전략　　③ ST전략　　⑤ SO전략

35 ④

해설　각 기업의 1단계 조건 충족 여부는 다음과 같다.

기업	사무실조건(25명/개 이하)	임원조건(15명/명 이하)	차량조건(100명/대 이하)	여유면적조건(650㎡ 이상)
A	26.4명/개 ×	10.2명/명 ○	44명/대 ○	950㎡ ○
B	22.9명/개 ○	26.7명/명 ×	80명/대 ○	680㎡ ○
C	24명/개 ○	17.1명/명 ×	120명/대 ×	140㎡ ×
D	24.3명/개 ○	12.1명/명 ○	85명/대 ○	650㎡ ○
E	22.5명/개 ○	13.5명/명 ○	67.5명/대 ○	950㎡ ○

36 ④

해설 예비 선정된 기업인 D, E 중 임원평균근속기간이 더 긴 D 기업이 최종 선정된다.

37 ⑤

해설 $a = 0, b = 1 \rightarrow 1$
$a = 1 + 1 = 2, b = 2 + 1 = 3 \rightarrow 5$
$a = 3 + 1 = 4, b = 4 + 3 = 7 \rightarrow 11$
$a = 7 + 1 = 8, b = 7 + 8 = 15 \rightarrow 23$

38 ②

오답 ① 노외주차장의 출구와 입구에서 자동차의 회전을 쉽게 하기 위하여 필요한 경우에는 차로와 도로가 접하는 부분을 곡선형으로 하여야 한다.
③ 출입구가 1개이며 45도 대향주차 형식의 이륜자동차전용 주차장이 아닌 노외주차장에는 너비가 5미터 이상인 차로를 설치해야 한다.
④ 지하식 노외주차장의 차로의 높이는 주차바닥면으로부터 2.3미터 이상이어야 한다.
⑤ 주차대수 규모가 50대 이상인 노외주차장의 경우에는 출구와 입구를 분리하거나 너비 5.5미터 이상의 출입구를 설치하여 소통이 원활하게 하여야 한다.

39 ②

해설 도리아 선법의 종지음은 '레'음이고 중심음은 이보다 5도 위의 음인 '라'음이다.

40 ⑤

해설 히포프리지아 선법은 '미'음을 종지음으로 갖는 프리지아 선법의 변격선법이다. 세 번째 문단에 따르면 변격선법은 상응하는 정격선법과 같은 종지음을 갖는다. 따라서 히포프리지아 선법의 종지음 역시 '미'음이다. 네 번째 문단에 따르면 변격선법에서는 짝을 이루는 정격선법의 중심음으로부터 3도 아래의 음이 변격선법의 중심음이 된다. 즉, 프리지아 선법의 중심음인 위의 '도'음에서 3도 아래인 '라'음이 된다. 이를 악보로 나타내면 ⑤와 같다.

41 ②

해설 레버가 모두 올라가 있으므로 오류값들의 평균을 구한다.
$\rightarrow (1+5+7+9)/4 = 5.5$
반올림을 하므로 6이 되어 경고 → 파란버튼을 누른다.
그러나 올라간 레버가 2개 이상이므로 빨간 버튼을 함께 누른다.

42 ①

해설 &와 0이 음영 처리가 되어 있는데 <조건>에 따라 음영이 반전되면 2, 5, 6, #에 음영이 처리된다. #은 2, 5는 무조건 음영 처리 되지 않는 것으로 판단하므로 오류값은 6, #이 된다. 레버 3개 중 2개만 아래로 내려가 있으면 오류값 중 가장 큰 수를 취하므로 6이 된다. 6이면 경고에 해당하는데 음영 처리된 오류값이 2개 이하이므로 안전이 된다. 그런데 계기판의 두 바늘이 겹쳐 있으므로 한 단계 격상되어 경고가 되고 노란버튼을 눌러야 하지만, 레버가 2개 이상이므로 초록버튼을 눌러야 한다.

43 ②

해설 화면에 '메모리 카드 공간이 충분하시 않습니다.'라는 문구가 떴을 때 취해야 할 방법은 불필요한 파일을 삭제한 후 편집기능을 실행하는 것이다.

44 ④

해설 캠코더 화면에 '쓰기를 실패하였습니다.'라는 문구가 뜰 경우 대처 방법
- 데이터 복구를 위해 기기를 껐다가 다시 켠다.
- 중요한 파일은 컴퓨터에 복사한 후 저장매체를 포맷한다.

45 ④

해설 ㉠ 2023년 甲국 유선 통신 가입자 $= x$
甲국 유선, 무선 통신 가입자 수의 합 $= x + 4,100 - 700 = x + 3,400$
甲국의 전체 인구 $= x + 3,400 + 200 = x + 3,600$
甲국의 2023년 인구 100명당 유선 통신 가입자 수는 40명이며 이는 甲국 전체 인구가 甲국 유선 통신 가입자 수의 2.5배라는 의미이다. 따라서 $x + 3,600 = 2.5x$이다.
$$x + 3600 = 2.5x$$
$$10x = 25x - 36000$$
$$-15x = -36000$$
$$\therefore \ x = 2400(만\ 명)$$

㉡ 乙국의 2023년 무선 통신 가입자 수는 3,000만 명이고 2024년 무선 통신 가입자 비율이 3,000만 명 대비 1.5배이므로 4,500만 명이다.

㉢ 2024년 丁국 미가입자 $= y$
2023년 丁국의 전체 인구 : $1,100 + 1,300 - 500 + 100 = 2,000$만 명
2024년 丁국의 전체 인구 : $1,100 + 2,500 - 800 + y = 3,000$만 명(2023년의 1.5배)
$$\therefore \ y = 200만\ 명$$

㉣ 乙국 $= 1,900 - 300 = 1,600$만 명
丁국 $= 1,100 - 500 = 600$만 명
$\therefore$ 3배가 안 된다.

46 ④

해설 • 정가 : $500 \times (1 + \dfrac{x}{100})$

• % 할인 후 판매가 : $500 \times (1 + \dfrac{x}{100})(1 - \dfrac{x}{100})$

㉠ $x\%$의 이윤을 남겨 10개를 판매한 금액

개당 이익 $= 500 \times \dfrac{x}{100}$

∴ $10 \times 500 \times \dfrac{x}{100} = 50x$

㉡ 정가에서 $x\%$ 할인하여 50개 판매한 금액

개당 손실 $= 500 \times (1 + \dfrac{x}{100})(1 - \dfrac{x}{100}) = 500 \times (1 - \dfrac{x^2}{10000}) = -\dfrac{x^2}{20}$

∴ $50 \times -\dfrac{x^2}{20} = -\dfrac{50x^2}{20} = -\dfrac{5x^2}{2}$

이때 이윤은 0이므로, $50x - \dfrac{5x^2}{2} = 0$이다.

따라서

$50x - \dfrac{5x^2}{2} = 0$

$x(50 - \dfrac{5x}{2}) = 0$

$50 - \dfrac{5x}{2} = 0$

$50 = \dfrac{5x}{2}$

∴ $x = 20(\%)$

47 ③

③ 역사적 사실은 객관적 사실을 바탕으로 하면서도, 연구자의 문제의식, 시대적 가치관에 따라 상반된 평가가 가능하다고 지문에 명시되어 있다.

오답 ①④ 역사적 사실이 단순히 과거사건 그대로만 존재하는 것이 아니며, 시대와 연구자의 관점에 따라 다양한 의미로 해석된다고 언급하고 있다.

②⑤ 지문에서 언급되지 않는 내용이다.

48 ②

해설 지문에서는 인간관계를 이해하는 두 가지 측면을 언급하고 있다. 또한 인간관계는 개인적 요인과 사회적 요인이 복합적으로 작용하므로, 따라서 인간관계의 이해란 맥락 속에서 형성 · 발전 · 변화를 살펴보는 과정이라고 밝히고 있다.

49 **④**

해설 지문에 제시된 진술을 다음과 같이 정리할 수 있다.

- 대리 1 : A or/and B
- 주임 1 : C + (D, E, F 중 1명)
- 주임 2 : not (B + D)
- 팀장 2 : A → C
- 대리 2 : E → F

A or/and B이고, 반드시 C를 위촉하므로 다음과 같은 경우의 수가 나온다.

A	B	C	D	E	F
O	O	O			
O	×	O			
×	O	O			

B를 위촉할 경우 D는 위촉할 수 없다.

A	B	C	D	E	F
O	O	O	×		
O	×	O			
×	O	O	×		

E를 위촉할 때 반드시 F를 위촉하면 어떤 경우이든 가능하다. 이를 통해 도출할 수 있는 경우는 다음과 같다.

경우	A	B	C	D	E	F
1	O	O	O	×	O	O
2	O	O	O	×	×	O
3	O	×	O	O	O	O
4	O	×	O	×	O	O
5	O	×	O	×	×	O
6	O	×	O	O	×	×
7	×	O	O	×	O	O
8	×	O	O	×	×	O

정은 "D와 E 중 적어도 한 사람은 위촉해야 한다"고 진술했는데 '경우 2, 5, 8'과 같이 D나 E를 위촉하지 않고 F만 위촉할 수도 있다.

오답 ① 갑은 "총 3명만 위촉하는 방법은 모두 3가지"라고 했는데 참이다. (경우 5, 6, 8)

② 을은 "A는 위촉되지 않을 수 있다"고 했는데 참이다. (경우 7, 8)

③ 병은 "B를 위촉하기 위해서는 F도 위촉해야 한다"고 했는데 참이다. (경우 1, 2, 7, 8)

⑤ 무는 "D를 포함하여 최소인원을 위촉하려면 총 3명을 위촉해야 한다"고 했는데 참이다. (경우 6)

50 ②

해설   乙 : $170 \times 3 \times 0.8 + 72 \times 4 \times 1.2 = 753.6$

오답 ① 甲 : $145 \times 3 + 72 \times 4 = 723$
③ 丙 : $110 \times 3 + 60 \times 5 \times 1.2 = 690$
④ 丁 : $100 \times 4 \times 0.8 + 45 \times 6 = 590$
⑤ 戊 : $75 \times 5 + 35 \times 6 \times 1.2 = 627$

1	2	3	4	5	6	7	8	9	10
⑤	⑤	③	③	④	④	②	③	④	④
11	12	13	14	15	16	17	18	19	20
①	④	④	②	③	①	④	②	②	③
21	22	23	24	25	26	27	28	29	30
③	③	④	①	①	②	③	③	③	①
31	32	33	34	35	36	37	38	39	40
③	⑤	①	①	④	②	⑤	③	③	④
41	42	43	44	45	46	47	48	49	50
④	④	⑤	②	④	⑤	②	④	②	①

1 ⑤

해설 행사에 참여하는 총 인원은 대학생 597명(193명 + 174명 + 230명)에 담당자 세 명, 600명이다. 여기에 10%의 여유인원을 수용해야 하므로 최소 660명을 수용할 수 있는 은하수홀이 적절하다.

2 ⑤

해설 조직이해영역이 선정된 경우, 나머지 하나의 선정된 영역이 의사소통영역이라면 의사소통영역이 채택된다. 나머지 하나의 영역이 문제해결영역이라면 조직이해영역이 최종 채택된다. 나머지 하나의 영역이 자원관리영역이라면 자원관리영역이 최종 채택된다. 따라서 조직이해영역이 최종 채택되기 위한 경우의 수는 나머지 하나의 영역이 문제해결영역인 경우밖에 없다.

3 ③

해설 조직이해영역이 나머지 하나의 영역일 경우, 자원관리영역은 3 + 1 + 3 = 7점, 조직이해영역은 1 + 4 + 2 = 7점이 되어 재투표를 실시하게 된다. 문제해결영역과 함께 선정될 경우에는 자원관리영역이 반드시 채택되며, 자원관리영역과 함께 선정되어도 재투표를 통하여 최종 채택될 수 있으므로 경우의 수는 두 가지가 된다.

4 ③

해설 F4셀의 수식은 =SUM(C4:E4)이며, G4셀의 수식은 =RANK(F$4:F$7)이다.

5 ④

해설 자기 공명 방식의 효율을 높이는 방법은 제시문에 나타나 있지 않다.

6 ④

해설 흡입력이 약해졌을 때의 조치방법이다.

7 ②

해설 로봇청소기가 충전 중이지 않은 상태로 아무 동작 없이 10분이 경과되면 자동으로 충전대 탐색을 시작한다. 충전대 탐색에 성공하면 충전을 시작하고 충전대를 찾지 못하면 처음위치로 복귀하여 10분 후에 자동으로 전원이 꺼진다.

8 ③

오답 ① 충전이 되지 않을 때의 조치방법이다.
② 회전솔이 회전하지 않을 때의 조치방법이다.
④ 흡입력이 약해졌을 때의 조치방법이다.
⑤ 리모컨으로 작동시킬 수 없을 때의 조치방법이다.

9 ④

해설 $n=1,\ A=2$
$n=2,\ A=2^2$
$n=3,\ A=2^3$
$n=4,\ A=2^4$
$\therefore$ 출력되는 A의 값은 2^4이다.

10 ④

해설 • 4단계 → $10 - 3 = 7$
• 3단계 → 10으로 나누었을 때 나머지가 7이 되는 수
• 1단계

2	5	7	3	1	2	0	0	2	8	x	y
×1	×3	×1	×3	×1	×3	×1	×3	×1	×3	×1	×3
=2	=15	=7	=9	=1	=6	=0	=0	=2	=24	=x	=$3y$

• 2단계 → $2 + 15 + 7 + 9 + 1 + 6 + 2 + 24 + x + 3y = 66 + x + 3y$

① $10 \rightarrow 66 + 1 + 0 = 67 \rightarrow$ 10으로 나누었을 때 나머지가 7이 되는 수
② $23 \rightarrow 66 + 2 + 9 = 77 \rightarrow$ 10으로 나누었을 때 나머지가 7이 되는 수
③ $52 \rightarrow 66 + 5 + 6 = 77 \rightarrow$ 10으로 나누었을 때 나머지가 7이 되는 수
④ $68 \rightarrow 66 + 6 + 24 = 96 \rightarrow$ 10으로 나누었을 때 나머지가 6이 되는 수
⑤ $94 \rightarrow 66 + 9 + 12 = 87 \rightarrow$ 10으로 나누었을 때 나머지가 7이 되는 수

11 ①

해설 • 1단계

9	3	8	1	5	9	3	3	4	7	1	2
×1	×3	×1	×3	×1	×3	×1	×3	×1	×3	×1	×3
=9	=9	=8	=3	=5	=27	=3	=9	=4	=21	=1	=6

• 2단계 → $9+9+8+3+5+27+3+9+4+21+1+6=105$

• 3단계 → $105 \div 10 = 10 \cdots 5$

• 4단계 → $10-5=5$

따라서 체크기호는 5가 된다.

12 ④

해설 A 씨가 선택할 수 있는 방법은 총 세 가지이다.

• 오늘 상·하의를 모두 구입하는 방법(추가할인 적용)

$(250,000 \times 0.7) \times 0.95 + 5,000 = 171,250(원)$

• 오늘 상의를 구입하고, 세일기간이 아닌 기간에 하의를 구입하는 방법(할인쿠폰 사용)

$(100,000 \times 0.7) + (150,000 \times 0.6) + 10,000 = 170,000(원)$

• 오늘 하의를 구입하고, 세일기간이 아닌 기간에 상의를 구입하는 방법(할인쿠폰 사용)

$(150,000 \times 0.7) + (100,000 \times 0.6) + 10,000 = 175,000(원)$

오답 ㉠ 가장 싸게 구입하는 방법은 오늘 상의를 구입하고, 세일기간이 아닌 기간에 하의를 구입하는 것이다.
㉡ 상·하의를 가장 싸게 구입하면 17만 원의 비용이 소요된다.

13 ④

해설 체내 수분은 생태에 일어나는 생화학적 반응의 용매로서 작용할 뿐만 아니라 영양소의 운반·배출·분비, 삼투압 조절 및 체온 조절 등에 관여하고 혈량을 유지하는 데 필수적이며 체내 영양 공급 및 노폐물 배설에도 주요한 역할을 한다. 신체의 향상성 유지, 면역력 증진 등에도 도움이 된다.

14 ②

해설 K가 지불해야 하는 총비용은 1,000(경복궁) + 5,000(미술관) + 10,000(전망대) + 1,000(박물관) +1,000(지하철) × 2 = 19,000원이다.
K는 비용을 최소화하고자 하므로 할인받을 수 있는 내용을 살펴봐야 한다.

• 스마트 교통카드 : 서울타워 전망대에서 5,000원 할인, 지하철 2,000원 할인, 가격 1,000원을 지불해야 하므로 총 6,000원이 할인된다.

• 시티투어 A : 가격 3,000원을 지불하고, 지하철 2,000원과 경복궁, 전망대, 미술관, 박물관 입장료에서 30% 할인이 된다. 따라서 4,100원(7,100원 − 3,000원)이 할인된다.

• 시티투어 B : 경복궁, 전망대, 박물관이 무료이므로 12,000원이 할인되고 가격 5,000원을 지불해야 하므로 총 7,000원이 할인된다. 따라서 甲은 시티투어 B를 사용하고, 이때 지불할 관광비용은 12,000원 (19,000원 − 7,000원)이다.

15 ③

모네는 인상주의 화가로서 대상의 고유한 색은 존재하지 않는다고 생각했다. 그러므로 모네가 고유한 색을 표현하려 했다는 진술은 적절하지 않다.

16 ①

오답 ② 시시각각 달라지는 자연을 관찰·분석해 대상에 대한 인상을 그려 내는 화풍을 정립한 것은 세잔이 아니다.
③ 사물에 대해 최대한 정확히 묘사하기 위해 전통적 원근법을 독창적 방식으로 변용한 것은 세잔의 화풍이 아니다.
④ 대상에 대해 복잡한 형태로 추상화하여 대상에 대한 전체적인 느낌을 부각하는 방법을 시도한 것은 세잔의 화풍이 아니다.
⑤ 대상을 보이는 형태로 표현한 것은 모네의 화풍이며, 세잔의 화풍이 아니다.

17 ④

오답 ㉠ 정기예금은 저축성예금에 해당한다.
㉢ A는 단리, B는 복리가 적용된 정기예금 상품이다.

18 ②

해설 시제품 B는 C에 비해 독창성 점수가 2점 높지만 총점은 같다.

19 ②

해설 다른 나라에 진출한 타 기업 수 현황 자료는 '다른 나라와의 경제적 연대 증진'이라는 해외 시장 진출의 의의를 뒷받침하는 근거 자료로 적합하지 않다.

20 ③

해설 丙 : 손해액 전액이므로 9천만 원
오답 ① 甲 : 6천만 원 $\times \dfrac{7\text{천만 원}}{1\text{억 원}}$ = 4,200만 원

② 乙 : 손해액 전액이므로 8,000만 원

④ 丁 : 6천만 원 $\times \dfrac{9\text{천만 원}}{1\text{억 원}}$ = 5,400만 원

⑤ 戊 : 8천만 원 $\times \dfrac{6\text{천만 원}}{6,400\text{만 원}}$ = 7,500만 원

21 ③

해설 　㉠ 뚜껑과 도자기 몸체는 한 점으로 분류된다.
　　　㉡ 파편을 찾을 수 없으면 결손이고 결손은 복원의 대상이 된다.
　　　㉢ 재료만 동일하고 제작기법, 문양, 형태는 모두 다르다.
　　　㉣ 한 쌍일 때도 한 점, 한 짝만 있을 때도 한 점으로 계산된다.
　　　㉤ 파편이 발견되면 기존의 철불과 일괄로 한 점 처리된다.

22 ③

해설 　23일 일요일 오후 1시 울릉도 두착, 24일 월요일 호박엿 만들기 체험, 25일 화요일 녹도 방문, 26일 수요일 포항 도착

오답 　① 19일 수요일 오후 1시 울릉도 도착, 20일 목요일 독도 방문, 22일 토요일은 복귀하는 날인데 甲은 매주 금요일에 술을 마시므로 멀미로 인해 선박을 이용하지 못한다. 또한 금요일 오후 6시 호박엿 만들기 체험도 해야 한다.
　　　② 20일 목요일 오후 1시 울릉도 도착, 독도는 화요일과 목요일만 출발하므로 불가능
　　　④ 25일 화요일 오후 1시 울릉도 도착, 27일 목요일 독도 방문, 28일 금요일 호박엿 만들기 체험은 오후 6시인데, 복귀하는 선박은 오후 3시 출발이라 불가능
　　　⑤ 26일 수요일 오후 1시 울릉도 도착, 27일 목요일 독도 방문, 28일 금요일 호박엿 만들기 체험, 매주 금요일은 술을 마시므로 다음날 선박을 이용하지 못하며, 29일은 파고가 3m를 넘어 선박이 운항하지 않아 불가능

23 ④

해설 　A의 경우, 가시거리가 100m 이내이긴 하나 5시간 동안 강수량이 75mm이므로 시간당 15mm에 해당되며 호우주의보 발령 단계가 된다. 따라서 1km 이내로 배달지역을 제한하는 것이 좋다.
　　　B의 경우, 24시간 적설량이 20cm을 넘어섰으므로 대설경보 단계이며 배달을 금지하는 것이 좋다.

24 ①

해설 　이용 시 유의사항에 따르면 크기는 가로, 세로, 높이의 합이며, 한 변의 최대 길이는 100㎝ 이내에 한하여 취급한다. 또한 당일특급 우편물의 경우 크기 140cm 이내에 한하여 취급하므로, 당일특급 우편물 이용이 가능한 가장 큰 물건은 ①이다.

25 ①

해설 　이용 시 유의사항에 따르면 중량/크기 중 큰 값을 기준으로 다음 단계의 요금을 적용한다. 이에 따라 각각의 이용요금을 계산하면 甲 8,500원, 乙 7,000원, 丙 7,500원, 丁 3,700원, 戊 8,000원이다.

26 ②

해설 　'#,###,'이 서식은 천 단위 구분 기호 서식 맨 뒤에 쉼표가 붙은 형태로 소수점 이하는 없애고 정수 부분은 천 단위로 나타내면서 동시에 뒤에 있는 3자리를 없애준다. 반올림 대상이 있을 경우 반올림을 한다. 2451648.81 여기에서 소수점 이하를 없애주면 2451648이 되고, 그 다음 정수 부분에서 뒤에 있는 3자리를 없애주는데, 맨 뒤에서부터 3번째 자리인 6이 5 이상이므로 반올림이 된다. 그러므로 결과는 2,452가 된다.

27 ③

해설　팬 인(Fan-In)은 특정 모듈로 들어오는 라인, 팬 아웃(Fan-Out)은 특정 모듈에서 나가는 라인을 의미한다. G 모듈의 팬 인은 2개(C, D), 팬 아웃은 2개(I, J)이므로 합은 4가 된다.

28 ③

해설　직원 50명 중에서 임의로 선택한 1명이 1년차 직원인 사건을 A, 주제 B를 고르는 사건을 B라 하면

$$p_1 = P(B|A) = \frac{16}{24} = \frac{2}{3}, \quad p_2 = P(A|B) = \frac{16}{30} = \frac{8}{15}$$

$$\therefore \frac{p_2}{p_1} = \frac{\frac{8}{15}}{\frac{2}{3}} = \frac{4}{5}$$

29 ③

해설　㈎ [C1] 셀의 수식 '=SUM(A1:B1)'를 채우기 핸들로 드래그하면, 상대주소는 변경되어야 하므로 [D1] 셀에 '= SUM(B1:C1)'이 복사되어 결과 값은 '50'이 출력된다.
　　㈏ [C1] 셀의 수식 '=SUM($A$1:B1)'를 채우기 핸들로 드래그하면, 절대주소는 변경되지 않으므로 [D1] 셀에 '= SUM($A$1:C1)'이 복사되어 결과 값은 '60'이 출력된다.

30 ①

해설　선조들의 지혜가 삶의 태도와 공동체 질서의 원리로 이어졌다는 관점을 제시하며 이를 뒷받침할 사례를 제시하였다. 마지막으로 사례를 종합하여 '결국 선조들의 지혜는 특정한 시대에만 머무는 것이 아니라 … 현재의 삶에 맞게 새롭게 해석하여 실천해야 할 것이다'라는 일반적 결론을 도출하였다.

오답　② 속담은 등장하지만 단순한 나열이 아니며, '현 사회와 차이'보다는 '지속적 의의'를 강조한다.
　　　③ '우월함 강조'가 아니라 '오늘날에도 유효함'을 강조하고 있다.
　　　④ 선조들의 태도와 의식을 드러내기 위한 예시일 뿐, 사회적 배경을 분석하지 않는다.
　　　⑤ 반론 구조는 전혀 등장하지 않는다.

31 ③

해설　'자연의 질서 속에서 조화를 이루어야 한다는 깨달음…' '인간의 한계를 인정하고 겸손한 태도로 이어졌다'를 통해 알 수 있다.

32 ⑤

해설　특정한 범위에서 지정한 조건(2개 이상)에 만족하는 개수를 구하기 위해 =COUNTIFS(비교대상1,"조건식",비교대상2,"조건식",…)함수를 사용한다. 날짜가 2022-03-26이면서 200건 이상의 출고 수량만 구하려고 한다면 B2:B19,F2,D2:D19 범위에서 ">=200"으로 설정해야 한다.

33 ①

해설

종류	타입	종류	타입
문자	char		unsigned short
부호가 없는 문자형	unsigned char	부호가 없는 정수형	unsigned int
	short		unsigned long
	int		unsigned longlong
정수	long		float
	longlong	실수	double
			long double

34 ①

해설
ⓐ 성인 4명(28,800 × 4) + 청소년 3명(18,800 × 3) = 171,600원
5인 입장권 구매 시 = 162,600원
ⓑ 성인 6명(25,800 × 6) + 청소년 2명(17,800 × 2) × 평일 10% 할인 = 171,360원
5인 입장권 구매 시 = 186,400원
ⓒ 성인 5명(28,800 × 5) + 청소년 2명(18,800 × 2) × 주말 통신사 15% 할인 = 154,360원
5인 입장권 구매 시 = 162,600원
ⓓ 성인 5명(25,800 × 5명) + 어린이 1명(13,800) × 평일 10% 할인 = 128,520원
5인 입장권 구매 시 = 138,800원

35 ④

오답
① 체육경기를 목적으로 관내 동호회가 휴일에 체육관을 대관한 것으로, 4시간 기준 대관료 90,000원에
1시간 초과 대관료 18,000원을 더하여 108,000원의 대관료를 지불해야 한다.
② 시 주최의 행사가 있을 시에는 시행사 우선으로 대관 예약이 취소될 수 있다.
③ 음향시설 사용료는 시간당 만 원으로, 대관료와 함께 지불해야 할 부대시설 사용료는 2만 원이다.
⑤ 여성배구와 줌바댄스 프로그램의 수강료는 각각 3만 원으로 2개 프로그램을 모두 수강하는 사람은
수강료로 6만 원을 지불해야 한다.

36 ②

해설
ⓐ 재작년 : 45 × 12 = 540, 540 × 40 = 21,600   ⓑ 작년 : 65 × 12 = 780, 780 × 50 = 39,000
올해의 카드 결제금액이 월 평균 60만 원이라면, 60 × 12 = 720, 720 × 50 = 36,000이 되어 총 96,600
마일리지가 되므로 120,000마일리지가 필요한 광주 일등석을 이용할 수 없다.

오답
① 80 × 12 = 960, 960 × 70 = 67,200마일리지이므로 총 127,800마일리지로 제주 일등석을 이용할 수 없다.
③ 60,600마일리지가 되므로 울산 일반석을 이용할 수 없다.
④ 70 × 12 = 840, 840 × 70 = 58,800마일리지이므로 총 119,400마일리지로 제주 프레스티지석 이용
이 가능하다.
⑤ 30 × 12 = 360, 360 × 40 = 14,400마일리지이므로 총 75,000마일리지로 울산 프레스티지석을 이용할
수 없다.

37 ⑤

해설 '세단대기'는 세단할 문서를 문서투입구에 넣을 준비가 되어 있는 상태를 나타내므로 조치를 취해야 함을 알리는 나머지 OLED 표시부 표시들과는 성격이 다르다.

오답 ① 문서가 과도하게 투입된 경우이다.
② 파지함에 파지가 꽉 찼거나 파지 감지스위치에 이물질이 쌓여있는 경우이다.
③ 과도한 투입 및 장시간 연속동작의 경우이다.
④ 프런트 도어를 열고 파지함을 비워야 하는 경우이다.

38 ③

해설 절전모드 실행 중에는 전원버튼을 눌러 켠 후 문서를 넣어 사용할 수 있으므로 정상 작동하지 않는 원인이라고 볼 수 없다.

39 ③

해설 A는 주택소유자로서 소득인정액이 중위소득의 40%이므로 중위소득 35% 이상 43% 미만에 해당하여 총 보수비용의 80%를 지원받는다. 甲주택은 지붕의 수선이 필요하므로 주택보수비용 지원 내용에 따라 950만 원이 지원된다.
따라서 A가 지원받을 수 있는 주택보수비용의 최대 액수는 950만 원의 80%인 760만 원이 된다.

40 ④

해설 ㉠ $\dfrac{\text{올해 값} - \text{전년 값}}{\text{전년 값}} \times 100 = \dfrac{15,300}{81,708} \times 100 = 18.7(\%)$

㉢ $\dfrac{\text{총지출}}{\text{총수입}} \times 100 = \dfrac{78,951}{81,708} \times 100 = 96.6(\%)$

㉣ $\dfrac{\text{급여비}}{\text{보험료}} \times 100 = \dfrac{76,713}{79,045} \times 100 = 97.0(\%)$

㉡ $\dfrac{\text{올해 값} - \text{전년 값}}{\text{전년 값}} \times 100 = \dfrac{6,753}{83,466} \times 100 = 8.8(\%)$

㉤ (나) $= 97.0(\%)$, (다) $= \dfrac{83,466}{87,256} \times 100 = 95.7(\%)$ ∴ 192.7

41 ④

해설 P도시에서 Q도시로 가는 길은 3가지이고, Q도시에서 R도시로 가는 길은 2가지이므로, P도시를 출발하여 Q도시를 거쳐 R도시로 가는 방법은 3 × 2 = 6가지이다.

42 ④

해설 제품 중 향이 가장 좋은 제품은 D, E이며, 윤기가 더 좋은 제품은 D이다.

43 ⑤

해설 ㉠ 고속도로에서 갓길로 통행한 승합자동차 차주에게 부과되는 과태료 : 10만 원

㉡ 12세인 동승자에게 좌석안전띠를 매도록 하지 않은 운전자에게 부과되는 과태료 : 6만 원

㉢ 제한속도를 30㎞/h 초과한 3톤 화물자동차 차주에게 부과되는 과태료 : 7만 원

㉣ 규정을 위반하여 3시간 주차한 5톤 화물자동차97 차주에게 부과되는 과태료 : 6만 원

따라서 과태료의 총합은 29만 원이다.

44 ②

해설

일	월	화	수	목	금	토
		1	2	3	4	5
6	7	8	9	10	11	12
13	14	15	16	17	18	19
20	21	22	23	24	25	26
27	28	29	30			

해외에서 제품 판매는 국내 판매 이후이므로 15일부터 가능하지만 16일에 전체 회의가 있으므로 17일부터 출장을 갈 수 있다. 또한 경영 팀에게 보고를 해야 하는데 25일부터 경영팀이 채용준비로 보고를 받지 못하므로 24일까지 보고를 해야 한다. 이때, 보고서를 작성하는데 하루가 소요되므로 22일까지는 도착을 해야 한다. 따라서 출장을 다녀올 수 있는 날은 17~22일이며 주말에 출발·도착하지 않는다고 했으므로 甲은 18일에 출발을 했다.

45 ④

해설 甲은 18일에 출발을 하여 21일에 도착을 하고 22일, 23일에 보고서를 작성하였다. 따라서 개발팀이 보고서를 받은 날은 24일이며 24일은 목요일이다.

46 ⑤

해설

구분	빵	케이크	쿠키	마카롱	알레르기
C	O	X	O	X	O
D	X	O	X	O	O
F	X	X	O	O	X

F는 쿠키와 마카롱을 먹었지만 알레르기가 발생하지 않았으므로 쿠키와 마카롱은 원인에서 제외된다. C와 D의 경우 쿠키와 마카롱을 제외하면 빵과 케이크가 알레르기의 원인이 된다.

47 ②

해설 11월 12일 황보경(3조)은 오전근무이다. 1조는 바로 전날 야간근무를 했기 때문에 대체해줄 수 없다. 따라서 이가희가 아닌 우채원(3조 조장)이 황보경의 업무를 대행한다.

48 ④

11월 20일 김희원(3조)은 야간근무이다. 1조는 바로 다음 날 오전근무를 해야 하기 때문에 대체해줄 수 없다. 따라서 임채민이 아닌 우채원(3조 조장)이 김희원의 업무를 대행한다.

49 ②

	김부장	최과장	오과장	홍대리, 박사원
외국어 성적	25점	25점	40점	근무경력이 5년 미만이므로 선발 자격이 없다.
근무 경력	20점	20점	14점	
근무 성적	9점	10점	9점	
포상	10점	20점	0점	
계	64점	75점	63점	

50 ①

	김부장	최과장	오과장	홍대리, 박사원
외국어 성적	20점	20점	32점	근무경력이 5년 미만이므로 선발 자격이 없다.
근무 경력	40점	28점	20점	
근무 성적	9점	10점	9점	
포상	5점	10점	0점	
계	74점	68점	61점	

가볍게! 빠르게! 확인하는 용어사전 시리즈

시사용어사전 | 경제용어사전 | 부동산용어사전

시사용어사전 1228
매일 접하는 각종 기사와 정보! 공기업/언론사/기업체/공무원 채용을 준비하는 수험생과
현대인이 꼭 알아야 할 최신 시사상식을 쏙쏙 뽑아 이해하기 쉽도록 영역별로 정리

경제용어사전 1050
주요 경제용어는 거의 다 실었다! 금융권/공기업/언론사/기업체/공무원 채용을 준비하기 전에,
경제 공부를 시작하기 전에 읽어보면 경제가 쉬워지도록 사전식으로 구성

부동산용어사전 1310
부동산에 대한 이해를 높이고 부동산의 개발과 활용, 투자 및 부동산 용어 학습에도
적극적으로 이용할 수 있는 교재, 공인중개사 출제용어도 수록

자격증

한번에 따기 위한 서원각 교재

한 권에 준비하기 시리즈 / 기출문제 정복하기 시리즈를 통해 자격증 준비하자!